재생산과 젠더

한-중 페미니즘의
교차와 이슈

지은이(게재순)

왕상셴 王向贤, Wang Xiangxian 중국 산동대 사회학과 교수.

장수지 張粹芝, Chang Soo-ji 이화여대 사학과 강사.

김미란 金美蘭, Kim Mi-ran 성공회대 대학원 실천여성학 교수(& HK교수).

김란 金蘭, Jin Lan 서울대 아시아연구소 연구원, 동국대학교 사회학과 강사.

우판 吳帆, Wu Fan 중국 남개대(南開大) 사회복지, 정책학과 교수.

문현아 文賢雅, Moon Hyuna 서울대 국제이주와포용사회센터 책임연구원.

(강민석(姜旼錫), 은기수(殷棋洙), 이주현(李周炫), 조기현(曺技炫))

김양지영 金梁識瑛, Kim Yang Ji-young 한국양성평등교육진흥원 교수.

두핑 杜平, Du Ping 중국 남개대(南開大) 사회학과 부교수(천쟈(陳佳)).

짱리 張莉, Zhang Li 북경사범대 문학원 교수, 북경작가협회부주석.

펑웬 馮媛, Feng Yuan 북경 "为平(평등을 위해)" 여성지원 핫라인 발기자.

재생산과 젠더 한-중 페미니즘의 교차와 이슈

초판발행 2025년 7월 31일

책임편집 김미란
지은이 왕상셴 · 장수지 · 김미란 · 김란 · 우판 ·
문현아 · 김양지영 · 두핑 · 짱리 · 펑웬

펴낸이 박성모
펴낸곳 소명출판
출판등록 제1998-000017호
주소 서울시 서초구 사임당로14길 15 서광빌딩 2층
전화 02-585-7840
팩스 02-585-7848
이메일 somyungbooks@daum.net
홈페이지 www.somyong.co.kr

ISBN 979-11-5905-990-2 93330
정가 27,000원

이 책은 2018년 대한민국 교육부와 한국연구재단의 지원을 받아 수행된 연구임(NRF-2018S1A6A3A01080743).

성공회대학교
동아시아연구소
학술총서___4

再生産與社會性別

中-韓女性主義的交汇与议题

재생산과 젠더

한-중 페미니즘의 교차와 이슈

김미란 책임편집
**왕샹셴 · 장수지 · 김미란 · 김란 · 우판 · 문현아 ·
김양지영 · 두핑 · 짱리 · 펑웬** 지음

서언

2009년 한국과 중국의 여성연구자들이 첫 학술교류를 한 이후 근 20년이 흘렀다. 그동안 여섯 차례 한-중 국제 젠더학술회의가 개최되었고 그 성과는 두 권의 책으로 만들어졌다. 첫 번째 책인『한중 여성 트랜스내셔널하게 읽기-지식, 인구, 노동』은 양국의 학자들이 사회주의와 자본주의라는 상이한 근대경험을 각각 해석하는 한편, '인구'와 '노동'이라는 동시대적 이슈를 토론한 결과물이었다. 그런데 되돌아 보니, 이슈를 공유하기는 했으나 매 편의 글이 기획단계부터 상호 참조적인 교차적 관점에서 진행되는 측면에서는 아쉽지 않았나 하는 생각이 든다. 왜냐하면 두 번째 출간서인 본 서에서는 20여 년의 소통과 신뢰 덕분인지 기획단계부터 상대국의 관심사를 반영하려는 노력이 시도되어 양국의 경험을 염두에 둔 주제선택과 연구가 가시화되었기 때문이다. 한국의 페미니즘 연구자가 중국사회의 경험을 염두에 두고 한국의 '돌봄위기'를 분석하고, 중국의 연구자가 중국에 확산되고 있는 한국문학 열기를 한강의 노벨상 수상을 계기로 하여 '한녀韓女문학'이라는 범주로 분석한 것이 그 예이다. 또한 한국의 젊은 세대의 비혼, 출산기피와 같은 현상에 조응하는 중국사회의 '6B'결혼, 연애 등 여섯가지를 하지 않는 6項운동을 중국측 연구자가 분석하였으며 이러한 연구는 한국측의 요청에 중국 연구자들이 응한 결과물이었다.

하지만 상호참조적인 연구방법이 가능할 수 있었던 근본적인 원인은 '재생산의 위기'라는 양국이 직면한 고속 압축성장의 결과이다. 세대간 격차, 젠더화된 성역할, 돌봄부족으로 나타난 한, 중 두 나라가 직면한 현안의 근저에는 공통적으로 돌봄노동 수행을 어렵게 하는 '장시간 시장노동'이 존재한다. 이에 본 서는 복지가 수반되지 않은 성장위주의 급격한 사회변화가 노정한 문제를 '재생산과 생산'이라는 키워드를 중심으로 살펴보고자 하였으며 그것을 통해 사회적, 정치적, 문화적 장에서 젠더의 의미와 권력구조를 재사유하고자 하였다. 출산과 돌봄, 양육, 시장노동을 역사적 맥락과 사회, 제도 전반을 통하여 살펴 보되 한국과 동아시아 맥락, 특히 중국에 비중을 두어 분석하였다.

총 11편의 논문으로 구성된 본 서는 각기 다른 시간과 공간, 주제를 다루면서도 다음의 세 가지 문제의식을 공유한다. 첫째, 재생산을 둘러싼 제도적 통치와 이데올로기가 여성의 몸과 삶을 어떻게 규율하는가. 둘째, 가족과 돌봄, 노동의 장 속에서 젠더는 어떤 방식으로 구성되고 실천되는가. 셋째, 이러한 지배 질서에 균열을 낼 수 있는 가능성의 지점은 어디인가이다.

총 11편의 글 가운데 8편이 중국관련, 3편이 한국관련 연구이다. 중국 관련 글은 1940년대부터 2020년대까지를 다루고 있으며 한국관련 글은 동시대 돌봄위기에 집중되어 청년, 조손 간의 돌봄문제를 다루었다. 중국여성문제를 연구하는 사람으로서 필자는 종종 시장화개혁 이후에 중국여성들의 '지위'가 마오쩌둥 시기에 비해 높아졌는가, 아니면 낮아졌는가라는 질문을 받곤 하는데 그런 분들에게는 이 글에 실린 8편의 중국관련 글을 시대순으로 일독하기를 권한다. 전시상황인 1940년대부터 사회주의 시기, 그리고 시장화개혁 40년 동안 국가정책과 담론, 일상이 어떻게 변화되어 왔는가에 관한 글들이 여성의 '노동자' 정체성에서 '모성' 정체성으로의 변화, 소비사회와 젠더관의 변화를 중심으로 대체적인 윤곽을 그릴 수 있도록 안내해 줄 것이다.

중국에 시장주의 시스템이 정착된 2000년 이후, 특히 2015년은 한, 중 양국 페미니스트들에게 기념비적인 해이다. 그 해에 한국사회에서는 젊은 여성들이 여성혐오와 성차별을 공적인 발화와 행동을 통하여 사회적으로 이슈화하였고 중국에서도 여성폭력에 대한 여성들의 오랜 비판이 '핏빛 웨딩드레스 5인 거리시위feminist five'로 등장하여 2015년 '反가정폭력법' 입법으로 결실을 맺었다. 법 자체로만 본다면 한국에서 가정폭력범죄 처벌법이 1997년에 입법화되었기 때문에 중국의 해당 법의 입법화가 다소 늦지 않았는가라고 생각할 수도 있다. 그러나 국가와 당이 동일시되는 정치체제하에서 개인의 권리가 사적영역에서도 관철되어야 한다는 요구가 사회적으로 승인된 것은 획기적인 진전이며 오랜 투쟁의 결실이라 보아야 할 것이며 그 입법화의 최전선에는 본 서 필진 가운데 한 사람인 펑웬馮媛의 수십 년에 걸친 여성운동가로서의 활동이 있었다. 펑웬은 관방과 거리를 둔 흔치 않은 '현장 여성운동가'라는 정체정을 지닌 활동가로, 본 서에 한국사회의 비혼, 출산거부 운동에 준하는 중국의 6B6B운동을 소개함으로써 양국 여성운동의 교차지점을 이해하게 해 주는 글을 실었다. 국내에 최근 중국 사회 젠더 문제에 대한 소개가 드물다는 점을 고려할 때 이러한 연구가 한국사회에 기여하는 바가 있으리라 생각된다.

이 책은 역사적 시간대 순으로 총 4부로 구성되어 있으며 이슈에 따라서 한국과 중국의 논문이 짝 개념으로 배치되어 있어 젠더이슈의 보편성과 특수성을 이해하는 데 도움을 준다.

제1부 '중국사회주의와 출산 보육' 가운데 「집단화 초기 단계의 농촌 생육 보장의 구축 경험과 현대적 시사」는 1950~1960년대 중국 농촌 집단화 초기 단계의 생육 보장 경험을 분석한 것으로 동시대 농촌의 생육정책에 참조지점을 제공한다. 당시 정책은 모자 건강, 보육, 식량 배급 등 직접적 조치와 가내부업, 노동시간 축소 등의 간접적 조치를 병행하여 여성의 노동환경을 배려하였으며 필자는 집단화 시기의 생육보장정책이 오늘날 남성들의 돌봄참여와 함께 시행되어야한다고 주장한다. 「1930~1940년대 중국 전

시보육의 성별 분업과 여성의 경험」은 1930~1940년대 중국의 전시보육이 중일전쟁 속 아동 보호와 양육을 위한 국가적인 사업으로 전개되어 여성들이 아동을 구출·이동·양육하며 공적영역에서 활약하였다고 분석하였다. 그러나 국민당과 공산당이 보육을 통해 여성 해방을 추구했음에도 실제 업무가 여성에게 집중되고 위험한 전투 상황에서도 보육노동이 지속되어 여성들은 성별 분업과 함께 식량보급까지 담당하는 등 복합적 경험을 하였다고 본다.

제2부 '중국 시장화 개혁과 젠더'는 시장화 개혁 이후 여성이 노동자 정체성을 상실하고 '모성'으로 정의되면서 소비경쟁사회로 진입하게 되는 맥락을 다룬다. 「개혁개방 이후 모유수유의 통치와 실천―모성과 신체를 둘러싼 엄마들의 분투」는 여성의 '모성' 정체성이 강화되면서 우량아를 기르기 위한 모유수유를 강조하는 정책, 담론이 부상하였으며 구체적으로 산모-영아가 함께 머물도록 한 병원 시스템 등이 추진되었다고 분석한다. 「1980년대 시장화개혁과 중국 여성―'돌봄'과 '노동'담론을 중심으로」는 시장화개혁이 1980년대 여성의 삶을 어떻게 바꾸었는가를 분석한 글이다. 마오저뚱 사회주의 경험을 부정하고 시장화를 옹호하는 입장이 주류화함에 따라 남, 녀 모두에게 확산되었던 '성별화된 노동에 대한 지지'담론이 확산되고 물적 조건인 주택분배와 노동기회에 있어서 여성이 불이익을 당하고 돌봄축소로 인한 돌봄의 가정화가 진행되었다고 보았다. 「개혁 시기 '먼저 부자가 되라'와 젠더―혼내외 여성의 생존조건과 '자유'」는 1980~1990년대 '먼저 부자가 되라先富論'는 정책이 이혼과 젠더담론에서 여성의 '자유'를 개인의 권리로 인정정당화하는 분위기를 조성하였다고 본다. 그러나 그 양상은 계층과 지역에 따라 상이하여 도시 여성의 경우 '자유'를 누리며 개인화하는 경향이

뚜렷하였던 반면, 농촌 여성들은 결혼과 도시이주로 인하여 토지권을 상실하는 불이익을 겪었다. 사회구조적 변동에 따라 제3자 외도문제도 급증하였으나 도덕적 질책보다는 '자유'가 담론적으로 우세를 점하여 배금주의를 합리화하였으며 그 배경에는 선부론이 존재하였다.

　제3부 '21세기 중국과 한국의 돌봄'은 한-중 양국의 돌봄위기를 분석한 내용으로 양국의 상황과 연구방법의 차이를 이해하는 데 도움을 준다.
　「가족 탄력성 가족 발전능력을 확장하는 분석 프레임」은 오늘날 중국사회에 전통가족이 위기에 처해 있다고 보고 가치관과 가족의 기능을 회복함으로써 어떻게 가족탄력성을 높일 것인가를 이론적으로 모색한 글이다. 가족 탄력성이란 스트레스와 변화에 적응하며 규범적 능력과 함께 가족 발전능력을 구성하는 능력으로 내재성, 진화성, 상호작용성을 지니며 중국의 사회·문화 변화 대응에 필수적이라고 본다. 「한국 청년세대의 돌봄과 젠더평등」은 5인 연구자의 역작으로 한국 청년세대의 돌봄 인식과 젠더평등 가능성을 분석한 글이다. 돌봄이 여성성을 중심으로 논의되는 기존 접근법을 넘어, 청년 여성과 남성, 성소수자의 인식을 통해 돌봄과 젠더 규범, 재／생산 역할 분담의 현실과 변화 가능성을 진단한다. 특히 남성성 안에서도 돌봄 윤리의 실천 가능성이 존재하는 것을 읽어낸 점이 두드러지는데, '시장노동'이 돌봄노동을 어렵게 한다는 청년세대의 사회구조적 인식을 간취함으로써 돌봄을 공공재로 인식하고 젠더평등 사회로 나아갈 실마리를 제시하였다.
　「돌봄 세대전가의 영향－가족과 노동시장을 중심으로」는 한국사회의 조손간의 돌봄행위가 주로 직장여성이 노년여성에게 돌봄을 전가시키는 행위로 나타나 직장여성의 시장노동을 충실하게 수행하도록 돕고 남성의 돌봄 참여를 면하게 한다고 본다. 또한 조손 돌봄을 대체하여 직장여성이 주부가 되는 시기가 주로 자녀가 초등 진학 시기에 이루어진다고 지적하고 이러한 돌봄 손바꿈은 돌봄보다 교육의 가치를 높게 인식하고 있는 현상이라고 분석한다.

「은밀하지만 강력하게 ─ 중국 도시가정내 조부모세대의 권위자원이 세대 간 공동양육에 끼친 영향」은 중국 도시 가정의 세대 간 공동양육에서 조부모 세대의 경제적, 윤리적, 심리적 권위자원이 양육 관계에 미치는 영향을 분석한다. 조부모의 경제적·윤리적 자원은 일부 긍정적 역할을 하지만 심리적 통제는 자녀세대에게 전반적으로 부정적 영향을 초래한다고 보고 분석을 통해 조부모의 권위자원의 행사가 중국식 가족주의와 개인화 사이의 긴장을 반영한다고 본다.

제4부 '동시대 한중 페미니즘의 교차와 영 페미니스트운동'은 2010년 이후 중국의 페미니스트 운동과 최근 한국의 문학작품이 중국에서 수용되는 양상을 분석한다. 「중국 내 한국 여성문학의 전파와 수용」은 중국에 소개된 한국작품 가운데 여성작가의 작품이 상위 80%를 차지하며, 급증하게 된 계기가 『82년생 김지영』, 공지영의 『도가니』라고 한다. 각종 데이터와 평론을 기반으로 한강의 작품 등이 중국에서 환영받는 이유를 분석하고 '극적 사건 없이 잔잔하게 내면을 묘사하는' 경향을 한국 여성작가 글쓰기의 매력이라 보고 한국문학 번역원의 역할 등 복합적 요인이 중국내 한국 여성문학붐을 형성하였다고 분석한다. 「중국 여성운동의 시각에서 본 '6B4T'」는 비혼·비출산·탈코르셋 등 여성의 자율성을 강조하는 중국의 급진적 여성주의 운동을 소개한 글로, 역사적으로 존재했던 독신여성집단인 자소녀自梳女, 스스로 머리를 올린다는 의미와 같은 전통과 현대 인터넷 문화를 배경으로 6B운동이 확산되었다고 본다. 운동은 강한 개인 권리 의식과 공동체적 연대로 지지를 얻고

있기는 하나 국가와 사회의 규제, 비판도 거세어 표현과 활동 공간이 점점 위축되고 있다고 분석한다.

본서는 이상과 같이 동시대 한-중 간에 재생산과 젠더의 지형을 가로지르는 다양한 정보와 분석을 담고 있어 독자들의 사유확장에 디딤돌 역할을 할 수 있으며 각 논문은 유기적으로 구성되어 있어 독자가 어느 장부터 읽기 시작하더라도 '돌봄'이라는 문제의식의 핵심에 도달할 수 있도록 구성되어 있다. 본 서를 통해 시장노동중심 사회에 균열을 내고 돌봄담론에 새로운 사유를 촉발하는 것은 물론 중국사회를 젠더적 관점에서 이해하는 데 기여할 수 있기를 바라는 마음이다. 그동안 성공회대학교 동아시아연구소를 이끌며 긴 여정을 함께 해 오신 백원담 교수님, 중국 톈진 사범대학의 두팡친杜芳琴 교수님, 그리고 동료교수들, 번역과 감수를 맡아주신 이승희, 김태연 선생님께 고마움을 전하며 첫 출판부터 오늘에 이르기까지 변함없이 지지하고 함께 해 주신 소명출판에 깊은 감사의 마음을 전한다.

2025년 7월
필자들을 대표하여 김미란 씀

차례

제1부

사회주의 시기의 출산과 보육

제1장

집단화 초기 단계의 농촌 생육 보장의 구축 경험과 현대적 시사

왕샹셴

1950년대와 1960년대 농촌 집단화 초기 단계에서 생육 보장이라는 용어가 당시 정책 문서에 명시적으로 사용되지는 않았지만, 생육 보장의 관점에서 중국식 근대화의 초기 탐색이 실제로 시작되었다. 한편으로는 생육 보장을 통해 인류사회의 두 가지 생산 유형인 물질 생산과 인구 생산을 조정하고, 원래 사적인 가족의 책임으로 분류되었던 생육을 점차 공공과 민간 부문이 분담하는 것으로 전환하는 것이 근대화의 기본 흐름이었다. 예를 들어, 1845년에 엥겔스는 저서『영국 노동자계급의 상태』에서 자본주의 산업 생산이 생육에 미치는 심각한 피해를 비판했고,[1] 1891년에는 여성 노동자에게 출산 휴가 등 생육을 보장하기 위한 조치를 제공해야 한다고 지적한 바 있다.[2] 한편, 생육 보장을 통한 두 가지 생산 조정은 중화인민공화국 건국 이후 광활한 농촌지역에서도 이루어졌다. 신중국 건국 이후 공제회互助組, 초급사初級社, 인민공사人民公社 등 운동을 통해 농촌의 토지 소유와 노동 조직이 집단화되면서 공적인 영역과 사적인 영역이 생육 책임을 분담하는 제도적 기반이 마련되었다. 이 글은 1950년대와 1960년대 중국 농촌에서 생육 보장 조

---

1 『馬克思恩格斯全集』2, 人民出版社, 2003, 430·447·448쪽.
2 『馬克思恩格斯全集』38, 人民出版社, 2003, 234쪽.

치를 집단 시스템에 어떻게 포함해갔는지 살펴보고자 한다.

1. 출산 전후의 모자 건강

구 중국 농촌지역의 의료 자원 부족, 높은 산모 및 영아 사망률, 그리고 신중국 건국 이후 여성의 사회적 생산 참여 필요성이 대두됨에 따라 1950년대와 1960년대 농촌지역에서는 출산 전후 모자 건강이 중요한 과제이자 시급한 문제로 대두되었다. 이에 따라 모자 건강은 다음과 같은 두 가지 방식으로 추진되었다.

첫째, 보건부衛生部는 의학적 관점에서 모자 건강을 추진하였다. 1950년 중화인민공화국 건국 이후 처음으로 모자 건강에 관한 심포지엄을 개최하였으며, 이 자리에서 "모자에게 가장 해롭고 임신, 출산, 산후 및 아동기에 발생하는 모자 질병을 해결하는 데 집중할 것"[3]이라는 제안을 하였다. 1952년에는 "하나 낳으면 하나 살리자", "하나가 살면 하나를 튼튼하게"라는 목표를 설정하고, 새로운 분만법과 육아법을 보급하기 위해 적극적으로 노력하였다.[4] 이에 따라 1957년에 발표된 「1956~1967년 국가 농업 개발 프로그램개정안」에서는 "보건부가 농촌지역의 조산사를 양성하고, 새로운 분만법을 적극적으로 홍보하며, 산모와 영아를 보호하고, 산모 질병과 영아 사망률을 줄여야 한다"는 내용을 제시하였다.[5]

둘째, 협동조합合作社은 노동 시스템의 관점에서 농촌 여성을 위한 '4기'보

---

3   王麗英, 『北京衛生史料·婦嬰衛生篇』, 北京科學技術出版社, 1993, 208쪽.
4   위의 책, 209쪽.
5   中共中央文獻研究室, 『建國以來重要文獻選編』 8, 中央文獻出版社, 2011, 49쪽.

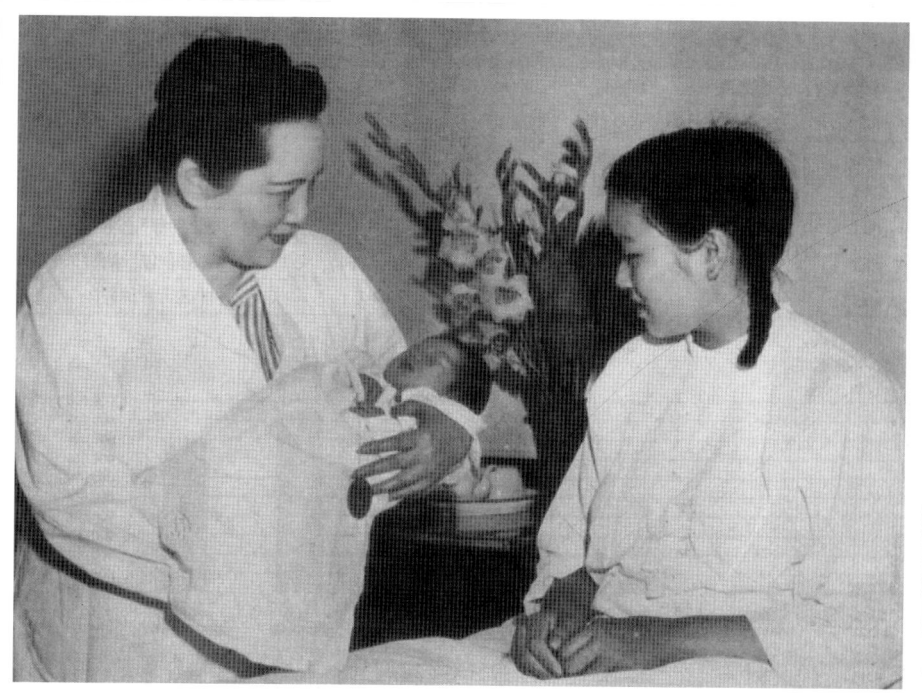

〈그림 1〉 1955년 송경령부주석이 산모를 격려하는 장면(출처 : 「위생」)

호'四期'保護를 추진하였다. 그 배경에는 대약진 전후의 '여성 노동의 재도입'
이 있었다. 1950년대 중반, 농촌 집단화가 급속히 진행되고 집약적 재배 등
농지 관리 방식이 확산되면서, '여성의 노동을 중시하는 것'에서 '여성의 노
동을 재도입하는 것'으로의 전환이 이루어졌다. 따라서 1956년에는 일부
여성 조합원社員이 과로하여 건강에 영향을 미쳤다는 지적이 나타난 바 있
다.[6] 노동력 참여율 측면에서 보면, 1958년 전국 노동력 중 농업 생산에 직
접 참여한 농촌 여성의 비율은 약 90%에 달하였다.[7] 또한, 노동력의 성비 측
면에서 여성이 농업 노동의 주축을 이루었다. 예를 들어, 1959년 베이징 농

---

6   위의 책, 315쪽.
7   中國婦女管理幹部學院, 『中國婦女運動文獻資料匯編(1949~1983)』, 1988, 371쪽.

촌에서는 여성이 전체 노동력의 약 70%, 수자원 보존 건설에 종사하는 노동력의 약 40%를 차지하였다.[8] 노동 강도의 관점에서 대약진 기간의 '대군단 작전大兵團作戰'은 야간 작업을 요구하였고, 많은 여성들이 며칠 연속으로 수자원 보존 현장에서 먹고 자는 등 강도 높은 노동에 참여하였다.[9]

당시 보편적으로 낮은 생활 수준과 결합된 고강도의 '여성 노동'은 많은 농촌 여성의 건강에 부정적인 영향을 미쳤으며, 이것이 농촌 여성을 위한 생육보장의 계기가 되었다. 첫째, 생산대生産隊는 노동력 분배에 있어 '세 가지 조정, 세 가지 비조정'의 원칙, 즉 '습한 것보다는 건조한 것을', '무거운 것보다는 가벼운 것을', '원거리보다는 근거리를' 조정하는 등의 방법을 통해 생리 중이거나 임신 중인 농촌 여성이 물과 관련된 노동이나 중노동을 하지 않도록 보호하고, 모유 수유 중인 여성이 집에 가서 아기에게 수유할 수 있도록 편의를 제공하였다.[10] 1956년 전국부련全國婦聯은 여성 및 아동 복지와 관련된 회의[11]를 개최하여 농촌 여성의 노동 보호를 전국적으로 개선해야 한다고 제안하였다. 중앙 정부는 이를 매우 중시하여 일련의 정책 문서에서 이를 위한 구체적인 조치를 채택하고, 농업 노동에서 여성을 보호하는 '4기' 보호를 처음으로 설정하여 인민공사, 생산 대대, 생산대이하, 삼자를 통틀어 '사대(社隊)'라고 칭함 등 농촌 집단이 노동력을 배치할 때 다음 원칙을 따라야 한다고 요구하였다. 생리 중에는 여성에게 필요한 휴식을 제공하고, 무거운 일

---

8   北京市婦女聯合會主編, 『北京市婦女工作五十年』上, 北京師範大學出版社, 1999, 337~338쪽.

9   鄢永江·周紹良·趙川, 「遼河岸上兩青年」, 『人民日報』 4, 1960.11.26.

10   中國婦女管理幹部學院, 앞의 책, 273쪽.

11   중화전국민주부녀연합회(中華全國民主婦女聯合會)는 1949년에 설립되었으며, 1957년에 중화인민공화국 부녀연합회(中華人民共和國婦女聯合會)로 명칭이 변경되었다. 본 논문에서는 서술의 간결성을 위해 '부련'이라는 약칭을 사용하기로 한다.

을 하거나 찬물에 들어가거나 밤을 새워서는 안 되며,[12] 임신 중에는 임산부에게 너무 무거운 일이나 육체 노동을 시키지 말고 적절한 휴식을 취하도록 해야 하며, 출산 중에는 여성에게 충분한 휴식을 제공하고,[13] 사대의 재량에 따라 노동 점수工分 보조나 공공 복지 보조금을 지급해야 한다.[14] 모유 수유 기간에 대해서는 구체적인 조치를 명시하지 않았지만 '여성노동자의 생리적 특성'[15]을 충분히 배려해야 한다고 강조하였다.

2. 아동기의 일상적인 양육과 경제적 지원

자녀의 양육 노동은 크게 두 가지로 나뉜다. 하나는 자녀의 의식주를 돌보는 일상적인 양육이고, 다른 하나는 자녀의 성장을 위한 경제적 지원이다. 농촌 집단화 초기 단계에는 이러한 두 가지 양육 노동에 대해 부모와 집단 간의 분업 체계가 존재하였다.

1) 어머니의 주된 책임 – 일상적인 양육과 가사

1950년대와 1960년대에는 어린 자녀를 돌보는 일상적인 양육과 가사를 어머니의 주요 책임으로 여기는 것이 일반적인 사회적 규범이었다. 예를 들어, 당시 부련 부주석이었던 덩잉차오鄧穎超는 1953년 제2차 부련 전국대표대회에서 "자녀를 잘 키우고 올바르게 교육하며 신체적·정신적으로 건강한

---

12 中共中央文獻研究室, 『建國以來重要文獻選編』 11, 2011, 534쪽

13 中共中央文獻研究室, 『建國以來重要文獻選編』 8, 2011, 361쪽.

14 위의 책, 362쪽.

15 中共中央文獻研究室, 『建國以來重要文獻選編』 15, 2011, 541쪽.

아이로 키우는 것은 모든 어머니의 명예로운 직책"[16] 이라고 언급하였다. 또한, 1957년에 부련 주석 차이창蔡暢은, 마오쩌둥毛澤東 주석의 "가정에서 근검勤儉을 실현하기 위해서는 특히 여성 조직에 의존해야 한다"는 발언을 인용하며, "여성 대중이 가사의 주재자"[17]라고 명시적으로 정의하였다.

당시의 정책을 주의 깊게 살펴보면, '가사'라는 용어가 광의와 협의를 모두 포함하고 있음을 알 수 있다. 마오쩌둥과 차이창 등은 광의의 가사를 언급하며, 일상적인 육아, 요리, 세탁 등 가정에서 가족 구성원이 수행하는 다양한 종류의 노동을 포함하였다. 반면, 협의의 가사는 요리, 세탁 등 일상적인 육아를 제외한 다른 집안일을 지칭한다. 예를 들어, 덩잉차오는 중국공산당 제8차 전국대표대회 연설에서, 여성은 "가사를 잘하고 자녀를 양육하며 가족을 지원하고 격려하여 국가 건설의 임무를 완수해야 한다"[18]고 발언하며 가사를 협의로 정의하였다. 즉, 광의의 가사는 일상적인 육아 + 협의의 가사로 구성되며, '가사를 주재한다主持家務'는 말의 정확한 의미는 '가정을 운영한다操持家務'는 것을 뜻한다. 그러나 일상적인 육아를 협의의 가사와 분리하기 어렵고, 자녀의 의식주를 돌보는 일이 세탁, 요리 등 다른 가사에 포함되는 경우가 많다는 점을 고려하여, 본 연구에서는 '가사'와 '가사노동'이라는 용어를 일상적인 육아와 기타 가사를 포함하는 광의로 정의한다. 그렇다면, 당시의 정책은 왜 여성의 가정 운영자로서의 역할을 강조했는가? 이 질문에 답하기 위해서는 '오호가정五好家庭' 캠페인과 '근검으로 나라를 세우고, 근검으로 가정을 운영한다'는 양근兩勤 정책을 살펴볼 필요가 있다.

'오호가정' 캠페인은 산업 노동자의 가족을 대상으로 시작되었다. 1951

---

16   中國婦女管理幹部學院, 앞의 책, 176쪽.

17   위의 책, 305쪽.

18   위의 책, 263쪽.

년 말, 전국노동조합총연맹全國工會은 약 160만 명의 산업 노동자 가족들이 『애국 협정』에 서명하도록 이끌었다. 이 협정은 "어떤 상황에서도 직원들이 생산에 전념하도록 격려하며, 절대 물러서지 않을 것, 직원들이 제때 일하고 쉴 수 있도록 가사를 잘할 것, 이유 없이 결근하지 않을 것, (···중략···) 그리고 모범적인 가족이 되기 위해 노력할 것"[19]을 약속하는 내용을 포함하고 있었다.

1954년부터 부련과 노동조합총연맹은 공동으로 '오호가정' 캠페인을 모든 노동자 가족과 주부로 확대하였다. 캠페인의 구체적인 내용은 시기별로 변화가 있었지만, 본질은 동일하게 유지되었다. 즉, 사회적 생산을 핵심으로 하고 가사를 보조로 한다는 것이다. 남편은 사회적 생산을 주된 책임으로 하며, 아내는 가사노동을 통해 남편이 사회적 생산에 전념할 수 있도록 전폭적으로 지원하는 역할을 강조하였다.[20]

1950년대 이후, 전국적으로 도시와 농촌에서 여성의 사회적 생산 참여가 광범위하게 이루어짐에 따라, 당시 정책은 여성이 가사노동과 사회적 생산 간의 관계를 어떻게 관리해야 하는지에 대한 문제를 해결할 필요성이 대두되었다. 급속한 산업 및 농업 발전과 자본 부족이라는 시대적 배경 속에서, 마오쩌둥은 1955년 "가정은 근검으로, 사회는 근검으로, 국가는 근검으로 운영해야 한다"[21]고 제안하였다. 1957년 제3차 부련 전국대표대회에서 주더朱德 부주석은 중국공산당 중앙위원회를 대표하여 전국 여성 사업의 기

---

19 顧秀蓮, 『20世紀中國婦女運動史』, 中卷, 中國婦女出版社, 2013, 17쪽.

20 宋少鵬, 「從彰顯到消失-集體主義時期的家庭勞動(1949~1966)」, 『江蘇社會科學』 1, 2012, 18·124쪽; 左際平, 蔣永萍, 『社會轉型中城鎮婦女的工作和家庭』, 2009, 43~44쪽.

21 耿化敏, 『中國共産黨婦女工作史(1949~1978)』, 中國社會科學文獻出版社, 2016, 161쪽.

본 방침을 "근검으로 국가를 건설하고, 근검으로 가정을 운영하며, 사회주의 건설을 위해 노력하는 것"으로 정의하였다. 농촌과 관련해서는, 1957년에 발표된 「1956~1967년 국가 농업 개발 프로그램」개정안에서 '근勤'은 공동체 조합원들을 동원하여 열심히 생산에 종사하는 것을 의미하며, '검儉'은 절약을 실천하는 것을 뜻한다고 설명하였다. 또한, 농촌 여성에 대해서는 농업생산에 적극적으로 참여하며 "근검하게 가정을 운영하고 가사를 잘해야 한다"[22]고 명시하였다. 이와 같이, 여성이 가정 내외 노동에 참여하는 것은 신중국의 기본정책으로 자리 잡았다.

1950년대와 1960년대의 가사노동 이론은 '오호가정' 캠페인의 추진과 '양근' 정책의 수립과 더불어 다음과 같은 발전을 이루었다.[23] 첫째, 엥겔스와 레닌 등이 주장한 가사노동의 사회화[24]와 관련하여, 1950년대와 1960년대 중국 사회주의의 실천은 생산력의 저발전으로 인해 가사노동이 오랫동안 지속될 수밖에 없음을 보여주었다. 예를 들어, 덩잉차오는 1956년 중국공산당 제8차 전국대표대회에서 가사노동은 당분간 사회화될 수 없으며, 여러 차례의 5개년 계획이 진행된 이후에도 완전히 사회화되기 어렵다고 지적하였다.[25] 둘째, 레닌 등이 제기한 가사노동이 여성 억압의 표현이라는 주장과 관련하여, 1950년대와 1960년대 중국의 사회 발전은 가사노동이 사회주의 건설에 필수적이며 여성이 가사노동에 종사하는 것이 명예로운 일이라는 점을 보여주었다. 예를 들어, 1957년 제3차 중국 여성 전국대표대회의 실무 보고서 「근검으로 국가를 건설하고 근검으로 가정을 운영하

---

22 中共中央文獻硏究室, 『建國以來重要文獻選編』 10, 2011, 574쪽.

23 仝華·康沛竹, 『馬克思主義婦女理論發展史』, 北京大學出版社, 2004.

24 全國婦女聯合會, 『馬克思, 恩格斯, 列寧, 斯大林論婦女』, 人民出版社, 1978, 152·156·213·278·289·295·315쪽.

25 中國婦女管理幹部學院, 앞의 책, 275쪽.

며 사회주의 건설을 위해 노력할 것」에서는 "가사노동은 사회 생산의 발전과 모든 민족의 생존 및 번영에 필수 불가결한 요소이다. 사회주의 사회에서 가사노동은 더욱 큰 사회적 의미를 가지며, 사회주의 건설에서 없어서는 안 될 중요한 부분이다"[26]라고 명시하였다. 사실, 그 이전부터 농촌 여성들이 가정 내외에서 이중으로 생산적 노동에 참여하는 것은 높은 평가를 받아왔다. 예를 들어, 1954년 부련은 「농촌 여성의 현재 작업에 관한 지침」을 통해 "대다수 농촌 여성들이 농업 생산에 참여하는 것이 명예롭고 중요한 일이며, 가사노동 역시 필요하다는 점을 이해시키는 것이 중요하다"[27]고 명시하였다.

2) 모성 책임의 집단적 공유

가정 내외 노동의 이중 생산에 대한 여성의 보편적 참여는, 보육 시설의 설립과 가사를 위한 시간 확보를 통해 농촌지역에서 어머니의 주된 책임을 집단적으로 공유하도록 이끌었다.

(1) 보육 시설의 설립

1950년대와 1960년대 중국 농촌의 보육 발전은 주로 집단화의 발전에 의존했다. 집단화가 시작된 직후인 1952년 농번기 동안 전국 농촌지역에는 약 15만 개의 보육조직托兒互助組과 탁아소가 설립되어 85만 명의 어린이를 돌보았다.[28] 합작화 운동이 절정에 달한 1956년 말에는 보육 시설을 이용하

---

26 中國婦女管理幹部學院, 앞의 책, 320쪽.
27 위의 책, 197쪽.
28 위의 책, 174쪽.

는 아동 수가 600만 명 이상으로 급증하였으며,[29] 1959년 말에는 농촌지역 아동의 70%가 보육 시설을 이용했다.[30]

보육 시설은 모성을 지원하기 위한 목적으로 설립되었다. 예를 들어, 1956년에 발표된 「고급농업생산협동조합 모범규약(안)의 설명」은 "여성 조합원의 특별한 필요에 따라 농작업 등을 위한 보육 시설 등 복지시설을 구축해야 한다"[31]고 명시하였다. 이와 같은 취지는 1957년에 발표된 「1956~1967년 국가 농업 개발 프로그램」개정안에도 반영되어 보육 시설 설립이 여성과 아동 보호의 주요 조치 중 하나로 자리 잡았다. 탁아소의 업무를 평가하는 데 사용되는 "어머니 같은 마음으로 밤낮없이 아이들을 교육하고 키운다"[32]는 문구는 보육을 어머니의 책임으로 간주하고 보육 시설을 설립하는 것이 어머니의 임무를 분담하는 방법이라는 것을 나타낸다. 그 결과, 농촌지역 단체의 한정된 재정 자원의 맥락에서 어머니와 그 가족은 보육 비용의 대부분을 책임지는 것으로 간주되었다. 예를 들어, 1961년에 채택된 「농촌 인민공사 업무 규정」개정 초안은 "탁아소에서 근무하는 보육원의 노동 점수는 주로 탁아소에 등록한 아동의 가족이 분담하며, 부족한 비용은 공공 복지 기금에서 보조할 수 있다"[33]고 규정하였다. 하지만 공공 복지 기금의 재원은 사실 매우 제한적이다. 해당 문서에 따르면, 공공 복지 기금의 총액은 생산 대대의 연간 가처분 소득의 3~5%에 불과했다.[34] 1962년에 개정된 「농촌 인민공사 업무 규정 개정 초안」에 따르면, 공공 복지 기금의 유보 및 사용 단위는 생산대이

---

29 위의 책, 317쪽.
30 顧秀蓮, 앞의 책, 195쪽.
31 中共中央文獻研究室, 앞의 책(8), 315쪽.
32 中國婦女管理幹部學院, 앞의 책, 193쪽.
33 中共中央文獻研究室, 『建国以来重要文献选编』14, 2011, 344~345쪽.
34 위의 책, 344쪽.

며, 생산대의 연간 가처분 소득의 2~3%에 불과했다.[35]

1961년 이후 국가 경제가 구조 조정기에 접어들면서 대부분의 농촌 보육 시설이 해체되었고, 농번기에만 임시 보육 시설이 운영되었다.[36] 이에 따라 1962년에 개정된 「농촌 인민공사 업무 규정 개정 초안」에서는 보육에 대한 명시적 언급이 사라졌다.[37] 대신, 시어머니와 며느리가 어린 자녀를 돌보는 일을 분담하거나 여성이 가사에 전념할 수 있는 시간을 확보하는 방식이 농촌의 주요 생육 보장 수단으로 대체되었다.

(2) 가사를 위한 시간 확보

1952년 초, 부련은 "자녀가 많고 가사노동이 과중한 여성에게는 농업 노동에 과도하게 참여하도록 강요해서는 안 된다"[38]고 제안했다. 이러한 주장은 1956년에 발표된 「1956~1967년 국가 농업 개발 프로그램」 초안에 공식적으로 도입되어, 여성 노동자의 연간 평균 노동일수를 남성250일 이상에 비해 낮은 120일 이상으로 설정하였다. 이는 여성이 가사노동에 필요한 시간을 확보하기 위한 조치였다.[39] 이 원칙은 이후에도 여러 정책에 반영되었다.[40]

농촌지역 여성은 자녀 양육뿐만 아니라 가족의 옷, 신발, 침구 제작, 요리, 세탁 등 다양한 가사노동을 담당했다.[41] 이에 따라 가사를 위한 시간 확보는 가사노동의 중요성을 인정하고, 가사와 자녀 양육을 병행할 수 있는 여건을

---

35   中共中央文獻硏究室, 앞의 책(15), 537쪽.

36   顧秀蓮, 앞의 책, 222쪽.

37   中共中央文獻硏究室, 앞의 책(15), 535쪽.

38   中國婦女管理幹部學院, 앞의 책, 147쪽.

39   中共中央文獻硏究室, 앞의 책(8), 46쪽.

40   위의 책, 352쪽; 『建國以來重要文獻選編』 9, 16쪽; 앞의 책(15), 533쪽.

41   賀蕭, 『記憶的性別－農村婦女和中國集體化歷史』, 2017, 279~282쪽.

마련하기 위한 실질적인 보장 조치로 기능했다. 집단화 초기에는 여성의 가사부담을 줄이기 위해 공동 식당 운영, 바느질과 곡물 분쇄의 기계화 등이 시도되었다.[42] 그러나 이러한 조치는 단기간 지속되었고 효과는 제한적이었다. 그럼에도 이러한 노력은 어머니의 주요 책임을 분담하고 모성을 보호하기 위한 탐색적인 시도로 평가된다. 또한, 「인민공사의 몇 가지 문제에 관한 결의」[1958]는 남녀 모두 평일 '8시간 노동제'를 규정하여 어머니가 자녀를 돌볼 수 있는 시간을 보장하려 했다.[43]

3) 아동 배급의 집단적 제공

1955년 정부는 식량의 '세 가지 고정고정 생산, 고정 구매, 고정 판매'을 시행하기 위해 각 지역에서 연령대별 1인당 배급 기준을 설정하도록 지시했다. 이로 인해 집단화 초기 단계에서 농촌지역의 배급은 주로 1인당 기준으로 이루어졌다. 1956년, 중국공산당 중앙위원회와 국무원은 "협동조합이 곡물을 분배할 때 배급 부분은 현지에서 설정한 배급 기준에 따라 인구에 비례해 조합원에게 분배해야 한다. (…중략…) 노동일수에 따른 추가 배급은 배급 외 잉여 곡물로 이루어 수 있도록 한다"[44]고 규정하였다.

1인당 배급제는 전시 배급제의 전통을 이어가는 것뿐만 아니라,[45] 대중의 생계를 보호하려는 정부의 정책적 관심에서 비롯되었다. 저우언라이周恩來 총리는 1957년 중국공산당 제8차 전국대표대회에서 "모든 국민이 먹을 식량

---

42 中國婦女管理幹部學院, 앞의 책, 177쪽.

43 中共中央文獻研究室, 앞의 책(11), 534쪽.

44 中共中央文獻研究室, 앞의 책(9), 2011, 283쪽.

45 王明生, 「"大躍進"前後毛澤東分配思想述論」, 『南京大學學報(哲學人文科學社會科學)』 4, 2002, 12·13쪽.

을 확보하도록 노력하는 것"[46]을 중국 복지 정책의 핵심 원칙으로 강조했다. 특히, 아동의 생존을 보호하는 것은 배급제 도입의 주요 이유 중 하나였다. 예를 들어, 1959년 중국공산당 중앙위원회 정치국 회의록의 「인민공사에 관한 18가지 문제」[1959]에서는 "일할 능력이 없는 아동은 배급제 하에서 대우를 받을 것"[47]이라고 명시했다. 이는 공급제에 기반한 식량 배급이 평등주의로 인한 위험을 초래할 수 있음에도, 육아에 있어 집단과 가족이 기본적인 책임을 공유하도록 한다는 점에서 농촌 집단화 초기 단계의 가장 기본적인 생육 보장 수단으로 작용했다.

각종 자료에 의하면, 아동에 대한 식량 배급의 수준과 보급성은 비교적 낮은 수준에 머물렀을 것으로 추측된다. 예를 들어, 「인민공사에 관한 18가지 문제」[1959]에서는 다음과 같이 명시했다. "각지의 인민공사는 생산 및 소득 수준에 따라 식량 공급제식용유, 소금, 채소 등 포함 또는 식품 공급제식용유, 소금, 채소 등 제외를 채택한다. 일부 생산성이 낮고 소득이 부족한 공사에서는 식량 반半공급제도를 시행한다. 즉, 배급량의 일부는 공급제로 제공되고, 나머지 배급량은 조합원 임금에서 공제한다."[48] 배급 분배의 비율은 지역과 시기에 따라 변동이 있었다. 연구에 따르면, 1960년대 일부 생산대에서는 초기의 4:6 비율에서 점진적으로 7:3, 8:2, 9:1 비율로 이동한 사례가 관찰되었다.[49] 배급제하에서 배급량이 실제 필요량의 60~70%[50]에 불과하였다는 점은 널리 알려진 사실이다. 1950년대와 1960년대 전반적으로 낮은 농업 생산성을 고려할 때,

---

46 中共中央文獻硏究室, 앞의 책(10), 506쪽.

47 中共中央文獻硏究室, 『建國以來重要文獻選編』 12, 2011, 151쪽.

48 위의 책, 2011, 150~151쪽.

49 張樂天, 『告別理想－人民公社製度硏究』, 上海人民出版社, 2005, 79~80쪽; 王躍生, 『社會變革與婚姻家庭變動－20世紀30~90年代的冀南農村』, 2006, 457쪽.

50 王躍生, 위의 책, 439쪽.

이것은 '모두를 위한 식량'이라는 목표에 부합하는 거의 보편적인 공급 체계를 구성했음을 의미한다. 이는 곧 아동의 경제적 양육이 집단과 가족, 즉 공공과 민간이 실질적으로 분담하는 형태로 이루어졌음을 시사한다.

4) 아버지의 양육 소외

1950년에 제정된 「중화인민공화국 혼인법」^{이하「혼인법」}은 부모 쌍방이 자녀를 양육해야 한다는 원칙을 규정했지만, 아버지의 역할에 대해서는 주로 경제적 부양 책임에 초점을 맞추고 있다. 「혼인법」 제13조에서는 "부모는 자녀를 양육하고 교육할 의무가 있다"고 명시하며, 부모의 공동 책임을 강조했다. 제21조는 "이혼 후 남성은 여성이 양육하는 자녀에 대해 생활비와 교육비의 전부 또는 일부를 부담해야 한다"[51]고 규정했다. 이는 혼인법이 일상적인 양육과 경제적 지원이라는 부모의 두 가지 주요 역할의 분배에 있어 전자를 어머니의 책임으로, 후자를 아버지의 책임으로 암묵적으로 간주했음을 보여준다.

혼인법이 아버지의 경제적 부양 기능을 강조하는 것은 공허한 주장이 아니라, 구 중국의 전통과 신 중국 대중의 상황에 기초한 것이다. 전자와 관련하여, 페이샤오퉁費孝通은 1930년대와 1940년대 남부 농촌 가정에 대한 인류학적 관찰을 통해, 어머니는 모유 수유, 의복, 음식 제공 및 정서적 위안 등 일상적인 자녀 양육을 주로 담당하는 반면, 아버지는 경제적 부양을 전담하며, 일부 아버지는 가족 생계를 위해 일 년 내내 집을 비우고 어머니가 가정에서 자녀를 돌보는 경우가 많았음을 발견하였다.[52] 이러한 분업 구조는 아버지가 일상적인 육아에 참여하지 않는 경향을 내포하고 있다. 후자와 관련하여, 중

---

51 中國婦女管理幹部學院, 앞의 책, 47쪽.
52 費孝通, 『鄕土中國, 生育製度, 鄕土重建』, 商務印書館, 2011, 222·241~243쪽.

화인민공화국 건국 이후 농촌지역에서 아버지의 일상적인 육아 부재가 더욱 두드러진 것으로 나타났다. 연구에 따르면, 중국 북동부와 북부 농촌지역에서 성인 남성들은 주로 가정 밖에서 동성 간 사교 활동을 선호했으며, 많은 아버지가 수면과 같은 필수적인 활동을 제외하고는 집에 머무르는 시간이 거의 없었다.[53] 높은 수준의 리얼리즘 풍격으로 유명한 자오수리趙樹理의 『리유차이 판화李有才板話』에서도, 마을 남성들이 손에 그릇을 들고 집 밖으로 나와 공공공간에서 음식을 먹으며 대화를 나누는 모습이 생생히 묘사되었다. 그 결과, 필수적인 경우에만 집에 있는 것이 아버지의 일반적인 특징이 되었으며, 이는 많은 아버지가 일상적인 육아에 참여하지 않는 현실과 부합한다.

농촌 집단화 초기 단계에 아버지가 일상적인 육아에 덜 참여하는 부성의 패턴은 세 가지 방식으로 지속적으로 나타났다. 첫째, 농촌 남성 간부들은 사회적 생산에 집중하도록 독려되었다. 예를 들어, 1960년 『인민일보』는 「위대한 번영, 위대한 업적─농부로 일하기 위해 시골로 돌아온 지식인 청년 쿵링인孔令印의 행적」이라는 제목으로, 마을 간부 쿵링인의 사회적 생산에 대한 헌신을 높이 평가하였다. 기사에서는 그의 아내가 폭우로 물이 새는 집을 정리하느라 바쁜 상황에서도, 그는 마을의 농작물이 침수될 것을 염려하며 빗속에서 밭으로 달려갔다고 묘사했다.[54] 이와 유사한 자료들은 간부들의 업무가 실제로 사회적 생산에 집중되어 있었음을 보여준다. 예컨대, 1951년부터 1954년까지 한 대대 간부의 일기에서는, 그가 설 연휴 3~4일과 질병으로 인해 집에 머무른 때를 제외하고 단 하루도 쉬지 않았다고 기

---

53 張樂天, 앞의 책, 311쪽; 閻雲翔(龔小夏), 『私人生活的變革──一個中國村莊裏的愛情, 家庭與親密關係(1949~1999)』, 2009, 106・134쪽.

54 『人民日報』 4, 1960.9.21.

록되어 있다.[55] 둘째, 아버지가 가정 밖에서 사회적 생산에 주력하고 어머니가 가정 안에서 일상적인 육아에 집중하는 성별 분업은 일반 마을 주민들에게도 동일하게 적용되었으며, 이는 농촌 집단화 초기 단계의 노동 분배 원칙으로 자리 잡았다. 예를 들어, 한 연구에 따르면, 수자원 보존 건설과 같이 장기간 작업 현장에서 숙식을 해결해야 하는 경우, 사대는 일반적으로 남성을 우선적으로 파견하였으며, 남성이 부족할 경우 미혼 여성을, 최후의 수단으로 이미 아이를 낳은 여성을 파견하는 관행이 관찰되었다.[56] 셋째, 여러 부서에서 아동 복지와 관련된 업무를 설계할 때는 성 중립적이며 부모의 참여를 강조하였으나, 실제 실행 단계에서는 어머니나 할머니와 같은 여성 양육자들이 주로 담당하는 경우가 많았다. 예컨대, 1950년대와 1960년대에 모든 수준의 모자 보건 부서들은 '수유 및 일반적인 질병 예방에 관한 지식을 가장에게 전파하는 것'을 주요 업무로 정의하였으나, 실제로는 '어머니 모임'과 '할머니 교실'을 통해 이를 홍보하는 사례가 대부분이었다. 이는 육아 지식 보급이 주로 여성들을 대상으로 이루어진 구조적 현실을 반영한다.[57]

---

55   張樂天, 앞의 책, 187쪽.

56   李斌, 『村莊視野中的階級, 性別與家庭結構－以1950年代湘北塘村為中心的考察』, 湖南人民出版社, 2013, 163쪽.

57   王麗瑛, 『北京衛生史料・婦嬰衛生篇』, 北京科學技術出版社, 1993, 209・212쪽.

3. 성인 자녀의 주거와 결혼

1) 부모의 가장 큰 경제적 책임

1950년에 공포된 「혼인법」은 부모가 자녀 양육에 대한 책임이 있다고 규정했으나, 성인이 된 아들의 주택 구입과 결혼을 위한 부모의 재정적 지원 필요성에 대해서는 언급하지 않았다. 그러나 이러한 법적 침묵과는 달리, 오랜기간 존재해 온 세대 간 윤리는, 자녀에 대한 부모의 책임이 출생과 함께 시작하여 결혼으로 끝난다고 보며, 부모는 자녀가 결혼한 후에야 비로소 책임을 다한 것으로 생각하는 경향이 있다.[58] 특히, 여성 / 딸이 결혼하는 것과 달리, 가부장적 유산 상속 제도, 남자가 새집을 마련해야 한다는 관습, 그리고 여성을 위한 신부 값 지불과 같은 전통적 문화적 요인들로 인해 1950년대와 1960년대 농촌사회에서는 자녀의 결혼이 부모에게 있어 가장 큰 재정적 책임으로 작용했다.[59]

이 가장 큰 재정적 책임은 크게 두 가지 항목으로 나뉘었다. 첫 번째는 아들의 결혼을 위해 새집을 짓거나 수리하는 것이었다. 농촌 집단화가 발전하는 과정에서 실제로 조합원의 주택 문제를 해결하기 위한 집단의 책임을 다룬 정책들이 존재했다. 예를 들어, 「1956~1967년 국가 농업 발전 계획」개정안, 1957에서는 "협동조합의 생산 발전과 사회적 소득의 증가에 따라, 농업 협동조합은 필요와 가능성에 따라, 자발성, 상호부조, 지출의 경제성, 토지 절약의 원칙 하에, 조합원들이 준비를 갖추고 계획적으로, 단계별로 가족 주택의 수리 및 신축하여, 조합원들의 주거 조건을 개선하도록 지원해야 한다"[60]

---

58 張樂天, 앞의 책, 286쪽; 曹錦淸 等, 『當代浙北鄕村的社會文化變遷』, 2014, 308·325쪽.

59 張樂天, 위의 책, 286쪽; 王躍生, 앞의 책, 185쪽.

고 제의하였다. 그러나 공업과 농업 간의 가격 격차, 농산물 가격 하락, 시장 거래의 엄격한 통제 등 경제적 제약으로 인해, 사대는 조합원들의 주택 건설이나 수리에 직접적으로 관여하기 어려운 상황이었다. 더욱이, 1958년 「인민공사의 몇 가지 문제에 관한 결의」에서 조합원의 주택은 "조합원에게 영원히 속하는" 가족 사유 재산이라고 명시한 이후, 결혼을 앞둔 아들의 새 주택 마련은 부모의 책임으로 여겨지는 것이 더욱 논리적이고 합리적인 것으로 간주되었다. 이는 주택이 마을 사람들의 사유 재산으로 인정되었기 때문에, 주택의 건설이나 수리는 당연히 개인적이고 사적인 책임으로 전가된 것이었다.

아들을 결혼시키는 두 번째 주요 비용은 신부 값, 가구 및 가전제품 구입, 결혼식 연회 비용으로, 이는 점차 증가하는 추세를 보였다. 중국 북동부 농촌지역의 신부 값을 예로 들면, 1950년대 초기에는 평균 200위안이었으나, 후기에는 280위안으로 증가한 것으로 보고되었다. 1960년대에 들어서는 신부 값이 더욱 인상되었고, 당시 수요가 많았던 자전거와 시계 같은 품목이 결혼 준비 물품에 포함되었다. 이러한 결과로 1960년대의 결혼 비용은 새 주택을 마련하는 비용을 제외하더라도 초기에는 평균 450위안에서 후기에는 740위안까지 증가하였다.[61]

정부는 막대한 결혼 비용 문제를 완화하기 위해 집단적 지원을 시도했다. 예를 들어, 1953년에 공포된 「중국공산당 중앙위원회 화북국 「농업생산협동조합의 몇 가지 문제 해결 방안」의 전송」에는, 협동조합의 공익기금은 "인민공사 내 공익사업에 사용"되어야 하며, 공익기금을 활용해 "자연재해, 결혼과 장례, 질병 등으로 생활이 어려운 조합원에게" 보조금 또는 무이

60   中共中央文獻硏究室, 앞의 책(10), 575쪽.
61   閻雲翔, 앞의 책, 169~171쪽.

자 대출 형태로 지원할 수 있다고 명시하였다.[62] 이밖에, 쑤저우 전구蘇州專區의 39개 인민공사는 1958년에 결혼 비용을 공급제에 포함하겠다고 발표하였다.[63] 그러나 농촌 집단화 초기 단계의 상대적으로 낮은 생산성, 높은 결혼 비용, 그리고 결혼 비용 부담이 가족의 사적 책임이라는 전통적 인식 등으로 인해, 실제로 아들의 결혼 비용은 집단에서 분담되지 않았다.

2) 가내 부업과 현금 축적의 수단

1950년대와 1960년대 농촌지역에서는 여전히 많은 부모가 가계의 재정적 권한을 보유하고 있었으며, 이에 따른 재정적 책임 또한 부담하였다.[64] 신 중국 건국 이후 농촌 가정에서 부모, 특히 부권은 다음 네 가지 요인에 의해 축소되었다. 첫째, 토지 소유권이 가족 단위의 사유에서 집단 공동 소유로 전환되었으며, 둘째, 생산 주체가 부모에서 공동체로 변화하였다. 셋째, 노동 점수제의 도입으로 인해 성인 조합원 각자의 소득이 독립적, 표면적으로 관리되었으며, 넷째, 「혼인법」에 따라 부모가 자녀의 결혼을 독단적으로 결정하는 것이 금지되었다. 그러나 실제로는, 다음과 같은 방식으로 부모의 권위가 일정 부분 유지되었다. 첫째, 노동 점수에 따른 임금은 대부분 가구 단위로 지급되었으며, 다른 가족 구성원의 임금은 대개 남성 가장이 대신 수령하였다.[65] 그 결과, 일부 청년들은 일 년 내내 노동에 종사하고 개인 명의의 노동 점수를 보유하고 있음에도 불구하고 실질적으로 소득을 직접 통제할 수 없는 상황에 처하였다.[66] 이에 따라 부모는 가계 수입의 사용을 실

62 中共中央文獻研究室, 『建國以來重要文獻選編』 4, 2011, 206쪽.

63 周彪, 「人民公社分配製度的形成 - 以江蘇為例」, 『社會科學研究』 6, 2002, 116쪽.

64 王躍生, 앞의 책, 460쪽.

65 張樂天, 앞의 책, 282쪽; 李斌, 『村莊視野中的階級, 性別與家庭結構 - 以1950年代湘北塘村為中心的考察』, 2013, 184쪽.

질적으로 통제하는 역할을 수행하였다. 둘째, 결혼과 관련하여 부모가 법적으로 결혼을 주관할 권한을 상실하였음에도 불구하고, '중매인의 소개, 부모의 동의, 당사자의 합의'라는 절충적 절차를 통해 여전히 부모가 자녀의 결혼에 상당한 영향력을 행사할 수 있었다. 이와 더불어, 부모의 재정적 통제권 및 '부모가 아들의 결혼을 지원해야 한다'는 세대 간 윤리적 관념은 부모가 아들의 결혼 자금을 마련해야 한다는 사회적 의무로 작용하였다.

집단화 단계에 들어선 이후, 농민 가정의 기본 생활비는 일반적으로 "식량은 집단에 의존하고, 현금은 개인이 마련한다"는 특징을 지니고 있었다. 이는 농촌 집단이 지급하는 배당금이 극히 제한적이었기 때문이며, 일부 사대의 기업에 참여하거나 외부에서 노동을 하여 현금 수입을 얻는 소수를 제외한 대다수의 마을 주민들은 가족 부업에 의존하여 경제적 수요를 충족하였다. 1958년에 발표된 「인민공사의 몇 가지 문제에 관한 결의」에서는 조합원이 가내 부업을 운영할 수 있도록 허용하였으며, 1961년에 채택된 「농촌 인민공사 업무 규정」초안에서는 조합원이 가내 부업을 발전시킬 수 있도록 명시적으로 장려하였다. 해당 규정에서는 첫째, 가내 부업이 사회주의 경제를 보완하는 필수적인 요소라는 점, 둘째, 가내 부업의 생산물은 전적으로 개인 소유이며 자유롭게 처분할 수 있다는 점, 셋째, 노동자가 여가 시간과 휴일을 활용하여 가내 부업에 종사하도록 장려한다는 점을 명확히 하였다.[67] 또한, 해당 초안에서는 남성과 여성 조합원에게 각각 월 4일과 6일의 휴가를 제공하도록 규정하였으며,[68] 1958년 「인민공사의 몇 가지 문제에 관한 결의」에서 규정된 하루 8시간의 노동시간은[69] 부모가 가내 부업에 종사

66   李銀河, 『後村的女人們—農村性別權力關係』, 內蒙古大學出版社, 2009, 52쪽.
67   中共中央文獻硏究室, 『建國以來重要文獻選編』 14, 2011, 349~350쪽.
68   위의 책, 351쪽.

할 수 있는 시간을 보장하는 역할을 하였다.

여러 연구에 따르면, 가내 부업 가운데 돼지 사육이 농가의 가장 중요한 현금 수입원이 되었던 것으로 나타난다.[70] 예를 들어, 저장성 지역의 경우 1960년대 단층집 한 채를 신축하는 데 평균 600위안, 침실이 세 칸 있는 단층집의 건축 비용은 약 1,800위안이 소요되었다. 당시 돼지 한 마리의 판매가격은 약 100위안이었으며, 연간 네 마리를 판매할 경우 2~4년 동안 돼지를 사육함으로써 주택을 신축하고 결혼 자금을 마련할 수 있었다.[71] 노동력의 배분 측면에서, 돼지 사육은 주로 어머니의 역할로 귀속되었다. 이는 두 가지 요인에 기인한다. 첫째, 가축 및 가금류 사육은 일반적으로 가정 내 마당에서 이루어지는 부업이었으므로, 여성이 육아와 생산을 병행하기에 적합한 것으로 간주되었기 때문이다. 부련은 1954년 「농촌 여성의 현재 작업에 관한 지침」에서, 가축 및 가금류 사육과 같은 가내 부업이 여성에게 가장 적합한 노동 분업 방식이라고 지적한 바 있다.[72] 둘째, 1957년 「돼지의 대량사육을 위한 농촌 여성 동원에 관한 회람」에서도 부련은, 돼지 사육은 "전통적으로 농촌 여성이 담당해 온 것"이었으며, "여성의 강점을 최대한 발휘할 수 있는 동시에 여성의 생활 방식에 가장 적합한 생산 활동"이라고 규정하였다.[73]

그 결과, 남성들은 자류지를 관리하고, 여성들은 돼지 사육 및 기타 정원 생산을 통해 성인이 된 아들이 주택을 마련하고 결혼하는 데 필요한 상당한 현금을 모을 수 있었다. 부모가 자녀 양육이라는 가장 중요한 임무를 수행할 수 있었던 근본적인 배경에는 집단화 초기 「농촌 인민공사 업무 규정」초안

---

69 中共中央文獻研究室, 앞의 책(11), 534쪽.

70 張樂天, 앞의 책, 250쪽; 曹錦清 等, 『當代浙北鄉村的社會文化變遷』, 2014, 155쪽.

71 張樂天, 위의 책, 250쪽.

72 中國婦女管理幹部學院, 앞의 책, 257쪽.

73 위의책, 285쪽.

과 같은 정책이 존재하였다. 해당 정책은 농민들이 자류지를 관리하며 가축과 가금류를 사육하도록 장려함으로써, 가족 단위의 경제 활동을 지속할 수 있도록 지원하는 역할을 하였다.

4. 경험과 시사점

1) 경험

(1) 근본적 경험

농촌 집단화 과정에서, 관련 부서는 마르크스주의 이론을 기계적으로 적용하는 것이 아니라, 당시의 구체적 현실을 고려하여 지역적 여건에 따라 실천하고 혁신하였다. 예를 들어, 엥겔스와 레닌이 제안한 출산 휴가와 같은 여성 노동 보호 조치는 원래 공업 대생산에 참여하는 여성 노동자를 대상으로 한 것이었으나, 1950년대와 1960년대 농촌지역의 집단화 건설 과정에서, 부련 등 관련 부서는 '세 가지 조정, 세 가지 비조정'의 원칙과 같은 생산대의 경험을 반영하고 이를 발전·보완하여 농촌 여성을 위한 '4기四期' 보호 체계를 구축하였다. 이처럼 생육 보장 조치는 마르크스주의의 기본 원칙을 구현하는 동시에, 당시 농촌의 생산성과 생활 수준에 적합하도록 실용적이고 혁신적인 방식으로 조정되었다. 또한, 보육 서비스와 공공식당은 원래 가사의 사회화를 위한 마르크스주의적 조치였다. 그러나 사회주의 건설이 막 시작된 1950년대와 1960년대에는 농업 생산성이 상대적으로 낮고, 관리 경험이 제한적이며, 집단적 자본 축적이 미약하였다. 이에 따라 집단이 대규모 보육 시설과 공공식당을 장기적으로 운영하는 것은 현실적으로 어려운 상황이었다. 따라서, 여러 차례의 실무 경험과 정책 조정을 거친 결과, 1962년에 수립된 인민공사 초안에서는 기존의 보육 서비스 및 공공식당 운영을 강조하는 대신, 농촌 여성이 가사노동과 사회적 생산 활동을 균형 있게 병행할 수 있도록 명확하고 실용적인 방식으로 시간을 보장하는 정책이 마련되었다.

이와 같이, 마르크스주의의 기본 원칙과 중국의 실제 현실을 결합함으로써 「농촌 인민공사 업무 규정 개정 초안」과 같은 정책 문서는 농촌 집단화 초기 단계에서 생육 보장 조치를 명확히 규정하는 역할을 수행하였다.

(2) 세 가지 구체적인 경험 – 직접적 및 간접적 조치의 결합, 도시와 농촌의 차이의 출현, 부모 역할의 분화

첫째, 직접적인 지원 조치와 간접적인 우대 조치의 조합이다. 앞서 언급한 바와 같이, 직접적인 생육 지원 조치는 주로 아동 성장의 두 단계에 해당하는 5가지 보장으로 구성된다. 즉, 출산 전후에는 보건부의 주요 책임인 모자 건강 관리, 사대의 책임인 '4기' 보호가 이루어지며, 아동기에는 농촌 집단이 제공하는 보육 서비스, 정책에 따라 가사노동을 위한 시간 배정, 사대에서 제공하는 아동 식량 배급 등이 포함된다. 간접적인 출산 우대 조치는 부모의 교육적 부담을 완화하는 저비용 초등 교육, 가내 부업에 대한 정책적 장려, 근무 일수 및 근무시간 기준을 통한 시간 보장 등 사대를 비롯한 농촌사회의 집단이 제공하는 광의의 생육 지원을 포함한다. 이러한 조치를 통해 부모는 자녀의 결혼 비용을 마련할 수 있는 경제적 여력을 확보할 수 있었다. 이처럼 직접적인 생육 지원 조치와 간접적인 우대 조치는 상호 보완적인 역할을 하였으며, 다른 요인들과 함께 1950~1960년대 농촌 가구의 평균 자녀 수 증가 및 기대수명 연장에 기여하였다.[74]

---

74 張樂天, 앞의 책, 287쪽; 王躍生, 앞의 책, 181·190쪽.

둘째, 생육 보장은 초기 단계에서 보장 범위, 보장 수준 및 재원 조달 방식에 있어 도시와 농촌 간 차이가 발생하였다. 예를 들어, 출산 휴가의 경우 1950년대 초반에는 노동 보험이 적용되는 기업의 여성 근로자가 일반적으로 56~70일의 출산 휴가를 부여받으며, 이 기간 동안 "정상적인 임금을 지급" 받을 수 있도록 규정하였다.[75] 하지만 1960년대가 되면 출산 휴가 중 재량 수당의 지급 범위를 생활이 어려운 자로 제한하였다.[76] 또한, 공적-사적으로 생육 책임을 분담하는 주요 수단 중 하나인 보육 서비스의 경우, 계획경제 체제하에서 국유기업이 안정적으로 보육 서비스를 제공한 것과 달리,[77] 농촌지역의 집단화 단계에서는 이러한 서비스가 단기간 동안만 운영되었다. 도시와 농촌 간 생육 보장 격차가 발생한 주된 원인은 당시 도시 여성 노동자의 출산 휴가 급여가 국가가 직접 제공하는 노동 보험을 통해 지급된 반면, 농촌지역 여성 노동자의 출산 휴가 보조금은 생산 대대 또는 생산대의 공공 복지 기금에서 조달되었기 때문이다. 더욱이, 공업과 농업 간의 가격 격차와 생산 대대 및 생산대의 규모가 수천 명에서 수백 명에 이르는 역사적 배경을 고려할 때, 농촌 집단이 제공하는 보호 수준은 국가가 제공하는 보호 수준과 비교하기 어려운 것이 현실이었다.

셋째, 생육 보장에서 어머니의 역할은 가시적으로 드러나는 반면, 아버지의 역할은 상대적으로 불가시적이다. 이는 마르크스주의 여성 해방 이론 자체가 모성 보호 개념을 포괄적으로 포함하고 있다는 점 외에도, 농촌 집단화 과정에서 모성이 강조된 것이 시대적 필요성과 전중국여성연맹의 적극

---

75 中國婦女管理幹部學院, 앞의 책, 81·152쪽.

76 中共中央文獻研究室, 앞의 책(15), 541쪽.

77 張亮, 『中國兒童照顧政策研究－基於性別, 家庭和國家的視角』, 上海社會科學院 出版社, 2016, 60쪽; 楊菊華, 「為了生產與婦女解放－中國托育服務的百年歷程」, 『開放時代』 6, 2022, 61쪽.

적인 홍보에 기인한 바 크기 때문이다. 동시에, 부성 보호는 농촌 집단화 과
정에서 연쇄적인 효과로 자리 잡게 되었다.

　모성 보호의 시대적 필요성은 두 가지 측면에서 반영된다. 첫째, 1950~1960
년대 국가 지도자와 이론가들은 사회주의 사회에서 육아를 비롯한 가사노동
이 장기간 지속될 것이라고 인식하였으며, 전통적으로 가사를 어머니가 주
로 책임져 왔다는 점을 고려하여 어머니의 주요 역할을 일상적인 육아와 가
사로 명확히 규정하였다. 둘째, 같은 시기 농촌 여성의 농업 생산 참여와 가
사노동 간의 긴장으로 인해 '4기' 보호와 같은 생육 보장 조치가 농촌 집단화
추진을 위한 필수적인 조건으로 작용하였다. 이에 따라, 모성 보호는 집단화
초기 단계에서 생육 보장의 핵심적인 요소로 자리 잡게 되었다.

　부련은 세 가지 주요 방식으로 모성 보호 프로그램을 추진하였다. 먼저,
조직의 사명 측면에서 살펴보면, 1950~1960년대 부련의 규정이 세 차례
개정되었음에도 불구하고, 여성과 아동의 권익 보호는 지속적으로 명문화
된 핵심 목표로 유지되었다.[78] 둘째, 네트워크 구축 측면에서 보면, 1953년
제2차 전국부녀대표대회가 개최될 당시 이미 전국의 모든 성省과 시市, 그리
고 대부분의 현縣에 부련이 설립되어 있었으며,[79] 이로 인해 도시와 농촌을
아우르는 전국적인 부련 네트워크가 조기에 형성되었다.[80] 마지막으로, 대
외 연계 측면에서 전중국여성연맹의 덩잉차오 주석은 1949년 11월 베이징
에서 열린 제1차 전국여성대회를 통해, 별도의 여성 조직이 존재한다고 해
서 여성 조직만이 여성 사업을 담당하는 것이 아니라, 모든 관련 기관이 협
력하여 공동으로 추진해야 함을 강조하였다.[81] 이에 따라, 농촌 집단화 초기

78　中國婦女管理幹部學院, 앞의 책, 24·180·335쪽.

79　위의 책, 171쪽.

80　北京市婦女聯合會編, 『北京市婦女工作五十年』上, 1999, 34쪽.

전중국여성연맹은 의료 및 농업 부문과 긴밀히 협력하여 모자 건강, 보육, 기타 모성 보호 정책을 적극적으로 추진하였다.

농촌 집단화 초기의 부성 보호와 관련하여 주목해야 할 점은, 부성이 인간 사회의 근본적인 구성요소임에도 불구하고, 1970년대에 이르러서야 비로소 부성즉, 사회적으로 구성된 아버지의 부성 개념과 실천이 정책 및 연구영역에서 점진적이고 명시적으로 도입되었다는 사실이다.[82] 이러한 배경으로 인해, 마르크스, 엥겔스, 레닌의 이론뿐만 아니라 농촌 집단화 초기 단계에서도 부성에 대한 명시적인 언급이 거의 이루어지지 않았다. 1950~1960년대 농촌사회에서 부성 보호는 다음 세 가지 특징을 지닌다. 첫째, 정책 내용 측면에서 살펴보면, 어머니를 위한 '4기' 보호, 육아 및 가사를 위한 시간 확보 등의 조치는 자주 언급된 반면, 아버지의 구체적인 책임과 그에 상응하는 권리는 상대적으로 간과되었다. 둘째, 관할 기관의 관점에서 보면, 여성연맹이 모성 보호를 적극적으로 추진한 반면, 부성과 생육 보장을 함께 고려하는 기관은 거의 존재하지 않았다. 셋째, 부성 개념의 구성 요소를 살펴보면, 1950년 제정된 혼인법과 1950~1960년대 농촌사회의 생산적 생활은 전통적 부성 개념과 마찬가지로, 일상적인 자녀 양육보다 경제적 부양에 초점을 맞추었다.

그러나 결혼과 가족의 형성과정에서 모성 보호가 필연적으로 아버지를 포함하는 개념이므로, 농촌 집단화 초기 단계에서 부성 보호가 명시적으로 구축되지 않았음에도 불구하고, 이에 대한 연쇄적인 효과가 나타났다. 예를 들어, 식량 배급을 위한 공급제는 전통적 부성 개념에서 강조되었던 경제적

---

81 中國婦女管理幹部學院, 앞의 책, 43쪽.

82 王向賢, 「轉型時期的父親責任, 權利與研究路徑－國內父職社會學研究述評」, 『青年研究』 1, 2019, 84쪽; 王亮, 「"新父職"研究－概念釐清, 理論脈絡與研究展望」, 『中國青年研究』 6, 2022, 111쪽.

부양 책임을 공동체가 일정 부분 분담하는 구조를 형성하였다. 또한, '아들을 가르치지 않는 것은 아버지의 잘못이다子不教, 父之过'라는 전통적 부성 개념과 관련하여, 앞서 언급한 바와 같이 '자녀를 잘 가르치고 키우는 것'을 어머니의 주요 책임으로 규정한 정책은, 결과적으로 아버지의 교육적 책임을 어머니와 공유하는 방향으로 전환하는 과정의 일부로 작용하였다. 나아가, 농촌 집단화 초기 단계에서 인민공사가 조직한 저비용 초등교육은 가족의 교육 비용 부담을 경감시켰을 뿐만 아니라, 전통적 부성 개념에서 요구된 양육 책임을 공동체와 아버지 간의 공적-사적 책임 분담 방식으로 변화시키는 계기가 되었다.

2) 현대적 시사점

(1) 농촌 집단화 초기 단계의 생육 보장을 위한
직·간접적 조치 결합의 경험과 그 시사점

농촌 집단화 초기 단계의 정책이 지역적 특성을 반영하여 시행되었다는 점은 현대 농촌 생육 보장 정책 수립 시에도 고려해야 할 중요한 요소이다. 예를 들어, 농촌 집단화 초기의 '세 가지 조정, 세 가지 비조정' 정책과 농촌 여성을 위한 '4기' 보호 조치는 당시 농업 노동이 육체적으로 더 힘들고 물에서 일하는 경우가 많았던 현실을 반영하여 조정되었다. 이러한 접근법은 현대 농촌 생육 보장 정책을 수립할 때도 도시와 농촌 간 형평성을 고려하는 동시에 농촌지역의 특수성을 반영하는 방식으로 적용될 필요가 있다.[83]

또한, 집단화 초기 단계에서 시행된 간접적인 생육 우대 조치, 예컨대 육

---

83 羅明忠·林玉嬋·柯傑升,「農村夫妻就業分化對生育意願的影響」,『人口與發展』
    1, 2024, 周紹傑; 王拓·胡珺褘,「中國農村人口現狀及生育意願問題研究」,『清華
    大學學報(哲學社會科學版)』1, 2024.

아 보장을 위한 하루 8시간 근무제는 현대사회에서도 여전히 유효한 정책적 의미를 지닌다. 실제로 현대 중국은 「가정교육 촉진법」, 중국공산당 중앙위원회 및 국무원의 「인구의 장기 균형 발전을 촉진하기 위한 생육 정책 최적화에 관한 결정」2021 등의 법과 정책을 통해 간접적인 생육 지원 조치를 마련하고 있다. 그러나 1950~1960년대 농촌에서 부모들이 성인이 된 아들의 결혼을 위해 집을 마련해야 하는 경제적 부담을 지녔던 점을 고려하면, 부모의 법적 책임과 사회적 책임 사이에는 차이가 있으며, 이는 생육 친화적 사회의 형성에도 영향을 미친다. 일반적으로 법적으로 부모는 자녀가 만 18세가 되면 재정적 지원 의무가 종료되지만, 사회적으로는 '결혼할 때까지' 재정적 지원이 이어지는 경우가 많다. 현대 중국에서도 상대적으로 높은 주택비용으로 인해 성인 아들의 결혼을 위한 주택 구매 부담이 부모에게 전가되는 현상이 지속되고 있다. 이는 비록 혼인법 상 부모의 명시적 의무는 아닐지라도, 출산 의향에 영향을 미치는 중요한 요소로 작용한다. 따라서 생육 친화적 사회를 구축하기 위해서는 주택 소유와 결혼 문제에 대한 정책적 고려가 필요하다. 이를 위해 주택 소유 비용 인하, 저렴한 주택 보장, 세대 간 경제적 책임의 균형 조정 등의 다양한 조치를 시행함으로써 부모의 과도한 경제적 부담을 완화해야 한다.[84]

---

[84] 2022년 국가보건위원회와 17개 부서가 공동으로 발표한 「적극적인 출산을 위한 추가 개선 및 지원 조치에 대한 지침 의견」에서는 결혼 및 주택과 관련된 조치를 고려할 것을 제안하고 있으나, 이는 주로 도시 가정을 대상으로 한 정책이다. 2022.7.25. https://www.gov.cn/zhengce/zhengceku/2022-08/16/content_5705882.htm, 2024.9.23

⑵ 농촌 집단화 초기 단계에 모성을 강조한 경험을 바탕으로,

현대 생육 보장에서의 모성과 부성의 동등한 중요성을 장려할 것

첫째, 농촌 집단화 초기 단계에서 모성 보호가 중시되었던 경험을 반영하여, 현대 중국에서도 모성 보호가 지속적으로 강화되어야 한다. 모성 보호를 강조하는 이유는 비록 두 시기가 반세기 정도 차이가 나지만, 여전히 공통된 사회적 맥락을 공유하고 있기 때문이다. 첫 번째 공통점은, 마르크스주의 이론이 여성의 사회 생산 참여를 사회 발전의 필수 요소로 간주한다는 점이다. 이에 따라, 여성의 평등한 노동권은 1954년 헌법에 명시된 이후 현재까지 기본권으로 보장되고 있다. 둘째, 마오쩌둥은 여성이 사회적·경제적 발전에서 중요한 인적 자원임을 강조하였으며,[85] 이는 1950~1960년대 도시와 농촌 여성의 사회 생산 참여를 적극적으로 장려하는 계기가 되었다. 이러한 역사적 흐름은 현대 중국사회에서도 중요한 시사점을 제공한다. 특히, 고령화 심화와 저출산 문제, 그리고 2025년부터 시행될 남녀 모두의 정년연장 정책은 여성 노동력의 필요성을 더욱 강조하고 있다. 여성 해방 이론과 여성 고용 현실, 그리고 가사노동의 사회화에 관한 엥겔스와 레닌의 이론은, 보육 지원과 같은 정책적 조치를 통해 여성이 모성 역할을 수행하는 동시에, 경제 활동에도 적극적으로 참여할 수 있도록 지원해야 함을 시사한다.

둘째, 농촌 집단화 초기 단계에 아버지의 역할과 육아에 대한 보호가 소홀히 다루어진 경험을 바탕으로, 현대 중국에서는 부성 보호의 발전을 촉진할 필요가 있다. 특히, 2021년부터 시행된 「가정교육 촉진법」을 비롯한 다양한 정책적 조치는 아버지의 적극적인 육아 참여를 장려하는 방향으로 발전하고 있다. 이를 더욱 효과적으로 추진하기 위해, 1950~1960년대 농촌

---

[85]   全國婦女聯合會, 『馬克思, 恩格斯, 列寧, 斯大林論婦女』, 1978, 64쪽.

사회에서의 부성 보호 경험을 분석하고, 현대사회에 적용할 수 있는 경험을 도출할 필요가 있다. 첫째, 당시 농촌사회에는 부성 보호와 관련된 제도적 기반이 부족하였다. 이는 현대 중국에서도 유사한 문제로 나타나고 있으며, 그중 하나는 아버지의 육아휴직 제도가 도입되었음에도 불구하고, 사용률, 사용 일수, 실질적인 수당 수준에 대한 체계적인 데이터가 부족하다는 점이다. 이와 관련하여 타국의 사례를 참고할 수 있다. 예를 들어, 대한민국의 경우 여성가족부 산하에 여성정책국, 청소년정책관과 함께 가족정책관을 두고 있으며, 가족정책관의 주요 업무 중 하나로 부성 보호 정책의 수립 및 시행을 촉진하는 역할을 수행하고 있다. 예를 들면, 부성과 모성 보호 정책을 적극적으로 시행하는 기업에 대해 '가족 친화 기업' 인증서를 수여하는 제도를 운영하고 있다.[86]

집단화 초기 단계에서 얻을 수 있는 또 다른 현대적 교훈은, 부성 보호가 단순히 비가시적인 요소로 존재하는 것이 아니라, 부성에 대한 관점을 강화한 적극적인 정책적 구성이 이루어져야 한다는 점이다. 현대에 이르러 「인구 및 계획생육법」과 같은 법률 및 정책에서 아버지의 육아휴직을 장려하는 것은 부성의 관점이 생육 보장의 정책 체계 내에 초보적으로 도입되었음을 의미한다. 그러나 「노동법」이나 「사회보험법」과 같은 법률에서는 여전히 아버지의 유급 육아휴직을 보험 적용 범위에 명시적으로 포함하지 않고 있다. 이와 같이 부성과 관련된 정책이 명확하게 구분되지 않는다는 점은 향후 정책 수립 과정에서 부성 관점을 더욱 강화할 필요성을 시사한다. 부성은 인간 사회의 근본적인 구성 요소이며, 부성 보호는 초저출산율 문제의 해결, 일과 가정의 균형 촉진, 인구의 질적 발전, 삶의 질 향상에 있어 중요한 역할

---

86   "Organizational Chart", 2024.8.31. https://www.mogef.go.kr/am/eng_am_f004.do

을 담당한다.[87] 따라서 부성 관점을 명확히 적용하는 것은 필수적이며, 이를 위해 관련 당국은 부성 보호 정책을 보다 적극적으로 구축해야 한다. 또한, 관련 정책 문건의 개정, 시행 메커니즘의 정비, 통계 평가 체계의 지속적인 개발 및 개선을 통해 아버지가 일상적인 육아와 경제적 지원이라는 이중적인 역할을 수행할 수 있도록 적극적으로 지원해야 할 것이다.

(3) 도시와 농촌의 동등한 보장과 '두 가지 생산'의 조정이라는 관점에서, 농촌지역 생육 보장의 심화 및 확대 촉진

보장 역량이 미흡하다는 점은 농촌 집단화 초기 단계의 주요 특징 중 하나이다. 예를 들어, 1950년대와 1960년대 한때 농촌지역에서 보육이 유행하였으나, 이는 집단 경제의 역량을 초과하는 사업이었기 때문에, 농사일을 위해 보육 센터를 운영한 일부 지역을 제외하고는 곧 보육이 가족의 사적 책임으로 회귀하였다. 이에 따라, 현대 농촌의 생육 보장 수준을 제고하기 위해서는 기존의 농촌 생육 보장 체계를 집단 보장에서 사회 보장으로 전환해야 한다. 특히, 2019년 도입된 도시와 농촌 주민을 위한 전국 통합 기본 의료보험제도의 시행을 통해 농촌 생육 보장이 사회 보장 체계로 편입되었을 뿐만 아니라, 도시와 농촌 주민 간 생육 보장의 형평성 또한 효과적으로 증진되었다.[88] 또한, 국민의료보험국, 재정부, 국가세무총국이 공동으로 발표한 「2024년 도시와 농촌 주민 기본 의료보험에 관한 통지」에서는

---

87 Sunnee Billingsley and Tommy Ferrarini(2014), "Family Policy and Fertility Intentions in 21 European Countries", *Journal of Marriage and Family*, 76(2). 428~445쪽; 張震·馬茜, 「生育的幸福效應－兼論其對低生育率的支撐」, 『人口與經濟』 2, 2024, 57쪽.

88 "我國將全麵建立統一的城鄉居民醫保製度", 2019.5.13. https://www.gov.cn/xinwen/2019-05/13/content_5391190.htm, 2024.7.2.

"입원 분만 산모 의료비 보호 수준을 합리적으로 상향 조정할 것"을 제안하였으며, 이에 따라 안후이성 비롯한 일부 지역에서는 입원 분만 표준 및 정액 보조금을 대폭 인상하여, 농민에 대한 사회 보장을 실질적으로 강화하였다.[89] 향후에는 '할 수 있는 만큼'과 '능력 내에서 한다'는 원칙에 따라 생육 보장 정책의 범위를 농민을 포함한 자영업자까지 확대하는 방안을 모색할 필요가 있다. 또한, 남녀 농민 모두에게 유급 출산 휴가, 육아 휴가 및 기타 모성·부성 보호 제도를 제공하는 방안을 적극적으로 검토함으로써, 농촌의 전면적 활성화 및 도시와 농촌의 균형 있는 발전을 도모하는 것이 새로운 시대의 중요한 정책 과제가 될 것이다.

이를 위해, 정책 문안을 체계적으로 구성하고, 실질적인 실행 방안을 모색하는 것뿐만 아니라, 마르크스주의의 '두 가지 생산' 이론을 지속적으로 발전시켜 나가야 한다. 마르크스와 엥겔스는 『독일 이데올로기』 및 『가족, 사유 재산, 국가의 기원』에서 인간사회에는 두 가지 종류의 생산이 존재한다고 지적하였다. 첫째는 '생존 수단, 즉 의식주 및 이에 필요한 도구의 생산'이며, 둘째는 '인간 자체의 생산, 즉 종의 번식'이다.[90] 1980년대에 이르러 중국 학자들은 이러한 두 가지 유형의 생산을 각각 물질 생산과 인구 생산으로 개념화하였으며, 두 가지 생산이 조화롭게 발전해야 함을 강조하였다.[91] 21세기에 접어들면서 연구자들은 현대 중국의 지속적으로 저하되는 출산율을 고려할 때, 물질 생산보다 인구 생산의 중요성을 더욱 부각해야 한다고 주장하였다.[92] 제19차 중국공산당 전국대표대회 이후 제시된 인민

---

89 "安徽省醫療保障局 安徽省財政廳關於印發完善醫保支持積極生育政策若干措施的通知", 2024.8.6. https://www.ah.gov.cn/szf/zfgb/565347261.html, 2024.9.15.

90 全國婦女聯合會, 앞의 책, 31·32·90쪽.

91 原新, 「對兩種生產理論的再思考」, 『中國人口科學』 3, 1997.

92 翟振武·楊凡, 「堅持與創新－中國共產黨領導者人口思想演變研究之二」, 『中國人

중심주의 및 더 나은 삶에 대한 인민의 증가하는 요구 충족과 같은 새로운 개념들은 현대 중국이 '두 가지 생산' 이론의 발전을 지속적으로 추진하고 있음을 시사한다. 또한, 두 가지 생산의 균형을 달성하기 위해서는 도시의 산업 생산과 인구 생산 간의 조정뿐만 아니라, 농촌의 농업 생산과 인구 생산 간의 조정 방안 또한 고려해야 한다. 마르크스, 엥겔스, 레닌 등의 연구가 주로 산업 생산과 인구 생산의 관계에 초점을 맞춘 반면, 중국 농촌의 집단화 초기 단계에서는 농업 생산과 인구 생산의 조화에 대한 선구적이고 실천적인 탐색이 이루어졌다. 따라서 마르크스주의 이론의 발전이든, 종합적인 농촌 부흥을 위한 정책적 고려든, 그동안 축적된 경험을 심층적으로 분석하고 지속적으로 발전시켜 나가는 것이 필수적이다.

요컨대, 집단화 초기 단계에서 이루어진 농촌 생육 보장 구축은 생육의 관점에서 농촌의 중국식 근대화를 선구적으로 탐색한 시도였다. 당시의 역사적 조건을 고려할 때, 이러한 도전의 중요성은 미래를 위한 청사진을 마련하고 이를 실험하는 과정에 있었다. 오늘날 중국의 국력이 크게 성장함에 따라, 농촌 집단화 초기 단계의 경험을 회고적으로 검토하는 것은 현대 농촌 생육 보장 정책의 개발 및 개선에 중요한 역사적 참고 자료를 제공할 수 있다. 이는 나아가 중국식 근대화의 지속적인 확대와 심화에도 기여할 수 있을 것이다.

口科學』4, 2011; 龔曉鴬, 甘梅霞, 喬文瑄, 「兩種生產理論的擴展及其對我國人口新政實施的啟示」, 『毛澤東鄧小平理論研究』 5, 2015.

제2장

1930~1940년대 중국 전시보육戰時保育의 성별 분업과 여성의 경험

장수지

    중일전쟁이 전면전으로 격화된 이후[1937] 전선에서는 일본군의 아동에 대한 살육과 납치가 일어났고, 전투지역 부근에서는 피난, 실업, 가난 등으로 인해 아동들의 생존과 교육에 큰 위기가 닥쳤다. 중국의 북부부터 남부까지 이르는 긴 전선에서 1938년 당시 피난민은 500만 명에서 1,000만 명 정도로 추산되었는데, 그 인구 중 20% 정도가 아동이었다.[1] 전란으로 인해 양육과 교육을 받을 수 없게 된 아동들은 보통 '난동亂童'이라고 불렸고, 난동은 부모의 생존 여부와 관계없이 사회적 도움이 필요했다.

    따라서 이 당시의 보육, 즉 '전시보육戰時保育'은 부모가 하는 양육을 보조해주는 것이라기보다 난동들을 생존의 위기에서 구하는 데에 더 초점이 맞추어져 있었다. 전시보육을 시행한 단체들은 종교단체나 자선단체들도 있었으나 1938년 이후로는 정부와 양당[국민당과 공산당]이 모두 적극적으로, 대규모로 진행했다. 난동은 부모를 여읜 고아를 포함하여 전장에 부모가 나갔거나, 부모가 전쟁 관련 사업을 하느라 양육을 할 수 없거나, 전쟁으로 인해 실업하거나 가난해져서 양육할 능력이 없고, 피난길에 버려졌거나 부모를 잃

---

1   彭敏炯 編, 『戰時兒童保育運動』, 中山文化敎育館, 1938, 19쪽.

어버린 경우의 아동 등 다양한 상황에 처해 있었다. 보육 대상 연령대도 젖먹이 아이부터 15~16세에 이르기까지 넓은 연령대가 포함되었다.[2]

또한 전쟁으로 인해 보육의 장소는 고정된 것이 아니라 이동하게 되는 경우가 많았다. 전선戰線으로부터 상대적으로 안전한 후방으로, 전쟁의 종결 이후에는 원가족으로 혹은 정착할 곳으로 아동들을 이동시키는 것까지 전시보육에서 중요했다. 스스로 걸을 수 없는 영아들부터 청소년까지 보호하면서 먼 길을 이동하는 것도 매우 힘든 일이었지만, 전투가 벌어지는 지역에서 아동이 몇 명 정도 존재하는지, 구제할 대상이 어디 있는지 등을 조사하는 것부터가 난관이었다. 그럼에도 불구하고 중국의 아동 구제 기관들은 전쟁지역으로부터 구제한 아동들을 대부분 수용하면서 양육하고 안전한 후방으로 이동시켰다.

중국의 전시보육에 관한 기존 연구는 전시보육에 앞장선 인물, 전시보육의 대상이 된 아동의 숫자, 지역, 아동 보호의 측면에서 거둔 성과 등의 내용이 대부분이다.[3] 지리적 특징, 전쟁 상황, 정치적 영향권 등 지역별 상황이 다양하기 때문에 각 지역별 전시보육에 대한 연구가 개별적으로도 이루어졌다.[4] 중국에서 이루어진 대부분의 연구는 전쟁으로 위기에 처한 나라와 민족의 후손을 여러 단체와 지역에서 자발적으로 나서서 협력 하에 지켜냈다는 점에 의의를 두고 평가한다.[5] 또한 당시 시작된 학령 전 아동에 대한

---

2   丁戎, 「國內抗戰時期亂童救助研究綜述」, 『抗日戰爭研究』 第2期, 2011, 151~152쪽.

3   丁戎, 앞의 글.

4   严嘉晟, 「论全面抗战前期皖南地区的难童救济」, 『巢湖学院学报』 第1期, 2023; 滕兰花, 「抗日战争时期广西的难童救济工作」, 『广西社会科学』 第9期, 2003; 陈艳, 「抗战时期安徽难民救济机构研究」, 淮北师范大学硕士学位论文, 2022.

5   丁戎, 앞의 글, 151쪽; 杜茹赵璐, 「陕甘宁边区儿童保育院的发展及其对抗战精神的传承」, 『中华女子学院学报』 第5期, 2015.10; 陈艳, 앞의 글.

돌봄의 체계화가 이후 아동 교육과 아동 복지의 기반이 되었다고 평가하기도 한다.[6] 해외의 연구에서는 국가가 전시보육을 주도하고 민족주의와 아동복리사업이 연결되는 것이 특징이며 근대국민국가 건설의 과정임을 밝힌 연구도 있다.[7] 이러한 연구의 연장선상에서 전시 보육에서 아동들에게 기대된 역할—중국 미래의 전사戰士—과 그들에게 시행된 애국 교육에 초점을 맞춘 연구가 있다.[8]

전쟁 시기 아동들에게 벌어지는 비극은 민족적인 위기감을 낳았다. 일본군이 펼치고 있는 중국 아동들에 대한 납치 및 교육에 대해, 이 아동들은 조선이나 타이완으로 보내져 노예화교육을 받으면 장래에 커서 자신의 부모형제를 살해하게 될 것이라는 표현[9]에서 미래 세대에 대한 불안감을 읽을 수 있다. 민족주의적 견지에서 중국의 미래를 위해 아동들을 포기해서는 안된다는 담론이 팽배했고, 국민당과 공산당을 막론하고 이 위기를 극복하기 위해 방안을 강구하게 된다. 전시보육 논의에서 아동을 구제할 가장 중요한 집단으로 여성이 호명되었다. 실제로 전시보육의 가장 중요한 주체는 여성들의 연합이었다. 따라서 기존 연구에서는 전시보육을 수행한 여성들의 민족에 대한 기여와 희생, 공헌에 초점이 맞추어져 있다.[10] 그렇다면 왜 여성

---

6 张纯, 「抗战时期陕甘宁边区第一保育院的保教实施及历史意义」, 『河北师范大学学报』第17卷 第4期, 2015.7, 43~44쪽.

7 Colette M. Plum, "Unlikely Heirs : War Orphans during the Second Sino-Japanese War, 1937~1945", Stanford University Ph.D. Dissertation, 2006; 김민서, 「중화인민공화국 건설기 아동복리사업 연구-1949~1958년 상해시를 중심으로」 연세대 석사논문, 2009, 2쪽에서 재인용.

8 Norman D. Apter, "Save the Young : A History of Child Relief Movement in Modern China", University of California Ph.D. Dissertation, 2013.

9 彭敏炯 編, 5쪽.

10 吉田咲紀(Yoshida Saki), 「战时儿童保育会与中国女性(1938~1946)」, 华中师范大学硕士学位论文, 2011; 张印举, 「『妇女生活』与抗战时期儿童保育工作宣传」,

집단이 자발적이든 수동적이든 아동의 안위에 대한 책임을 맡았으며, 이 사업이 중국의 여성 집단에게 가지는 의미는 무엇이었을까? 전시보육은 젠더 역할 분리, 즉 고정된 성역할의 수행이라고 볼 수 있을까?

오늘날은 임노동에서 여성과 남성의 업무를 분리하는 것도 명백한 성별 분업이라고 인식할 수 있게 되었고, 특히 돌봄 노동과 감정노동에 대부분 여성 노동자들이 채용되는 현상과 이들 업무가 평가절하 되는 것에 대해 문제의식을 가지고 있다. 그런데 이 당시 전시보육에 참여할 것을 호소하는 선전에는 보육이 여성들을 해방하는 방편이라는 주장이 담겨있었다.[11] 이는 일부 여성들의 보육에 참여함으로써 대다수 여성들이 가정에서 해방될 수 있으리라는 막연한 기대에서 나온 것임을 알 수 있다.[12] 즉 집에서 아동을 낳고 보호하고 양육하는 데에서 벗어나 민족의 아동들을 보호하도록 사회적인 조직을 만들고 다른 사람을 동원하는 활동을 여성들에게 요구한 것이다. 또한 이러한 활동을 통해 여성들 역시 가정에서 해방될 수 있다고 하는 논의를 쉽게 찾아볼 수 있다.[13]

근대 국가의 전면전은 전방과 후방의 구분이 불분명하고 전장에 나가지 않는 국민들도 모두 전쟁에 기여하는 행동을 하도록 강제한다는 특징이 있

『靑年記者』, 2017.7; 马菲菲·杨明巧, 「论抗战时期"妇指会"对难童保育工作的贡献」, 『遵义师范学院学报』 第4期, 2019 등.

[11] 张印举, 앞의 글.

[12] 민국 시기, 즉 전쟁 직전까지 펼쳐진 아동공육(兒童公育)관련 논의는 대부분 여성해방론과 밀접하게 관련되어 있었다. 즉, 여성들이 육아의 굴레에서 벗어나 남성과 동능한 경제적 시위를 가지기 위해서 사회에서 아동을 양육해야 한다는 것이 골자이다. 그러나 다소 공담에 그치는 면이 있었으니, 공육 기구에서 실제로 일하는 사람이 누구여야 하는가에 대해서는 막연히 전문가, 혹은 교육받은 여성 등으로만 상정하고, 그 노동의 성격에 대해서는 거의 논의되지 않았다.

[13] 张印举, 112쪽.

다. 기존 연구에서는 이 때 전쟁에서 수행할 역할을 성별로 나누는 경우를 분리형, 나누지 않는 경우, 즉 여성 병사가 있는 경우를 통합형으로 크게 나누었다.[14] 분리형의 가장 대표적인 사례는 일본으로, 전쟁 말기까지도 여성들에게는 군대 참가를 불허하였다. 그리고 영국이나 소련의 경우는 통합형이라고 크게 분류하지만, 실제로 여성이 전투에 참가하는 사례가 높은 비율로 나타난 것은 아니다. 중국의 경우는 여성이 전투에 직접 참여한 사실의 기록이 많이 남아있으나,[15] 전체 병사 혹은 장교 내 여성 비율은 희박한 편이었다.[16]

중국 공산당의 성별정책을 1930년대부터 1980년대 이전까지 장기적으로 보면, 여성들을 꾸준히 남성과 동등한 역할을 하도록 만들기 위해 노력해왔다.[17] 즉 여성들에게 남성에게만 허용되었던 직업과 역할을 하도록 격려했다. (그 반대 방향으로의 지향은 약하다) 따라서 중국은 전쟁 시기와 그 이후에도 일종의 통합형을 지향해 왔다고 볼 수 있다. 통합형은 여성들에게 남성과 같은 임무를 부과하고, 여성의 능력을 남성과 동등하다고 가정한다는 측면에서는 성별 평등적인 측면이 있다고 볼 수 있겠으나, 근본적으로는 국민국가의 틀 내에서 국가 혹은 민족에 충성하는 인간상을 가장 중시하고, 군사적·폭력적 방법을 통해 애국심을 드러내야 한다는 한계를 가지고 있

---

14 우에노 치즈코(上野千鶴子), 이선이 역, 『내셔널리즘과 젠더』, 박종철출판사, 1999, 24~26쪽; 이선이, 『딩링─중국 여성주의의 여정』, 한울아카데미, 2015, 24쪽.

15 중화전국부녀연합회 편, 박지훈·전동현·차경애 역, 『중국여성운동사』 하, 한국여성개발원, 1992, 109~127·236~239쪽 등.

16 이선이, 앞의 책, 21쪽.

17 이는 개혁개방 이전까지의 경향이며, 최근 몇 년 사이에는 시진핑이 여성들에게 가정 내 역할을 강조하는 발언을 여러 차례 한 바 있고, 성별 역할의 재규정이 일어나고 있는 것으로 보인다. 1980년대 이후 담론에 대해서는 김란, 「여성 노동자를 집으로 돌려보내라─1980년대 이후 중국 '부녀회가(婦女回家)' 담론의 전개와 굴절」(『사회와 역사』 133, 2022) 참고.

기도 하다. 또한 실제로 통합이 이루어진 역사적 사례를 찾는 것도 쉽지 않다. 성별에 따라 역할이 고정적으로 분리되어 있던 과거의 (봉건적) 사회에서 민주주의와 페미니즘의 영향을 받은 후 하루아침에 '통합형' 사회로 구조가 변경되기에는 시대적인 한계가 작동함은 역사적으로 이해할 수 있다. 다만 평등한 사회 구조를 이루기 위해 얼마나 의식적으로 노력했고, 부분적으로라도 성과를 거두었는지는 오늘날 평가해볼 수 있는 부분이다.

다시 항일전쟁과 국공내전國共內戰 시기로 국한하여 전시보육의 성별성을 생각해보자. 전시보육은 많은 여성지도자들이 앞장서서 제창하고, 여성단체들이 실제로 아동을 구하고 양육하고 이동시키는 역할을 했다. 아동을 돌본다는 노동의 근본적인 성격으로 인해, 여성들에게 가정 내 노동을 답습하도록 만든 것으로 볼 수도 있을 것이다. 그렇다면 당시 중국에서 전시보육은 '분리형' 모델의 실현으로서, 여성의 역할을 규정 혹은 제한한 것이었을까? 현실 속의 전시보육은 이분법적으로 규정하기 어려운 복잡하고 어려운 담론과 실천이 뒤섞여 있었다.

1. 전시보육운동 여성역할론과 여성 조직화

1936년 말 시안西安에서 군벌 장쉐량張學良이 공산당과의 내전 보다는 일본에 단결해서 맞서 싸우기를 요구하며 장제스蔣介石를 억류한 시안사변西安事變이 일어났고, 이 일을 계기로 1937년 제2차 국공합작이 성립되었다. 전시보육은 이 시기 '아동을 보육하고 다음 세대를 구하자'는 구호 아래 여성단체에서 시작한 것이었다. 특히 시안사변에서 장제스를 구출할 때 크게 활약한, 장제스의 부인인 쑹메이링宋美齡이 전국적인 전시보육조직을 이끈 것

은 국민당과 공산당, 무당파 인물들이 안정적으로 결합하는 데 중요한 작용을 했다.[18]

1937년 8월 쑹메이링의 주도로 중국부녀위로자위장사총회中國婦女慰勞自衛將士總會가 설립되고, 이 총회를 통해 1938년 3월 10일 한커우漢口에서 전시아동보육회戰時兒童保育會를 만든 것은 국공합작의 큰 기운 아래 일어난 일이었다. 전시아동보육회는 중국공산당 여성 지도자인 덩잉차오鄧穎超가 1938년 2월 14일, 저우언라이周恩來, 덩잉차오의 배우자, 공산당 지도자와 군벌 펑위샹馮玉祥이 우창武昌에서 만났을 때, 전투지역의 난동을 구제해야 한다고 제안한 데서 시작되었다.[19] 그리하여 각계 유명인사 184명에게 연락, 연명하여 국민당, 공산당, 민주당파, 무당파, 진보인사들이 협력하는 형태로 만들어졌고,[20] 이사장은 쑹메이링, 부이사장은 펑위샹의 부인인 리더취안李德全이었다.[21] 이 보육회의 성립으로 중국에서 여성단체가 아동 보육 사업을 주도하게 되었다.[22]

---

18 丁戎, 158쪽; 처음에는 쑹칭링(宋慶齡)이 보육회 성립 회의를 이끌고자 했으나, 국민당 특무요원들이 방해공작을 일으킬 것이라는 정보를 탐지하여, 공산당 지도자인 덩잉차오가 쑹메이링에게 보육회를 이끌어줄 것을 제안하였고, 쑹메이링이 이를 흔쾌히 받아들여 회의가 무사히 치러졌다고 한다(古为名,「中国战时儿童保育会述略」,『抗日战争研究』第4期, 2006, 3쪽). 한편 리더취안(李德全) 측의 기록에 따르면 덩잉차오가 국민당에 가까웠던 펑위샹(馮玉祥)과 리더취안을 찾아가 쑹메이링에게 제안을 부탁했고, 리더취안은 당시 문화계 인사인 선즈지우(沈玆九)와 함께 쑹메이링을 방문하여 제안했으며, 그대로 성사되었다고 한다(「組織中國戰時兒童保育會」,『李德全軼事』, 60~61쪽).

19 丁戎, 158쪽.

20 南方局党史资料征集小组妇女组,「中国战时儿童保育会」, 南方局党史资料征集小组,『南方局党史资料・群众工作』, 重庆 : 重庆出版社, 1990, 499쪽;『중국여성운동사』하, 162쪽.

21 潘漢琼,「邓颖超与中国战时儿童保育会」, 八路军武汉办事处旧址纪念馆,『武汉文博』2期, 2014, 48쪽.

22 周天胜・陈应智・肖光荣,「抗日战争中的战时儿童保育工作」,『贵阳文史』1期, 2002, 43쪽; 전쟁으로 인한 피해 아동 구제에 대해서는 한커우 기독교여청년회에서

쑹메이링은 1937년 8월 1일 중국부녀위로자위장사총회에서 「중국여성에게 고함告中國婦女」이라는 제목으로 연설을 했는데, 이 당시 중국 여성이 해야 할 일에 대해 다음과 같이 호소했다.

> 우리의 일은 결코 허영을 위한 것이 아니라 국가의 생명을 구원하기 위한 것입니다. 모두 함께 이 일을 실제로 맡아서 하며 모든 힘을 다 해서 해낼 수 있기를 바랍니다. 전투를 할 때 남자들은 모두 전선으로 나가 적을 죽이고, 후방의 일은 우리의 책임입니다. 우리는 반드시 남자를 격려하고 그들이 의식을 가질 수 있도록 해야 합니다. 우리는 우리만의 방법으로 그들을 보조하고, 그들이 뒷일을 걱정하지 않도록 해주어야 합니다. 우리 역시 모든 것을 희생할 준비를 해야 합니다. 즉 우리의 생명을 희생하더라도 전선에 나가있는 충성스럽고 용감한 우리의 장병들을 지지할 수 있습니다.[23]

여기서 쑹메이링은 남성과 여성의 역할을 분명하게 구분하고 있다. 전장에 나가서 싸우는 것은 남성의 일이고, 후방의 일은 모두 여성의 일이라는 것이다. 또한 여성의 일은 '장병들을 지지하는' 일로, 남자들이 보다 중요한 역할을 하고 있다는 인식을 엿볼 수 있다.

1930년대 중반과 1940년대 초반에는 계속해서 '여성은 집으로 돌아가라

도 1937년 12월 좌담회를 벌였고 1938년 1월 『부녀생활(婦女生活)』 잡지사에서도 좌담회를 벌였다. 이러한 연이은 모임에서 유명 여성인사들과 여성단체들이 조직되었다. 즉 종교조직에서도 구제활동을 위해 노력했으나, 전시아동보육회라는 큰 조직으로 합쳐진 것이다(古为名, 「中国战时儿童保育会述略」, 『抗日战争研究』第4期, 2006, 1~2쪽).

23 宋美齡, 「告中國婦女(1937年8月1日)」, 『中国妇女运动历史资料(1937~1945)』, 中国妇女出版社, 21쪽.

婦女回家'는 담론이 언론에 오르내렸고, 여기에는 린위탕林語堂과 같은 유명 문인이나 국민당에서 발행한 잡지 『부녀주간婦女周刊』에서 국민당 일부 세력이 '신현모양처상新賢母良妻象'을 찬양하는 등의 분위기가 있었다. '신현모양처'는 여성의 가정 내 역할을 강조하면서도 근대적 지식과 애국심을 가지는, 때로 기회가 되면 부업으로 경제생활도 할 수 있는 능력을 가진 여성을 가리키는 것이었다. 이러한 여성상에 대해서는 국민당 전체가 찬성한 것도, 여성지도자들이 그에 따른 것도 아니었고, 특히 여성의 천직이 가사家事라고 하는 주장에 대해서는 극렬 반대하는 분위기도 있었다.[24] 앞서 인용한 쑹메이링의 「중국여성에게 고함」은 여성의 역할을 가정 내로 한정하는 것이었는가는 모호하며, 여성에게 더 강력하게 요구한 것은 애국심이었다. 그러나 여성과 남성의 역할을 분명히 구분하고 있다는 점이 '신현모양처'론과 일부 맥이 닿아있다.

그렇다면 공산당의 경우는 여성과 남성의 역할을 어떻게 구분하고 있었는가? 후방에서 여성들의 역할을 강조한 것은 공산당의 여성정책에서도 쉽게 찾아볼 수 있다. 다만 그 역할은 아이를 낳고 기르는 역할보다는 전쟁의 보조역할과 '생산 증대'에 보다 초점이 놓여있다. 덩잉차오가 1937년 말에 정리한 여성들의 임무는 ① 정부의 징병운동에 도움이 되도록 주변 남성들을 군대로 보내는 데 힘쓸 것, ② 항일 군인 가족을 도와 정치, 경제, 생산 방면에서 어려움이 없도록 도울 것, ③ 첩자나 매국노들을 색출하여 후방을 공고히 할 것, ④ 국채를 사고 헌금운동을 벌이고 전선에 필요한 물건들을

---

24 池賢娅, 「1930년대 中國의 '婦女回家'論爭과 南京政府」, 『역사교육』 88, 2003. 이 논문에 따르면 1936년 3월 8일 여성의 날 기념식에 참석한 남경시정부 대표와 국민당 상임위원이 여성들은 가정으로 돌아가 소비자와 주부로서의 역할을 해야 한다고 연설하자 현장에 있던 국민당 여성당원들이 부정적으로 반응하여 결국 그 두 사람이 행사장에서 떠나는 일이 있었다(241쪽).

만들어 보내는 등 전선을 위한 경제전經濟戰을 일으킬 것, ⑤ 전지복무戰地服務 조직을 확대하여 전쟁지구와 함락지역의 싸움을 도울 것, ⑥ 부상병에 대한 위로와 간호를 확대할 것, ⑦ 국제적으로 여성들에게 선전을 할 것, ⑧ 이상과 같은 임무를 수행하기 위해 여성단체 조직을 보다 강화하고 내실을 다지고 확대할 것 등이다. 이 임무는 모두 여성들이 집안이 아니라 분명한 체계와 '조직' 안에서 수행되어야 함이 강조되고 있다.[25] 그리고 여기에는 아동을 돌보는 것이나, 아이를 낳고 양육하는 것 등은 임무로 제시되어 있지 않다. 덩잉차오는 이 글에서 여성들이 돌격대를 조직하거나 전선으로 나가 싸우기도 한다며 가능한 활동을 다양하게 제시하고 있는데, 앞서 제시한 여덟 가지는 현실적으로 더 많은 여성들이 참여할 수 있는 주요 임무라고 볼 수 있다.

'현실성'에 맞춰 여성들에게 역할을 부여한 사례로, 전족을 한 사람과 하지 않은 사람을 나누어 전족을 하지 않은 사람에게는 농업노동을 하도록 하고, 전족을 한 사람들에게는 요리와 아동 양육을 담당하도록 산베이陝北 중앙부녀부가 역할을 분담시킨 사례가 있다.[26] 여성들도 능력과 상황에 맞추어 각기 다른 일을 맡도록 한 것이었다. 각기 다른 일을 하는 것에 그치는 것이 아니라, '부녀생산소조'에서 체계적으로 일을 분배하면서 학습과 선전 등을 병행하고, 분담한 일에서 성적이 좋은 여성들에게 표창장을 주어서 노동열기를 고조시키는 방법을 사용하였다.[27] 즉 공산당이 기대하는 여성의 역할은 개개인이 가정 내에서 하는 것이 아니라 가정을 벗어난 조직화된 행동이다.

---

25 邓颖超,「对于现阶段妇女运动的意见(1937年12月28日)」,『中国妇女运动历史资料(1937~1945)』, 中国妇女出版社, 12~14쪽.

26 『중국여성운동사』 하, 124~125쪽.

27 앞의 책, 125쪽.

앞서 언급한 전시아동보육회가 설립할 때 발표된 발기문에서는 여성의 역할과 아동양육의 관계에 대해 다음과 같이 서술한다.

> 부녀 문제는 아동과 원래 분리할 수 없는 하나의 줄기이다. 아동은 부녀를 떠나면 자상하고 온화한 애정과 보호를 얻을 수 없고 그 작은 심령을 위안 받을 수 없다. 부녀는 가정노동에서 해방되어 나오지 않으면 사회공작에 참가할 수 없다. 따라서 국민의 반수인 부녀가 구망救亡공작에 참여하게 하려면 그들이 가정의 굴레에서 해방되게 해야 한다.[28]

여기서 아동과 여성은 '가정'에서 만나는 것이 아니라 가정 밖에서 만나야 한다. 즉 양육은 가정노동이 아니라 '사회공작'의 일부가 되는 것이다. 그러나 사회에서 양육은 다시 여성이 맡아야 하는 일이 되고 있다. 다만 양육을 사회화하는 것 자체가 새로운 경험이자 아이디어였던 당시, 전쟁이라는 특수한 상황에서 양육과 교육의 공간을 가정에서 외부로 이동하는 것이 커다란 변화를 의미하는 것이기도 했다. 아동의 공간만 이동한 것이 아니라, 양육노동을 하는 여성들의 공간 역시 고립된 곳에서 일종의 사회조직으로 옮겨가는 것이라고 본 것이다.

전시보육이라는 활동 자체가 일종의 항전운동抗戰運動이며, 아직 사회활동에 참여하는 여성이 부족한 상태에서 전시보육에 참여하는 여성들의 조직화와, 자녀양육으로 인해 사회활동을 하지 못하는 여성들을 돕는 일이라는 인식이 국민당과 공산당 양자의 여성 지도자들에게는 공유되고 있었다. 당시 평범한 여성의 입장에서는 후방의 생산이나 경제활동, 전쟁 수행을 돕기

---

28 彭敏炯 編, 11~12쪽.

위한 방첩이나 보초, 간호와 위문 등의 역할도 대부분 가정 내에서는 해보지 못했던, 새로운 일이었다. 또한 사회와 국가, 정치에 대한 의식을 가지도록 교육 받는 것도 새로운 경험이었다.

그러나 이것이 남성들에게까지 일반적으로 공유된 인식은 아니었던 것은 앞서 본 부녀회가론에서도 알 수 있다. 당시 국민당 치하의 여러 지역 교육청에서 여자교육에 대해 토론하면서 '여자교육은 가사에 집중한다'고 결의했던 것이다. 이에 대해 한 공산주의자는 '여성을 전사로 키우지 않고 가정의 노예로 만들고자 한다'고 비판했다.[29] 여기에서 여성들이 하는 일의 성격보다는 그들이 일을 하는 '공간' 자체가 문제가 되고 있었다는 것, 즉 가정인가 사회조직인가가 당시 정치지도자들에게는 더 중요한 문제로 인식되었을 알 수 있다. 그렇다면 전시보육은 어떠한 사회적 조직에서 이루어졌을까?

전시아동보육회는 각지에 전시아동보육분회戰時兒童保育分會를 두었으며, 산하 보육원保育院들은 여성조직들에 의해 건설되고 운영·관리되었다. 처음에는 직속 보육원이 있었고, 이후에 쓰촨四川, 윈난雲南, 구이저우貴州, 광시廣西, 후난湖南, 쟝시江西, 광둥廣東, 홍콩香港, 상하이上海, 산깐닝陝甘寧, 산동山東, 안후이安徽, 청두成都 등 13개 지역에 분회가 설치되고 53개 보육원이 세워졌다.[30] 그리고 대개는 그 지역의 지도자의 부인이나 여성 명사들이 책임을 맡았다. 예를 들면 산시분회山西分會의 책임자는 옌시산閻錫山의 부인인 리란썬李蘭森이,

29 彭敏炯 編, 13~14쪽.
30 1938년 봄부터 1941년 가을까지 보육총회는 충칭지구에서 11개의 직속보육원을 건설하였다. 1938년 4월 4일에는 쟝시분회가, 4월 22일에는 광동분회, 4월 24일에는 쓰촨분회가 청두에서 성립되었고, 쓰촨분회는 이후에 충칭으로 이전하였다. 5월 10일에는 홍콩분회, 5월 14일에는 푸젠(福建)분회, 5월 22일에는 구이저우 분회와 광시분회가 세워졌고, 5월 29일에는 청두분회, 6월 5일에는 저장(浙江)분회와 후난분회, 7월 4일에는 산깐닝분회가 설립되었다(古为名, 앞의 글, 11~16쪽).

홍콩분회의 책임자는 쑹칭링宋慶齡, 쑨원의 부인과 허샹닝何香凝, 국민당 여성리더이, 산깐닝변구陝甘寧邊區의 책임자는 덩잉차오였다.[31] 여성단체가 보육사업을 담당하기로 결의된 것은 1938년 5월 20~25일 사이에 열린 뤼산廬山 부녀계담화회婦女界談話會에서였다. 국민당과 공산당, 구국회救國會, 기독교여청년회, 지방단체 활동가 등이 모인 이 회의에서 덩잉차오와 멍칭수孟慶樹[32]가 여성계에서 통일전선을 건립해야 한다고 주장하였고 이 좌담회에 모였던 인물들도 여성운동의 통일적인 전국 조직이 필요함에 공감하였다.[33] 그리고 이 회의에서 본래 국민당 기구였던 신생활운동총회 부녀지도위원회가 개조, 확대하여 전국부녀운동을 지도하는 상위 기구가 되고, 전시아동보육회 역시 부녀지도위원회 산하로 들어가게 되었다.[34] 국민당 여성운동 지도기구가 공산당과 무당파 여성운동까지 아우르는 조직이 된 것에 대해 불만을 표하는 사람도 있었지만 덩잉차오가 전시상황에서 급한 것은 명칭이 아니라 통일조직을 만드는 것이라며 쑹메이링의 제안을 받아들였다.[35]

전시보육회가 주로 맡은 일은 ① 전선으로 가서 재난당한 아동을 구출하는 일, ② 각지 분회를 준비하고 아동보육업무를 확대하는 일, ③ 보육원을 신설하여 재난당한 아동을 수용하는 일, ④ 경비조달을 위해 널리 선전모금 활동을 전개하는 일, ⑤ 아동을 교육하고 양육하는 것. 이 때 지식과 능력이 있는 인재로 키워내기 위해 아동의 생활·학습·활동에서 상세한 방안을 세우고 양호한 인생관을 수립하도록 교육하며, 국가와 민족과 인민 군중을 위

---

31 丁戎, 앞의 글, 155쪽.
32 초기 중국공산당 지도자 왕밍(王明)의 배우자.
33 吉田咲紀(Yoshida Saki), 「战时儿童保育会与中国女性(1938~1946)」, 华中师范大学硕士学位论文, 2011, 12~13쪽.
34 앞의 글, 14쪽.
35 앞의 글, 49쪽.

해 봉사하도록 키워내는 것이었다.[36]

이러한 일은 많은 인력과 물자도 필요한 일이었지만, 매우 위험하고 어려운 일이기도 했다. 전시아동보육회 보육위원회 주임인 차오멍쥔曹孟君은 군대를 따라가서 타이얼좡台兒庄, 쉬저우徐州 등 제5전투지구에서 아동을 구출하기도 했고, 그 외에도 저장浙江, 광동廣東 등지에서도 전투지구나 피점령지구에서 아동들을 구조하였다.[37] 아동 구조 작전은 군사 포위를 돌파하며 아동들과 함께 적의 눈에 띄지 않게 이동하고, 5~6일에 걸쳐 폭격을 피하여 수십 명에서 수백 명의 아동들을 구조하는 일이었다.[38]

일본군의 우한武漢에 대한 폭격이 시작되자 전시보육회는 1938년 6월 말에 우한에서 쓰촨으로 850명 이상의 아동을 이동시켰다.[39] 또한 후베이湖北의 이창宜昌에는 아동운송중계소를 만들었는데, 이 중계소를 거쳐 구출된 아동은 1만 5천 명에 달했다.[40] 또한 장거리 이동에는 제5전투지구 사령장관 리쭝런李宗仁과 각종 구조기구 및 운수업체 등의 도움도 받았다.[41] 공산당 통치지역이었던 옌안延安의 '제2보육원'은 국공내전 시기에 타이항산太行山으로, 그리고 다시 산시山西로, 베이징으로 이동하였는데, 그 이동거리는 총 1,676km에 달하였다. 이들 탁아소 역시 300명이 넘는 아동들을 이동시켰다.[42]

아동 구출과 운송, 보육원 운영과 아동에 대한 교육, 기금 모집 등은 대부분 사업에 참여하는 사람들, 특히 여성들에게는 새로운 역할이었다. 그러나

---

36 『중국여성운동사』 하, 162쪽; 曾荣, 「抗战时期的难童救助机构」, 『中国减灾』 第10期, 2013, 50쪽.

37 『중국여성운동사』 하, 162~163쪽.

38 古为名, 앞의 글, 8쪽.

39 彭敏炯 編, 19쪽.

40 『중국여성운동사』 하, 163쪽.

41 古为名, 앞의 글, 9~10쪽.

42 「馬背搖籃, 你不可不知的故事」, 『幼儿100』, 2015.10.

앞서 언급한, 가정 내가 아닌 '조직'에 의한 보육도 그것이 여성해방의 의미가 있다고 일반인에게 쉽게 납득되는 것은 아니었다. 하나의 사례로 옌안延安 중앙탁아소에 배치된 10대 여성들이 모두 자신은 전투를 원하지 아기를 돌보고 싶지 않다며 강하게 저항한 일도 있었다. 이들이 탁아소에서 일하도록 설득한 방법은 이들의 애국심과 동정심에 호소하는 것이었다. 아동을 잘 키우는 것이 곧 혁명의 후대를 잇는 것이고 전선에 나가서 싸우고 있는 이 아이들의 부모는 정말 힘든 상황이라는 등의 설명을 통하여 설득했다.[43] 그리고 이 탁아소는 중국 전역을 아우르는 전시보육회의 도움을 받았을 뿐 아니라 해외에 있는 화교와 미국인들의 도움까지 받아서 한동안 '로스엔젤레스 탁아소'라는 이름을 갖기도 했다.[44]

전시보육사업의 특징 중 하나는 전국적인 조직을 통해 사업을 진행했다는 점이다. 당시 정치지도자들의 부인들이나 유명한 혁명가의 경우에는 전국적 활동과 대중 앞에서의 발언 경험 등이 이미 익숙한 일이었겠으나, 대부분의 여성들에게 전국적인 연결망이 생기는 것은 새로운 경험이며, 국가 공동체의 일부가 되는 경험이기도 했다. 국민당과 공산당 양당이 표면적으로 정치적인 합작을 하면서도 실제로는 적대행위를 지속하고 있었음에도 불구하고 전시아동보육회의 국공통일전선은 유지되고 있었다.[45] 전시아동보육회의 상무이사회와 비서처위원 등은 모두 국민당, 공산당, 무당파가 분담하여 맡고 있었다.[46] 1938년 9월부터 1946년 3월까지 부정기적으로 변

---

43 翟明战, 胡木英 等, 『回眸延安中央託兒所 : 特殊年代 特別的孩子和阿姨』, 中国文史出版社, 2008, 8~14쪽.

44 장수지, 「사회주의 중국 여성해방의 출발점, 탁아소−1950~1960년대 초반 상하이를 중심으로」, 연세대 박사논문, 2018, 17쪽.

45 국공간의 갈등과 협력에 대해서는 다음 장에서 추가로 서술한다.

46 吉田暎紀, 앞의 글, 20~21쪽; 古为名, 3~4쪽.

구, 즉 공산당 통치지역 제1보육원에 전시아동보육회가 경비를 제공하였는데, 그 경비는 제1보육원 전 경비의 22.5%를 차지했다.[47] 또한 보육현장의 구체적인 다른 예로는 국민당통치지구인 저장浙江의 제1보육원은 국민당원이 원장, 공산당원이 부원장을 맡고 있었는데, 1938년부터 1946년까지 8년간 함께 이 보육원을 운영하였다.[48] 전시보육회에는 무당파나 기독교계 청년들, 진보적 인사 등도 함께하고 있었기 때문에 국공양당의 합작기구라 기보다는 다양한 여성운동의 전국적 통일 기구라고 보는 것이 맞을 것이다. 국민당과 공산당 사이의 전투와 일본에 대한 항전이 동시에 일어나고 있던 시기에 전국적이고 단일한 목표를 가진 기구를 여성들이 운영했다는 점에서도 의미가 있다고 볼 수 있다.

2. 중국공산당 여성들의 전시보육

공산당이 통치하는 변구邊區에서는 중일전쟁이 본격화하기 이전부터 아동 교육기관과 여성 노동의 관계에 대해 인식하고 양육기구를 설치 관련 규칙을 제정하였다. 공산당에게 있어서 보육은 아동을 부모 대신 돌본다는 것을 뛰어넘는 중요한 의미가 있었기 때문이다. 첫째로, 일본군이 점령한 지역에서는 중국 아동들에게 친일 교육이 행해지고 있었고, 또한 전쟁으로 인해 부모를 잃거나 다치고 죽는 아동도 많아졌다.[49] 아동의 생존이 위태로워지

---

47 『중국여성운동사』하, 249쪽.
48 吉田曦紀, 앞의 글, 52쪽.
49 彭敏炯 編, 『戰時兒童保育運動』, 5~6쪽; 琴秋, 「揭發日寇對婦孺的欺誘政策」, 『中國婦女』第2卷 第3期, 1940.8, 7~8쪽.

면서 민족의 장래까지도 위협당하고 있는 상황에서 아동에 대한 보호는 필수적인 일이었다. 이 점은 국민당과도 공통으로 인식하고 있었던 것이다. 둘째로 1920년대부터 이미 중국에 소개된 소련의 아동교육 사상의 영향도 있었다. 아동을 어릴 때부터 사회주의 전사로 키움으로써 공산당의 미래를 굳건하게 하고자 하는 의도도 있었다. 여기에는 단지 공산당에 찬성하는 세뇌교육의 의미만 담긴 것은 아니었다. 집단교육 및 생활과 교육이 하나가 된 돌봄을 통해 국가 혹은 공동체에 헌신하고 노동이 몸에 밴 인간상을 만들어내고자 하는 것이었다. 이것은 중국의 전통적인 가족 내 양육이 효도와 자기 가족만을 중시하는 것과 전혀 다른 지향점이었다. 또한 셋째는 여성들이 사회에서 일할 수 있는 조건을 만들어준다는 의미가 있었다. 이는 보육기구의 목적을 설명할 때 언제나 "부녀해방婦女解放"이라는 용어로 의미 부여되었다. 여성들이 가사노동의 굴레에서 벗어날 때 가장 중요하게 해결해야 할 것이 바로 육아였다. 특히 전 시기 남성들이 전투에 동원되면서 여성들이 후방에서 각종 생산을 도맡게 되는 상황에서, 여성들의 적극성을 최대한 끌어올리기 위해 각종 형태의 보육기구를 건설하였다.

공산당의 보육에 대한 구상이 보이기 시작한 것은 일찍이 1927년 9월 장시江西 혁명위원회의 집행강령 가운데 "일반적으로 입학연령이 안 된 아동들을 위한 기관아동교양원, 유치원 등을 건립하여 사회교육을 증진하고 여성들을 해방하는 목적에 부합하도록 한다"고 한 것이다. 그리고 1934년 2월에는 중화소비에트 정부 인민내무위원회에서 「탁아소조직조례託兒所組織條例」라는 이름의 첫 번째 법규를 반포하게 된다.[50] 이 법규에서도 제1조에 "탁아소 조직의 목적은 가정생활을 개선하기 위함이고 이로써 탁아소가 부녀가 부담하

50 刘彦华 编著, 『中国学前教育史』, 北京 : 光明日报出版社, 2010, 113~114쪽.

는 영아 교양의 책임을 일부 대신하며 모든 노동부녀들이 생산과 소비에트 각 방면 공작에 참여할 수 있도록 만드는 것이다. 또한 어린아이들이 좋은 교육과 보살핌을 받고 집단생활 속에서 공산아동의 생활습관을 양성하도록 한다"[51]라고 여성들의 육아부담 해결을 탁아소 건립의 우선 목표로 제시하였다.

이 시기 공산당 통치지역의 탁아소는 크게 두 가지로 나누어볼 수 있다. 첫째는 기숙제가 중심이 되고 정부로부터 지원을 받으며, 군인이나 기관 직원들의 자녀를 수탁하는 유형이다. 두 번째는 일부 기관과 공장, 학교, 부대 등에서 스스로 세운 탁아기구였다. 각 일터에서 여성들이 스스로 소장, 부소장, 회계, 반 담임 등을 맡아서 하고, 고정된 예산 없이 직장이나 구제기관으로부터 보조금을 받아서 운영하는 방식의 유형이다.[52] 즉 수요가 있는 사람들이 스스로 먼저 조직하고 부족한 부분을 정부로부터 도움 받는 방식인데, 이것을 민판공조民辦公助, 민간이 운영하고 정부의 도움을 받는다라고 한다. 또한 이 외에도 품앗이 방식의 탁아조, 수유실, 게릴라식 탁아조직, 소학교 부속의 유치반 등이 존재했고, 이러한 유형도 건국 이후 농촌에서 특히 자주 볼 수 있는 탁아조직이다.[53]

공산당 통치지역 보육에서 가장 문제가 되는 것은 절대적인 물자의 부족이었다. 의약품은 물론이고, 아동들이 먹고 자고 입는 데 필요한 모든 것이 부족한 상황이었다. 보육을 할 수 있는 인원도 부족하였다. 진지루위晉冀魯豫[54] 근거지에도 탁아소를 세웠는데, 지루위冀魯豫 영아 보육원에는 일할 사

51　「託兒所組織條例」(1934年 2月 21日), 全國婦聯婦運室 編, 『中国妇女运动历史资料(1927~1937)』, 中国妇女出版社, 1991.

52　刘彦华 编著, 앞의 책, 118~119쪽.

53　장수지, 앞의 글, 25~26쪽.

54　각각 산시성(山西省)·허베이성(河北省)·산둥성(山東省)·허난성(河南省)의 약

람은 두 명, 물자라고는 부엌 칼 한 개와 깨진 석유통 하나가 전부였다.[55] 또한 사회적으로 아동 양육 지식의 수준이 매우 낮은 상황을 극복하기 위해 전시아동보육회는 원장院長회의를 열고 상호간의 경험을 듣고 필요한 사항을 함께 점검하며 이 사업을 지속시키기 위해 필요한 것 등을 논의하기도 했다.[56]

또한 일본군과의 전투가 지속되고 있었기 때문에 이름은 '보육원' '탁아소'라고 했지만, 실제로는 유격전 상황에서 고정된 장소 없이 보육교사들이 아동을 몇 명씩 분리하여 맡아서 민가에서 데리고 있는 등의 방법으로 유지하기도 하였다. 특히 지중보육원冀中保育院은 1941년부터 지중전시보육원으로 이름을 바꾸고, 전체적인 방침은 중앙에서 하되 보육은 분산해서 맡는 것으로 정했다. 이 당시 보육원의 직원들은 의무醫務:中醫와 西醫 각 1명, 취사, 통신通信, 위생衛生 담당들이 있었는데, 총 50명 정도의 아이를 돌보는데 직원은 10여명이었다. 언제 전투가 터질지 모르는 상황에서 식량을 구하고 병을 치료하는 등의 업무는 더욱 더 힘든 일이었다. 예를 들어 유모를 구했는데, 그 유모의 아이가 공격으로 사망하여 젖이 안 나오는 일도 있었는데, 우유나 분유를 구할 수가 없었기 때문에 약초를 먹이는 등 온갖 방법으로 젖이 나오길 기다린 일도 있었다. 또한 보육인원들이 공산당원임이 발각되면 안 되기 때문에 전족을 한 나이든 여성이 식량을 구해다 주기도 하고, 밖에 나갈 때는 단발한 것을 들키지 않으려고 머리에 수건을 싸매는 등 변장을 하고 다니면서 생필품을 구하고 당의 지령을 받았다. 전투지역의 민간인들

자이며, 근거지가 이 각 성의 경계선에 걸쳐있었기 때문에 보통 진지루위 근거지라고 부른다.

55 『중국여성운동사』하, 250쪽.

56 張曉梅, 「全國戰時兒童保育會第一屆院長會議的收穫 - 重慶通信」, 『中国妇女』第 1卷 第8期, 1939, 23~24쪽.

도 극심한 식량 부족에 시달렸기 때문에 아이를 맡아둔 집에 식량을 달라고 할 수 없었고, 따라서 식량을 구하는 것이 매우 힘든 일이었다. 또한 전투와 폭격이 일어나는 지역이기 때문에, 탁아소 책임자가 희생되는 일도 자주 있었다.[57]

앞서 탁아소의 유형에서 설명했지만, 변구지역의 탁아소의 수혜자들은 대부분 공산당 간부였다. 이 점은 1942년 딩링丁玲이 『해방일보解放日報』에 쓴 「삼팔절유감三八節有感」에 잘 드러나 있다. 일부 사람들은 '보모'를 두고 양육에서 벗어날 수 있지만, 옌안의 대부분의 여성들은 결혼해서 아이를 낳게 되면 양육으로 인해 운명이 바뀐다는 것이었다.[58] 옌안에서 활동하고 조선 출신 작곡가 정률성과 결혼한 딩쉐쏭丁雪松 역시 아이를 돌봐줄 사람이 없지만 당에서 임무는 계속 부여되어 골치를 앓았다. 정률성이 먼 곳에 갔다 돌아오자 아이를 남편에게 맡기고 바로 당의 임무를 수행하기 위해 다른 지역으로 이동하였다. 두 사람 모두 당에서 많은 임무를 수행하고 있었음에도 불구하고 탁아소를 이용할 수 없었던 것이다.[59]

1939년 7월 옌안에서는 중국여자대학을 창립하였는데, 이 대학 안에도 '어머니반'과 탁아소를 지었다. 그 상세한 운영 방식은 알 수 없으나, 아이를 낳고 돌보기 힘든 학생들을 위해 건립 1년 이내에 탁아소를 건립하였지만, 그 이용 가능한 사람들도 여자대학에 다니는 학생들에 한정되어 있었다.[60]

---

57 李潔心・田雪林・李玉平,「冀中戰時保育院」,『冀中人民抗日鬪爭文集』第3卷, 航空工業出版社, 2015, 936~937쪽.

58 丁玲,「三八節有感」,『解放日報』, 1942.3.9.

59 정설송 엮음,『중국인민해방군가의 작곡가 정률성 ① 그의 삶』, 형상사, 1992, 98~101쪽. 그의 딸 정샤오티도 자신은 "아버지 슬하에서 자랐다"고 회고하였다 (정소제,「아버지를 회억하여」, 위의 책, 209쪽)

60 方紫,「女大創始的一年間」,『中國婦女』第2卷 第1期, 1941.

1945년 산깐닝변구陝甘寧邊區의 대표는 "항전 장병 및 모든 기관 공작 인원의 자제들은 모두 정부에서 길러서 그들부모이 전심전력으로 항전과 건국 사업에 몰두할 수 있도록 하며 그들의 업무에 대한 열정과 효율을 더욱 높이고 있다"고 말했다.[61] 이 말에서 나타나는 것은 군인과 공산당 기관 간부들의 자제들이 보육의 대상이었다는 것이고, 전쟁과 건국이라는 특별한 상황에서 이것이 가능했다는 것이다.

또한 이들 탁아소에서 일하는 사람들은 대부분 여성이었고, 이들은 자신들이 자원해서라기보다는 당의 명령에 의해 탁아소에 배치되었다.[62] 앞서 언급한 옌안중앙탁아소의 사례에서도 혁명과 전투를 하기 위해 옌안에 찾아온 10대들을 명령에 의해 탁아소에서 일하도록 했으며, 그들 앞에서 헌신적인 모습을 보여 설득한 탁아소장인 초우즈강丑子冈도 명령에 의해 탁아소를 꾸려나가기 시작했다. 그리고 처음 중앙탁아소 설립의 직접적인 목적은 옌안에 와 있는 일반적인 자녀가 있는 여성들의 활동을 위해서라기보다는, 항전 용사들의 자녀들을 돌보아줄 사람이 없었기 때문이었다. 초우즈강은 일찍이 20년대 중반부터 국민혁명에 함께했으며, 점차로 공산당 조직에 가까워져서 공산당 조직에 의해 간호훈련을 받고, 전선에 나가서 간호를 한 경험이 있었다. 남편을 국민당에게 잃은 이후 혁명 활동을 지속하기 위해 1938년 옌안으로 갔고, 그곳에서 중앙탁아소를 설립·운영하고, 중화인민공화국 건국 이후에도 계속 보육 사업에 몸담았다.[63] 초우즈강의 경우 간호훈련을 통해 기본적 위생·의학 상식을 가지고 있었고, 또한 늘 공산당의 활

---

61 刘彦华 编著, 앞의 책, 116쪽.

62 장수지, 앞의 글, 193쪽.

63 杨富林,「爱的奉献－丑子冈同志传略」, 中共江西樟树市委党史办 编, 『樟树春秋』, 北京 : 新华出版社, 1993.

동에 헌신적이었기 때문에 탁아소 업무를 맡게 되었을 것으로 보인다. 그녀가 탁아소 업무를 거절했다거나 싫어했다는 기록은 찾아볼 수 없다.

중일전쟁이 끝난 이후 1946년부터는 국민당의 공격에 대비하여 보육원保育院이 이동하게 되었다. 이 과정에서 보육인원保育人員들은 아이들을 바구니에 담거나 노새에 태워서 이동시키는 일을 했는데, 그 이동 거리는 보육원과 루트에 따라 다르지만 짧게는 1,676km, 산둥-다롄-조선-두만강-하얼빈과 같은 다른 루트를 이용한 경우는 3천여km를 이동하였다.[64]

일상적인 생활도 유지해야 했는데, 고정된 장소에서 보육을 할 수 없었고, 대부분 공산당 간부들의 아동들이 집중되어 있는 것이 위험할 수 있기도 하여, 농촌의 농가에 흩어져서 지내면서 이동했다. 이 때 농가들은 아동들에게 충분히 위생적이라고 생각되지 않았기 때문에 보육인원들이 화장실을 개조하고, 파리를 쫓고, 길을 내는 등의 노동도 했다. 또한 아동들에게 충분한 영양을 공급해야 하지만 물자 공급이 원활하지 않았기 때문에 스스로 식량을 생산하는 일도 했다. 즉 물을 긷고, 곡식을 운반하고, 밀을 빻고, 장을 보고, 두부를 만들고, 가축을 먹이는 등의 일을 해야 했다. 이 외에도 아동들에게 이발을 해주고, 신체검사를 하고, 손톱을 깎아주고, 예방접종을 하고, 빨래를 하는 등의 일은 기본적인 일이었다. 이렇게 업무가 많았으나 환경이 열악하고 언제나 위험에 노출될 수 있었기 때문에 아동의 숫자가 166명이고 보육인원은 130명이었는데 늘 일손이 부족했다.[65]

이상 서술한 공산당 통치지역 전시보육의 특징을 몇 가지로 추려볼 수 있다. 첫째로 여성해방을 위해 필수적이라고 하는 명분은 내걸고 있었지만, 그 해방되는 '여성' 집단이 특권층이라고 부를 수 있을 만큼 작은 집단이었다.

---

64 「馬背搖籃, 你不可不知的故事」, 『幼儿100』, 2015.10.
65 장수지, 앞의 논문, 18쪽.

둘째로 지속되는 피습으로 인하여 보육업무가 실제로 아동을 돌보는 업무에만 한정된 것이 아니었다는 것이다. 이는 여성들이 전쟁에 나간 남성들을 대신하여 농업과 공업 생산에 참여하게 되는 사례와도 조금 다르다. 그 이유는 여성들과 아동들이 생활하거나 이동하는 공간이 전투지역과 아주 가깝거나 전투지역과 겹치기 때문이었다. 아동을 안전하게 이동시키거나 그들에게 물자를 가져다주기 위해 야생동물과 싸우기도 하고, 항상 국민당이나 일본의 군대가 어떻게 움직이는지를 주시해야 하며, 실제로 전투의 위험이 있는 곳에도 드나들고, 당 중앙과 계속해서 연락을 취하는 등의 업무를 해야만 했다.

국민당 통치지구에 있던 보육기구에서도 정체를 숨긴 공산당원들이 업무를 이어나갔다. 1941년 환남사변皖南事變[66] 발생 이후 국민당의 스파이들은 국공합작으로 운영되는 보육원들의 업무를 수시로 방해하거나 감시하기도 하였다. 특히 보육원에서 일하는 지하공산당원들에 대한 체포도 수시로 이루어졌다. 쓰촨분회 제6보육원의 경우 환남사변 이후 급변한 분위기로 인해 원장부터 많은 교사들이 모두 이전하면서 보육원 전체의 운영이 파탄나는 사례도 나타났다.[67]

쓰촨, 저장 등 국민당 통치지역에 있는 지하공산당원들은 혁명서적이나 『신화일보新華日報』 등이 들킬까봐 쌀통 속이나 당시 임시로 보육원으로 사용되던 절의 보살상 아래 숨겨두는 등 각종 방법을 사용하였다. 공산당 측에

---

66 제2차 국공합작 이후, 국공 양당은 군사작전상에서 갈등하고 있었고, 국민당은 공산당의 팔로군과 신사군을 모두 황허 이북으로 이동하라고 명령하였다. 그러나 공산당은 이를 거부하다가, 창장지역의 신사군을 이북으로 이동시켰는데, 환남지역에 있던 공산당군이 이동하던 중 국민당과 공산당의 군사적 충돌이 벌어졌다. 이 이후로 국공 양당의 군사적 합작은 분열을 맞이하게 되었다.

67 吉田映紀, 앞의 글, 51쪽.

서는 원장이나 보육교원들 중 일부를 다른 지역으로 이전시키기도 하였다. 상황이 급박할 때에는 급히 통지하여 하룻밤 사이에 충칭의 '부녀지도회'를 떠나도록 명령했고, 공산당원이 아닌 진보적인 직원들도 반공의 분위기에서 보육원을 떠나기도 하였다.[68] 보육원장이 국민당원이고 직원들이 지하공산당인 경우도 있었고, 원장을 국민당원이 하다가 공산당원이 이어서 하는 경우도 있었는데, 보육현장에서는 협력관계가 이어지는 사례들도 있었다. 예를 들어 저장 제1보육원 원장 리쟈잉李家應은 국민당 성정부 비서장 리리민李立民의 딸이었다. 그는 아버지로부터 보육원 내 한 직원이 국민당 반공과의 블랙리스트에 올라와 있다는 경고성 이야기를 들었지만 그 직원은 성실하고 훌륭한 직원이라고 감싸면서 계속 일하도록 하였고, 당국에서 여러 차례 검거하러 왔을 때에는 매우 화를 내면서 그들을 돌아가게 하였다.[69] 공산당원들은 보육업무와 일본과의 전쟁으로부터 오는 압박 속에서 일하는 것뿐 아니라 국민당의 감시로부터 자신을 은폐하거나 항시적인 경계를 해야 하는 상황 속에 놓여 있었던 것이다.

3. 전시 성별분업과 여성들의 경험

중국은 그 영토가 중일전쟁의 전장이 되어 여성들이 스스로 전투에 참여하기 위해 전선으로 나아가기도 하고, 침략과 폭력의 희생자가 되기도 하였다. 또한 전쟁을 수행하기 위해 필요한 각종 물자를 생산하고 상이군인을 돌보고 피난 아동을 다시 전사로 키워내는 등의 역할을 사회적으로 부여받

68　吉田映紀, 앞의 글, 50~51쪽.
69　吉田映紀, 52~53쪽.

았다. 전선과 멀리 떨어진 지역에서는 식량과 옷가지 생산이나 모금, 장병 가족의 위문 등의 활동에 방점이 찍혀 있었다. 그러나 전투가 벌어지고 있거나 일본군에게 점령당한 지역으로부터는 아동들을 구출해내는 것부터가 후방의 임무 중 하나였다. 이러한 상황으로 인해 중국의 전시보육은 이동성이 매우 중요했고, 따라서 여성들이 적군에게 들키지 않고 안전하게 이동할 수 있는 능력을 가져야 했다.

일본과 비교하면, 오랜 전쟁을 거치며 일본의 여성은 가정에서 많이 낳고 기르는 역할을 더욱 강요받았다. 전쟁을 치르는 전선과 여성이 머무르는 가정이 공간적으로 크게 분리되어 여성의 역할이 전투와 직접적으로 연계되지 않았다고 볼 수도 있을 것이다. 보육의 사례에서 보면, 일본에서는 전쟁 말기에 본토에 폭격이 일어난 이후에야 아동들을 다른 지역으로 이동시키기 시작하였다.[70] 즉 생활공간이 전장이 된 경우와 아닌 경우, 보육이라고 하는 것도 실제로는 전혀 다른 활동이 되는 것이다. 이러한 전쟁이 벌어지는 장소와 기간의 차이가 여성들에게 주어지는 역할의 차이를 만들어내는 점도 있었다.

다만 국민당 일부 보수주의자들과 공산당의 차이를 보면 단지 전쟁이 벌어지는 장소의 차이로 역할 배분이 이루어지는 것은 아니라는 것을 알 수 있다. 그러나 보육을 '누가' 할 것인가의 문제에서는 결국은 여성이 이를 맡을 수밖에 없었다는 것도 알 수 있다. 여성들에게 중점적으로 부여된 임무는 출산이나 양육이 아니라 생산노동이었음에도 불구하고, 결국 아동 양육은 '일부' 여성들의 일로 남게 되었다. 그렇다면 여성 내에서도 다시 '누가' '왜' 그 역할을 맡았는지도 생각해 볼 문제가 된다. 그러나 보육인원이 된 여

---

70 김경옥, 「태평양전쟁 말기 일본의 전시보육에 관한 연구―도쿄도(東京都)의 전시탁아소와 유아소개(疏開)를 중심으로」, 『유관순연구』 제27권 제1호.

성들이 일반적으로 어떤 특징이 있었는지는 지금까지의 사료로는 특정하기 어렵다.

공산당은 이 당시 전쟁을 비롯하여 사회 구성에서 성별 역할을 어떻게 규정했으며 여성들의 경험은 어떠한 것이었다고 볼 수 있을까? 이선이는 작가 딩링의 사례에서 옌안의 여성들이 남성 병사를 격려하는 '치어리더'의 역할을 했으며, 홍군 내 여성 비율을 보면 중국공산당도 대체로 '분리형'과 약간의 정도 차이만을 보일 뿐이라고 논했다.[71] 전쟁에서 '아동'의 이미지를 떠올려 보면 이들은 여성과 마찬가지로 남성 병사가 지켜야 하는 타자 집단이 된다. 다른 한편으로는 미래의 병사이고, 보육을 수행한 여성들은 그들을 군인으로 키워내는, 그래서 군인과는 전혀 다른 역할을 부여받았다. 넓은 범위에서 보았을 때, 아동과 여성들은 군인들에게 싸우는 의미를 부여하는 '치어리더'라고 볼 수도 있을 것이다.

그러나 이들의 실제 보육경험은 지역에 따라 차이를 보일 수 있겠지만, 전투와 동떨어져서 이루어진 것이 아니라는 점이, 그들의 경험은 과연 통합형과 분리형으로 구분해서 설명할 수 있을지에 대한 의문을 남긴다. 유격전이 벌어진 많은 민가에서 군인과 민간인을 구분할 수 없었던 것처럼 이들의 보육 경험은 방첩, 보초, 공습대비, 농사, 식량 구하기와 길 닦기 등 기존 남성들의 역할 외에도 전투와 긴밀한 관계를 가진 역할을 하는 것이었다. 게다가 이 여성들은 10년 이상 이어진 오랜 전쟁기간 동안 일시적이 아니라 지속적인 정치·군사적 관계망 속에 놓여있었다. 그렇다면 이들의 경험은 분리와 통합 사이의 스펙트럼 위에 놓여있는 것이라고 보아야 하지 않을까. 또한 보육이 아닌 전투, 정치·사회운동, 군대 지원, 생산 등 다른 경험을 한

---

71   이선이, 『딩링—중국 여성주의의 여정』, 한울아카데미, 2015, 119~121쪽.

여성들의 인구는 보육에 관여한 인구에 비해 훨씬 많다고 볼 수 있다. 이러한 관점에서 보면, 삶의 근거지가 파괴되는 장기간의 전쟁 경험을 한 한국이나 베트남의 경우에도 보육의 경험이 중국과 비슷한 양상을 띠고 있을지 고찰해볼 수 있을 것이다.

아동 양육, 특히 영유아 양육은 그 당시에도 지금도 여성에게 고정된 역할로 여겨지고 있으나, 전시에는 그 고정된 역할을 수행하기 위해 오히려 더 위험하고 고된 일과 마주해야 했다는 것이 전장에서 이루어진 보육의 특징이라고 볼 수 있을 것이다. 남성 역시 전쟁 상황에서는 평상시에 겪지 못하는 경험을 하고, 남성들의 부재로 인해 여성들의 활동반경이 넓어졌다. 그러나 이것은 평화 시 남성들이 맡았던 역할을 대신하는 것만이 아니고, 평화 시에는 아무도 할 수 없고 할 필요도 없는 전혀 다른 경험과 역할을 수행하게 된다. 그러한 경험은 가장 여성적이고 가정적이라고 생각되는 아동양육의 영역에서도 일어났던 것이다.

참고문헌

1차자료

琴秋, 「揭發日寇對婦孺的欺誘政策」, 『中國婦女』 第2卷 第3期, 1940.

藤穎超, 「对于现阶段妇女运动的意见(1937年12月28日)」, 『中国妇女运动历史资料 (1937~1945)』, 中国妇女出版社, 1991.

方紫 , 「女大創始的一年間」, 『中國婦女』 第2卷 第1期, 1941.

宋美齡, 「告中國婦女(1937年8月1日)」, 『中国妇女运动历史资料(1937~1945)』, 中国妇 女出版社, 1991.

李潔心 · 田雪林 · 李玉平, 「冀中戰時保育院」, 『冀中人民抗日鬪爭文集 』 第3卷, 航空工 業出版社, 2015.

張曉梅, 「全國戰時兒童保育會第一屆院長會議的收穫－重慶通信」, 『中国妇女』 第1卷 第8期, 1939.

丁玲, 「三八節有感」, 『解放日報』, 1942.3.9.

彭敏炯 編, 『戰時兒童保育運動』, 中山文化敎育館, 1938.7.

「託兒所組織條例(1934年2月21日)」, 全國婦聯婦運室 編, 『中国妇女运动历史资料 (1927~1937)』, 中国妇女出版社, 1991.

단행본

우에노 치즈코(上野千鶴子), 이선이 역, 『내셔널리즘과 젠더』, 박종철 출판사, 1999.

이선이, 『딩링－중국 여성주의의 여정』, 한울아카데미, 2015.

정설송 편, 『중국인민해방군가의 작곡가 정률성 ① 그의 삶』, 형상사, 1992.

중화전국부녀연합회 편, 박지훈 · 전동현 · 차경애 외역, 『중국여성운동사』 하, 한국여성 개발원, 1992.

翟明战 · 胡木英, 『回眸延安中央托儿所－特殊年代 特别的孩子和阿姨』, 中国文史出版 社, 2008.

潘漢琼, 「邓颖超与中国战时儿童保育会」, 八路军武汉办事处旧址纪念馆, 『武汉文博』 2 期, 2014, 48쪽.

논문

김경옥, 「태평양전쟁 말기 일본의 전시보육에 관한 연구－도쿄도(東京都)의 전시탁아 소와 유아소개(疏開)를 중심으로」, 『유관순연구』 제27권 제1호, 2022.

김민서, 「중화인민공화국 건설기 아동복리사업 연구－1949~1958년 상해시를 중심으로」, 연세대 석사논문, 2009.

김란, 「여성노동자를 집으로 돌려보내라－1980년대 이후 중국 '부녀회가(婦女回家)' 담론의 전개와 굴절」, 『사회와 역사』 133, 2022.

장수지, 「사회주의 중국 여성해방의 출발점, 탁아소－1950~1960년대 초반 상하이를 중심으로」, 연세대 박사논문, 2018.

池賢娲, 「1930년대 中國의 '婦女回家'論爭과 南京政府」, 『역사교육』 88, 2003.

「馬背搖籃, 你不可不知的故事」, 『幼儿100』, 2015.10.

古为名, 「中国战时儿童保育会述略」, 『抗日战争研究』 第4期, 2006.

吉田咲紀(Yoshida Saki), 「战时儿童保育会与中国女性(1938~1946)」, 华中师范大学硕士学位论文, 2011.

南方局党史资料征集小组, 『南方局党史资料·群众工作』, 重庆：重庆出版社, 1990.

杜茹赵璐, 「陕甘宁边区儿童保育院的发展及其对抗战精神的传承」, 『中华女子学院学报』 第5期, 2015.10.

滕兰花, 「抗日战争时期广西的难童救济工作」, 『广西社会科学』 第9期, 2003.

马菲菲·杨明巧, 「论抗战时期"妇指会"对难童保育工作的贡献」, 『遵义师范学院学报』, 2019, 21(4).

刘彦华 编著, 『中国学前教育史』, 北京－光明日报出版社, 2010.

杨富林, 「爱的奉献－丑子冈同志传略」, 中共江西樟树市委党史办 编, 『樟树春秋』, 北京：新华出版社, 1993.

严嘉晟, 「论全面抗战前期皖南地区的难童救济」, 『巢湖学院学报』 第1期, 2023.

张纯, 「抗战时期陕甘宁边区第一保育院的保教实施及历史意义」, 『河北师范大学学报』 第17卷 第4期, 2015.7.

张印举, 「『妇女生活』与抗战时期儿童保育工作宣传」, 『青年记者』, 2017.7.

张行义, 「战时儿童保育总会直属第七保育院－南川马鞍山保育院」, 中共南川县卫党史研究室 编, 『抗日时期的南川』, 1989.

丁戎, 「國內抗戰時期亂童救助研究綜述」, 『抗日戰爭研究』 第2期, 2011.

周天胜·陈应智·肖光荣, 「抗日战争中的战时儿童保育工作」, 『贵阳文史』, 1期, 2002.

陈艳, 「抗战时期安徽难民救济机构研究」, 淮北师范大学硕士学位论文, 2022.

曾荣. 「抗战时期的难童救助机构」, 『中国减灾』 第10期, 2013.

Norman D. Apter, "Save the Young : A History of Child Relief Movement in Modern China", University of California Ph.D. Dissertation, 2013.

제2부

시장화 개혁과 젠더

제1장

1980년대 시장화개혁과 중국 여성[1]

'돌봄'과 '노동' 담론을 중심으로

김미란

1. 들어가며

여성이 '직장'을 가지고 자신의 수입을 창출하게 된 것은 산업화 이후의 일이다. 피부양자가 아닌 '노동'하는 사회적 존재로 여성이 자기정체성을 구성해감에 따라 부계혈통 중심문화와 남성가장 위주의 핵가족 질서는 도전받았고 자녀가 부모에게 지니는 의미도 달라졌다. 돌봄과 부양을 둘러싼 세대간의 순환적 고리가 약화되고 '사회'가 가사와 노인 및 자녀양육을 포괄하는 '재생산reproduction' 노동의 '공공성'이 강조되면서 사회의 돌봄 역할이 확대되어가고 있기 때문이다. 자본주의 시장경제에서 맞벌이 모델의 확산은 청소, 요리, 육아, 그리고 무급 가사노동을 포괄한 재생산 노동reproductive labor의 위기를 초래하였으며, 인류학적 의미에서 '재생산 정치'란 개인이 근대적 생식 규범과 관련 관행을 받아들이도록 하기 위해 통치자가 '재생산 정치'를 통해 협상과 경쟁을 연구하는 것을 지칭한다.[2]

---

1 이 글은 『중국현대문학』 2024 가을, Vol.108에 실린 내용을 수정한 것임.

2 Susan Greenhalgh, *Cultivating Global Citizens*—*Population in the Rise of China*(Cambridge, Massachusetts, and London, England : Harvard University Press,

광범한 재생산개념 가운데 출산을 제외한 가사와 육아, 노인돌봄은 돌봄 노동이라 칭할 수 있으며 돌봄 노동은 젠더화된 형태로 주로 여성에 의해 수행되어 왔다. 산업화로 인해 돌봄위기가 야기되고 남성 가장 중심의 이분화된 성 역할에 대한 비판 또한 촉발되었는데 일찍이 우에노 치즈코는 1970년대에 전업주부가 보편화되어 성 역할이 뚜렷하게 구분된 전후 일본사회를 비판하면서, 일본사회의 '주부의 무급노동'을 "거대한 어둠의 나라黑暗的大国"이라고 명명한 바 있다.[3] 이는 가사노동이 "연구를 통해 명확하게 드러나지 않은没有被研究照亮的地方", 착취가 이루어지는 영역이라는 점을 드러내기 위한 그의 전략이었다. 또한 마리아 미즈는 글로벌 자본주의 맥락하에서 여성들의 일·가정 노동이 저평가되는 기제를 '가정주부화'라는 용어를 통해 분석한 바 있는데, 그는 글로벌 자본이 여성을 제1세계의 '소비자 여성'과 제3세계의 '생산자 여성'으로 이분화한 뒤, 제1세계 여성을 (가사노동자임에도) 사치성 소비품의 소비자로 간주하고 제3세계의 여성노동자들은 가정주부로 간주함으로써 저임금을 정당화하고 있다고 비판하였다.[4] 이 두 학자는 전업주부와 여성노동자들의 돌봄 노동에 대한 불인정을 통하여 자본과 남성 중심적 사회가 이익을 축적하고 있다는 점을 비판한다. 그러면 '시장'에 의해 지배되는 자본주의사회에서와 달리, 사회주의 여성해방을 경험한 중국사회에서 시장화 개혁 초기에 '돌봄 노동'과 여성들의 '생산노동이하 '노동''은 어떻게 담론화되었는가?

우샤오잉吳小英은 중국 여성의 가정주부화 현상을 한·일과 비교하면서 양국의 M자 노동과 달리 역U자를 그리던 중국사회에 2000년대 이후 전업주

2010), 10쪽.

3   上野千鶴子·李小江, 「主義與女性」, 『讀書』, 北京 : 三联书店, 2004, 46쪽.

4   마리아 미즈, 최재인 역, 『가부장제와 자본주의』, 갈무리, 2014, 238쪽.

부화全職太太를 생존전략으로 '선택'하는 젊은 여성집단이 출현하였다고 하였다.[5] 그러나 그는 가정주부화가 전 세계적인 개인화의 추세이고 중국의 전업주부화도 그러한 전략적인 '선택'의 결과이지만 그 선택은 계층적 특성을 띠며 선택 배경에는 노동시장의 불안정과 복지부족이라는 사회적 문제가 존재한다고 지적한다. 그의 언급 가운데 주목할 점은 중국사회가 글로벌 자본주의에 편입된 후, '정부 제도와 법률의 부재로 인해 여성은 국가, 자본, 가부장제의 삼중 억압을 받는 심각한 고용 상황 속에서 노동 시장에서 가장 큰 불이익을 받는 집단 중 하나가 되었다'고 하는 그의 분석이다.

저출산의 문제는 압축성장을 겪은 한국, 일본, 그리고 현 중국사회가 공통으로 당면한 문제로 그 배경에는 여성의 노동환경 악화와 젠더화된 돌봄 노동 문제가 존재한다. 일찍이 오치아이 에미코가 여성들이 전업주부가 되는 원인을 '실업, 자녀돌봄, 자녀교육' 세 가지로 구분한 바 있지만[6] 기실 이 세 원인은 모두 '이분화된 성 역할'과 밀접하게 얽혀있는 인과적 결과일 뿐이다. 그러므로 미혼의 여성노동은 물론 부부 맞벌이가 '보편적' 노동형태였던 개혁 초기 중국사회에[7] 돌봄 노동이 어떻게 논의되었는가를 살펴보는 것은 개혁 이후 어떻게 "여성이 국가, 자본, 가부장제의 삼중의 억압 속에서 가장 노동시장에서 큰 불이익을 받는 집단"이 되었는가를 이해하는 단초가

---

5   吳小英, 「主妇化的兴衰－来自個体化視角的闡釋」, 『南京社会科学』 第2期, 2014, 65쪽.

6   落合惠美子, 『亚洲現代性中的"亲密和公共领域的重建"－家庭主义及其超越』, 上海社会科学院家庭研究中心 编, 『中国家庭研究』 第七卷(上海 : 上海社会科学院出版社, 2012), 1~19쪽. 吳小英, 위 글에서 재인용, 65쪽.

7   건국 후 30년이 경과한 시점에서 베이징, 톈진, 상하이, 난징, 청두 5대 도시의 부부 취업율 통계를 보면, 맞벌이 부부가 85.56%, 아내가 직장이 없고 남편만 직장이 있는 경우가 9.54%였다. 馬薔, 「當代中國婚姻法與婚姻家庭研究」(山東大學校 中國近現代史 博士學位論文, 2013), 50쪽.

될 수 있다. 특히 분석과정에서 '관련 정부 제도와 법률의 부재'가 여성의 생존조건에 어떠한 양상으로 나타났는지를 이해하는가는 매우 주목해야 할 부분인데, 왜냐하면 1980년대 개혁의 방향과 청사진은 전적으로 당에 의해 계획되고 관리되었기 때문이다.

2. 연구 쟁점과 방법

필자는 5~6년 전 우연히 중국 도시 주택가에 한국과 달리, 어린이집이 거의 없고 유치원 숫자가 몹시 적다는 것을 발견하였다. 오늘날 64%에 달하는 여성 취업률을 보이고 있는 중국사회에서 여성들은 영유아를 어디에 맡기고 출근하는 것일까? 이 궁금함은 중국 보육시스템에 대한 관심으로 이어졌으며 그 후 저출산과 보육시스템, 여성의 일·가정 양립이 시장화 개혁 이후 어떻게 전개되어 왔는가라는 질문으로 구체화되었다.

최근 중국의 출산율은 1.3% 내외이고 한국은 0.8%로 두 국가 모두 실질 인구감소를 경험하고 있으며 정도의 차이가 있기는 하나 양국의 청년세대는 결혼과 연애, 출산을 포기하는 양상이 증가하고 있다. 2022년의 분석자료에 따르면, 중국의 남녀 대학생들은 결혼의 효능감에 대한 인식이 '결혼은 정서적으로 동반자, 정신적 의지처를 제공한다'가 86~87%, '결혼은 필수'라는 견해가 남 55.88%, 여 29%로 나타났으며[8] 이는 2024년 기준 한국의 연애와 결혼 출산을 포기하는 청년의 비중이 50%에 이르는 것과 비교할

---

8 李婷·郑葉昕·闫誉腾, 「中国的婚姻和生育去制度化了吗?-基於中国大学生婚育观调查的发现與讨论」, 『妇女研究论丛』第3期, 2022.5, 90~93쪽.

때[9] 상대적으로 결혼과 출산에 긍정적이라고 볼 수 있다. 그러나 보다 구체적으로 중국남성의 결혼과 출산기피 원인을 살펴보면, ① 높은 집값, ② 교육비, ③ 높은 의료비, ④ 비싼 탁아비용이었으며, 여성의 경우에는 ① 높은 집값, ② 교육비, ③ 직장내 불이익이었다. 공통부분을 제외하면 남성에게는 비싼 탁아비용이, 여성의 경우 출산과 결혼으로 인한 노동시장에서의 불이익이 출산의 걸림돌인 것으로 나타났다.

이와 같이 '보육' 부담은 저출산의 주요 원인이라 할 수 있는데, 양쥐화楊菊华 등에 따르면, 오늘날 중국의 노인 이동인구 총 1,800만 명 가운데 1,000만 명이 '손자녀를 돌보는 늙은 이주집단老漂族'을 형성하고 있다. 이 집단은 나이가 들고 나서야 이주를 시작한 집단으로, 농촌호구 소지자인 이들은 손자녀를 돌보기 위해, 돌봄이 필요한 노인 연령대에 '의료보험'이 안되고 언어와 문화습관이 다른 도시로 와서 손주를 돌보며 '고립'을 겪으며 늙어가고 있다. 양쥐화는 이러한 노인세대 '고통'의 주요한 원인이 호구제도에 있다고 지적한다.[10]

2010년대 이후 한국 영유아의 90%가 보육시설을 이용하고 있는 것과 달리, 중국 도시가정의 절대다수는 조-손 돌봄, 즉, '사적영역'에 돌봄을 의존하고 있으며 0~3세 손자녀는 조부모에 의해 대부분 무보수로 돌봄을 받고 있다. 그렇다면 국가가 아닌 가정이 돌봄을 전담하고 있는 작금의 돌봄 시스템은 어떤 과정을 통해 형성된 것인가?

문혁이 종식되고 시장화 개혁이 본격화되기 전인 1978년부터 1989년까

---

9 이승연, 「저출산 원인에 대한 양적 및 질적 연구—생존욕구와 자아실현욕구 측면에서의 비교」, 『콘텐츠와 산업』 제6권 제1호, 2024, 21~30쪽.

10 杨菊华·卢瑞鹏, 「"漂老"與"老漂"—国内老年流动人口的研究进展與展望」, 『西安交通大学学报(社会科学版)』, 2023, 43.

지의 10여 년은 문혁에 대한 비판과 시장화 개혁에 대한 기대감, 그리고 시대의 변화를 따라가지 못하는 낙오에 대한 두려움으로 분투했던 시대이다. 당시 여성 관련 담론을 주도한 이슈는 맞벌이 노동의 피로감, 우생적인 자녀 양육, 계획생육을 뒷받침하는 수정혼인법 세 가지였으며 여성노동자들은 보편화된 맞벌이로 인해 돌봄 노동의 부담이 과중함을 호소하며 탁아시설 확충을 요구하였다. 그러나 돌봄 이슈는 자녀양육이나 수정혼인법과 달리, 발화자들이 '노동자'라는 뚜렷한 집단적 정체성을 띠는 노동권 수호적인 성격이 강하였다. 그렇기 때문에 시간의 흐름에 따라 일하는 여성들은 돌봄 시설 확대요구에 그치지 않고 정리해고와 불평등에 대한 항의와 비판으로 목소리를 높여 갔으며, 이와 달리 자녀 양육과 한 자녀정책을 명시한 수정혼인법은 차세대 양성과 가족구성의 문제였기 때문에 당에 의해 '관리'되는 '계몽'적 성격이 농후하였다.

개혁 초기에 여성의 돌봄과 노동, 자녀양육, 혼인법 세 담론은 병렬적으로 전개되지 않았으며 시기에 따라 번갈아 부침하는 양상을 보였다. 10여 년 동안 일관되게 홍보되던 상업화된 결혼에 대한 비판과 달리, 자녀 양육의 문제는 여성의 '노동자' 정체성과 '모성' 정체성 사이의 긴장을 내포하고 있었기 때문에 집단적 노동자 정체성이 강하게 분출되는 국면에 이르면 주요 담론이 당의 개입에 의해 자녀 양육 담론으로 선회하는 양상을 보였다.

그러나 여성의 노동권 확보는 고립된 문제가 아니라 '보육'환경과 밀접한 관련을 지닌 문제였기 때문에 당의 슬로건인 '차세대를 우수하게 길러내어 4개 현대화를 완성'한다는 지침과 돌봄 지원 요구는 원칙적으로 충돌하지 않았다. 그러했기 때문에 문혁 직후 맞벌이 여성들은 '명분'을 갖고 문혁 시기에 크게 붕괴된 탁아 사업 재건을 명분을 갖고 '당'에 요구할 수 있었다. 바로 이 점이 1990년대 이후 중국의 맞벌이 여성들이 처한 돌봄담론환경과

1980년대 담론환경의 차이이다. 1990년대 이후 직장여성들은 점점 '시장'의 영향력이 커지는 상황에서 수퍼맘이 될 것을 요구받으며 모유 수유를 포함한 완벽한 자녀 교육컨설턴트가 되어야 한다는 압박감을 느꼈고 자신의 에너지가 소진될 때까지 다 쏟아붓는 '내권內卷'적 상황에 이르게 되었다. 그리고 무한 경쟁 속에서 원하던 목표에 도달하지 못하였을 때 여성들은 엄마로서의 책임을 다 하지 못했다는 '자책감'을 느꼈다.[11] 즉, 개혁 초기 여성의 돌봄과 노동에 대한 담론은 개인에 의한 신자유주의적인 무한경쟁이 아니라, 당이 제시하는 개혁의 방향에 의해 영향을 받으면서, 마오저뚱 사회주의의 여성해방의 성과를 견지하고자 함과 동시에 그 문제점을 개선하기 위하여 여성들 스스로의 목소리를 드러내었다.

마오저뚱 사회주의 시기 여성노동에 대한 대표적 연구로는 당의 여성노동정책을 분석한 진이훙金一虹의 「"무쇠처녀"를 다시 생각한다ー문화대혁명 기간의 젠더와 노동」이 있다.[12] 그는 마오저뚱 사회주의 시기에는 여성을 쉽게 불러 쓰고 불필요하면 해고시키는 저비용의 '노동력 저수지'로 활용하였으며 이 정책은 성별보다 노동력시장의 수요를 먼저 고려한 것으로 (도시의 공장에서 농촌남성보다 현지의 도시여성을 우선 고용) 결과적으로 성별이 섞이도록 하였으며, 그렇기 때문에 성별섞임은 마오 시기의 여성노동정책의 결과였다고 분석하였다. 한편, 『중국부녀』를 포함한 1980년대의 담론들을 보면, 중체력 노동과 공업기술 분야에 여성들이 다수 배치된 성별섞임 노동에 대한 비판이 빈번하게 등장하는데, 이는 마오저뚱의 성별섞임 노동정책에 대

---

11   金蘭, 「중국 개혁개방 이후의 모성 실천ー내권적 마더링의 형성」, 『현대중국연구』 제25권 제2호, 2023, 207~251쪽.

12   金一虹, 「"铁姑娘"再思考ー中国文化大革命期间的社会性别與劳动」, 『社会学研究』 第1期, 2006.

한 반발이었으며 '여성에게 적합한 업종'을 요구하는 양상으로 나타났다.

퉁신佟新은 마오저뚱 시기에도 전업주부가 존재하였지만 '부녀해방이 노동참여이고 혁명'이라는 공식이 보편화되어 있어 주부화가 '추세'로 존재하기 어려웠다고 본다.[13] 그러나 쑹사오평宋少鵬은 당의 가사노동에 대한 인식이 단일하지 않고 시기에 따라 달랐다고 보아, 「칭송에서 소멸로−집체주의 시기의 가정노동」1949~1964에서 가정주부가 일시적으로 '기생충'이라는 비난을 받았으나 1953년부터 1957년 직전까지, 즉 대약진 시기에 여성노동력 동원이 대세가 되기 전까지 '생산노동에 조력'하는 존재라고 인정을 받았다고 하였다.[14] 그러나 1964년 이후 『인민일보』를 포함한 당의 문건에서 가사노동은 완전히 사라졌으며 그 이유는 여성들의 부업과 가내노동이 '개인주의 작풍單幹风', 혹은 '사적'인 영역에 속하는 것으로 간주되어 '자본주의적인 것'이라고 비판을 받았기 때문이다.

본 연구는 이상의 마오저뚱 사회주의 시기 여성의 생산, 재생산노동에 대한 선행연구를 기반으로 개혁 시기 돌봄담론을 분석하고자 한다. 그러나 개혁 초기의 일상문화와 노동에 있어서 성별화요구라는 현상을 해석함에 있어서는 쑹사오평이 가정주부화의 원인으로 지목한 '자본의 노동강도', 즉 '착취'라고 보는 단선적 접근을 넘어설 필요가 있다고 생각한다. 쑹사오평은 1988년 따츄창大邱莊에서 가정주부가 집단적으로 형성된 이유를 분석한 「집으로 돌아간 것인가, 아니면 돌려보내진 것인가」를 통해 가정주부화는 여성 개인의 '선택'이 아닌 '구조'적인 관점에서 분석되어야 한다고 주장한다.

---

13 佟新, 『社会性别研究导论−两性不平等的社会機制分析』(北京 : 北京大学出版社, 2005, 76~77쪽; 吳小英, 위의 글, 65쪽에서 재인용.

14 그 결과 가정주부는 1964년 이전까지 누렸던 通勤车, 食堂, 医疗 等을 더 이상 누릴 수 없게 되었다. 宋少鵬, 「从彰显到消失−集体主义时期的家庭劳动(1949~1964)」, 『江苏社会科学』第1期, 2012.

설사 스스로 가정주부가 되겠다고 '선택'하였다 할지라도 그 선택은 자본이 요구하는 고강도 노동으로 인해 부득이하게 여성이 가정으로 돌아가 돌봄을 담당하게 된 것이었다고 해석하였다.[15]

자본이 노동강도를 최대한도로 높여 이윤을 창출하기 위해 여성들의 '돌봄 노동'을 보조적으로 활용하는 것은 시장화된 사회에서 보편적으로 존재한다. 그러나 1980년대 중국 여성들은 시장주의적 경제개혁으로 인해 일자리 상실 외에, 교육기회를 포함한 의·식·주를 둘러싼 자원배분 과정에서 성차별에 직면하였으며 이에 여성들은 '여성 차별'을 시정 해 줄 것을 지속적으로 요구하였다. 개혁은 이처럼 생존조건의 격차를 벌어지게 하는 성차별주의를 내포하고 있었기 때문에 1980년대를 분석할 때는 '경제'적 요인 외에 보다 뿌리깊은 남성중심 '문화'에 대한 비판적 접근이 필요하다고 사료된다. 이에 이 글에서는 개혁 초기에 단웨이가 해체되고 '사적'영역이 확대되는 과정에서 돌봄과 노동에 대한 담론을 시장화 개혁과 성차별주의 두 축을 중심으로 살펴보고자 한다. 주요 분석 텍스트로 부련의 기관지인 『중국부녀』복간된 1978년부터 1989년까지, 보조적으로 문혁 이후 간행된 최초의 사회학회지인 『사회』, 『인민일보』, 당안 자료를 참조하고자 하며 분석과정에서는 『중국부녀』가 주로 당의 정책을 전달하는 '교량' 역할을 하는 기관지라는 특성을 십분 고려하여 가능한 한도 내에서 '독자투고' 등의 자료를 통해 아래로부터 분출된 여성대중의 목소리를 주목하고자 한다. 즉, 마오저뚱 사회주의 시기에는 '정상'으로 여겨지던 것들이 '비정상', 혹은 부정되는 양상과 새롭게 등장한 변화 등을 고찰함으로써 돌봄 노동에 대한 중국사회의 인식변화를 파악하려 한다.

---

15   宋少鹏,「回家, 还是被回家」,『热风学术』, 2015.11.1.

3. 문혁 비판과 돌봄 이슈의 부상

1978년부터 1989년까지 10여 년의 간 『중국부녀』의 담론변화를 개괄해 보면, 문혁 직후에 시작된 돌봄 시설에 대한 요구가 개혁개방의 확대에 따라 자유와 다양성에 대한 요구로 확장되어 1985년 무렵 개인의 취향을 강조하고 권위주의적인 문화를 비판하는 양상이 두드러진다. 그러나 1987년 덩샤오핑의 '자본주의적 자유'와 '전면 서구화'를 반대한다는 글이 실린 것을 전환점으로 하여 경제개혁과 사상해방을 분리하는 경향이 뚜렷하게 나타나 '자유'에 대한 요구를 '자본주의적인 것'으로 비판하기 시작하였다.

개혁의 시작 지점이었던 1978~1979년 무렵의 『중국부녀』는 문혁비판에 초점이 맞추어져 있었다. 그리고 국가에 대한 부녀의 희생과 헌신의 역사를 부각시키면서 여성집단의 요구를 정당화하는 서사가 주를 이루었다. 1978년 9월에 개최된 제4차 전국 부녀대표대회이하 '대회', 3차는 1957년에 개최는 부녀사업 재개의 신호탄이었다. 역대 최대규모인 4,000여 명이 참석한 대회를 정리한 보고서 「신 시기 중국 부녀운동의 숭고한 임무」에서 부련 회장인 캉커칭康克淸은 현재 중국사회가 사상해방 열기로 가득한 '백화제방' 시기이며 국내외적 상황이 부녀운동에 유리하다고 낙관하면서, "광대한 부녀의 참여가 없었으면 중국혁명은 승리할 수 없었다没有廣大的妇女参加, 中国革命不可能取得勝利"라는 대담한 발언을 하였다.[16]

1978년 복간 직후 『중국부녀』에서 주요하게 다루어진 주제는 첫째, 건국과정에서 희생된 여성 열사와 문혁기간에 탄압받은 여성 간부와 여성과학자 발굴, 둘째, 따칭, 따자이 모델선전과 여성들의 '생산'노동 촉구, 셋째, 약

---

16   康克淸, 「新时期中国妇女运动的崇高任务」, 『中国妇女』 第4期, 1978, 13쪽.

혼예물을 통해 여성을 거래하는 상업화된 결혼 비판, 넷째, 탁아사업의 필요성이었다. 그러나 복간 초기 1~2년이 지나자 여성 영웅과 억울하게 희생된 열사를 칭송하는 서사는 급격하게 감소하고 수정혼인법 홍보와 탁아사업이 주로 논의되었다.

개혁 초기의 생산과 재생산의 관계에 대해서는 당시에 사용된 용어를 통해 인식을 살펴 볼 수 있는데, 재생산 활동에 속하는 가사와 육아 등 돌봄 활동에 대하여 부련이나 관방의 문서에서는 '후고지우後顾之忧' 혹은 '후방 업무後勤'라는 용어를 종종 사용하였다. 반면 「독자투고」와 같은 개인적인 글쓰기에서는 본인의 돌봄 노동을 '집안일家务活', '가사노동家务劳动', '번잡한 집안일繁琐的家务事'이라 표현하곤 하였다.[17] '후고지우'와 '후근'은 4개 현대화를 달성하는 "새로운 장정新的长征"에서 '전방의 생산'에 부담을 주는 '해소되어야 할 후방의 근심거리'라는 뜻으로, 지원이라는 의미가 강하여 공업생산을 위한 농업생산물의 지원을 지칭하기도 하였다. 이처럼 '후고지우'에는 가치를 '생산'하는 노동이라는 의미가 내포되어 있지 않았으며 '집안일'과 '가사노동'도 재생산 노동의 가치를 주장하기 위한 것이 아니라 당사자들이 고충을 '호소'하는 경우에 주로 쓰였다.

생산노동에 대한 재생산 노동의 지원적 성격이 잘 드러난 것은 따칭大庆 유전과 부녀의 역할에 대한 묘사이다.[18] 추운 동북의 변방에 위치한 따칭 유전에서 일하는 노동자들에게 음식과 의류, 신발 등의 생필품을 조달해 주기 위해 양지분거하던 아내들家屬,딸린 식구라는 뜻은 집단 이주를 하여 즉각 달려가 문제를 해결해 주는 '무쇠다리 팀铁脚班'정신을 발휘하였다.

『중국부녀』의 주요한 이슈는 편지형식, 즉 「독자투고」를 통해 쟁점화되

17　读者来信,「我们的呼吁」, 『中国妇女』第2期, 1978, 18쪽.

18　「大庆模范後勤兵」, 『中国妇女』第1期, 1978, 13~14쪽.

는 경우가 빈번하였는데 '과학지식을 통한 4개 현대화'를 제창한 탓인지 1978~1979년 무렵 여성노동자에 관한 보도는 생물학자, 반도체연구원 등 전문직 맞벌이 여성들의 글이 실리고 국가에 헌신한 여성 모델로 퀴리부인이 반복적으로 칭송되었다. 개혁 초기에는 '쌍직공雙職工'의 과중한 돌봄 노동에 대한 고충 호소가 주요한 이슈로 다루어졌는데, '쌍직공'은 농촌 인민공사에 속한 농촌의 여성들이 '사원'이라고 불린 것과 구별되는 도시의 산물로, 국영기업 등 안정된 직장에서 월급생활을 하는 맞벌이 부부를 지칭하였으며 그런 점에서 쌍직공은 '마오저뚱 사회주의'의 유산이었다. 쌍직공의 돌봄문제는 사회학계에서도 '사회적인 문제'로 언급될 만큼 심각하였는데, 1981년『사회』잡지는 중국사회가 당면한 8가지 문제 가운데 첫째가 부부의 양지분거, 둘째가 주택 부족, 셋째가 쌍직공의 돌봄 부족이라고 하였다.[19]

'돌봄 노동'에 대한 맞벌이 여성의 입장이 처음 발표된 것은 1978년『중국부녀』제2기「독자투고」란이다. 중국과학원의 여성 반도체연구원들은 자신들이 집단적으로 논의한 내용을 아래와 같이 기고하였다.

> 우리는 과학연구 전사로서 4개 현대화라는 새로운 장정 실현에 더 열심히 공헌하기로 결심하였다. 그러나 무겁고 번다한 **가사노동家務勞動**으로 (…중략…) 우리의 시간과 (…중략…) 적지 않은 정력을 분산시키고 있다. 매일 오후 6시에 퇴근하면 줄을 서서 야채를 사서 돌아와 밥을 하고 정리가 끝나면 9시가 훌쩍 넘는다. (…중략…) 점심 때가 되면 어떤 동지는 서둘러 집으로 돌아 가 아이에게 밥을 해 주어야 하며 아이들의 솜옷을 풀어서 빨아 다시 바느질을 해 주는 곳도 없다. (…중략…) 어떤 아이는 보낼 탁아소 자체가 없

---

19 陈翰笙,「社会调查研究八题」,『社会』第1期, 1981, 10쪽.

어서 더 어려움을 겪는다. (…중략…) 그래서 우리가 **새로운 장정**에서 후고지우를 해결하기 위하여 관련기관에 절박하게 호소하는 바는, 상업성 서비스센터와 같은 복무참服務站을 늘려 옷수선과 세탁팀을 만들고 식당을 운영해서 쌍직공 자녀들의 점심문제를 해결해 달라는 것이며, 더 간절히 소망하는 것은 탁아소와 유아원을 증설하여 아이의 등하원 제도를 만들어 달라는 것이다.[20]

그러면 왜 문혁 직후에 이러한 보육문제가 발생하였는가? 개혁 초기 『중국부녀』에서는 '문혁과 4인방이 문제의 원인'이라고 보았다. 기사는 문혁시기에는 '복지'를 대표적인 '자본주의적인 것'으로 간주하여 탁아사업을 '자본주의의 싹'을 길러내는 것이라고 비판하였으며, 대중의 생활에 관심을 갖는 집단들을 '복지주의福利主义', 혹은 '인심에 영합收买人心'하는 반혁명 오류라고 비판하며[21] 탁아소와 유치원을 상당부분 폐쇄하여 그 시설을 주택과 채소경작지로 만들어 버리곤 하였다.[22]

그러나 1981년 2월호에 실린 「조국의 미래를 위하여」에서는 탁아유아 사업이 절대 자원의 낭비가 아니라는 입장이 공표되어 "아이들에게 필요한 인력과 물품, 금전을 써서 탁아유아 사업을 하는 것은 절대 낭비가 아니며 四化 건설을 위한 인재를 길러내는 것이다"라고 선언하였다. 그리고 1981년 3월호에서는 4개 현대화를 성공적으로 달성하기 위해서는 맞벌이 여성들에게 절박한 문제인 세탁과 재봉, 식사, 탁아소, 수유, 자전거 보관과 같은

20　徐勇达·白巨娟, 「我们的呼吁」, 『中国妇女』 第2期, 1978, 18쪽.
21　上海市妇联, 「清算"四人帮"破壞上海妇联运动的罪行」, 『中国妇女』 第1期, 1981, 18쪽.
22　「为了祖国的未来」, 『中国妇女』 第2期, 1981, 22쪽.

'후고지우'를 해결하여 생산에 전념할 수 있게 해 주어야 한다고 하였다.[23] 이 중 현대화와 자녀교육 문제를 직결시켜 미래의 발전방향을 제시한 1981년의 3·8절 기사는 향후 '현대화'의 목적이 '글로벌 시민을 길러내는Cultivating Global Citizens' 당의 장기적이고 궁극적인 목적을 드러낸 글이라고 볼 수 있기 때문에 주목할 필요가 있다.

『중국부녀』는 1978년 1기 사설을 통해, 사인방이 '지식이 많을수록 더 반동이기 때문에' "차라리 문화가 없는 노동자가 되어야 할 것이다'라고 주장하던 문혁의 지식무용론을 비판하면서 모든 낙후의 원인은 문혁이라고 지적하였다. 그러나 그 후에 발표된 「조국의 미래를 위하여」에서는 생필품 부족과 주택 부족 등의 '복지 부족'은 단지 문혁의 문제가 아니라 1957년부터 시작된 '좌경'착오 때문이었다고 재정의하였다. 즉, 뤄충罗琼은 "이런 위험의 잠재적 요인은 아주 오래전에 만들어진 것으로, 1950년대 후반부터 경제건설이 장기적으로 "좌"경 착오의 지배를 받아 기본적으로 건설전선이 아주 길게 늘어나고 생산지표가 높게 설정되어 인민의 생활상의 소비를 쥐어짜 왔다. 10년 재난 시기에는 린뱌오林彪와 "4인방"의 심각한 파괴로 인해 국민경제가 붕괴지경에 이르러 (중공업과 경공업 간의-필자 첨가) 균형이 심각하게 깨졌다"라고 발언하였다.[24] 1950년대 후반부터 시행된 저임금정책과 재생산에 대한 투자억제가 당면한 경제파탄의 원인이며 문혁은 단지 그러한 '좌'적 오류가 심화된 것일 뿐이었다는 뤄충의 언급은 당이 향후 '시장화' 개혁과 '복지' 문제를 결합시킴으로써 '소비를 쥐어짜서 중공업에 투자한' 기

---

23 康克清, 「建设社会主义精神文明多为妇女儿童办好事－康克清同志在迎接"三八" 国际劳动妇女节座谈会上的讲话」, 『中国妇女』第3期, 1981, 2~3쪽.

24 罗琼, 「和姐妹们谈谈调整国民经济的问」, 『中國婦女』第2期, 1981, 5쪽.

존 정책으로부터 전환할 것임을 천명한 것이었다.[25] 그리고 그 해의 3·8절 기념사에서는 "우리나라의 소년아동은 태어나서부터 16세까지 대략 3억 몇 천만 명쯤 된다. 우리나라 미래의 주인인 그들은 현대화를 건설하는 사회주의의 핵심이므로 이 세대를 잘 길러내는 것은 당과 국가의 운명이 걸린 대사이다. 중공 중앙서기처는 이 문제를 매우 중시하여 최근에 전국 부련이 아동과 소년을 보육과 양육, 교육하는 사업을 중점사업으로 틀어쥘 것을 지시하였다"고 하였는데,[26] 이 기념사는 복지와 보육이 '여성노동' 여건 개선보다 차세대 양육에 초점이 맞추어진 것임을 잘 보여준다 하겠다.

4. '효율적 생산'과 돌봄, 그리고 노동

1) 성차별적 주택 분배와 돌봄 환경

개혁 초기의 여성들은 당에 (노동)'생산'이 아니라 일상적인 '생활'에 대한 관심을 촉구하였으며 당시 여성들의 '후고지우'를 해결하는 데 가장 큰 도움을 준 것은 기술력, 즉 재봉틀, 세탁기와 같은 가전제품들이었다.[27] 그러나 문혁종결 직후 맞벌이 여성들은 의·식과 같은 재생산영역에 대한 지원확대를 요구하는 데 머물지 않고 주택과 노동환경 등 주요한 자원의 배분과 성

---

25 「如何解決职工後顾之忧—中共州委金德培管本刊识者问」, 『中國婦女』 第2期, 1978, 11쪽.

26 「建设社会主义精神文明多为妇女兒童办好事—康克清同志在迎接"三八"国际劳动」, 『中國婦女』 第3期, 1981, 2~3쪽.

27 「群众的知心人」에서는 여성 간부가 당지부에 건의하여 재봉틀을 구입하여 수선팀을 만들고 縣 전체의 381개 대대에서 353개의 재봉팀이 만들어졌다고 하였다. 张秀来, 『中国妇女』 第3期, 1978, 7쪽.

차별 문제에 대하여 의견을 개진하였다.

1980년 11월호 권두에 실린 「당신은 대중의 생활에 대해 물어본 적이 있는가」는 덩잉차오에게 보낸 한 여공의 편지를 공개한 편집진의 글이다. 독자가 투고한 편지는 전국 부련을 움직여 싼시성陝西省 부련과 성 총공회가 현장조사를 나와 보고서를 올릴 정도로 커다란 반향을 불러 일으켰는데, 자신을 '평범한 청년 여공普通的青年女工'[28]이라고 소개한 투고자 스싱룽史興榮[29]은 4차 대회 이후에 부련에 대해 큰 기대를 품었으나 부련이 지난 3년 동안 문제해결은 커녕, 여공들의 현실을 모르며 또 알고 나서도 모른 척하였다고 비판하였다. 이처럼 부련이 여성을 대표할 수 없는데 왜 부련간부를 여성들이 뽑지 못하고 상부에서 임명하느냐고 한 그의 비판은 부련의 '교량'이라는 위상과 직능에 대한 근본적인 문제제기였다 할 수 있다.[30]

스싱룽의 장문의 편지는 단지 돌봄 부담 만이 아니라 1980년대를 관통하는 '개혁과 여성의 노동환경'에 대한 근본적인 문제를 제기하였다는 점에서 의미가 크다. 「거창한 빈 말 그만하고 실질적인 행동을 하라不要伟大空话要实际行動」라는 제목의 편지에서 가장 먼저 언급한 것은 주택 분배문제였다. 그는 매우 많은 기업들이 주택을 분배할 때 공공연하게 여공을 차별하는 규정을 만들어 여공들에게는 가족들이 살 집을 분배하지 않고 있다고 하였다. 남편이 농촌이나 부대에 근무하여 양지분거하는 여공들은 본인의 근무연한이

---

28 编辑部, 「一位女工的来信－不要伟大空话要实际行动—史兴荣同志的第一封信」, 『中國婦女』第11期, 1980, 2쪽.

29 스싱룽은 산시성 내의 지게차 제조회사 4공장 여공이었다.

30 이 비판에 대하여 한 부련이 적극적으로 대응을 한 사례는 시장화 개혁이 확대되던 1987년 2월, 우시(武錫)시 부련에서 발표한 개혁안이다. 우시시 부련은 '약자의 입장에 있는 딸'이라는 것을 전제한 '친정'이라는 호칭으로 부련업무를 개괄할 수 없다고 밝히고 향후 여성대중과 만날 수 있는 새 조직을 만들고 업무 방식과 내용을 혁신하겠다는 구체적 개혁안을 내 놓았다.

30년이 넘어 조건을 충족하였음에도 불구하고 남편의 근무연한이 모자라 주택을 분배받지 못하여 母子 기숙사에서 살고 있으며 또 직장 근처의 주택을 분배받지 못한 보육기 여성은 아이를 안고 일 년 사계절 혹서와 혹한에 버스를 타고 출근을 하여야 한다고 항의하였다.

주택 분배의 공식적인 기준은 근무연한工齡이다.[31] 1981년 2월, 선양시가 30개 단웨이를 대상으로 주택 분배 현황을 조사한 「"남성 위주의 주택 분배"는 불합리하다以"男方为主"分房不合理」에 따르면, 여공이 일률적으로 분배에서 배제되는 것이 53.3%를 차지하였으며 결혼을 앞둔 미혼 남성에게는 주택이 분배되는 반면, 미혼 여성에게는 그 기회가 주어지지 않았다.[32] 1980년 상하이시의 조사에 따르면, 1인당 주거면적은 $3m^3$로 매우 비좁았는데,[33] 심각한 주택난 해결과정에서 일부는 원칙에 따라 공정하게 분배되었으나 그렇지 않은 경우가 자주 보도되었으며, 이러한 주택 분배 제도가 누적되자 여성노동자들의 돌봄 환경은 악화되었으며 '아들이 없으면 늙어서 살 집도 없다'며 남아 선호 관념을 강화하기도 하였다.

스싱룽이 제기한 두 번째 문제는 업적평가 시스템과 보육문제였다. 개혁이후 직원들의 '업무 기여 정도, 기술 수준의 차이, 노동 태도' 세 가지를 기준으로 승진을 시키기 시작하였으나 각 단웨이들은 너무나 많은 예외 규정을 만들어, 실제로는 근무연한을 기준으로 하는 '위장된僞相' 평균주의를 답

---

31 廣东省佛山市制药二廠给部分职工은 「男女平等分房好」라는 글을 투고하여 주택 분배가 평등하게 이루어지고 있다고 보고하였다. 즉, "二廠黨支部作出决定, 安排新房的原则是：先工人後幹部；先群众後黨员；男女平等；军烈属优先"이라고 하였다. 『中國婦女』 第4期, 1981, 9쪽.

32 위의 글, 12쪽.

33 통계에 따르면 "1966년부터 1976년 10년 동란 기간에 상하이시가 지은 민간용 주택면적은 턱없이 부족하여, 1977~1979년 3년 동안 지은 면적의 28%"에 불과하였다고 한다. 陈翰笙, 「社会调查研究八题」, 『社会』 第1期, 1981, 10쪽.

습하고 있다고 비판하였다. 즉, 병가나 휴가 일수가 2년 누적 50일을 초과하면 승진에서 배제하도록 정함으로써 3세 미만의 아기를 기르는 여직원들의 경우, 병가나 휴가를 쓰지 않고는 아기를 기를 수가 없었기 때문에 이들의 생산의욕을 심각하게 저하시켰다고 하였다.

이와 같이 개혁 시기에 재생산에 대한 투자 확대 과정에 노동환경과 자원 배분은 성차별적 경향이 뚜렷하였으며 이러한 불공정한 처우의 핵심에는 '돌봄'을 더 이상 '공공성'을 띤 것이 아니라 생산성을 떨어뜨리는 '비효율적'인 것으로 간주하는 인식이 존재하였다.

2) 계약직 vs 평생직 논쟁 – '사라진' 돌봄

시장화 개혁이 시행됨에 따라 원하는 국영기업에 취직하거나 대학진학에 실패한 젊은 여성들이 계약제 직장에 입사하는 경우가 점증하였으나 계약제 일자리는 평생직장을 보장받지 못한다는 점 때문에 떳떳하지 못하다는 인식이 보편적이었다. '계약직이라는 이유로 애인에게 이별 통보를 받았다'고 하는 미혼 여성의 사례가 일례이다.[34]

랴오닝성의 선양시沈阳市는 1983년부터 시장화 개혁이 시행된 시범도시로, 선양시는 국영기업에 대한 노동개혁을 통해 노동자들이 자유롭게 직장을 '선택'할 수 있게 되고 책임감이 강해져 생산성이 높아졌다고 보도하였다. 즉, 1987년 1월에 발표된 「생기와 활력」은 구제도의 뚜렷한 폐단이 '모두가 기업의 주인이기 때문에 그 누구도 책임을 지지 않는' 데 있다고 하며, 종업원지주제는 이와 달리 주주인 직원들이 자발적으로 분초를 아끼며 생산에 책임감있게 임한다고 하였으며 직업선택 또한 가능하여 백화점 화장

---

34 呂铁力, 「生機與活力」, 『中國婦女』 第1期, 1987, 2~5쪽.

품코너에 근무하는 여직원이 해당 업종이 본인 적성에 맞아서 만족해 한다는 보도를 하였다.[35]

일부 이러한 계약제를 옹호하는 부련도 등장하였다. 산시성山西省 부련은 「개혁이 여공들의 자아의식을 일깨웠다」를 통해 평균주의를 비판하고 평생직장 제도가 여성을 의존적으로 만들었다고 하였다.

> 우리나라는 오랫동안 고용에 있어서 종신제를 시행하고 분배는 평균주의를 시행하여 매우 많은 여직공들이 철밥그릇을 들고 큰 솥밥을 먹으면서 이것이 사회주의 제도의 우월함이라고 잘 못 생각하게 되었다. 이것이 오래 지속되면서 사람들의 총기가 무디어지고 일부 여직공은 사회주의에 돌봄을 요구하는 것이 너무나도 당연한 것이라고 생각하였다. (…중략…) 자아의식이 오랫동안 침몰상태에 처하게 된 것이다. 혹자는 자신의 소가정만을 돌보아 늦게 출근하고 일찍 퇴근하며 쉬운 일을 하려 하고 힘든 일을 기피하였으며 심지어 병가를 신청하여 공짜로 월급을 타 먹었다. 어떤 직장에서는 노동보험과 장기휴가를 신청한 직공 가운데 여직공이 89.7%를 차지하였다.[36]

위에 드러난 바와 같이, 구제도가 '의존적' 인간형을 길러내고 계약제가 '자주적'인 인간형을 창출한다는 '의존 對 자주'라는 이원화된 담론이 구축되었으며 돌봄 노동에 대한 담론공간은 사라지고 그 자리에 '휴가를 많이 쓰는' 이기적이고 의존적인 여성들이 채워졌다.

여성이 '생산노동'에 참여하는 것이 계급해방의 의미를 지닌다는 논리는 맑스주의 페미니즘의 핵심이다. 맑스주의 페미니스트인 낸시 프레이저Nancy

---

35 呂铁力, 위의 글.
36 晋原, 「改革震醒了女工的自我意识」, 『中國婦女』 第2期, 1987, 8쪽.

Fraser는 개혁 초기 중국 사회주의의 '시장주의적 개혁'을 글로벌한 맥락에서 해석할 수 있는 시좌를 제공하는데, 그의 1980년대에 대한 해석은 다음과 같다. 서구사회는 1960년대에 비교적 평온했던 '자본주의의 황금시대'가 갑자기 무너지고 그때까지 당연시되어 온 자본주의적 근대성의 핵심적 특징인 물질주의, 소비주의, 이성애 중심주의와 같은 사회통제가 공격을 받으면서 여성을 배제한 복지 부권父權주의와 부르주아 가족이 문제시되었다. 그는 1980년대에 이러한 운동이 경제적 분배를 넘어 가사노동, 섹슈얼리티 문제로 확산되어 새로운 변혁의 기회가 되는 듯 하였으나 동유럽권 공산주의의 몰락으로 보수가 힘을 얻자, 계급평등을 기반으로 젠더평등을 실현하고자 했던 페미니즘은 발밑부터 무너져 내렸고 자유주의를 기반으로 한 '포스트사회주의' 시대정신과 타협하게 되었다고 분석하였다.[37]

1980년대 중국의 시장화 개혁은 이러한 세계사적 변화의 맥락 속에 있었다. 평등한 분배를 공격하는 보수주의의 흐름은 1980년대 중반 이미 중국 사회에서 '개혁'이라는 이름으로 힘을 얻어 시장화 개혁이 선택의 '자유'로 표현되고 사회주의적 복지가 '낙후'의 원인으로 지목되었기 때문이다. 그리고 이러한 이분법 속에는 시장화 개혁이 경제발전은 물론 전체 사회에 활력을 더해 줄 것이라는 '낙관'이 깊이 내장되어 있었다.

그러나 다른 한편, 『중국부녀』에는 이러한 시장화의 흐름에 제동을 거는 계약제의 문제점을 지적하는 「노동제도 개혁과 관련한 문제에 대한 답변에 대하여 본 잡지 기자의 질문」1987이 발표되기도 하였다. 랴오닝성의 부성장인 주자전朱家甄에게 답변을 요구한 이 질의서는 당시 여성들이 느끼는 공포를 다섯 가지로 요약하였는데, 첫째, 여공의 비율이 낮아지고 여공을 뽑지

---

37   낸시 프레이저, 임옥희 역, 『전진하는 페미니즘』, 돌베개, 2017, 290쪽.

않아 취업난을 겪는 것, 둘째, 실업상태의 부녀의 재교육에 대해 그 누구도 관여하지 않아 재취업난을 겪는 점, 셋째, 출산 후 수유기에 계약을 해지당할까 하는 두려움, 넷째, 수유기의 보조금 부족으로 아이를 잘 기를 수 없는 문제, 다섯째, 주택 분배와 입당入黨의 어려움이었다.[38] 이에 대하여 부성장은 국영기업 개혁규정인 「국영기업노동계약제시행 임시규정国营企业实行劳动合同制暂行规定」에서 "여공이 임신과 출산, 수유기에 본인의 동의없이 기업이 노동계약을 해지할 수 없다"고 되어 있다는 원론적인 답변을 하였다.[39]

그러나 여기에서 주목해야 할 점은 부련이 개혁 당사자에게 답변을 '요구'하는 형식의 글을 발표하였다는 사실이다. 이는 상당히 의미있는 변화로, 1987년 무렵이 되면 여성계의 돌봄지원에 대한 담론방식이 1978~1979년 무렵과 같은 '호소'가 아니라 여성집단의 이해관계에 기반한 '권리요구' 양상을 띠었음을 보여준다.

두 번째로 주목할 점은 부성장의 답변 가운데 "여성에게 적합한 업종"이라는 표현이다. 성별섞임 노동의 문제점에 대해서는 앞서 진이홍의 분석을 통해 살펴본 바 있으나, 랴오닝성 부성장은 개혁 시기에 '성별분리 고용'을 요구한 것이 부련이었다고 하는 다소 '의외'의 답변을 하였다.[40] 성별분리 고용이 과연 '모성'을 보호하기 위한 대안적 여성노동정책일 수 있는지, 무엇보다 그것이 성별화된 노동을 강화할 여지가 다분하다는 점에서 산시성

---

38 编辑部, 「辽宁省副省长朱家甄同志 就劳动制度改革有关问题答本刊记者问」, 『中國婦女』第1期, 1987, 6~7쪽.

39 위의 글, 7쪽.

40 원문의 내용을 보면 다음과 같다. "各市在制定本地区细则时, 也吸收了妇联的意见. 如 : 鞍山市具体规定了"企业招用工人, 凡适合妇女从事劳动的工种岗位应當招用女工, 根据不同行业, 原则上是 : 轻工, 纺织, 商业, 服务等行业女工比例要在80％以上; 矿山, 冶金, 化工, 建筑等行业女工比例要在20％左右"; 위의 글, 6쪽.

부련의 발언은 쉽게 납득이 되지 않는다.

무엇이 '여성에게 적합한 업종'인가? 왕샹셴王向賢의 노동법분석에 따르면, 1930년대 국민당과 공산당의 노동법은 '모성'보호를 위하여 '약한' 여성에게 건강을 손상시키는 힘든 업종에 종사하는 것을 금지하고 "여성 고용이 가장 많은 방직을 여성의 삶에 가장 적합한 직업"으로 규정하였다. 그러나 왕은 1924년에 모 기관의 조사결과를 인용하며 방직 여공이 평생 폐결핵 등을 앓는 비율이 남성 노동자보다 높다고 지적한 뒤, 여성은 단지 '약'한 성별이라는 이유 때문에 방직업의 위험성을 무시하고 일하였으며 그 결과 공장은 노동환경을 개선할 의무와 감독에서 벗어날 수 있었고 여성들은 고위험노동이 누리는 높은 급여와 복지도 누릴 수 없었다고 주장하였다.[41]

1980년대의 성별분리 노동 주장은 공장노동자 외에 전문직 여성에 의해 제기되기도 하였다. 1987년에 발표된 「중국 지식여성의 오늘」[42]은 두뇌를 지속적으로 써야 하는 전문직 여성들이 겪는 일-가정 양립의 고충을 호소한 글로, 사회주의 시기 성별섞임 노동이 실질적으로 '섞임'을 가능하게 하지 못한 것이었다고 주장하였다. 전문 연구직 여성인 진난金难은 국가교육위원회가 1985년에 발표한 통계 연감을 인용하며 과거 36년 동안 대학과 중등전문학교의 이과생 누적비율의 60%가 여성이었음에도 불구하고 중국과학원이 1984년에 발표한 "과학 연구성과 데이터베이스科研成果数据库"에 의하면 우수업적으로 수상한 남성이 410명, 여성이 12명으로 여성 수상자가 전체 여성연구자의 1%에 불과하였으며 이것은 전문직 여성의 낮은 성과와 낮은 사회적 평가를 보여준다고 하였다.

---

41   王向賢, 「承前启後－1929~1933年间劳动法对现代母职和父职的建构」, 『社会学研究』 6期, 2017.

42   金难, 「中国知识妇女的今天」, 『中國婦女』 第7期, 1987, 2~4쪽.

그렇게 된 이유에 대하여 그는 여성 엔지니어와 여의사들이 업무 외의 시간에 늘 "집안일을 잘 못하고", "자녀교육을 제대로 못 하고", "남편에게 부드럽게 대하지 않고", "남편을 위해 자신의 일을 희생하지 않는다"고 비난을 받으며, 부부가 다 전문직임에도 불구하고 가사는 여성들이 해 온 결과라고 설명하였다. 상황이 이러하기 때문에 그는 직장에서 겨우 5% 여성만이 동등한 연구자로 대접받고 있다고 하며 자신을 포함한 전문직 여성들은 '남녀평등'과 '남녀는 다르다, 혹은 같을 수도, 같을 필요도 없다'는 관념 사이에서 혼란을 겪고 있으며 자녀교육을 제대로 하지 못하고 있는 자신을 자책하며 이러한 문제해결의 대안이 '성별분리 노동'이라고 주장하였다.[43]

그가 언급한 '여성에게 적합한 업종에 여성이 종사하는 것'에 의하면, 미국과 헝가리가 선진국형 여성노동 모델로 제시되었다. 선진국은 지식인 여성들이 엔지니어 기술과 농업기술 분야에 종사하는 비중이 매우 낮고 심리학과 교육학, 사회과학 등에 종사하는 비중이 아주 높으며 이는 여성들이 자신의 지적 특성에 맞는 분야에 종사함으로써 재능을 발휘하여 인정을 받은 결과라고 설명하였다. 반면, 중국 여성은 여성의 지적 특징과 잘 맞지 않는 위생기술이 31.9%, 엔지니어가 15.5%를 차지한다고 하였다.

이상에서 살펴 본 것과 같이 공장과 부련, 일부 지식인 여성은 마오저뚱 시기 성별섞임 노동에 대한 부정적 인식을 강하게 드러내고 있었다. 문학작

---

43 '성별섞임' 노동에 대한 개혁 시기 여성들의 부정적 인식은 '선진-후진국'이라는 프레임을 빌려, 본질적으로 '여성에게 적합한 노동' 형태가 있는 것처럼 표현하는 경향이 있었다. 저자가 예로 든 선진국은 미국과 헝가리였는데, 무엇보다 헝가리가 선진국을 대표하는 국가라고 보기 어렵다는 점에서 정당화를 위해 작위적으로 선택을 하지 않았나 하는 의구심이 든다. 통계치를 보면, 미국의 여성 박사학위자 가운데 심리학이 29.2%, 생물과학 5,694명, 기계, 27.5%, 사회과학 22.2%이고, 헝가리의 여대생의 전공분석(1980~1981학년도)에 따르면 유아 사범 99.6%, 장애 아동 훈련 98.9%, 그리고 의과 8%였다고 한다. 金难, 위의 글.

품 『중년이 되어』1980의 주인공인 안과의사 루원팅陸文婷이 과로로 죽음에 이른 것은 이러한 1980년대 초기 전문직 여성들의 고통과 두려움이 반영된 것이었는데,**44** 아이러니한 것은 '성별화된 노동'에 대한 여성들의 요구가 성차별적 문화를 개선하는 것이 아니라, 1980년대 중반에 이르러 성별화된 노동을 강화하고 여성돌봄의 정당성을 주장하는 '현모양처' 담론에 의해 전유되었다는 사실이다.

1980년대 중반에 전개된 남녀의 '본질주의'적 특성을 강조하는 젠더화된 성 역할론은 주로 남성과 관방 언론, 일부 여성들에 의해 주장되었으며 젠더화된 성 역할 담론의 정점은 '두 사람이 한 사람을 보호한다二保一'라는 구호였다. 남성들의 뿌리깊은 '돌봄 노동 회피' 행태와 여성들의 '독박형 돌봄喪偶式 돌봄'에 대한 항의는 '맞벌이 부부 중 한 사람이 퇴직하여 나머지 한 사람을 온전하게 일하도록 돕는다'라는 의미를 지닌 '두 사람이 한 사람을 보호한다'**45**라는 성 차별적 담론에 의해 억압되거나 심지어 역으로 이용되었다. 여성들의 비판과 항의에도 불구하고 '二保一' 구호가 1985~1986년에 전개된 '수퍼 현모양처超賢妻良母' 논쟁과 시너지효과를 일으키면서 일-가정 이중부담에 대한 여성들의 문제제기는 더 이상 비판하기 어려운 담론환경

---

44 諶容의 소설 『중년이 되어』(1980)는 여러 차례 영화제작의 어려움을 겪다가 영화화되어 1982년에 제3회 황금닭상(金鸡奖)을 수상하였다. 1985년에 창간된 『혼인과 가정』은 창간호의 '개혁과 여성' 특집란에 다음과 같이 루원팅을 예로 들며 전문직 여성의 고통을 묘사하였다. "她们日以继夜地超负荷运转, 毕竟不是长久之计. 谁能担保长此以往在实际生活中不会出现第二個"陆文婷"呢? 为了更好地开发女能人资源, 社会有责任保护女能人的积极性, 要采取切实有效的措施帮助她们解除後顾之忧", 樓靜波, 「女企業家的家庭生活」, 『婚姻與家庭』 第1期, 1985, 19쪽.

45 "这里所述的"二保一", 尽管具体说法一, 但实质是一個, 妻保夫. 我们设想一下如果让妻子牺牲自己的事业去保证丈夫完业, 其结果将会是怎样呢女同志退出社作或半退出社会工作围着锅台转, 只能"马大嫂"(上海话谐音"买菜, 汰衣裳, 烧饭"). 姚国础, 「"二保一"果真是一剂良药吗?」, 『中國婦女』 第10期, 1985, 16쪽.

에 처하게 되었기 때문이다.[46]

'돌봄'에 대한 정의와 수행 주체의 문제는 후기 산업사회가 근대성의 한계를 자각하고 사회의 지속가능성을 탐색하는 데 핵심적인 '사회적 문제'이다. 돌봄은 누구나 누려야 하는 권리인 '정의justice'의 문제이며 인간은 누구나 의존이 필요한 '상호의존적 존재'이다. 러딕Ruddick은 '돌보는 경험과 돌봄을 받은 경험은 의무감을 고취시킬 뿐 아니라 실천적 정체성practical identity의 습득을 통해 자신이 다른 사람을 돌보고, 자신 또한 다른 사람으로부터 돌봄을 받을 것으로 이해하게 된다'고 설명한다. 김양지영은 이러한 인식에 기반하여 "현재 한국은 남성 돌봄에 대한 수사만이 넘치고 있어 돌봄이 무엇이고, 왜 돌봄이 중요하고, 어떤 돌봄이 성 평등을 실현시킬 수 있는지에 대한 논의가 필요하다"고 문제를 제기하며 돌봄 실천이 성별 분업을 해체할 수 있는 가능성을 탐색하였다. 질적 연구를 통해 그는 돌봄 노동은 스스로 원해서가 아니라, '불가피한' 상황에서 '반복'적인 노동을 통해 습득되며, 성별과는 무관한 "사회화의 결과"라고 정의하였다.[47] 그의 분석이 시사하는 바는 돌봄이 생물학적 성별로 인해 특정 성이 수행하는 노동이 아닌 '사회화의 결과'로 규정되지 않고는 '돌봄 문제'가 출로를 찾을 수 없다는 점이다. 그러나 과한 돌봄 부담을 호소하는 1980년대 초중반 여성들의 항의에도 불구하고 담론은 한 자녀정책으로 인하여 자녀의 희소성이 높아지고, 우생적인 자녀교육이 강화됨에 따라 소양을 갖춘 부모, 특히 여성의 '모성' 역할을 강조하는 방향으로 전개되었다.

---

46   北京市宣武区妇联等,「大家都来关心妇女就」,『中國婦女』第10期, 1980, 26~27쪽.

47   김양지영,「남성의 돌봄 실천과 성별분업 해체 가능성─아버지의 자녀양육 경험 비교를 중심으로」,『여성학논집』제33집 1호, 2016, 36~40쪽.

5. 자녀 돌봄과 모성 '보육'에서 '조기교육'으로

1980년대 개혁 담론 가운데 자녀교육 문제는 지속적이고도 광범위하게 논의된 중요한 주제이다. '외동 자녀를 어떻게 우수하고도 자립적인 인재로 키울 것인가'를 지향하는 개혁 초기의 담론은 자녀양육에 있어서 아동심리에 초점을 맞추고 문혁 시기에 성행하던 흑백 이데올로기 교육에서 탈피해야 한다는 주장에서부터 시작되었다. 체벌에 대한 비판과 '자백하면 용서하지만 저항하면 엄벌한다坦白从宽, 抗拒从严'는 식으로 자녀를 교육해서는 안 되며, 아동의 심리상태를 관찰하고 자녀의 개성을 파악하고 장난감 등을 연령에 맞게 주는 등, 심리학자와 교육전문가들이 등장하면서 '과학적' 양육방법이 급격하게 확산되었다.[48]

'미래의 인재'를 양성하는 탁아사업은 12차 당대회 이후 질적 발전을 강조하는 새로운 양상을 보였다. 양적 확대인 '入托難' 해소와 함께, 질적 발전이 강조되어 보육교사의 '청년화연령 하향', 교육의 '지식화', 운영 시스템의 '전문화'가 추진되었고 이러한 '질적 발전'은 한 자녀정책과 경제발전으로 요구수준이 높아진 도시가정의 요구에 부합하는 것이었다.

수잔 그린할은 개혁 시기에 우수한 자녀를 기르는 정책이 중국이 '글로벌 시민의 양성Cultivating Global Citizens'을 통해 부강한 국가를 이루는 현대화 프로젝트였다는 점을 강조하는데, 그는 결과적으로 이 프로젝트는 성공적이었다고 평가한다. 그는 1980년 9월 중국 공산당이 공개한 향후 10년간 인구에 대한 당 노선을 정한 문서가 '질 낮은 인구'를 20세기 말까지 농업, 산업,

---

48 邓炳端,「谈谈打骂教育的害处－中学生思想教育探索」,『中國婦女』第12期, 1982, 24쪽. 그리고 동일한 호에 "家庭教育與心理学"이라는 표제하에 「如何从 小培养孩子关心父母和他人」과 「使儿童受到良好的家庭教育」등이 실렸다.

과학 기술, 국방의 4대 현대화를 달성할 수 있는 기회를 '망치는 원인'으로 보았다고 지적하면서, 그렇기 때문에 그는 중국의 '인구 거버넌스가 경제 거버넌스'였다는 점을 강조한다.[49] 그는 '지식이 국가 부의 새로운 원천이자 국력의 토대가 된다고 보는 지식 기반 경제로의 전환'이 중국 인구정책의 실제 의미였기 때문에 '보육의 질적 제고'는 필연적인 수순이었다고 본다.[50] 그리고 중국정부가 핵심 목표인 '포괄적 국력'을 평가할 때, 상시적으로 인도와 일본이라는 아시아의 두 거대 국가와 오랜 숙적인 러시아, 그리고 유일한 세계 초강대국인 미국과의 비교를 통해 자국의 위대함을 증명하곤 하였다고 하였는데,[51] 『중국부녀』에 따르면 보육의 질적 제고를 위해 바람직한 모델로 제시된 것은 일본의 어머니상이었다.[52]

부련은 자녀를 '소양'을 갖춘 아이로 기르기 위해서는 어머니의 소양이 중요하며 일본의 어머니는 높은 교육수준과 교양, 그리고 온유한 품성을 지니고 있어 본 받아야 할 모델이라고 칭송하였다. 「"교육하는 엄마"」[53]와 「일본 부모의 교양원으로서의 요구」[54]에 따르면, 일본여성은 온유하고 쉽게 가까이 할 수 있는 부드럽고 밝은 품성을 지니고 있어 자녀가 공부를 태만하게 하여도 절대 공부하라고 윽박지르지 않으며 아이가 스스로 할 때까지 인내하고 미소를 지으며 기다린다고 하며 이런 태도를 배워야 한다고 하였다. 반면, 피해야 할 어머니상으로는 급한 성격, 거칠고 냉담한 여성, 우울한 기질의 여성이라고 하였다.

---

49 Susan Greenhalgh, 위의 책, 20쪽.

50 Susan Greenhalgh, 위의 책, 21쪽.

51 Susan Greenhalgh, 위의 책, 1~2쪽.

52 杜兰玉, 「人的性情·脾氣－氣质(学点兒童心理学)」, 『中國婦女』 第2期, 1981, 27쪽.

53 李永连, 「"教育妈妈"」, 『中國婦女』 第2期, 1981, 26쪽.

54 李永连 摘译, 「日本父母对教养员的要求」, 『中國婦女』 第2期, 1981, 26쪽.

'소양'을 갖춘 어머니가 자녀를 잘 기르기 위해서 구체적으로 어떻게 길러야 하는가에 대한 방법이 제시된 것은 0~3세를 '교육'의 대상으로 강조하기 시작한 1981년의 '조기교육' 특집시리즈였다. 1981년 7기에 "0~3세 지능개발" 코너가 개설되고 "조기교육"이라는 용어가 처음 등장하였는데 '두뇌는 조기에 개발할수록 100% 개발되며 늦게 시작되면 충분히 발전되지 못한다'는 것이 핵심 내용이었다.[55] 이런 주장은 어린 나이에 시를 지었다는 중국 고대의 유명한 문학가와 천재적 예술가들의 조기교육을 예로 들며 정당성을 확보해 갔다.

어려서부터 자극을 통해 지력과 감성을 개발시킨다는 '조기교육'은 일부 부모들로 하여금 자녀의 지력이 다른 아이들보다 떨어지는 것을 견디지 못하여 다양한 방식으로 언어와 기억력을 향상시키기 위한 노력을 경주하도록 만들었다. 1981년에 실린 「선행교육 시도사례」는 7, 8개월 된 자신의 자녀가 평범한 것 같아 본인이 의식적으로 조기교육을 시험한 성공담이다. 1살이 되기 전부터 음식, 가구 등에 이름을 붙여놓고 식별하게끔 하고 두 살이 되기 전에 문장형식으로 말을 하도록 가르쳐 사유훈련을 시킨 결과, 4살이 된 지금 지력과 기억력, 사유능력이 비교적 우수해지고 학습에 대한 흥미도 증가하였다고 하였다.[56]

문혁 직후인 1978~1979년에 여성들이 탁아사업을 늘려야 한다고 요구했을 때, 탁아는 일-가정 양립을 위한 돌봄문제를 해결하는 데 초점이 맞추어져 있었다. 그러나 '미래의 인재'라는 담론이 전면화된 후 영유아의 '두뇌

---

55 "0~3岁智能开发"코너는 1981년 7월에 개설되었으며 실린 글로는 「我对早期教育的理解」(7기), 「教育从0岁开始」(8기), 「"小鸟在飞⋯⋯大熊来了!"」(8기), 「不要抑制儿童智能的发展」(10기), 「怎样开发儿童的智能」(11기), 「良好的生活习惯郑海心」(12기) 등이 있다.

56 罗开平 等, 「超前教育的一次尝试」, 『中國婦女』第11期, 1981, 31쪽.

발달'을 중시하는 조기교육이 도시가정을 중심으로 급속하게 확산되었으며 이는 애초에 소련을 비롯한 사회주의의 공동보육의 목적이었던 일하는 노동자들을 위한 '돌봄' 문제해결과 함께, 가정에서의 양육이 지닌 이기성을 극복하고 집단생활을 통한 공동보육을 추구한다는 목적으로부터 상당히 멀어진 것이었다.[57]

1980년대 초반부터 지력이 '우수'한 아이를 경쟁적으로 길러내는 것이 도시를 중심으로 점차 확산되어 명문대학에 자녀를 보내는 것이 1980년대 자녀교육의 목표가 되었다. 조기교육 열기가 심해지자 4, 5세부터 피아노, 바이올린, 외국어 교육을 경쟁적으로 시키는 세태를 문제시한 「답안은 하나가 아니다」라는 글에서는 외동자녀가 '소황제'가 아니라 '어린 죄수小囚徒'라고 비판하기도 하였다.[58]

지식기반 사회의 구축은 조기교육 열기의 근본적인 동인이었지만 이러한 열기의 배경에는 사회문화적 요인도 적지 않게 존재하였다. 문혁 시기에 배움의 기회를 놓쳤거나 우파로 몰려 정치적으로 수난을 겪어 개혁의 흐름에 올라탈 수 없었던 다수의 부모들은 자신이 겪었던 고통을 자녀가 겪지 않고 '안전'하게 성공의 길로 나가기를 바랐다. 그래서 이들은 직접 자녀의 미래를 설계하고 강압적으로 자녀에게 그 방식을 관철시켰는데, 이러한 전략은 국가권력이 아니라 대중들 스스로 지식기반 사회에 적합한 인간을 규율하고 만들어 내는 과정들이었으며 그런 점에서 푸코 개념의 '미시적 권력'이 작동한 것이라 하겠다.

어린 자녀를 둔 여성들을 중심으로 살펴보면, 문혁의 '잃어버린 10년'은 젊은 엄마들에게 독특한 보상방식을 선택하게 하였음을 발견할 수 있다. 세

---

57   曹蔇宁, 「苏联幼兒入学前的准备」, 『中國婦女』 第2期, 1982, 32쪽.

58   张永虹, 「答案随着风兒飘忽」, 『中國婦女』 第1期, 1987, 37쪽.

대론적 관점에서 여성들의 '잃어버린 10년'을 주목한 사람은 리샤오장李小江이다. 그는 중국 여성을 연령별로 네 집단으로 구분한 뒤 그 중 29세~40세_건 국 후에 출생하여 교육을 받은 세대에 초점을 맞추어 이들이 개혁 시기에 '보수화'하고 있다고 비판하였는데,[59] 이 연령집단의 여성들이 문혁기간 동안에 교육받을 기회를 상실하고 개혁 초기에는 '아들'保一個, 한 가정에서 1명만 진학하게 한 정책에 밀려 진학과 취업에 실패하여 건국 이후에 가장 심각한 피해를 입고 '밀려난' 세대였다고 정의하였다. 개혁 초기에 이 집단은 능력과 자질이 남성들보다 뒤처지지 않음에도 불구하고 문혁 시기에 결혼적령기를 겪어 개혁 시기에는 이미 살림과 육아를 담당해야 하는 신분이 되어 버려 그 결과 1980년대에 이들 집단에서는 "남자에게 의존하는 사상이 다시 대두"하고 있었다고 분석하였다.

이 세대 여성집단의 분노와 회한, 그리고 분투하는 모습은 『중국부녀』의 특집시리즈 투고란인 「여청년의 벗女靑年之友」에 잘 드러나 있다.[60] 한 기혼 여성이 대입에 응시하기 위해 보내온 편지인 「기혼여성은 대학입시를 볼 수 없나요?」에 의하면 투고자는 답변자로부터 대입응시 자격규정이 '미혼, 25세 이하'이므로 기혼인 투고자는 '입학할 수 없다'는 답변을 들어야 했다.

정부의 지식기반사회 담론, 조기교육 열기, 젊은 여성집단의 기회상실에 대한 보상 욕구는 자녀에 대한 교육관에 커다란 변화를 초래하여 개혁초기에 0~3세 유아는 '보육'이 아니라 '교육' 대상이 되었다. 그리고 조기교육은 4개 현대화를 실현하기 위한 경제정책의 일환으로 도시를 중심으로 급속히 확대되어 갔으며 자녀교육에 대한 부모의 책임과 기대도 부단히 증가하였다. 개혁으로 인해 노동환경이 악화되는 상황 속에서 직장여성들은 돌봄서

---

59 李小江, 「中国當代妇女的现实处境」, 『中国妇女』第1期, 1986, 7쪽.

60 특집 코너에 「如何挽回失去的青春」, 「只要发愤总不迟」 등과 같은 절망과 회한과 모색, 분투 등의 내용이 실렸다.

비스를 충분히 누리지 못함에도 불구하고 모성으로서의 소양과 역할을 요구받았는데 모성 역할의 비대화는 여성들에게 '노동자' 정체성보다 '모성' 정체성 강조하는 양상으로 나타났다. 이에 여성들 스스로 양자 사이에서 동요하거나 여성적 '특성'을 수긍하는 본질주의적 인식이 확산되었으며, 이를 가속화한 것은 여성을 '비용이 많이 드는' 비효율적인 노동력, 공짜 복지 수혜자로 낙인찍는 '효율적 생산'이라는 논리였다.

여성노동자에게 비우호적인 담론과 현실적 압박은 남성들로 하여금 '기가 센 여자'에 대한 혐오감을 공공연하게 드러낼 수 있게 하여 '현모양처'에 대한 요구와 선호가 노골화되었다.[61] 그러나 일-가정 양립에 지친 여성노동자들은 '모범노동자가 부럽지만 내가 모범노동자가 되고 싶지는 않다'며 스스로 사회적 성취를 제한하려는 태도를 보이기도 하였으며 이것이 개혁 초기 여성들이 직면한 정체성의 위기이자 혼란상황이었다.[62]

6. '백래시' vs '현모양처를 초월하라!', 그리고 그 후

1985년 『중국부녀』 권두언에 사회학자 위광위안于光远은 "개혁은 경제적 발전만이 아니라 생활방식과 정신상태에 중대한 변화를 일으켰다"는 선언적인 글을 발표하였다.[63] 이 글의 뒤를 이어 물질적 향유를 권리로 인식하고 다양한 변화와 선택기회를 즐기는 라이프스타일과 자유를 주장하는 글들

---

61 辽宁省旅大市总工会妇联, 「不要强迫女工"留职长放假"」, 『中國婦女』 第11期, 1980, 23쪽.

62 哈尔滨市妇联宣传部, 「她们的困惑」, 『中國婦女』 第2期, 1987, 26쪽.

63 于光远, 「要讲生活方式」, 『中國婦女』 第1期, 1985, 4쪽.

이 빈번하게 실려, 도시의 직장인들은 8시간 근무 외에 취미생활을 즐기고 '아름다움'을 추구하며 경제적 여유를 기반으로 다양한 패션을 즐겼고[64] '사회는 각 개인의 생활과 각자의 재능을 발휘하여 자신의 노동을 통해 개인의 생활을 기획하는 데에 관심을 갖는다'라는 개인의 권리에 대한 옹호가 뚜렷하게 나타났다.[65] 물론 여성해고에 대한 여성들의 항의도 강하게 여성들에 의해 제기되었다.[66]

1986년, 폭넓은 독자층을 보유하고 있었던 『중국부녀』에는 열성 남성구독자들의 요청에 의해 '남성코너'가 만들어졌는데, 남성코너에 실린 남성투고자 난쯔南子의 글 「아담의 곤혹亞當的困惑」[67]은 남성성의 '회복'을 주창한 선도적인 글이다. 글이 발표되자 폭발적인 반응을 야기하여 '수퍼 현모양처超賢妻良母'가 되어야 한다는 주장과 이에 반대하는 '현모양처를 초월하라'는 글이 실렸으며 난쯔의 「아담의 곤혹」을 반박하는 리샤오쟝의 「하와의 탐색夏娃的探索」이 발표되자 본격적으로 젠더논쟁이라 할 수 있는 국면이 전개되었다.[69]

난쯔는 「아담의 곤혹」을 통해 세 가지 문제를 제기하였다. 첫째, 남성은 도덕과 법 두 측면에서 차별받고 있다. 본처를 유기한 "천스메이陳世美"가 되면 전 사회가 죽일 듯이 남성을 비난하며 달려들지만 반대의 경우는 발생하지 않으며 여성들은 오히려 "부녀 합법권익보호保护妇女合法权益"법과 부련조직을 통해 보호를 받고 있기 때문에 남성들은 억울하다. 둘째, 가정생활에서 여성과 남성이 충돌할 때 남성이 항상 양보하여야 하는 '妻管嚴공처가'은 부당하며 '여성의 남성화'는 잘못된 것이다. 셋째, 남성은 본래 여성보다 우월하

64   建华, 「怎样佩带服饰」, 『中國婦女』 第1期, 1985, 18쪽.

65   扬利川, 「當代生活观念的五种变化」, 『中國婦女』 第1期, 1985, 7쪽.

66   姚国础, 「"二保一"果真是一剂良药吗?」, 『中國婦女』 第10期, 1985, 16쪽.

67   南子, 「亚當的困惑」, 『中國婦女』 第3期, 1986, 20~21쪽.

68   李小江, 「夏娃的探索」, 『中國婦女』 第4期, 1986, 8~9쪽.

고, 또 다르기 때문에 남성을 모델로 한 '뉘창런女强人, 이하 '강한 여자''을 모범적인 여성상으로 선전해서는 안 된다.[69]

'백래시'는 기존에 권력을 누려오던 집단이 자신들의 권력이 도전받을 때 그것을 지키기 위하여 약자가 마땅히 누려야 할 권리를 공격하는 행위이다. 난쯔는 남성이 가정에서 여성에게 끝없이 양보할 뿐만 아니라 사회적으로는 잠재적 가해자로 간주되고 있다며 남성이 약자라고 주장한다. 그러나 글의 말미에서 남성은 '원래 여성보다 우월'하기 때문에 여성들은 무모하게 남성의 권위와 능력에 도전하지 말며 실현가능성이 극히 희박한 남성을 모델로 한 '강한 여자'가 되려 애쓰지 말고 '여성에게 더 적합한 사회적 지위'를 찾으라고 하였다.

마오저뚱 사회주의시대의 성별섞임 노동에 대한 개혁 시기의 비판은 남성과 여성의 '특성'을 인정하는 것을 근거로 하여 성별에 적합한 노동과 가정내 성 역할을 요구하였다. 그렇다면 왜 남성은 물론 일부 여성들도 이러한 생물학적 '특성'에 기반한 여성성과 남성성에 집착하며 '사회적으로 습득된' '강한 여성'을 문제적이라고 보았는가?

1985년에 창간된 『婚姻與家庭결혼과 가정』에 실린 「강한 여자에게 주는 말给女强人的赠言」을 보면, 남성다움과 여성다움에 대한 당시의 요구가 '개혁'의 한 과제였다는 점을 알 수 있다. '남성이 여성에게 부드러움을 요구하고 순진, 발랄한 여성을 배우자 선택기준으로 삼는' 현실은 실은 사회적인 현상으로, "수십 년 동안 "좌"경 사조가 개인 생활의 구석구석을 짓밟은 것에 대한 일종의 부정幾十年來"左"的思潮無所不在地踐踏私人生活的一種否定"이다. 그리고 '강한 여성'은 좌경 사조로 인해 업무를 위해 부부의 감정적 교류를 포함하여 모든 것

---

69 南子, 위의 글, 21쪽.

을 희생해 온 여성들이다. 이들 가운데 일부는 생활의 조절에 실패하여, 아내를 대신하여 가사를 돌보는 남성을 남자답지 못하다고 무시하면서 전통적인 현모양처상을 타파한 신여성의 모습을 하고 있으나, 이들은 동시에 생활에 쫓겨 괴팍한 성격을 지니고 있다. 그래서 기고자는 '진정한 강자'란 업무를 열심히 하되, '시간의 속박'에서 벗어나 의·식생활과 배우자와의 관계, 취미생활에 시간 안배를 할 수 있는 자라고 정의하였다.[70]

억눌려 왔던 '가정'이라는 사적영역이 '여성스러움'의 복원을 통해 회복될 수 있다고 하는 담론은 난쯔를 포함하여 1980년대 중반 젠더 담론 도처에서 발견된다. 이러한 '가정' 복원 담론에는 계약제로 인한 노동강도의 증가와 성차별적인 자원배분, 효율적 생산성이 야기한 돌봄위기를 '조절'과 '안배'의 문제라고 간주하였다.

'강한 여성', '남성을 모델로 한 영웅'이 '문제'라는 점에 대해서는 리샤오쟝도 동의를 한다. 「하와의 탐색」에서 그는 강한 여성은 여성들이 남성을 모델로 한 사회활동을 요구받은 결과라고 보는데, 이미 달라진 노동자이자 주부라는 이중역할에 대하여 여성들이 배려를 받지 못하고 오히려 여전히 출산과 집안일을 다 감당할 것을 요구받아 가사를 전담하게 되어 '집안의 총리', 즉 난쯔가 비판하는 목소리 크고 남자같이 드센 여자, '大女子主義여장부주의'가 만들어졌다고 설명한다. 리샤오쟝은 그런 측면에서 '강한 여자'가 '문제적'이라고 본 것이다. 그리고 만약 남성들이 가정에서 '여장부주의'로 인한 두려움을 벗어나 해방이 되고자 한다면 남성들의 생각이 바뀌어야 하는데, 먼저 남성들은 집안에서 여성들의 목소리가 커질 수밖에 없는 이유가 여성의 '독박 가사'라는 현실을 인정하여야 하며 그리고 여성들도 결혼한

---

70   古石, 「给女强人的赠言」, 『婚姻與家庭』 第1期, 1985, 25쪽.

이후에도 남성에게 의존하지 않고 '자강自彊'을 달성할 때, 비로소 남성들은 주위의 시선이 두려워 애정없는 형식적인 결혼을 유지하는 오늘날의 무거운 책임에서 벗어나 '(이혼을 포함한) 해방'에 이를 수 있다고 하였다.

리샤오쟝이 제시한 '남성해방'의 길은 명백하게 난쯔가 주장한 '남녀의 영역 분리와 위계 유지'를 통한 자유 획득과는 구별된다. 리의 경우, '패권적 남성성'이 갖고 있는 '지배'의 속성을 명확하게 파악하고 있는 것으로 보이는데, '지배'는 '의존'을 통해 유지된다고 분석하고 있기 때문이다. 그는 만약 여성들이 남성에게 '의존'하지 않고 '자강'해질 때, 남성들의 지배와 '마초주의'는 해체될 수 밖에 없으며 이 때 남녀 모두가 '해방'된다고 본다.[71]

여성 '자강'의 정당성과 필요성을 강조하기 위하여 리샤오쟝은 '사회적으로 형성된 젠더' 개념이 확산되기 전인 1986년 시점에 생물학적 본질주의에 기대어 자신의 논지를 전개하였다. 그는 '남녀는 같다'라는 관방의 담론과 달리 현실 속의 대다수 중국여성의 소질은 남성보다 현격하게 낮은 현실을 인정하며 이러한 '낙후'의 원인이 여성의 생물학적 특성여성적 기질과 좁은 식견 때문이라고 하였는데, 이는 본질주의로의 회귀라는 비판을 면하기 어렵다. 그럼에도 그가 '공처가'의 억울함을 호소하는 난쯔에게 여성이 독박 가사로 인하여 목소리 큰 '여장부주의'자가 될 수밖에 없었음을 지적한 것은 '돌봄노동'이 젠더화되어 있는 현실을 적확하게 지적한 것이라 하겠다.

'현모양처' 논쟁과 동일한 시기인 1986년 '여성의 이상과 이상적인 여성女性的理想與理想的女性'[72]이라는 제목하에 전개된 '이상적 여성상'에 대한 일련의 토론은 외견상으로는 여성의 '선택'을 둘러싼 토론처럼 보인다. 그러나 근본적으로는 개혁으로 인하여 공적영역으로부터 '사적'영역이 분리, 확대되

---

71 리샤오쟝, 위의 글.

72 编辑部 ,「女性的理想與理想的女性」,『中國婦女』第1期, 1986, 2쪽.

고 그것이 모성 역할의 증가와 맞물리면서 남성가장중심주의가 사회적으로 '발언권'을 획득하게 된 전환점이라고 해석하는 것이 타당할 것이다. 앞서 언급한 바, 우샤오잉이 2000년대 이후 중국사회에서 점증한 여성의 가정주부화를 '전략적인 선택'이라고 볼 수 있었던 배경에는 이미 중국사회가 1980년대 중반에 '남성가장 중심성'에 대하여 담론과 제도, 정책면에서의 '인증'이라는 전사가 있었음을 이상의 텍스트들이 시사한다.

1980년대 돌봄 노동에 있어서의 성평등을 주장했던 여성들의 목소리는 시간이 흐를수록 사회적 반향을 불러일으키지 못하였고 오히려 단웨이가 방기한 보육의 공적 역할이 가정내 여성에게 전가되고 재생산 노동이 기술발전을 통한 사회화를 통해 해결될 수 있다는 낙관론이 확산되었다. 1990년대에 진입하여 주택상품화와 의료 민영화라는 본격적인 단웨이 '해체'상황이 벌어지기 전인 1980년대에 남성 중심주의는 교육과 노동 측면에서 이미 도전받지 않는 영역으로 존재하였다. 일례로 1989년에 상하이시에서 발표했던 탁아소 운영에 관한 지침인 「탁아비 납부표준 문제에 대한 통지拖兒收費标准问题通知」[73]를 보면, '여직공이 재직 직장에 자녀를 맡길 경우에 탁아비는 무료이다. 그러나 남성이 자녀를 재직기관에 맡길 경우에는 외부 입탁자와 마찬가지로 탁아비를 내야 한다'고 되어 있다. 돌봄의 여성화를 당연시하고 제도적으로 '남성'의 돌봄 역할을 억제하는 결과를 초래할 이 규정이 시사하는 바는 개혁 이후와 이전, 돌봄은 제도적 차원에서 변함없이 남성을 국외자로 설정하고 있다는 점이다.

개인의 자유, 물질적 향유, 젠더위계와 성 역할에 대한 논쟁은 1987년을 전환점으로 하여 급격하게 감소하는 양상을 보인다. 『중국부녀』 1987년 3

---

73 「拖兒收費标准问题通知」, 上海市档案馆 档案號, B76-6-350-102, 1989.

기에 실린 「덩샤오핑동지가 부르주아자유화 반대에 대하여 논함」[74]과 「"관념갱신"에 대한 간략한 논의」[75]는 혼인가정 문제에 대한 당의 '관리'가 향후 엄격하게 통제될 것임을 선포한 글로, 전자는 서구문화의 영향으로 성도덕이 문란해져 혼인과 가정에 대한 책임이 간과되어서는 안된다고 하는 덩샤오핑 발언을 싣고 여성들이 "과도하게 권리를 주장할 경우에 부녀자신과 안정과 단결에 전혀 도움이 안 된다"라며 개인의 권리와 자유보다 책임, 안정, 단결을 강조하였다. "전반 서구화全盤西化"는 전적으로 오류라고 비판하는 이 두 편의 글은 경제와 외교는 지속적으로 개방하지만 사상은 통제한다는 지침을 분명하게 공표하였으며 1987년 3월 이후 『중국부녀』에는 젠더화된 성 역할 논의가 급감하였다. 대신 '부모의 역할'과 '자녀교육'이 주요 이슈로 다루어지기 시작하였으며, 산발적으로 여성해고에 대한 항의와 남성의 가사분담을 요구하는 글인 「남자가 집안일을 하는 것이 왜 수치스러운가?」[76] 등이 실리곤 하였다. 1988년에 대대적으로 전개된 '부녀회가' 논쟁은 1980년대 초반부터 지속적으로 진행되어 온 시장화 개혁에 대한 여성들의 거센 항의의 폭발이었으며 경제발전과 우생적 교육지침 하에 여성의 위치를 '가정'으로 설정한 담론에 대한 비판이었다. 「덩샤오핑 동지가 부르주아자유화 반대에 대하여 논함」이 발표된 후 두드러지게 나타난 변화는 자녀에 대한 교육방식 논의방식이다. 아동의 개성을 중시하고 심리발달을 강조하며 지적으로 조기교육을 강조하던 기존 주장들은 군대식 집체주의 강조, 고난을 감수하는 '인내'와 국가에 대한 '헌신'을 강조하거나 노동참여와 지,덕,체를 강조하는 방향으로 바뀌었으며 기고자 가운데 군인출신이 두드러졌다. 담

---

74 编辑部, 「邓小平同志谈反对资产阶级自由化」, 『中國婦女』 第3期, 1987, 2쪽.

75 李进, 「浅仪"观念更新"」, 『中國婦女』 第3期, 1987, 3쪽.

76 吉红, 「男子做家务何羞之有?」, 『中國婦女』 第8期, 1987, 27쪽.

론이 '개인'의 권리로부터 '집체'이익의 강조로 변화하고 있음을 보여주는 것이라 하겠다.

7. 나가며 1980년대 젠더 담론의 특징, 그리고 한계

1980년대에 글로벌 자본주의 시장에 합류하여 사회주의적 분배와 복지 제도를 개혁하기 시작한 중국사회는 개혁 초기에 과학적 지식을 기반으로 세계 강대국을 건설하고자 하는 목표를 설정하였으며 여성들은 정체성과 성 역할에 커다란 변화를 경험하게 되었다. 즉, 우생우육을 목적으로 한 한자녀정책은 출산정책에 그치지 않고 우수한 인간을 길러내 현대화를 달성한다는 경제적 의미를 강하게 띠어 보육사업을 지식 기반사회 건설을 위한 교육사업으로 간주하여 '질적 제고'에 중점을 두었다. 그리고 이에 따라 여성들은 노동자 정체성보다 모성 역할에 충실할 것을 요구받았다.

문혁종결 직후에 여성들은 보육사업을 '자본주의의 싹'을 기르는 것으로 간주하여 탁아시설을 대거 폐쇄했던 문혁을 비판하면서 돌봄 확대를 요구하며 맞벌이의 고충을 호소하였다. 그러나 1981년을 전환점으로 하여 '보육은 미래를 위한 투자'라는 관점이 천명되고 과거 비판보다는 미래를 위한 제언이 강조됨으로써 여성들의 복지 확대를 요구하는 비판적 담론은 위축되었다.

국영기업에 대한 시장주의적 개혁이 전개됨에 따라 마오저뚱 사회주의의 여성에 대한 복지는 '의존적'이고 '이기적'인 것으로 비판을 받아 1985년 무렵 계약제 노동과 사회주의식 평생직장이 '진보 대 퇴보', '자립 대 의존'이라는 이분화된 방식으로 담론화되었다. 계약제가 개인의 일자리 선택권을 보장하고 생산에 대한 노동자의 책임감을 강화시키는 우월한 것으로 논의되면서 여성들은 개혁 이전에 경험하지 못했던 성차별을 경험하며 국가가 책임지던 3기임신,출산,수유기의 복지가 사라졌고 자녀 조기교육과 노인 돌봄까지 전담해야 하는 상황에 처하였다.

문혁종식 이후 전개된 돌봄과 노동에 관한 담론에서 두드러진 특징은 남성과 여성이 각각 '특성'을 지닌 본질주의적인 존재로 간주되고 여성에게는 그에 적합한 '젠더화'된 노동과 돌봄을 요구하는 담론이 확산된 점이다. 애초에 '젠더화'된 노동에 대한 요구는 마오저뚱 시기의 노동정책인 '성별섞임 노동'에 대한 비판에서 촉발되었고 한계에 이른 맞벌이 여성들의 재생산 노동, 즉 일-가정 양립 부담이 원인이었다. 여성들은 그 대안적인 노동모델로 '여성에게 적합한 노동'을 '선진적'인 것으로 간주하거나 중체력 노동과 공업, 기술 등 전통적으로 남성 직종으로 간주되는 직종을 기피하는 '성별화된 노동'을 요구하는 경향이 뚜렷하였으며 이러한 요구는 여성 육체노동자와 전문직 여성노동자, 부련 모두에게서 나타났다. 문혁을 청산한다는 구호하에 여성에 대한 복지를 줄일수록 생산성이 높은 '현대화'를 달성할 수 있으리라는 담론이 1980년대 초반을 지배하였으며 기존의 성별섞임 노동에 대한 반감이 한편으로는 여성에 대한 성차별을 비판하면서 동시에 젠더화된 (생산)노동을 지지하는 역설적인 상황이 나타났다.

1980년대에 '여성에게 적합한 노동'이라는 담론이 확산하게 된 직접적인 이유는 시장화 개혁 이후 점차 축소되는 돌봄 복지와 모성 역할의 비대화로 인한 여성들의 피로감 때문이었다. 마오저뚱 사회주의의 '좌'적 오류를 극복하고자 하는 과정에서 여성들은 '남녀는 똑같다'라는 마오저뚱 시기의 교육에 의구심을 품고 '남녀는 다르며 꼭 같을 필요도 없다'는 생각을 하게 되었으며 그 결과 원래 노동환경 개선을 목적으로 했던 '젠더화'된 노동에 대한 요구가 아이러니하게도 1980년대 중반 이후에 남성성과 여성성에 대한 논의과정에서 부르주아적인 남성가장 담론에 의해 전유되어 성역할론을 강화하는 '수퍼 현모양처론'의 '연료'로 활용된 측면이 있다.

이러한 전유는 남녀의 생물학적 특성에 대한 인정에서 비롯된 것으로, 개혁 시기 자원의 분배과정에서 남성중심적인 문화는 시장화 개혁의 구체화 방식을 규정하는 데 주요한 역할을 하였다. '시장'의 등장이 서비스산업의 확대로 이어져 여성들의 일자리가 확대된 측면도 있었으나 취업과 교육, 주택 분배 등에서 여성들은 불이익을 겪었으며 복지 축소와 자원 배분 분야에서의 성차별은 남아의 가치를 높이는 결과를 초래하였다. 특히 주택분배에 있어서 노동자 개인이 아닌 남편의 근무연한을 기준으로 분배가 되곤 하여 장기근속 여성들이 분배에서 누락되어 기숙사생활을 하거나, 보육기 여성이 단웨이에서 제공하는 탁아소에 어린 자녀를 데리고 출퇴근하는 등의 어려움을 겪었다.

개혁 시기에 현대화라는 목표만 제시되었을 뿐 '제도와 정치적 조치가 부재'한 상황 속에서 여성들은 남성 중심 문화에 의해 여성의 가치하락을 경험하며 각자도생해야 하는 상황에 처하였다. 그럼에도 불구하고 1980년대 개혁과 돌봄담론에는 시장화 개혁에 대한 낙관적 믿음이 보편적으로 존재하여 세탁기와 재봉틀, 기성복구매 등을 통해 여성의 돌봄 노동 부담을 경감시킬 수 있다는 인식이 확산하였다. 이와 같았기 때문에 1980년대에 사용된 돌봄 노동의 '사회화'라는 용어는 기술력 발전을 통해 여성노동을 경감시킨다는 의미로 사용되었으며 돌봄의 '공공화'라는 의미를 내포하지 않았다.

1980년대 담론에서 '사적' 공간에 대한 이해는 몹시 중요한데, 관방의 간섭을 배제한 사적 공간에 대한 욕구는 '가정'영역의 재구성 욕구로 나타났다. 가정의 재구성 과정에서 '강한 여성'이라 불리는 여성노동자들은 좌파적 오류의 산물로 간주되었으며 남성들은 그로 인한 '피해자'로 담론화되곤 하였다. 1980년대에 마오저뚱 사회주의 좌경화의 오류를 극복하고자 했던 젠더담론은 억눌려 왔던 '사적'영역으로서의 가정의 재건을 '여성스러움'의 복원을 통해 달성하려는 특징을 보였다. 그러나 활발하게 논의되던 돌봄 노동과 여성의 생산노동에 대한 문제제기는 1987년 '전반 서구화'를 반대하는 덩샤오핑의 담화 발표를 계기로 급격하게 위축되었으며 백화제방의 분위기는 냉각되고 경제개혁은 지속되는 국면으로 접어들었다.

참고문헌

국내자료

김양지영, 「남성의 돌봄 실천과 성별분업 해체 가능성—아버지의 자녀양육 경험 비교를 중심으로」, 『여성학논집』 제33집 1호, 2016.

金蘭, 「중국 개혁개방 이후의 모성 실천—내권적 마더링의 형성」, 『현대중국연구』 제25권 제2호, 2023.

낸시 프레이저, 임옥희 역, 『전진하는 페미니즘』, 파주 : 돌베개, 2017.

마리아 미즈, 최재인 역, 『가부장제와 자본주의』, 서울 : 갈무리, 2014.

이승연, 「저출산 원인에 대한 양적 및 질적 연구—생존욕구와 자아실현욕구 측면에서의 비교」, 『콘텐츠와 산업』 제6권 제1호, 2024.

국외자료

北京市宣武区妇联 外, 「大家都来关心妇女就」, 『中國婦女』 第10期, 1980.

曹蕵宁, 「苏联幼儿入学前的准备」, 『中國婦女』 第2期, 1982.

邓炳端, 「谈谈打骂教育的害处—中学生思想教育探索」, 『中國婦女』 第12期, 1982.

杜兰玉, 「人的性情·脾氣·氣质(学点兒童心理学)」, 『中國婦女』 第2期, 1981.

陈翰笙, 「社会调查研究八题」, 『社会』 第1期, 1981.

廣东省佛山市制药二廠给部分职工, 「男女平等分房好」, 『中國婦女』 第4期, 1981.

哈尔滨市妇联宣传部, 「她们的困惑」, 『中國婦女』 第2期, 1987.

吉红, 「男子做家务何羞之有?」, 『中國婦女』 第8期, 1987.

建华, 「怎样佩带服饰」, 『中國婦女』 第1期, 1985.

金难, 「中国知识妇女的今天」, 『中國婦女』 第7期, 1987.

金一虹, 「"铁姑娘"再思考—中国文化大革命期间的社会性别與劳动」, 『社会学研究』, 2006.

晋原, 「改革震醒了女工的自我意识」, 『中國婦女』 第2期, 1987.

康克清, 「新时期中国妇女运动的崇高任务」, 『中國婦女』 第4期, 1978.

_____, 「建设社会主义精神文明多为妇女兒童办好事—康克清同志在迎接"三八"国际劳动妇女节座谈会上的讲话」, 『中國婦女』 第3期, 1981.

李进, 「浅仪"观念更新"」, 『中國婦女』 第3期, 1987.

李婷·郑葉昕·闫誉腾, 「中国的婚姻和生育去制度化了吗?—基於中国大学生婚育观调查的发现與讨论」, 『妇女研究论丛』 第3期, 2022.5.

李小江, 「中国當代妇女的现实处境」, 『中国妇女』 第1期, 1986.

李小江,「夏娃的探索」,『中國婦女』第4期, 1986.

李永连,「"教育妈妈"」,『中國婦女』第2期, 1981.

李永连 摘译,「日本父母对教养员的要求」,『中國婦女』第2期, 1981.

辽宁省旅大市总工会妇联,「不要强迫女工"留职长放假"」,『中國婦女』第11期, 1980.

罗琼,「和姐妹们谈谈调整国民经济的问」,『中國婦女』第2期, 1981.

罗开平 等,「超前教育的一次尝试」,『中國婦女』第11期, 1981.

吕铁力,「生機與活力」,『中國婦女』第1期, 1987.

馬蓍,『當代中国婚姻法與婚姻家庭研究』, 山東大學校 中國近現代史 博士學位論文,
     2013.

南子,「亚当的困惑」,『中國婦女』第3期, 1986.

上海市妇联,「清算"四人帮"破壞上海妇联运动的罪行」,『中國婦女』第1期, 1981.

上野千鶴子·李小江,「"主義"與女性」,『讀書』, 北京 : 三联书店, 2004.

古石,「给女强人的赠言」,『婚姻與家庭』第1期, 1985.

樓靜波,「女企業家的家庭生活」,『婚姻與家庭』第1期, 1985.

宋少鹏,「回家, 还是被回家」,『热风学术』, 2015.11.1.

_____,「从彰显到消失 : 集体主义时期的家庭劳动(1949~1964)」,『江苏社会科学』第1期,
     2012.

吴小英,「主妇化的兴衰－来自個体化视角的阐释」,『南京社会科学』第2期, 2014.

王向贤,「承前启後－1929~1933年间劳动法对现代母职和父职的建构」,『社会学研究』
     第6期, 2017.

徐勇达·白巨娟,「我们的呼吁」,『中國婦女』第2期, 1978.

扬利川,「當代生活观念的五种变化」,『中國婦女』第1期, 1981.

杨菊华·卢瑞鹏,「"漂老"與"老漂"－国内老年流动人口的研究进展與展望」,『西安交通
     大学学报(社会科学版)』, 2023, 43.

姚国础,「"二保一"果真是一剂良药吗?」,『中國婦女』第10期, 1985.

于光远,「要讲生活方式」,『中國婦女』第1期, 1985.

张永虹,「答案随着风兒飘忽」,『中國婦女』第1期, 1987.

读者来信,「我们的呼吁」,『中國婦女』第2期, 1978.

编辑部,「大庆模范後勤兵」,『中國婦女』第1期, 1978.

_____,「为了祖国的未来」,『中國婦女』第2期, 1981.

_____,「如何解决职工後顾之忧－中共州委金德培管本刊识者问」,『中國婦女』第2期,
     1978.

_____,「一位女工的来信－不要伟大空话要实际行动-史兴荣同志的第一封信」,『中國
     婦女』第11期, 1980.

编辑部, 「辽宁省副省长朱家甄同志 就劳动制度改革有关问题答本刊记者问」, 『中國婦女』 第1期, 1987.

编辑部, 「邓小平同志谈反对资产阶级自由化」, 『中國婦女』 第3期, 1987.

_____, 「女性的理想與理想的女性」, 『中國婦女』 第1期, 1986.

「拖兒收費标准问题通知」, 上海市档案馆 档案號 : B76-6-350-102, 1989.

Susan Greenhalgh, *Cultivating Global Citizens-Population in the Rise of China*, Cambridge, Massachusetts, and London, England : Harvard University Press, 2010.

제2장

개혁개방 이후 모유수유의 통치와 실천

모성과 신체를 둘러싼 엄마들의 분투[1]

김란

1. 모유수유 출산에서 양육으로 가는 관문

중국에서 갓난 아이를 키우는 여성들은 돌 이전에 아이의 '잠재력'을 발견하기 위해 아이 손금 읽기를 시도하는 경우가 있다고 한다. 아이의 손금을 파악하면 아이의 잠재력 8가지를 식별할 수 있다고 알려져 있기 때문이다.[2] 아이의 잠재 능력을 발굴한다고 끝은 아니다. 잠재 능력을 발전시킬 수 있는 (주로 경제적인) '조건'도 마련해주어야 한다. 잠재력이 발견만 되고 발휘되지 못한다면, 단지 안타까운 일에 그치는 것이 아니라 엄마의 '잘못'으로 간주된다. 중국에서 아이의 잠재력을 발견하고, 그것을 발휘할 조건을 마련하는 것은 엄마의 '책임'인 것이다. 그런데 잠재력 논리는 국가의 미래와도, 중산층의 지위 추구 및 사회적 인정과도 연관된다.

중국에는 내권內卷이란 독특한 단어가 있다. 한국에도 어느 정도 소개되

---

1   이 논문은 『사회와역사』 2024 겨울, Vol.144에 실린 글을 출판 형식에 맞추어 수정한 것이다.

2   Kuan, Teresa, *Love's Uncertainty — The Politics and Ethics of Child Rearing in Contemporary China*, University of California Press, 2015, p.50.

었는데, '종이를 말다'라는 뜻의 '권'과 '안쪽'이라는 뜻의 '내'가 합쳐진 말이다.[3] 노력을 통해 외부로 나아가려고 하지만 나가지 못하고 내부로 쪼그라드는 모습을 가리킨다. 이는 사회적으로는 '효과 없는 노력'을 의미한다. 치열한 '경쟁'으로 노력을 해도 잘 되지 않고 더 이상 견디기 힘들 정도로 쪼그라든 '상태'를 말한다. 정리하자면 지속적인 노력에도 불구하고 성공하지 못한다는 의미와 더불어 '탈진번아웃' 상태에 놓인다는 의미까지 포괄한다.[4] 그런데 엄마들의 돌봄노동의 어려움과 번아웃을 표현하기 위해 '내권적 마더링involutinary mothering'이라는 표현을 쓸 수 있다.[5] 중국 특유의 개념인 '내권'과 엄마들의 고강도 양육 실천을 결합한 개념이다.

중국은 사회주의 혁명을 통해 개혁개방 이전 계획경제 시기에는 기혼 유자녀 여성을 '일하는 엄마工作的母親'로 규정하기 시작하였다. 국가가 적극적으로 여성노동자 정체성을 위로부터 부여하면서 많은 여성을 생산 현장으로 보내 여성노동자로 만든 것이다. 그에 따라 일정 정도 탁아소나 공동식당 등으로 보육에 대한 공적 지원을 제도화했던 바 있다.[6] 그러나 시장화 개혁개방 이후, 아이 키우기는 가족, 특히 여성과 조부모의 몫으로 사사화私事化, privatization되고 말았다.[7] 여성은 일과 가족 사이에서 고투하게 되었으며, 중

3   하남석, 「시진핑 시기 중국의 청년 노동 담론―내권(內卷), 당평(躺平), 공동부유」, 『마르크스주의 연구』 18권 4호, 2021, 12~33쪽.
4   김란·박치현, 「포스트 코로나시대, 중국 청년의 탈호명 정치―후랑(後浪) 현상과 따공런(打工人) 정체성을 중심으로」, 『사회이론』 63, 2023, 91~152쪽.
5   김란, 「중국 개혁개방 이후의 모성 실천―내권적 마더링의 형성」, 『현대중국연구』 25권 2호, 2023c, 238~242쪽.
6   김란, 「중국 개혁개방 이전 보육체제(childcare regime)의 역사적 탐구―여성노동자 정체성, 맞벌이 모델, 이중부담의 형성」, 『사회와 역사』 139, 2023b, 125~168쪽.
7   김란, 「잡지 부모필독(父母必讀)을 통해 본 중국 개혁개방 이후 보육사사화(privatization)의 곤경―'조부모 보육' 담론을 중심으로」, 『가족과 문화』 제35집 1호, 2023a, 74~116쪽.

국에서는 '슈퍼맘'의 이미지가 점점 지배하고 고강도의 마더링intensive mother-ing이 형성되고 있다.[8]

이처럼 내권적 마더링이 형성된 것은 계획경제 시기 여성 노동자 정체성을 강조하면서 여성이 일도 하고 가정도 돌보는 '이중 부담'의 관행이 형성되었기 때문인데, 개혁개방 이후 한자녀 정책과 신자유주의적 경제변동으로 인해 이러한 이중 부담이 더욱 강화된 결과라 할 수 있다.[9] 중국의 엄마들은 이중부담을 경험하면서도 대체로 직장일을 손쉽게 그만두는 선택을 하지 않는다. 그렇기에 특유의 내권적 양육실천에도 불구하고 이중부담을 의지적으로 유지하려 하는 것이다.[10]

중국 엄마들의 모유수유 관행은 이와 같은 내권적 마더링의 하나의 핵심적 실천이라는 것이 이 글의 주장이다. 왜 모유수유인가? 모유수유가 갖는 특수성이 있다. 철학자 한나 아렌트Hannah Arendt는 "어린이의 무력함과 같은 자연적 요소가 명백히 요구하는 모종의 필요"가 있다고 쓴 바 있다.[11] 이 문장

---

8 영어 intensive mothering의 국내 번역어는 '집중 모성'이나 '과잉 모성' 등이다. 필자가 모성이라는 단어보다 마더링이라는 단어를 채택한 것은 행위(doing) 측면을 강조함으로써 모성의 실천적 측면을 부각시킬 수 있기 때문이다. 이로써 반복되는 행위가 행위자의 정체성을 구성한다는 점을 강조할 수 있다. 중국 학계에서는 mothering을 상대적으로 '모직(母職)'으로 번역한다.

9 내권적 마더링은 중국 특유의 '일하는' 엄마 규범으로 인한 이중 부담의 관행으로 인한 양육 부담이 신자유주의 도입 이후 공적 양육 환경이 열악한 상태에서 과학육아나 소질 담론 등을 통해 더욱 강화되는 현상에 주목한 개념이다. 매니저 엄마, 핀마(拼媽), 독박육아, 집단 마더링 등 중국 내 널리 퍼진 양육 현상은 일과 양육의 균형을 전략적으로 추구하지만, 그로 인해 고강도의 마더링을 실천하는 중국 엄마들의 모습을 보여준다. 김란, 「중국 개혁개방 이후의 모성 실천-내권적 마더링의 형성」, 『현대중국연구』 25권 2호, 2023c, 212, 243쪽 참조.

10 김란, 「잡지 부모필독(父母必讀)을 통해 본 중국 개혁개방 이후 보육사사화(pri-vatization)의 곤경-'조부모 보육' 담론을 중심으로」, 『가족과 문화』 제35집 1호, 2023a, 74~116쪽.

11 한나 아렌트, 서유경 역, 『과거와 미래 사이-정치사상에 관한 여덟 가지 철학

에 가장 적절하게 들어맞는 것이 바로 유아의 자연적 / 본능적 필요로 간주되는 '모유수유'일 것이다. '출산에서 양육으로' 넘어가는 과정에 모유수유가 놓여 있다. '자연에서 사회로' 넘어가는 중간에 모유수유가 있는 것이다. 이처럼 모유수유가 자연과 사회의 교차점에 놓여 있기에, 유달리 생물학적 담론과 의학적 담론이 강력하게 개입된다. 건강한 아동을 만드는 방식에 관한 온갖 과학 지식은 기존의 도덕적 담론을 정당화하거나 비판하면서 여성들의 모유수유를 필수적인 것으로 장려 혹은 강요한다. 그러면서 하나뿐인 소중한 아이라는 아동중심적 시각, 아이모의 신체 문제, 양육 관행에 관련된 문화적 기대, 남편, 직장동료, 가족 같은 여성 주변의 사회관계, 국가의 생산성 향상이라는 목표 등과 더불어, 글로벌 (특히 서구의) 모유수유 담론과 기구들이 모유수유 실천 주위를 둘러싸면서 그것을 규정하고 통치하는 것이다.

따라서 모유수유라는 실천은 푸코의 통치성 이론에 기반하여 통치의 문제로 제기할 수 있다. 이 글은 중국 모유수유에 대한 통치와 실천을 종합적으로 살피면서, 중국의 모성 주체의 형성에 대해 탐구하려 한다. 개혁개방 이후 중국의 모유수유 담론과 실천은 서구의 국제기구[WHO, UNICEF 등]로부터 도입된 모유수유 기준뿐만 아니라 중국 인구정책과 연관된 소질素質 담론과 결합된다. 그리하여 의료적 담론과 모성주의의 강화로 귀결된다. 일종의 제도적 통치로 부과된 이 모유수유를 수행하면서 여성 행위자들은 나름의 전략적이고 실용적인 태도로 대응한다. 하지만 그 과정에서 여성의 신체를 둘러싼 고충과 갈등은 거의 무시되거나 각자 견뎌야 하는 것이 된다. 결국 여성들은 모유수유를 하든 하지 못하든, 자신의 모유수유 실천 여부를 끊임없이 의식하고 압박을 받는다.

연습』, 한길사, 2023, 208쪽.

2. 모유수유의 통치와 실천을 어떻게 볼 것인가

한국에도 모유수유를 사회학적 관점에서 다룬 연구가 몇 건 있다. 한국의 일제 시기와 현대 분유 도입에 대한 연구라든가,[12] 맘카페의 모유수유에 대한 담론 연구,[13] 모유수유 운동을 중심으로 국내 모유수유의 역사를 다룬 연구도 등장하였다. 박승만의 연구는 분유소비에서 모유수유 운동으로의 중심축 이동의 역사적 변동에 대해 고찰하면서 모유수유 강화에 있어 그 주체가 소비자단체에서 의료전문가집단으로 이동하였음을 보여주었다. 그 과정에서 서구 국제기구와 산후조리원의 상업화가 분유 규범의 우위를 모유 규범 우위로 바꾸는 데 주요한 영향을 미치고 있다고 진단하였다.[14] 구은미는 직장 수유실의 설치를 취업모 육아지원의 중요한 방안으로 제시하였다.[15]

하지만 국내 모유수유 연구와 달리, 중국의 모유수유에 대해서는 국내에서 다루지 않았다. 서구와 중국에서는 어느 정도 연구가 제출되고 있는데, 오히려 서구의 연구들이 주목할 만하다. 여기서는 모유수유 연구에서 자연과학분야의 의학적이고 생물학적인 연구를 제외한 사회과학적 연구만 거론할 것이다.

---

12 이은희, 「해방 이후 구호분유의 쇄도와 육아용 분유로의 전용(1945~1965)」, 『학림』 47, 2021a, 275~308쪽; 이은희, 「박정희 시대 육아용 분유의 국산화」, 『동방학지』 196, 2021b, 447~487쪽; 이은희, 「일제강점기 우량아 양육과 우유, 연유, 분유의 상륙」, 『경제사학』 43권 3호, 2019, 399~436쪽.

13 왕혜숙·송민이, 「모성의 의료화─맘카페의 모유수유 담론을 중심으로」, 『사회사상과 문화』 24권 3호, 2021, 213~245쪽.

14 박승만, 「한국 모유 권장 운동의 기원과 전개─소비자 운동에서 의료화와 상품화의 매개로」, 『인문논총』 제79권 1호, 2022, 397~427쪽.

15 구은미, 「기업의 육아지원정책의 현황과 개선방안─영유아기 자녀를 둔 취업모를 중심으로」, 『유아교육·보육복지 연구』 19권 4호, 2015, 223~246쪽.

우선 서구에서는 임신,[16] 영아 수유에 관련된 연구들이 있다.[17] 이들 연구
는 임산부와 아이를 갓 출산한 어머니들 모두에게 현대의 모성 담론이 작용
하고 있음을 시사한다. 그 중 모유수유 관련 연구를 간단히 살펴보겠다. 고
스챵Gottschang은 모유수유를 통치의 관점에서 본 첫 번째 연구자로서, 중국
1990년대 모유수유 강조를 '병원'에서의 조직적인 모유수유 촉진 조치들을
중심으로 고찰하였다. 또한 많은 엄마들이 모유수유가 아이 건강에 좋다는
의학 담론과 모유수유가 날씬한 신체와 연관된다는 병원의 주장에도 불구
하고 모유수유를 중단한다면서 엄마들이 모유수유 통치에 마냥 끌려 다니
지는 않음을 보여주었다. 출산 후 모체母體를 기력이 고갈된 상태로 간주하
는 중국 전통의학의 특수성도 중국에서 모유수유 중단의 하나의 변수가 된
다고 보았다. 이처럼 모유수유가 푸코가 말하는 생명권력bio-power의 통치 대
상이 된다는 주장은 서구의 몇몇 연구자들에 의해 이후 지속적으로 제기되
었다. 블룸Blum은 의료 모델과 모성주의 모델이 모유수유 담론의 커다란 두

16 Lin, Xiaoshan, "The image of motherhood : prenatal examination, body experience,
    and subjectivity of urban women", *Society* 5(31), 2011, pp.133~157[Chinese]; Zhu,
    Jianfeng, "Projecting Potentiality : Understanding Maternal Serum Screening in
    Contemporary China", *Current Anthropology*, Vol.54, No.S7, 2013.

17 Gottschang, Suzanne, "The Consuming Mother : Infant Feeding and the Feminine
    Body in Urban China", in Nancy Chen, Constance Clark, Suzanne Gottschang,
    and Lyn Jeffery, eds., *China Urban*, Duke University Press, 2001, pp.89~103;
    Gottschang, Suzanne, "Maternal bodies, breast-feeding, and consumer desire in ur-
    ban China", *Medical Anthropology Quarterly*, 21(1), 2007, pp.64~80; Blum, Linda,
    *At the Breast : Ideologies of Breastfeeding and Motherhood in the Contemporary United
    States*. Baltimore : Johns Hopkins University Press, 2000; Hanser, Amy and Li, Jialin,
    "Opting out? Gated consumption, infant formula and China's affluent urban con-
    sumers", *The China Journal* 74(1), 2015, pp.110~128; Breengaard, Michala Hvidt,
    "Feeding Mothers' Love : Stories of Breastfeeding and Mothering in Urban China",
    Nordic Journal of Feminist and Gender Research, Vol.26, No.4, 2018.

갈래이며, 여성들의 관점과 경험을 배제하면서 인구의 통치를 작동시킨다고 보았다. 브린가드Breengaard는 엄마들의 정서적 차원에 주목하여 모유수유 여부가 만들어내는 엄마들의 심리적 '죄책감'의 발생을 확인하였는데, 모유수유가 영아 보육에서 가장 '도덕화된' 영역임을 보여주면서 모성 주체 형성의 메커니즘을 포착하였다. 한제르와 리Hanser and Li는 직장을 다니면서 유축기를 활용해 모유수유를 하는 '베이나이족背奶族'의 실천을 연구하면서, 직장여성의 모유수유 실천을 다루었다.

중국 내 학계에서 모유수유 연구는 1990년대부터 시작되었다. 초기에는 전통 사회의 모유수유를 고찰하거나, 중의학과 서양의학의 모유수유에 대한 관점을 비교하는 연구가 많았다. 슝빙전에 따르면, 중의학은 모유수유를 자연적인 것으로 보는 관점을 더욱 지지한다. 서구와 중의학 모두 분유 등 대체품에 대해 비판적 의견을 제시하였다는 것이다.[18] 2000년대 들어서는 중국 근대 초기의 모유수유에 관한 연구가 많이 이루어졌다. 왕수인은 근대 상하이의 유모집단이 공중보건 체계로 통합되는 과정을 연구하여, 유모집단이 쇠락한 요인을 역사적으로 고찰하였다. 또한 근대 중국의 우유와 분유 소비에 관한 연구는 서구적이자 근대적인 음식으로서의 우유가 '완전식품'으로 인식됨을 보여주었다.[19] 우유와 분유의 보급으로 변화된 근대적 모성의 변동에 관한 연구도 이루어졌다.[20] 또한 근대 중국 육아 지식의 변천에 관한 연구도 이루어졌다. 뒤이어 근대 중국 여성들이 모유수유를 하는 데 있어 겪는 곤경이라든가, 모유수유를 둘러싼 사회문화적 요소들에 대해 질적 방

---

18 熊秉真, 『幼幼─傳統中國的襁褓之道』, 台北─聯經出版事業公司, 1995.

19 王書吟, 「哺育的現代化─近代上海媽媽群體與市政公共衛生管理的歷史考察」, 『河北師範大學學報─哲學社會科學版』 第43卷 第4期, 2020, 43~50쪽.

20 盧淑櫻, 『母乳與牛奶─近代中國母親角色的重塑─1895~1937』, 上海 : 華東師範大學出版社, 2020.

법을 동원한 연구도 이루어지게 되었다.[21] 최근에는 모유수유에 있어 디지털 미디어의 영향과 관련된 전문가 권력 및 그 영향력에 대한 연구도 나왔다.[22]

여기서 미국의 모유수유 연구를 잠시 언급하는 것이 모유수유의 역사적 맥락을 이해하는 데 도움이 될 것이다. 페미니스트 연구자가 직면하게 된 모유수유 경험을 단초로 분유수유와 모유수유의 관계를 둘러싼 논쟁을 다룬 연구,[23] 미국의 모성 이데올로기와 과학의 결합에 대한 역사적 연구,[24] 분유기업의 광고가 모유수유를 부정적으로 묘사하는 역사적 과정을 다룬 연구[25] 등이 대표적이다. 그런데 여기서 우리가 주목할 것은, 미국에서 모유수유 운동은 1960년대 후반 68혁명의 여파 속에서 유아 영양에 대한 의료권력과 분유 산업의 지배에 대해 도전하면서 '자연적' 건강으로 돌아가려는 급진 페미니즘 운동과도 연관이 있다. 당시의 일부 페미니스트들은 모유수유를 페미니스트 실천에 포함시키고자 했던 것이다.[26] 반대로 낸시 초도로우Nancy Chodorow는 모유수유의 이데올로기적 측면을 지적하기도 했다. 그는 초기 정신분석 이론이 아이의 온전한 성격 형성을 위해서는 모유수유를 해야 한다고 강조했음을 비판하면서, 모유수유 주장이 생물학적 필연성에 덜

---

21 葉田田, 『母乳喂養的困境及其社會文化成因』, 廣州 : 中山大學, 2020.

22 周培勤, 「學哺乳 : 基於網絡社區中媽媽關於母乳喂養討論的話語分析」, 『婦女研究論叢』 總第 155期, 2019, 21~33쪽.

23 Hausman, Bernice L. *Mother's Milk : Breastfeeding Controversies in American Culture*, Routledge, 2003.

24 Apple, Rima, *Mothers and Medicine : A Social History of Infant Feeding, 1890-1950.* Wisconsin Publications in the History of Science and Medicine. Number 7, Madison : University Wisconsin Press, 1987.

25 Dettwyler, Katherine, "Tricks of the Trade : Infant Formula Companies in the United States." *La Leche League International 27th Annual Seminar on Breastfeeding for Physicians : Breastfeeding : Protecting the Future.* Lake Buena Vista, FL, 1999.

26 Umansky, Lauri, *Motherhood Reconceived : Feminism and the Legacies of the Sixties.* New York : New York University Press, 1996.

묶이게 된 "어머니들을 가정에 묶어두는 데 사용되어 왔다"고 지적했다.[27] 따라서 1980~1990년대에는 '분유'가 다시 페미니스트들의 해방적 실천에 가까운 수단이 되었다. 하지만 최근에는 모유수유를 지지하면서 모유수유를 선택할 수 있는 '조건' 마련의 필요성을 주장하는 페미니스트 연구자들도 있다.[28] 이처럼 페미니즘 흐름에서 모유수유 문제는 하나로 입장이 통일되지 않는, 논란이 되는 주제라 할 수 있다.[29]

북미와 유럽에서 '라 레체 리그La Leche League'는 세계적인 영향력을 가진 모유수유 전파 단체다.[30] 모유수유의 의료화와 상업화에 반대한다는 명분을 갖고 있는 이 모유수유 운동은 생식과 모성에 대한 여성들의 자율적 권위와 결정권을 근거로 모성주의를 주장해왔다. 1960년대에는 모유수유 운동이 의료권력과 분유산업에 반발하면서 등장했지만, 현재의 모유수유 운동은 '자연적' 건강을 위해 오히려 과학과 의료를 근거로 가져온다. 결과적으로 전통적 도덕과 자연과학의 결합을 기반으로 삼게 된다. 최근에는 모유수유를 주창하는 의료담론과 모성주의 담론이 대립적일 때도 있지만 서로 결합되는 경우가 더 많다. 의료담론과 모성주의 담론 모두 여성의 경험을 배제하는 것이라 볼 수 있다. 푸코가 말했듯이 더 중요한 것은 생명권력 작동의

---

27 Chodorow, Nancy, *The Reproduction of Mothering : Psychoanalysis and the Sociology of Gender*, Berkeley : University of California Press, 1978.

28 Hausmann, ibid.

29 하우스만은 모유와 분유를 이분법적인 양자택일로 논쟁하는 것은 비생산적이며, 모유수유를 진정한 선택으로 만들어야 한다고 주장한다. 모성이 여성의 시민사회 및 노동시장 참여를 해치지 않도록, 모유수유가 여성을 가정으로 가두는 것이 되지 않도록 해야 한다는 것이다. 이를테면 공공장소에 수유공간을 충분히 보급함으로써 모유수유를 원하는 여성에게 불편함이 초래되지 않도록 하는 것이 그 사례가 될 수 있다. Hausman, ibid., p.8.

30 Lee, Robyn, *The Ethics and Politics of Breastfeeding : Power, Pleasure, Poetics,* University of Toronto Press, 2018, ch.2.

조건이다. 생명권력의 조건 속에서 양자는 대립하기도 하고 결합하기도 한다. 우리는 중국의 모유수유 통치와 실천을 고찰하면서 이 문제에 대해 구체적으로 확인할 수 있을 것이다.

3. 현대 중국의 마더링과 육아, 그리고 모유수유

1) 국가의 인구통치와 여성

중국의 모유수유와 통치의 연관을 파악하기 위해서는 신해혁명에서 시작하여 1949년 신중국 건국을 거쳐 개혁개방에 이르는 여성과 당-국가의 관계를 우선 살펴야 한다. 이 시기 내내 여성의 주체성과 국가주의적 목표의 연관성은 매우 뚜렷한 것이었다. 중국 초기 공화국 개혁자들의 저작에서부터 이미 여성의 지위 강화와 민족의 강화는 분리 불가능한 프로젝트였다. 개혁자들의 주장에게 여성의 예속은 곧 중국의 예속으로 간주되었다. 일제 침략기 중국 공산당 역시 이러한 맥락에서 정치운동을 진행하였다. 결국 근대화를 시작하려는 시점에서부터 여성의 지위를 강화함으로써 민족을 강화한다는 맥락이 역사적으로 존재했던 것이다.[31] 중화인민공화국 건국 이후 수십 년간 여성의 가정 내 역할은 거의 보이지 않게 되었는데, 이는 농촌과 도시의 여성들이 농민이자 노동자로서 사회적 생산에 끌려 들어갔기 때문이다.[32] 많은 여성이 집 밖에서 일하는 노동자가 되는 체제가 완성되면서,

---

31   Rofel, Lisa, "Liberation Nostalgia and a Yearning for Modernity", in Christina K. Gilmartin & Gail Hershatter & Lisa Rofel & Tyrene White eds., *Engendering China : Women, Culture, and the State*, Harvard University Press, 1994.

32   Hershatter, Gail, *The gender of memory : rural women and China's collective past*. Berkeley : University of California Press, 2011.

여성노동자 정체성이 강조되기 시작했다.[33] 심지어 문화대혁명 시기에는 '철의 여인'처럼 남성과 동일하게 중공업 노동을 하는 여성들이 등장하기도 했다.

이러한 역사적 과정을 거치면서, 여성들은 자신들이 오랫동안 가사노동에 의해 노예화되어 있었으며, 오직 가정 외부의 생산적 노동에 참여해야 '해방'될 수 있다는 믿음을 갖기 시작했다.[34] 이처럼 여성들이 노동자가 되면서, 그들은 육아에 시간을 할애할 여유가 없었고, 그렇다고 개혁개방 이전에는 조부모나 보모에 의해 아이를 돌보는 경우도 많지 않았다.[35] 탁아소와 공동식당 등 공적 지원이 증가하였다. 그러나 여기에는 명백한 한계도 존재한다. 남성은 가사노동과 육아의 장에 거의 등장하지 않았으며, 자녀를 돌보는 것이 여성의 자연스러운 역할이라는 관념이 여러 물적 변화에도 불구하고 지속되었던 것이다.[36] 따라서 개혁개방 이전 중국 기혼 유자녀 여성들은 맞벌이 부부로서의 삶을 살면서도 일과 가사의 '이중 부담'에 시달리게 되었고, 이러한 유산은 개혁개방기 이후에도 이어졌다.[37]

---

33 세치야마 가쿠, 김경옥 역, 『동아시아의 가부장제―젠더의 비교사회학』, 소명출판, 2024, 267쪽; 김란, 「중국 개혁개방 이전 보육체제(childcare regime)의 역사적 탐구―여성노동자 정체성, 맞벌이 모델, 이중부담의 형성」, 『사회와 역사』 139, 2023b, 125~168쪽.

34 Rofel, Lisa, ibid.

35 김란, 앞의 글, 91쪽.

36 Evans, Harriet, *The Subject of Gender : Daughters and Mothers in Urban China*, Rowman and Littlefield, 2008.

37 송사오핑, 이해응 역, 「가솔(家屬)―1950년대 중국의 가정부녀와 가사노동에 관한 국가 담론」, 『이화여자대학교 아시아여성학센터 학술대회자료집』, 2006, 101~121쪽; 김란, 「중국 개혁개방 이전 보육체제(childcare regime)의 역사적 탐구―여성노동자 정체성, 맞벌이 모델, 이중부담의 형성」, 『사회와 역사』 139, 2023b, 125~168쪽; 김미란, 「1980년대 시장화개혁과 중국 여성―'돌봄'과 '노동' 담론을 중심으로」, 『현대중국문학』 108, 2024, 137~177쪽.

2) 개혁개방 이후 모성 강화 – 한자녀 정책과 인구 '소질' 담론[38]

개혁개방 이후 전개된 소위 '부녀회가婦女回家'의 흐름은 계획경제 시기에 그나마 확보된 여성노동자 지위를 뒤흔들고 여성의 가정적 의무를 다시 강조하기 시작했다.[39] 노동시장에서 여성의 가치 절하가 이루어졌고,[40] 여성성에 대한 본질주의 관념이 부활하였다. 어머니를 대상으로 하는 소비시장이 급성장하였다. 이 때 국가와 시장은 육아와 자녀 양육을 주로 여성의 책임으로 규정했으며 여성들을 고강도의 마더링으로 강하게 밀어붙였다.

어떻게 이것이 가능했는가? 개혁개방 이후 모성 담론은 국가의 '인구 정책', 특히 대부분의 가정을 한 자녀로 제한하는 한자녀 정책과 개인의 소질素質,에 대한 담론, 이른바 '소질 담론'의 영향을 크게 받았다.[41] 우선 한자녀 정책은 양적인 관점에서 보면 소자녀화이므로 여성의 양육 부담을 감소시킬 것만 같다. 하지만 자녀 수 감소가 여성의 가사 책임이나 모성 부담을 감소시키지는 못했다. 가정과 직장의 이중 부담이 지속되었을뿐 아니라,[42] 자녀수가 줄면서 오

---

38 이 절은 다음 글의 내용을 바탕으로 한 것이다. 김란, 「중국 개혁개방 이후의 모성 실천 – 내권적 마더링의 형성」, 『현대중국연구』 25권 2호, 2023c, 207~251쪽.

39 중국에서는 개혁개방 이후, 이전 시기 여성노동자로 전환되었던 여성노동자들에게 가정주부가 될 것을 담론적 제도적으로 강제하는 흐름이 진행되었다. 이를 '부녀회가'라고 부른다. 김란, 「여성 노동자를 집으로 돌려보내라 – 1980년대 이후 중국 '부녀회가(婦女回家)' 담론의 전개와 굴절」, 『사회와 역사』 133, 2022a, 217~258쪽. 중국 여성해방 문제의 성격에 대한 서구중심적 관점을 반성하면서도 중국을 단순히 찬양하지는 않는, 비교적 균형 잡힌 분석은 다음 글에서 볼 수 있다. Rofel, Lisa, "Liberation Nostalgia and a Yearning for Modernity", in Christina K. Gilmartin & Gail Hershatter & Lisa Rofel & Tyrene White eds., *Engendering China : Women, Culture, and the State*, Harvard University Press, 1994.

40 김미란, 앞의 글.

41 김란, 2023c, 217쪽.

42 Milwertz, Cecilia Nathansen, *Accepting Population Control : Urban Chinese Women and the One-Child Family Policy*, Richmond, Surrey : Curzon, 1997.

히려 하나의 아이를 '완벽하게' 길러야 한다는 관념이 새로운 부담으로 부가되었다.[43] 아이의 행복에 대한 책임이 (아버지보다는) 어머니에게 더욱 지워지며, 아이의 장래 성공의 기초는 어머니의 돌봄이라고 여겨졌다.[44]

이러한 현상에 대해 푸코의 통치성 관점에서 고찰한 수잔 그린할Susan Greenhalgh은 1980년대부터 1990년대를 거치면서, 처음에는 인구의 '양量'을 강조하다가 한자녀 정책으로 자녀 수가 줄어들면서 인구의 '질質적 소질'을 강조하게 되었으며, 그 과정에서 "좋은 어머니"란 "자신의 이익을 자녀를 위해 희생하고 과학적 방법을 사용하여 '소질' 있는 젊은이를 키우는 사람"으로 정의되었다고 관찰한 바 있다.[45] 인구의 소질은 처음에는 '집단'으로서의 인구를 대상으로 하는 것이었다가, 점점 인구의 질을 강조하게 되면서 집단보다는 '개인'을 강조하게 된다. 이제 인구의 질 개선은 생물학적인 개선을 넘어서 '과학육아'나 아동교육 같은 보육과 교육의 영역으로 확장되었다. 개혁개방 이후 서구로부터 도입된 과학육아 담론은 소질 교육을 가능케 하는 지적 근거가 되었다. 선진 서구로부터 들어왔다는 점과 과학적 근거를 가진다는 점에서, 아이의 질적 소질을 강화하는 양육 실천에 큰 영향을 미쳤다.

관련하여 '우생우육優生優育'이라는 한자녀 정책의 대표적 표어는 양에서 질로 인구 정책이 변동하는 변곡점을 잘 보여준다. "우수한 출산, 우수한 양

---

43 Robinson, Jean C., "Of Women and Washing Machines : Employment, Housework, and the Reproduction of Motherhood in Socialist China." *China Quarterly* 101, 1985, pp.32~57.

44 Stevens, Sarah E., "Of Party-State Born Motherhood, Reproductive Politics, and the Chinese Nation-State", in O'Reilly, Andrea(ed), *From motherhood to mothering : the legacy of Adrienne Rich's of woman born*, State University of New York Press, 2004.

45 Greenhalgh, Susan, and Winckler Edwin A., *Governing China's population : from leninist to neoliberal biopolitics.* Stanford : Stanford University Press, 2005.

육"은 출산과 양육을 직접적으로 연계시키기 때문이다. 여기서는 '신체'의 품질, 특히 어머니와 아이의 신체적 건강이 핵심적인 과제로 떠오르게 된다. 한자녀 정책은 우수한 출산, 즉 결함 있는 출생을 최소화하는 것을 목표로 했다.[46] 그런데 아이의 영양, 신체에 대한 염려는 아이 '지능'에 대한 고민과도 연결되었다. 아이 지능 향상을 미리 도모하는 '태교음악'이 대표적이다. 출산에서 양육까지의 엄마들의 행위가 연속되는 것으로 이어지면서, 이른바 '소질아동素質兒童'을 길러야 한다는 목표가 대두하였다. 그런데 이와 같은 소질아동 양육의 가장 중요한 주체는 엄마였다. 소질아동과 더불어 '고소질 엄마'가 요구되었던 것이다. 좋은 엄마가 되기 위해서는 고소질 엄마가 되어야 했다.[47] 서구에서 도입된 '과학육아' 담론의 유행은, 아이 양육의 가정으로의 사사화 뿐만 아니라, 엄마를 아이 양육의 1차적 책임자로 확고히 하는 결과를 야기했다. 과학적 지식을 갖고 아이를 '직접' 양육하는 것이 바람직하고 당연한 관행이 된 것이다.[48] 이는 엄마가 아이의 잠재력을 미리 '발굴'해야 한다는 담론까지 나아갔으며, 이는 아이가 잠재력을 발견할 수 있는 환경을 조성해야 주어야 한다는 '조건條件, tiaojian' 담론으로 발전하였다.[49] 양호한 양육조건 조성을 통해 아이에게 더 많은 기회가 주어질수록 아이의 잠재력이 표출될 가능성이 더 높아진다는 것이다. 우리는 모유수유의 실천을 이러한 거시적인 역사적 맥락 속에서 고찰할 필요가 있다.

---

46 Kuan, 앞의 책, pp.35~36.
47 김란, 2023c, 218~219쪽.
48 김란, 2023c, 221~214쪽.
49 Kuan, 앞의 책, pp.110~119.

3) 인구통치의 주요 대상으로의 부상한 모유수유

모유수유는 초기 양육 중 특히 여성의 '신체'와 직결된 양육 실천이므로, 신체라는 변수가 중요하게 작용한다. 해리엇 에반스는 여성 섹슈얼리티와 생식에 대해 개혁개방 이전과 이후 여성의 신체에 대한 사고 경향이 어떻게 다르고 같은지 살핀 바 있다. 그는 1950년대와 1980년대의 수사rhetoric를 비교하면서, 두 시기 모두 여성의 신체적, 생식적 기능을 강조함으로써 여성을 본질화하고 여성을 생식 도구로서 신체 내에 가두었음을 보여주었다. 나아가 위계적 젠더 관계 체계를 합리화하는 이러한 방식은 중화인민공화국 이후에 처음 등장한 것이 아니라, 1949년 이전부터 진전되어오던 진화론, 생물학, 우생학 담론의 연속이라고 관찰하였다.[50] 그런데 문화대혁명1966~1976 시기에는 혁명적 노동자의 양성兩性적 이상을 장려하는 당의 정책에 의해 젠더 차이를 무화하려는 시도가 이루어졌다. 이 시기에는 여성을 노동자이자 생산자로 보면서 소위 여성의 남성화가 진행되었다. 여성이 군인이나 중공업에 종사하는 당시의 사진 자료들은 이를 잘 보여준다.[51] 그렇지만 적어도 '생식'과 관련해서는 "혁명을 위해 산아제한을 실천하자"는 포스터가 보여주듯, 출산과 양육을 국가주의적 목표와 연계시키는 것은 문화대혁명 시기도 마찬가지였다. 따라서 생식은 20세기 내내 국가주의적 문제로 여겨졌다. 중국 현대에서 모든 시기의 국가 정책은 자녀 생산을 민족주의적 목표와 명확히 연결하였으며 국가를 위해 모성을 전유하였다고 정리할 수 있다.[52]

---

50 Evans, 앞의 책.
51 김란, 2023b, 157~158쪽.
52 Stevens, 앞의 글, p.49. 물론 여기서 중국만 이러한 인구생산과 민족주의를 결합하는 성격을 갖고 있다고 말하려는 것은 아니다.

지금까지 살펴본 바와 같이 모유수유라는 실천은 국가의 인구정책이 제기하는 목표와 더불어 모의 신체, 아이의 신체와 직결되는 특수한 위치에 자리한다고 할 수 있다. 이러한 맥락에서 모유수유가 중국에서 인구통치의 아주 중요한 대상이 되었다고 할 수 있다. 다만 그것이 중국 국내적 요인으로만 구성되는 것은 아니며, 서구의 모유수유 담론의 영향이 그 시작점을 이룬다. 다음 절에서는 모유수유와 연관된 중국의 관련 정책의 전개를 구체적으로 살펴보자.

4. 중국에서 모유수유의 정책화 과정

1) 1980년대 – 국제기구의 개입과 정부의 모유수유 정책 개시

　　중국 모유수유의 통치화 과정은 서구의 국제기구와 서구적 담론의 도입을 통해 시작되었다. 1981년 5월 WHO의 제34차 세계보건총회는 국제 모유대체품 판매 규칙을 통과시켜, 대체유제품이 모유수유에 미치는 충격을 제한하고자 했다.[53] WHO와 중국 위생부는 1982년 상하이에서 공동으로 첫 모유수유 연구회를 개최하고, 베이징, 상하이 등 22개 성시로 구성된 전국 모유수유과학 연구협력망을 만들었다.[54] 1989년 WHO와 UNICEF는 「모유수유의 보호, 촉진 및 지원에 관한 공동성명」을 발표하여, 모자보건기

53　서구에서는 1970년대에 대표적 분유회사인 네슬레 불매운동이 일어났으며, 저소득 국가에서의 가난한 이들의 분유비 문제가 이슈로 제기되었다. 이에 따라 국제기구의 개입이 시작되었는데, 여기에는 분유수유가 국제기구의 원조비용을 증가시킨다는 점도 작용했다. 박승만, 앞의 글, 408~410쪽.

54　付楠楠・張悅・徐韜・姚詩憶・王惠珊・金曦, 「我國愛嬰醫院行動的回顧與展望」, 『中國婦幼衛生雜志』第12卷 第4期, 2021, 1~4쪽.

구의 모유수유 성공을 위한 10대 조치를 제시했다.[55]

① 모유수유 정책을 문서화하여 모든 의료진에게 정기적으로 전달할 것.

② 모든 의료진이 이 정책을 실행할 수 있도록 필요한 기술 교육을 실시할 것.

③ 모든 임산부에게 모유수유의 이점과 관리 방법을 알릴 것.

④ 산모가 출산 후 1시간 이내에 모유수유를 시작할 수 있도록 도울 것.

⑤ 산모에게 수유법을 지도하고, 아기와 분리되어야 할 경우 모유 분비를 유지하는 방법을 안내할 것.

⑥ 의학적 필요가 있는 경우를 제외하고는 신생아에게 모유 외의 어떤 음식이나 음료도 금지할 것.

⑦ 모자동실제를 실시하여 산모와 아기가 24시간 함께 있도록 할 것.

⑧ 수유 요구에 따른 모유수유를 권장할 것.

⑨ 모유수유 중인 아기에게 고무젖꼭지를 물리거나 공갈젖꼭지를 사용하지 말 것.

⑩ 모유수유 지원 단체의 설립을 촉진하고, 퇴원하는 산모를 이러한 단체에 연계할 것.

이처럼 10대 조치는 병원에서의 구체적인 모유수유 방식부터 고무젖꼭지에 이르기까지 지나치게 세세한 지침을 담고 있다. 그 기저에는 국제기구의 모유수유가 아이의 건강에 좋다는 것이 과학적으로 뒷받침된다는 입장이 깔려 있다.

1990년 7월, 모유수유 전 세계 프로그램 의사결정자 회의가 이탈리아 피

---

55   WHO, *Protecting, promoting and supporting breast-feeding : the special role of maternity services*, 1989.

렌체에서 개최되었는데, 모유수유 촉진 전략을 제시하고, 심지어 모유수유가 아동의 '기본권'이라고 천명했다. 모유수유를 '아동 인권'과 연계시키게 된 것이다. 1990년 9월, 세계아동문제 정상회의에서는 「아동 생존, 보호, 발전 세계선언」과 「90년대 행동계획」이라는 중요한 문서가 두 건 발표되었는데, 중국 리펑李鵬 총리는 1991년 3월 이 두 문서에 서명하면서 그 이행을 약속했다. 중국이 서구의 모유수유 기준과 담론을 온전히 흡수하였음을 알 수 있다. 이 회의에서는 모유수유와 연관된 분명한 '목표'가 제기되었다.

> 모든 여성이 완전한 모유수유를 할 수 있어야 하며, 모든 영아는 출생부터 생후 4~6개월까지 완전 모유수유를 받고, 이후 적절한 보충식과 함께 모유수유를 계속하여 2세 또는 그 이상까지 지속해야 한다.[56]

이러한 도입과정은 구체적인 제도적 장치인 병원을 통해서 공고화되었다. 1991년 6월, WHO와 UNICEF는 공동으로 '아기에게 친근한 병원 BFHI : Baby Friendly Hospital Initiative' 설립 방안을 제시했다. 이 방안은 세계 여러 정부 수반과 보건 조직의 지지를 받았으며, 소아과, 산부인과, 조산사, 간호학회 등 전문 학회의 동의도 얻었다. 모유수유와 병원을 연계시키려는 글로벌 차원의 제도적 조치가 시작된 것이다. 세계 최초의 아기에게 친근한 병원은 1992년 3월 필리핀 호세 파벨라Jose-Fabella 병원에서 탄생했다. WHO는 2000년까지 5세 이하 아동 사망률을 1990년의 1/3로 낮추자는 목표를 설정하고 "GOBIFFF"라는 중요한 조치를 제시했다.[57] 이처럼 글로벌 기구에

---

56 黃醒華, 「母乳喂養與愛嬰醫院」, 『中華紅産科雜志』 第29卷 第3期, 1994, 132쪽 재인용.

57 "G"는 성장발달 촉진(growth promotion)을, "O"는 경구보급(oral rehydration)을,

서 먼저 모유수유가 아동의 건강과 생존, 발달의 중요한 지표가 되었던 것이며, 글로벌 기구의 영향력이 중국 정부 모유수유 정책 전개의 동인이 되었다고 할 수 있다.[58]

2) 1990년대 이후 – 중국 정부 주도의 모유수유 정책 전개[59]

중국의 모유수유율은 신중국 건국 이후 40년 동안 상당히 변동이 심하다. 1950년대와 1960년대에는 모유수유율이 80% 이상이었으나, 모유 대체품의 광범위한 도입으로 인해 1970년대와 1980년대에는 크게 감소했다.[60] 공중보건부 통계에 따르면 1950년 81%에서 1992년에 이미 11% 미만으로 감소했던 것이다.[61]

1990년대 초반, 중국 정부는 모유수유에 대해 직접적이고 가시적인 개입

"B"는 모유수유(breast feeding)를, "I"는 계획면역(immunization)을, 3개의 "F"는 각각 가족계획(family planning), 식품공급(food distribution), 여성교육(female education)을 말한다, 黃醒華, 앞의 글, 130쪽.

58 참고로 이러한 국제기구의 조치는 한국에도 큰 영향을 미쳤다. 대체로 분유를 옹호하고 모유수유에 무관심했던 한국 의료계가 1990년대 중반부터는 모유수유의 과학성을 주창하는 방향으로 전환하였던 것이다. 1993년 4월 부산일신기독병원은 첫 번째 '아기에게 친근한 병원'으로 선정되었다. 박숭만, 앞의 글, 412쪽.

59 모성과 국가를 동일시하는 개념적 유산의 흥미로운 예는 문자 그대로 "같은 자궁"을 의미하는 동포(同胞, tongbao)라는 용어가 민족적 연대를 나타내는 호칭으로 사용되는 경우다. 동포의 전통적 의미는 "형제", 특히 같은 여성에게서 태어난 형제를 가리킨다. 20세기 초반에 이르러 이 용어는 "같은 국가 출신의 사람"이라는 추가적 의미를 갖게 되었고, 정치적 팸플릿을 시작할 때 자주 사용되었다. 국가를 자궁과 수사적으로 연결하는 더 깊은 성별화된 의미를 갖는다고 할 수 있다. Stevens, 앞의 글, pp.48~49.

60 Xu, Fenglian, Liqian Qiu, Colin W. Binns, and Xiaoxian Liu., "Breastfeeding in China : a review" *International Breastfeeding* 4(6), 2009, pp.1~15.

61 Gottschang, Suzanne, "The Consuming Mother : Infant Feeding and the Feminine Body in Urban China", in Nancy Chen, Constance Clark, Suzanne Gottschang, and Lyn Jeffery, eds., *China Urban,* Duke University Press, 2001, p.89.

과 정책화를 시작했다. 1980년대에 이어 WHO와 UNICEF 같은 서구의 관련 기구들이 지속적으로 영향을 주었다. 다만 1990년대부터는 중국 정부가 좀 더 주도적으로 정책을 추진한 것으로 보인다. 중국 정부는 모유수유를 "출생인구의 건강을 보장하고, 민족 소질을 제고하며 국민경제와 사회발전을 추동하는 기초이자 중요한 조치 중의 하나"[62]로 간주하면서, 모유수유를 국가와 사회 발전과 명시적으로 연계시켰다.

1990년 5월 10일, 중국 위생부는 매년 5월 20일을 '전국모유수유선전일全國母乳喂養宣傳日'로 지정하였다. 1992년 3월 중국 국무원이 공포한 「90년대 중국 아동발전계획 강요」에서는 2000년까지 성省 단위로 4개월 완전 모유수유율을 80%까지 달성할 것을 제시했다.[63] 1992년 9월에는 중국 모유수유기술 지도위원회를 설립하여 위생부 모자위생사 왕평란王風蘭 사장이 주임위원을 맡았다. 같은 해 12월, 앞서 언급한 바와 같이 WHO와 UNICEF가 파견한 국제 아기에게 친근한 병원 평가단의 심사와 중국 아기에게 친근한 병원 최고심사위원회의 승인을 거쳐, 중국 최초의 '아기에게 친근한 병원중국식 명칭은 '애영병원', 이하 중국 맥락에서는 '애영병원'으로 표시이 탄생하였으며, 1992년 12월까지 21개 병원이 애영병원으로 승인되었다.[64] 이는 모자보건 사업의 중

---

62 國家衛生與計劃生育委員會 홈페이지, 「2016年世界母乳喂養周主題宣傳活動在京擧辦」, 2016.8.3(검색일 : 2024.10.4).

63 黃醒華, 앞의 글, 130쪽.

64 이 때 설립된 21개 병원은 다음과 같다. 베이징 산부인과 병원, 베이징시 하이뎬구 모자보건원, 베이징시 둥쓰 모자보건원, 베이징 셰허 병원, 베이징시 시청구 모자병원, 베이징시 제2병원, 톈진 제2의과대학 부속 제1중앙병원, 톈진시 탕구구 모자보건원, 톈진시 허베이구 모자보건원, 하얼빈시 적십자 모자병원, 하얼빈시 난강구 산부인과 병원, 헤이룽장성 무단장시 모자보건원, 청두시 모자보건원, 상하이시 제1모자보건원, 상하이의과대학 산부인과 병원, 중국복리회 국제평화 모자보건원, 산둥성 지난시 모자보건원, 저장성 자싱시 모자보건원, 저장성 하이닝시 모자보건원, 저장성 후저우시 모자보건원, 푸젠성 모자보건원.

대한 전환이었다고 할 수 있다. 특히 애영병원 설립은 서구와 중국의 '합작'에 가까운 작업으로서, 빠르게 중국에 수용되었다. 중국의 첫 애영병원 설립 사업은 국제적 인정을 받았을 뿐만 아니라 사회 각계의 지지를 얻었다.[65] 1993년 이후 의료위생기관들이 앞 다투어 애영병원 설립에 나섰다. 이에 따라 1994년까지 애영병원의 수는 947개까지 급증했다. 이처럼 개혁개방 이후 얼마 지나지 않아 모유수유 사업이 중국에서 모자보건 사업의 중점 과제 중 하나가 된 것이다.[66]

애영병원 사업의 전개에 맞춰 1995년에는 「중국 모유대체품 판매 규범」이 시행되었으며, 2002년까지 중국의 애영병원 수는 7,329개에 달해, 세계에서 아기에게 친근한 병원을 가장 많이 보유한 국가가 되었다.[67] 2002년 8월, 위생부와 모자보건사는 「애영병원 관리감독 지침」을 발표했으며, 이후 중국은 매년 세계 모유수유 주간의 홍보 주제와 연계하여 전국적인 모유수유 홍보활동을 전개해왔다.

이러한 국가 차원의 모유수유 제도화와 홍보는 최근까지도 지속되고 있다. 2010년 중국 위생부는 전문가들을 조직하여 애영병원 상황에 대한 전국적인 조사 분석을 실시하고 감독 방안을 논의한 뒤, 병원 '재심사' 기준을 제정했다. 2014년 국가 위생계획생육위원회는 "애영병원 재심사 실시에 관한 통지"를 발표하여 전국적으로 애영병원 재심사 작업에 돌입했다. 2015년 말까지 전국적으로 새로이 재심사를 통과한 애영 병원은 7,036개소였으며, 100개의 "우수 애영 병원"이 선정되었다.[68] 최근 들어 이루어진 새로운

---

65 付楠楠·張悅·徐韜·姚詩憶·王惠珊·金曦, 앞의 글, 2쪽.

66 黃醒華, 앞의 글, 130쪽.

67 付楠楠·張悅·徐韜·姚詩憶·王惠珊·金曦, 앞의 글, 3쪽.

68 付楠楠·張悅·徐韜·姚詩憶·王惠珊·金曦, 앞의 글, 4쪽.

재심사 시스템은 애영병원 운동과 모자보건 사업을 통합하고, 모유수유율 향상을 목표로 제왕절개율 감소, 신생아 모유수유율 향상 등을 평가 기준에 포함시켰으며, 일상적인 관리감독을 강화하기로 했다. 중국의 애영병원발전기금Baby Friendly Hospital Initiative Development Fund 웹사이트에 따르면, 가장 최근인 2024년 현재 집계된 중국 전역 아이에게 친근한 병원의 수는 7,043개소로 증가세는 다소 주춤하다.[69]

중국에서 애영병원의 이와 같은 빠른 설립 과정을 보면, 그 핵심에는 단순히 애초에 국제기구가 주창했던 아이의 인권 향상보다는 모유수유 관행을 촉진시키려는 의도가 더 많이 반영되어 있는 것으로 보인다. 다시 말해 병원이 모유수유의 주요 촉진 기관이 되도록 했던 것이다. 아이에게 친근한 병원의 영향력을 정확히 확인하기는 어렵지만, 중국 아이에게 친근한 병원에서 태어난 신생아 수가 2015년 기준으로 66%가 된다는 점에서 애영병원의 이용률이 매우 높음을 알 수 있다. 따라서 병원을 통한 모유수유의 촉진이 일정 정도 이루어지고 있음을 알 수 있다.

아기에게 친근한 병원의 장기 목표는 앞서 국제기구의 아동문제정상회의에서 확인된 모든 여성의 완전한 모유수유, 출생부터 생후 4~6개월까지 모든 영아의 완전 모유수유였다. 이후에는 적절한 보충식과 함께 모유수유를 2세까지 병행하는 것이었다. 중국 애영 병원의 기준은 WHO가 제시한 성공적인 모유수유를 위한 10대 조치였다. 애영 병원의 기준은 여성 보건, 산전 및 주산기 보건 서비스를 제공하는 모든 기관과 아동 보건 기관에 적용된

---

69 중국애영병원발전기금은 2016년에 설립되었으며, 중국적십자기금회가 발족하고 국가위생건강위원회 모자보건국의 지원과 지도를 받는 특별 공익기금이다. 국가위생건강위원회 모자보건국의 업무와 연계하여 자연분만, 모유수유를 촉진하고, 애영병원의 성과를 제고하려 한다. 애영병원에 교육, 연구, 과학지식 등을 제공한다. 홈페이지는 다음과 같다. https://www.aiyingyiyuan.com/Index.html

다. 애영 병원의 서비스 이념은 '아동 우선, 어머니 안전兒童優先, 母親安全'이며, 직원들의 서비스 정신은 '아기에게 친근한 정신'으로 모든 것이 여성과 아동을 위한 것이라고 표명되고 있다. 그렇다면 이렇게 변화된 정책과 더불어, 병원 조직 내에서 모유수유를 둘러싼 조치들은 어떻게 전개되었을까?

5. 병원과 모유수유 관행 강화

과거 산과 병원의 관행들은 산후 엄마와 자녀의 분리, 출생 초기 수유 시간 지연, 신생아 초기의 인공수유, 정시 수유, 모유수유에 대한 각종 제한 등이다. 이러한 기존 관행들은 모유수유에 방해가 된다고 판단되었다. 1980년대에는 많

〈그림 1〉 애영병원 인증간판[70]

은 병원들이 이러한 모유수유에 유리하지 않은 조치들을 유지하기 위해 분유 의존도를 점점 높이고 있었다. 당시 이러한 병원의 反모유수유 관행들에 대해서 1993년 발간된 『중국 부녀보건中國婦女保健』지는 "오늘날 아동의 자질이 곧 내일의 국가 생산, 과학연구, 발전 능력"이며, "우리 사회의 진보, 국가의 부강, 민족의 번영을 위해서는 아동의 권리, 그들의 생존, 보호, 발전에 많은 관심을 기울여야 한다"고 적으면서 아동소질과 모유수유를 접속시켰다.[71] 그러면서 병원이 아동소질을 위해 모유수유에 적극적으로 임해야 한

---

70   中國衛生 편집부, 「"愛嬰醫院"保障母乳喂養」, 『中國衛生』 第11期, 2019, 59쪽.
71   陳寶英, 「積極創建愛嬰醫院」, 『中國婦幼保健』 第8卷 第1期, 1993, 8쪽.

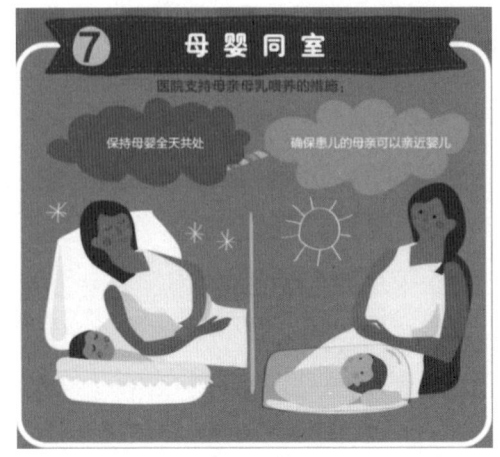

〈그림 2〉 모자동실 홍보물[74]

다는 담론이 제기되었다. 따라서 애영병원은 기존 산과병원들의 체계에 '단절'을 도입했다고 할 수 있다.

우선 애영병원은 영아를 보육실에 엄마와 따로 두는 대신 엄마와 함께 있도록 '개인화된 병실'을 제공한다. 개인화된 병실에서는 모유수유가 용이한 환경이 조성된다. 이러한 기준에 따라 애영병원에서 가장 강조된 것은 모자를 분리하는 기존 산부인과 분만실의 '공간' 체계의 개혁이었다. 방금 소개한 『중국 부녀보건』지는 "우리는 보건 개혁에서 전통적인 산모-영아 분리 제도를 개혁하여, 신생아실과 젖병을 없애고, 대신 '모자동실母子同室', 조기 젖물리기, 수유 요구에 따른 수유 등을 도입했습니다"라고 말하면서, 이 작업에 거의 10여 년이 걸렸다고 밝혔다.[72] 모자동실 활용은 1985~1989년 사이 자연분만을 하고 합병증도 없는 산모들을 대상으로 한 시범사업으로 우선 시행되었다.[73] 모자동실 운영 시간은 오전 9시부터 오후 11시까지였으며, 주간에는 모유수유를 6~8회 실시하고, 야간에는 영아를 신생아실로 옮겼다. 이처럼 모유수유를 목표로 병원 공간의 재구성이 이루어진 것이다.

뿐만 아니라 모자동실 병동에 교육실이 설치되었고, 전담 간호사 1명이 모유수유 홍보담당자로 배치되었다. 조기 수유를 실시하고, 산모와 영아를

---

72   陳寶英, 앞의 글, 9쪽.
73   付楠楠·張悅·徐韜·姚詩憶·王惠珊·金曦, 앞의 글, 4쪽.
74   중국애영병원발전기금 웹사이트(검색일 : 2024.11.10).

그룹으로 나누어 간호하며, 산모들을 대상으로 모유수유 홍보, 교육, 시범 보이기 등을 단계적으로 실시하고, 산모들의 모유수유와 신생아 간호를 돕고 지도했다. 1985~1989년의 불완전한 통계에 따르면, 홍보 교육을 받은 인원이 중국 내에 무려 111,868명이나 되었다. 하지만 여전히 산모들은 많은 걱정과 심리적 부적응을 겪었으며, 산모와 가족들의 모유수유에 대한 만족도는 20%에 불과했다.[75]

1990년대에 이르면 모자동실 병상이 더욱 증가했고 '24시간' 모자동실까지 시행되었다. 뿐만 아니라 모유대체품의 병원 진입도 제한되기 시작했다. 모자동실 관련 규정, 모유수유 상례, 조기 젖물리기 관련 규정, 신생아 간호 시범, 교육 제도 등 32개 제도를 수립하고 정기적, 비정기적으로 실행 상황을 점검했다. 산모와 영아를 단위로 하는 책임제 간호 및 가정화된 모자동실의 우수 서비스 기준도 수립되었다.[76]

어떤 병원의 경우, 임산부가 출산을 앞두고 입원할 때 분유를 가져오는 것을 허용하지 않았다. 또한 엄마가 젖이 안 나오지 않는 한 젖병 사용은 최소화되었다. 이런 조치들은 모유수유를 원하지 않는 산모의 퇴로를 차단하는 강제적 조치라 할 수 있다. 물론 특별한 이유로 모유수유를 할 수 없는 경우에는 병원 측의 결정과 책임 하에 병원이 제공하는 분유로 영아를 수유한다. 이러한 관행은 WHO와 UNICEF가 제시한 모유수유 10대조치 중 하나인 '의학적 지시가 없는 한 신생아에게 모유 외의 어떤 음식이나 음료도 주지 않는다'6번항를 실천하는 것이지만, 그것이 '강제적으로' 시행된다는 점에서는 주목할 만하다. 이처럼 중국의 애영병원은 모유수유 관념을 과학적 담론으로 제시하거나 홍보할 뿐 아니라 반강제적인 조지까지 동원함으로써, 모

---

75 陳寶英, 앞의 글, 10쪽.
76 陳寶英, 앞의 글, 9쪽.

유수유를 많은 엄마들의 우선적 선택, 심지어 유일한 선택으로 만들었다.[77]

그러나 병원이 구체적인 모유수유 방법을 제대로 지도하거나 가르치는 것도 아니다. 쉬이와 류야의 연구에 의하면, 인터뷰 한 산모들은 병원 간호사들이 모유수유 방법을 제대로 지도하지 않았다고 구술했다. 간호사들은 일반적으로 산모에게 얼마나 자주 수유해야 하는지만 막연하게 알려주거나, 아기가 울 때 아기를 산모 곁에 놓고 떠나버리곤 했다는 것이다. 그래서 산모들은 퇴원 후 '산후조리사'를 고용하거나, 상업적인 모유지도를 자기 비용으로 받았으며, 그것도 여의치 않으면 스스로 모유수유 지식과 기법을 습득했다.[78]

일부 병원들은 산모들의 '영양제 소비'에 대해 강연한다. 태아의 성장에 도움이 되고, 특히 기형의 아이가 나오지 않는 것이 엽산, 칼슘, DHA, 오메가3 등 영양제 복용 여부와 관련 있다는 인식이 퍼지면서, 산모들은 영양제 섭취를 중요한 과제로 인식하게 되었다. 그런데 영양제 소비 문제도 산모의 죄책감과 불안을 유발하였다. 이러한 분위기에는 영양제를 제작하는 제약회사의 마케팅도 영향을 미쳤다.[79]

건강한 영아를 출산하고 수유해야 하는 엄마들은 날씬하고 성적 매력을 유지해야 한다는 명령에도 노출된다.[80] 고스창이 관찰한 바에 따르면, 병원에는 잘 차려입은 백인 여성들이 모유를 수유하는 캠페인 사진이 부착되는 경우가 많다. 병원 내 모유수유 강연에서 상영되는 모유수유 선전 영상에서도 모유수유가 산후 체중감량을 촉진한다고 가르친다. 그러면서도 건강한 모유

---

77   許怡·劉亞, 「母職初體驗－基於自我民族志與網絡民族志的城市女性哺乳實踐研究」, 『山東社會科學』 總第264期, 2017, 99쪽.

78   許怡·劉亞, 앞의 글, 99쪽.

79   Zhu, Jianfeng, "Projecting Potentiality : Understanding Maternal Serum Screening in Contemporary China", *Current Anthropology*, Vol.54, No.S7, 2013, pp.S36~S44.

80   Gottschang, 앞의 글, 2001, pp.99~100.

를 아이에게 먹이기 위해서는 충분한 양의 음식을 섭취해야 한다고 말한다. 하지만 많은 여성들은 모유수유를 하게 되면 체중이 증가한다고 말한다. 이러한 선전과 가르침들은 여성이 날씬한 외모를 유지하면서도 모유수유를 할 수 있다는 환상을 부과하는 것이다. 모유수유와 체중 감량의 관계를 둘러싼 병원의 주장을 접하고 산모들이 갖는 혼란은 다음 인용문에서 잘 드러난다.

> 24세 중학교 교사인 저우리안은 나에게 물었다 : "어떻게 모유수유를 하면서 체중을 줄일 수 있나요?" 내가 그들이 본 비디오에서 모유수유가 체중 감량에 기여한다고 주장했음을 지적했을 때, 몇몇 여성들은 그들의 친구나 친척들의 경험에 의하면 그것이 사실이 아니라고 말했다. 사실, 저우리안은 "제 언니는 아이에게 모유수유를 하는 동안 체중이 전혀 줄지 않았어요. (하지만) 모유수유를 중단하자 체중을 줄일 수 있었어요!"라고 응답했다.[81]

모유가 순수하고 건강한 식품으로 간주되더라도, 모성은 모유수유만으로 달성될 수 없으며 산모가 얼마나 자신의 신체를 스스로 잘 관리하느냐에 달려있게 된다. 모유 단독으로는 자연적이거나 순수할 수 없으며, 그것은 엄마의 신체 상태의 종속변수라고 할 수 있다.[82]

병원을 둘러싼 이러한 여러 가지 조치와 가르침들은 모유수유 실천을 푸코가 말했던 일종의 통치성으로 볼 수 있게 해준다. 고스챵은 병원이 서로 상충되는 모성 이상ideal을 전파한다고 보았다.[83] 아이의 건강과 엄마의 아름다움이라는 의학적 담론과 시장의 소비주의 담론 사이에서 산모들은 혼란

---

81 Gottschang, 앞의 글, p.100 재인용.
82 Lee, Robyn, 앞의 책, ch.2.
83 Gottschang, 앞의 글, p.91.

을 겪는다. 그린할과 아낙노스는 건강한 인구 생산을 목표로 한 한자녀 정책이 모성주의를 강화한다는 점을 지적하였는데,[84] 모유수유 역시 이러한 큰 과정의 일부라고 할 수 있다. 앞서도 언급했듯이, 모유수유는 인구의 양과 질 모두를 포괄한다는 특징이 있다. 병원이 건강한 시민 생산이라는 국가적 명령과 개별성과 선택을 강조하는 소비자본주의의 힘 사이에서 어떻게 모유수유를 둘러싼 표상들을 조직하는지 이 정도면 확인할 수 있을 것이다.

이제 병원의 모유수유를 둘러싼 이러한 조치들이 아이 엄마들의 행위 층위에서의 실천과 모성 주체성에 어떠한 영향을 미치는지 확인하도록 하자.

6. 모유수유 통치의 결과들 모성 주체성의 고투

UNICEF에 따르면, 2008년 중국의 6개월 전적 모유수유율은 약 28%농촌지역 약 30%, 도시지역 단 18%로, 전 세계 평균 40%보다 낮았다. 그런데 2008년 중국은 유명한 '독분유 사건'을 겪었다. 이 사건으로 모유수유율이 갑자기 급상승했다. 독분유 사건 직후에는 도시의 모유수유율이 농촌지역을 추월하기도 했던 것이다. 2013년에는 6개월 전적 모유수유율이 58.5%로 상승했으며, 도시지역의 모유수유율은 62%로 농촌지역 55.4%보다 높아졌다. 모유수유를 장려하기 위한 노력의 일환으로, 2013년 중국 국무원은 2020년까지 6개월 전적 모유수유율을 최소 50%로 높이겠다는 목표를 발표했다.[85] 그렇지만

---

84   Greenhalgh, Suzanne, *Cultivating Global Citizens : Population in the Rise of China*(- Cambridge, Massachusetts, and London, England : Havard University Press, 2010; Anagnost, A., "Children and national transcendence in China". In K. Lieberthal, S. F. Lin, & E. Young (Eds.), *Constructing China : The interaction of culture and economics*, Ann Arbor : University of Michigan Press, 1997, pp.195~222.

그 이후 중국의 모유수유율은 지속적으로 하락하고 있다. 2021년 2월 25일 중국발전연구기금회가 발표한 「중국 모유수유 영향요인 조사보고」에 의하면 6개월 이하 영아의 순모유수유 비율은 29.2%다.[86]

비교적 최근인 2023년 5월 20일은 중국의 33번째 모유수유 국가선전일로, 그 주제는 '모유수유, 영아의 첫 예방접종'으로 제시되었다. 아직까지도 정부 차원에서 모유수유를 강조하고 있는 것이다. 이 같은 정책적 노력에도 불구하고 모유수유율의 하락은 왜 일어나고 있는 것인가? 이를 살펴보기 위해서는 모유수유를 실천하는 아이 엄마의 행위양상을 살펴볼 필요가 있다.

1) 모유수유의 고난과 모성 주체성

모유수유를 강조하는 문화 속에서 엄마들이 공공장소에서 모유수유하는 문제에 대해 먼저 살펴보자. 대표적인 것이 지하철이나 공원에서 아이에게 젖을 물리는 현상이다[광장 모유수유]. 앞서 언급한 모유수유 기념일이 되면 많은 엄마들이 공공장소에서 아이 젖을 물리는 퍼포먼스를 수행한다. 관변에서는 이를 찬양하면서 공공장소 '모유수유실' 증설의 동력으로 삼았다. 그즈음 리커창李克強 총리는 보편적 보육서비스 강화를 주문하였으며, 공공장소나 회사에서 늘어난 수유실은 모성을 강화하는 기능을 한다.[87]

중국에서는 젖이 모자라는 엄마들이 젖을 뽑거나, 이미 뽑은 젖을 보관하

---

85 許怡·劉亞, 앞의 글, 99쪽.

86 대도시는 농촌지역과 중소도시보다 높은 수준이다. 그러나 전반적으로 세계 평균수준 43%, 중저소득국가의 평균수준인 37%보다도 낮은 수치다. 人民日報健康客戶端, 「預計2025年全國純母乳喂養率超50%, 母乳喂養應當成爲一種常態」, 2021.11.24(검색일 : 2024.3.18).

87 劉鈺潭·黃家聖, 「母嬰室中的靑年母職實踐, 育兒建構與空間轉譯」, 『中國靑年研究』第4期, 2022, 71~77쪽.

제2장 · 개혁개방 이후 모유수유의 통치와 실천   151

는 작업을 '주이나이追奶'라고 부른다. 주이나이의 노력과 그 과정의 신체적 고통은 모유수유를 통해 모성을 표상하는 대표적인 행위다. 중국에서는 젖이 잘 나오는 엄마를 '젖소奶牛'라고 부르고, 젖이 잘 안 나오는 엄마를 '풀소草牛'라고 부른다. 엄마들은 인터넷 커뮤니티를 통해 주이나이 정보를 열심히 수집하고 교환한다. 가슴 마사지, 약 복용, 음식 섭취 등 여러 가지 노력을 통해 모유가 나오도록 노력하지만, 결국에는 모유를 추출하고 보관할 수 있게 해주는 '유축기'를 활용하게 된다. 유축기는 젖을 잘 나오게 할 뿐 아니라 아이에게 직접 수유함으로써 발생하는 유두의 상처나 훼손을 예방한다. 모유수유하려는 많은 엄마들은 거의 다 유축기에 의존한다고 한다.[88] 모유수유를 위해 지나치게 노력하거나 집착하는 엄마들을 '모유교母乳敎'라고 부르기도 한다.[89] 그러나 소위 '젖소' 엄마들이라고 마음이 편한 것이 결코 아니다. 젖이 잘 나오는 (모유과다) 엄마들은 '유선염'에 걸릴 가능성이 상대적으로 높은데, 염증으로 인해 고열에 시달릴 수 있다. 엄마가 이처럼 고열이 날 경우, 의사는 항생제를 처방하는 대신 모유수유를 중단을 권한다. 이처럼 모유수유는 여러 가지 험난한 과정에 맞닥뜨린다.

모유를 먹이는 엄마들은 자신들의 '음식 섭취'에도 많은 신경을 써야 한다. 음식 성분이 모체를 통해 모유로 들어가서 영아의 신체에 영향을 준다고 알려져 있기 때문이다. 어떤 엄마는 아이가 설사하는 것이 자신이 채소를 먹어서라고 생각하고 채소를 중단했다. 아이에게 알러지 증상이 발생할 경우, 이러한 음식 섭취의 문제는 더욱 심각한 문제로 부상한다. 아이에게 알러지가 발생한 한 엄마는 "수유할 때마다 내 모유가 독약이 아닌가……

---

88 Hanser, Amy and Li, Jialin, "Opting out? Gated consumption, infant formula and China's affluent urban consumers", *The China Journal*, 74(1), 2015, pp.110~128.
89 許怡·劉亞, 앞의 글, 100쪽.

하는 생각이 듭니다"라고 말했다.[90] 사실 이러한 생각은 죄책감을 표현하는 것이다. 이 엄마는 결국 모유를 중단하고 분유로 대체했다.

'베이나이背奶'는 특히 직장여성에게 중대한 문제다. 많은 경우 출산휴가 후의 직장 복귀는 모유수유의 중단을 의미하지만, 직장 복귀 이후에도 모유를 계속 먹이려고 할 경우 '베이나이족背奶族'[91]이 된다.[92] 베이나이족들은 직장 근무 시간 중 모유가 나올 때마다 유축기로 빼내어 보관한다.[93] 보통 3개월 정도인 중국의 출산휴가 이후 직장에 복귀한 베이나이족 여성들은 자신이 직장을 다니면서도 모유수유를 지속하고자 분투하였다는 점에서 베이나이를 모성의 '명예'로 여긴다.[94] 베이나이를 충분히 하여 분유에 의존하지 않고 모유만 아이에게 먹이려면, 하루 근무 중 2~3차례 유축을 해야 해서 1시간 이상의 시간을 확보해야 한다. 뿐만 아니라 유축 장소도 문제다. 만일 회사에 수유실이 없을 경우에는 화장실이나 커튼 뒤에서 유축하기도 한다. 유축한다는 사실을 알고 있는 직장동료들은 "또 밥하러 가나요?"라며 짓궂은 농담을 하기도 한다.[95] 따라서 빠르고 효율적인 유축은 엄마들 인터넷 커뮤니티의 핫이슈가 된다.[96] 회사의 회의나 출장 중에는 더 불안정한 환경, 이를

---

90 許怡·劉亞, 위의 글, 101쪽 재인용.

91 '직장에서 유축한 모유를 집으로 짊어지고 가는 엄마들'이라는 뜻이다.

92 Hanser, Amy and Li, Jialin, 앞의 글, p.11.

93 베이나이는 엄마가 근무 시간 중에 유축기로 모유를 짜서 저장 용기에 담아 아이스팩이나 냉장고에 보관했다가, 퇴근할 때 집으로 가져가는 것을 말한다. 이렇게 하면 엄마가 직장에 있는 동안 다른 보호자가 젖병으로 아이에게 모유를 먹일 수 있게 된다. 직장맘들은 보통 기본적인 모유 보관 장비를 구비하는데, 유축기와 저장 용기, 냉장 보관용 아이스팩과 보관 가방 등이 있다.

94 앞서도 말했듯이, WHO는 6개월 완전모유수유를 이상적인 가이드 라인으로 제시하고 있다.

95 侯慶香, 「背奶媽媽'的隱秘戰」, 『時代郵刊』 第9期, 2023, 33~35쪽.

96 효율적인 유축기의 한 가지 예를 들면, 최근에 개발된 "양쪽 유축기"를 사용하면 유축 효율을 크게 높일 수 있다고 한다. "핸즈프리 유축 브라"도 함께 사용하면 손이 자

테면 자동차 운전 중에 유축을 하는 경우도 있다. 따라서 직장맘들은 직장에서 주변의 눈치를 보지 않을 수 없으며, 많은 불편을 감수해야 한다. 유축기 사용 문제는 고가의 유축 장비해외산 유축기, 모유 저장 봉지, 기타 여러 장비 등 소비에 대한 반강제적 관심으로 이어지기도 한다. 게다가 모유의 신선한 보관을 위해서는 냉장을 비롯한 여러 기법에 대해 세세한 지식을 배워야 한다.[97]

이러한 난점들에도 불구하고 모유수유를 중단하지 않는 것은 심리적인 '죄책감' 때문이다. 인터넷 맘카페의 엄마들은 모유수유 중단을 고민하는 엄마에게 모유를 중단하면 나중에 아이에 대한 죄책감이 생길 수 있다며 쉽게 포기하지 말라고 조언한다.[98] 그런데 유축에 집중하다가 직장 업무를 소홀히 하게 된다면 직장생활에 소홀하다는 반대 측면에서의 죄책감이 생긴다.

모유수유를 의학적 관점이 아닌 아이와의 정서적 관계를 강조하는 관점에서 이해하는 경우도 많다. "모유는 단순한 음식이 아니라 나와 내 아기 사이의 일종의 감정 교류"라고 생각하는 것이다.[99]

한제르와 리는 중국의 엄마들이 모유수유를 감싸고 있는 모성 문화를 행위 노선을 선택적으로 채택할 수 있는 일종의 문화적 도구상자로 활용한다고 보면서, 엄마 행위자의 능동성을 강조한다. 그들이 모성 문화특히 모유수유에 대한 문화적 압박를 일종의 '도구 키트'로 해석한다는 것이다.[100] 따라서 가정과 직

유로우므로 유축하면서 일할 수 있다고 한다. 하지만 양쪽 유축기는 3천 위안이 넘는 고가다. 유축 효율을 위해서 직장맘들에게는 필수적 소비 품목으로 부상하고 있다.

97 Hanser and Li, 앞의 글, p.13. 만일 많은 유자녀 여성이 직장 복귀를 하지 않고 이른바 '경력 단절'과 '주부화'하는 분위기라면 베이나이의 문제가 부각되기 어려울 듯하다.

98 侯慶香, 앞의 글.

99 Hanser and Li, 앞의 글, p.11.

100 이는 문화사회학자 스위들러의 개념으로, 문화적 가치가 행위를 직접 형성하는 것이 아니라, 사람들이 일상적으로 선택할 수 있는 잠재적 행위 노선과 전략

장 사이, 여성과 가족구성원들 사이에서 모유수유 행위를 지속적으로 협상하며, 다른 엄마들과의 네트워크, 책, 인터넷 등을 통한 지식 흡수와 교류를 적극적으로 활용한다는 것이다.[101] 이들은 많은 경우 모유수유를 좋은 모성의 표상으로 간주하였지만, 행위수행 과정에서 긴장과 갈등을 경험하였고, 새로운 형식의 좋은 영아 수유 관행을 모색하였다. 하지만 많은 경우 직장에 복귀하면 모유수유를 중단하였다. 모유를 중단할 경우에는 새로운 근거를 동원한다. 분유에는 모유에 없는 영양소가 많다거나, 직장에서 유축하기가 너무 불편하다거나, 저장된 모유는 영양분이 파괴된다는 점 등이 모유수유 중단의 근거가 된다. 다른 한편으로는 모유를 포기할 정도의 고가의 분유를 구매하는 소비주의적 전략도 강화된다. 이때 '안전한 분유'의 구매는 모유수유만큼이나 모성적 헌신을 의미하게 된다.[102] 어떤 것을 먹이느냐보다 아이를 얼마나 잘 키우고 교육하느냐로 아예 초점을 이동시키기도 한다. 그렇다고 분유가 만병통치약도 아니다.

2) 모유를 중단하면 해결되는가 – 분유 불안과 마더링

중화인민공화국 수립 이후 중국은 국영 유제품 공장을 각지에 건설했다. 다만 기술과 생산능력의 한계로 인해 영아용 분유와 유제품은 여전히 계획 배급되는 희소품이었다. 1980년대에 이르면서 이러한 상황이 개선되었다. 당시 이미 시장에 쏟아져 나온 영아용 분유에 소비자들이 열광하면서 모유보다 우수하다고 여겼다. 그리하여 도시 맞벌이 가정에서는 영아를 양육하

을 제공한다는 것이다. Swidler, Ann, "Culture in action : symbols and strategies". *American Sociological Review* 51(2), 1986, pp.273~286.

101　Hanser and Li, 앞의 글, p.2.

102　Hanser and Li, 위의 글, p.14.

는 데 필수품이 되었다. 1976년부터 1982년 사이에 형성된 베이징 가정에서 모유를 전혀 먹지 않은 신생아 비율이 이미 70.92%에 달했다.[103] 의학 지식이 충분히 보급되지 않은 상태에서도 영아 식품 시장은 이미 초기적 형태를 갖추고 있었던 셈이다.

이러한 분위기에서 모유수유의 권장과 통치가 1990년대부터 본격적으로 시작되었다. 그러나 병원의 모유수유 권고가 주는 혼란, 모유가 영양이 부족할 수 있다는 점, 오히려 분유를 먹여야 엄마가 신체적으로 지치지 않아 아이를 더 잘 돌볼 수 있다는 점, 그리하여 조부모의 도움을 덜 받아도 된다는 점 등 모유를 중단할 만한 논리는 차고 넘쳤다. 독분유 사건이 한때 모유수유 열풍을 불러왔지만, 지속적인 해외산 고품질 분유와 이유식의 보급은 이런 경향을 더욱 강화했다. 분유와 이유식 광고가 중국에서는 금지되고 있지만, 앞서 기술했듯이 모유수유의 어려움은 모유수유 실천의 전략적 노선 변경을 야기하고 있는 셈이다.

그런데 모유수유에서는 계층적 차이가 작동한다. 모유가 최선이라는 관념에 대해 서로 다른 계층의 엄마들이 갖는 인식을 연구한 두쥬안은 모유가 최선이라는 관념이 이미 도덕적 기대나 규범으로 고착되어 있으며, 모유를 공급하지 못하는 엄마의 모성애는 불완전하다고 여겨진다고 보았다. 이것이 야기하는 현상이 '모성 경쟁母職競爭'이다. 모유수유를 얼마나 길게 하느냐가 이 경쟁의 양적 규칙이 된다. 두쥬안의 연구에서는 1년간 모유수유를 하면 엄마들이 어느 정도 충분하다고 여긴다는 결과가 나왔다. 그런데 신장 농촌지역의 위구르족 농민공 엄마는 일을 하러 멀리 나가야 했기에 3개월 후 혼합수유조차 중단하고 분유만 먹였다. 이는 모유수유에 계급적 특권의

---

103 劉英·薛素珍, 『中國婚姻家庭研究－五城市家庭調査』, 北京 : 社會科學文獻出版社, 1987.

요소가 있음을 잘 보여준다.[104]

그런데 이 위구르족 엄마는 모성을 '물질적'인 것과 '정신적'인 것으로 나누는 사고방식을 새롭게 창안한다. 비록 아이와 정서적 교류는 못 하지만 열심히 돈을 벌어 '물질적 모성'을 제공하겠다는 것이다. 고스창이 인터뷰한 여성들은 자신의 여러 가지 상황에 맞추어 모유수유 실천을 '조정'하였다. 어떤 여성은 젖이 나오지 않아서 음식을 통해 해결하려 했지만, 결국 아이가 분유를 먹어야 잠이 든다는 사실을 발견하고 모유를 중단했다.[105]

그러나 모유수유 여부와 관계없이 엄마들이 모유수유의 규범적 가치에 대해 직접 도전하는 경우는 드물다.[106] 엄마들은 모유를 좋은 모성과 완전히 동일시하지도 않았고, 모유수유를 하지 않을 수 있는 많은 타당한 이유를 인정했다. 모유수유의 규율에도 불구하고 결국 실용적인 태도를 견지하는 경우가 많다. 특히 다른 엄마들의 선택에 대해 '판단'하기를 꺼렸다.[107] 그럼에도 불구하고 모유수유의 규율이 강력하다는 사실은, 엄마들이 모유수유를 중단하되 다시 '안전한 (그러나 비싼) 분유'를 찾는 또 다른 고강도의 과제를 수행하는 것에서 알 수 있다. 안전하고 비싼 분유 소비는 모유수유 중단의 죄책감을 덜어줄 것이기 때문이다.

---

104 杜鵑, 「"母乳最優"哺育倫理與整體性母職的建構」, 『山東女子學院學報』 總第152期, 2020, 54~64쪽.

105 Gottschang, Suzanne, "Maternal bodies, breast-feeding, and consumer desire in urban China", *Medical Anthropology Quarterly*, 21(1), 2007, pp.64~80.

106 Hanser and Li, 앞의 글, p.14.

107 Hanser and Li, 위의 글, p.17.

7. 모유수유와 내권적 마더링

모성주의적 담론과 의학적 담론은 모두 좋은 양육 관행과 나쁜 양육 관행, 그리고 좋은 어머니와 나쁜 어머니 사이에 '도덕적 경계'를 긋는 담론적 힘을 발산해왔다. 그런데 중국에서는 이러한 담론에 덧붙여 '소질담론'이 모유수유의 변화에 영향을 미쳤다. 중국에서 '소질'이 사회적 가치와 신체의 관계를 재배치하는 개념으로 작용했던 것이다.[108] 중국의 한자녀 정책은 처음에는 출생률을 줄이고 조절하는 양적 개념이었으나, 시간이 지나면서 전체 인구의 품질 향상을 추구하는 질적 개념으로 전환되었다. 처음에는 주로 농촌인구의 '낮은 품질'을 우려하다가, 근대화를 추구하는 전체 인구집단의 문명적 수준 향상이라는 프로젝트로 전환되었던 것이다.

아낙노스트는 소질과 신체를 연관시키면서 두 가지의 신체 이미지가 연관된다는 흥미로운 주장을 제기하였다. 하나는 '농민공'의 신체이며, 다른 하나의 도시 중산층 '외동아이'의 신체다.[109] 여기서 농민공의 신체는 낮은 품질을 가진 것으로 코드화되어 잉여가치 추출의 대상이 되고, 중산층 아이의 신체는 고품질로 코드화되어 인적자본human capital으로 간주된다는 것이다. 농민공의 신체는 중국의 발전과 근대화의 장애물로 여겨지고, 소질 개념은 바로 이러한 생각을 정당화한다. 반면 중산층은 고품질 신체를 추구하면서 (농민공 신체와의) '분리' 전략을 통해 사회적 지위상승 전략을 수행한다. 이런 시각을 수용한다면, 소질 개념은 신체 이미지와 접목되면서 중산층과 하층민을 구별 지음과 동시에, 중산층의 지위 향상을 도모하는 양면적 의미

108　Anagnost, A., "The Corporeal Politics of Quality(Suzhi)", *Public Culture*, 16(2), 2004, pp.189~208.

109　Anagnost, 앞의 글, p.190.

를 갖게 된다. 이렇게 볼 때 교육을 통한 성취 과정에 투입되는 아이와 부모의 노력이 현대 중국에서 '가치' 생산의 상징이 된다. 훌륭한 교육적 성과를 거두는 아이의 신체야말로 진정한 가치^{생산}의 핵심이 되는 것이다.

이런 맥락에서 우리는 모유수유와 이 글의 서두에서 제시한 내권적 마더링을 연결할 수 있게 된다. 앞서 살펴보았듯 중국에서는 1990년대 이후 소질 아동을 만들기 위한, 이른바 '소질 교육' 담론이 폭발하기 시작했다. 아이모에게 집중적인 양육과 양육에 대한 책임화를 요구하는 고강도 마더링 intensive mothering이 수반된 것이다.[110] 그런데 소질교육을 해야 하는 엄마의 첫 출발점에는 바로 모유수유 실천이 놓여 있다. 소질교육에는 우생학적 개선이라는 생물학적 측면과 아이의 지능과 재능을 향상시킨다는 교육학적 측면 모두가 내포되어 있기 때문이다.[111] 우생학은 인구의 양을 관리하는 단계를 인구의 질을 관리하는 단계로 이어주는 교차점에 놓여 있다. 아동의 '신체'는 국가의 발전된 미래를 담보하는 전제조건이 된다. 아동 신체의 질 향상은 아이의 신체가 착상되고 태어나는 임신 초기부터 중요한 문제가 된다. 이처럼 아동 신체의 질을 보장하려는 노력 속에서 모유수유 통치와 담론은 그 힘을 발휘하는 것이다.

지금까지 살펴보았듯이 모유수유 실천은 인식론적으로는 아동의 건강을 위한다는 (논쟁의 여지가 여전히 존재하는) '의학적' 관점과 진정한 모성이라는 '모성적' 관점 모두와 결합되어 왔으며, 제도적으로는 WHO나 UNICEF 같은 글로벌 기구와 중국 정부의 한자녀 정책 이후 인구의 양에서 '인구의 질'로 이행하려는 '소질' 담론과 결합되어 왔다. 따라서 실천적으로는 모유수

---

110 김란, 2023c, 220~231쪽.

111 Woronov, Terry, "Governing China's children : governmentality and 'education for quality', *positions*, 17(3), 2009, pp.567~589.

유를 포기하는 여성이 매우 많지만, 그럼에도 불구하고 그들은 좀처럼 모유수유의 규범적 '당위성'을 부정하지는 않는다. '실용적' 판단으로 분유와 이유식으로 전략적으로 대체하지만, 모성주의라는 사회문화적 규범은 결과적으로 별로 흔들리지 않는다. 그렇다면 중국의 아이 엄마들은 강력한 사회문화적 규범 속에서 단지 실용적인 수준에서만 협상을 해나갈 뿐, 모유수유 규범은 강고히 유지되고 있는 것이라 할 수 있다. 모유수유 규범은 실천하지 못하는 규범임에도 불구하고 여전히 부담과 제약으로 존재하며 엄마들의 죄책감을 유발하면서 이른바 중국 특유의 내권적 마더링의 출발점이 되고 있는 것이다.

참고문헌

국내자료

구은미, 「기업의 육아지원정책의 현황과 개선방안─영유아기 자녀를 둔 취업모를 중심으로」, 『유아교육·보육복지 연구』 19권 4호, 2015, 223~246쪽.

김란, 「잡지 부모필독(父母必讀)을 통해 본 중국 개혁개방 이후 보육사사화(privatization)의 곤경─'조부모 보육' 담론을 중심으로」, 『가족과 문화』 제35집 1호. 2023a, 74~116쪽.

____, 「중국 개혁개방 이전 보육체제(childcare regime)의 역사적 탐구─여성노동자 정체성, 맞벌이 모델, 이중부담의 형성」, 『사회와 역사』 139, 2023b, 125~168쪽.

____, 「중국 개혁개방 이후의 모성 실천─내권적 마더링의 형성」, 『현대중국연구』 25권 2호, 2023c, 207~251쪽.

____, 「여성 노동자를 집으로 돌려보내라─1980년대 이후 중국 '부녀회가(婦女回家)' 담론의 전개와 굴절」, 『사회와 역사』 133, 2022a, 217~258쪽.

____, 「현대 한국과 중국 보육체제 변동에 관한 비교연구─보육공공성과 가족주의를 중심으로」, 서울대 사회학과 박사학위논문, 2022b.

____·박치현, 「포스트 코로나 시대, 중국 청년의 탈호명 정치─후랑(後浪) 현상과 따공런(打工人) 정체성을 중심으로」, 『사회이론』 63, 2023, 91~152쪽.

김미란, 「1980년대 시장화개혁과 중국 여성─'돌봄'과 '노동' 담론을 중심으로」, 『현대중국문학』 108, 2024, 137~177쪽.

박승만, 「한국 모유 권장 운동의 기원과 전개─소비자 운동에서 의료화와 상품화의 매개로」, 『인문논총』 제79집 1호, 2022, 397~427쪽.

송사오평, 이해응 역, 「가속(家屬)─1950년대 중국의 가정부녀와 가사노동에 관한 국가 담론」, 『이화여자대학교 아시아여성학센터 학술대회자료집』, 2006, 101~121쪽.

세치야마 가쿠, 김경옥 역, 『동아시아의 가부장제─젠더의 비교사회학』, 소명출판, 2024.

한나 아렌트, 서유경 역, 『과거와 미래 사이─정치사상에 관한 여덟 가지 철학 연습』, 한길사, 2023.

왕혜숙·송민이, 「모성의 의료화─맘카페의 모유수유 담론을 중심으로」, 『사회사상과 문화』 24권 3호 2021, 213~245쪽.

이은희, 「해방 이후 구호분유의 쇄도와 육아용 분유로의 전용(1945~1965)」, 『학림』 47, 2021a, 275~308쪽.

이은희, 「박정희 시대 육아용 분유의 국산화」, 『동방학지』 196, 2021b, 447~487쪽.

_____, 「일제강점기 우량아 양육과 우유, 연유, 분유의 상륙」, 『경제사학』 43권 3호, 2019, 399~436쪽.

하남석, 「시진핑 시기 중국의 청년 노동 담론―내권(內卷), 당평(躺平), 공동부유」, 『마르크스주의 연구』 18권 4호, 2021, 12~33쪽.

국외자료

Anagnost, A., "Children and national transcendence in China". In K. Lieberthal, S. F. Lin, & E. Young (Eds.), *Constructing China : The interaction of culture and economics*, Ann Arbor : University of Michigan Press, 1997, pp.195~222.

_____, "The Corporeal Politics of Quality (Suzhi)". Public Culture, 16(2), 2004, pp.189~208.

Apple, Rima, *Mothers and Medicine : A Social History of Infant Feeding, 1890~1950*, Wisconsin Publications in the History of Science and Medicine. Number 7. Madison : University Wisconsin Press, 1987.

Blum, Linda, *At the Breast : Ideologies of Breastfeeding and Motherhood in the Contemporary United States*. Baltimore : Johns Hopkins University Press, 2000.

Breengaard, Michala Hvidt, "Feeding Mothers' Love : Stories of Breastfeeding and Mothering in Urban China", *Nordic Journal of Feminist and Gender Research*, Vol.26, No.4. 2018.

Chodorow, Nancy, The Reproduction of Mothering : Psychoanalysis and the Sociology of Gender. Berkeley : University of California Press, 1978.

Dettwyler, Katherine, "Tricks of the Trade : Infant Formula Companies in the United States." *La Leche League International 27th Annual Seminar on Breastfeeding for Physicians : Breastfeeding : Protecting the Future*. Lake Buena Vista, FL, 1999.

Evans, Harriet, *The Subject of Gender : Daughters and Mothers in Urban China* (Lanham, MD : Rowman and Littlefield, 2008.

_____, *Women and Sexuality in China : Dominant Discourses of Female Sexuality and Gender since* 1949, Cambridge, UK : Polity Press, 1997.

_____, "Defining Difference : The 'Scientific' Construction of Sexuality and Gender in the People's Republic of China." Signs 20(21), 1995, 357~390.

Gottschang, Suzanne, "The Consuming Mother : Infant Feeding and the Feminine Body in Urban China", in Nancy Chen, Constance Clark, Suzanne Gottschang, and

Lyn Jeffery, eds., China Urban, Duke University Press, 2001, pp.89~103.

Gottschang, Suzanne, "Maternal bodies, breast-feeding, and consumer desire in urban China", Medical Anthropology Quarterly, 21(1), 2007, pp.64~80.

Greenhalgh, Susan, *Cultivating Global Citizens : Population in the Rise of China*(Cambridge, Massachusetts, and London, England : Havard University Press, 2010.

_____, and Winckler Edwin A., Governing China's population : from leninist to neo-liberal biopolitics. Stanford : Stanford University Press, 2005.

Hanser, Amy and Li, Jialin, "The hard work of feeding the baby : breastfeeding and intensive mothering in contemporary urban China", *The Journal of Chinese Sociology* 4(18), 2017.

Hanser, Amy and Li, Jialin, "Opting out? Gated consumption, infant formula and China's affluent urban consumers", *The China Journal* 74(1), 2015, pp.110~128.

Hausman, Bernice L., *Mother's Milk : Breastfeeding Controversies in American Culture*, Routledge, 2003.

Hershatter, Gail, *The gender of memory : rural women and China's collective past*. Berkeley : University of California Press, 2011.

Kedrowski, Karen M. and Lipscomb, Michael E., *Breastfeeding Right in the United States*, Greenwood, 2008.

Kuan, Teresa, *Love's Uncertainty_ The Politics and Ethics of Child Rearing in Contemporary China*, Oakland : University of California Press, 2015.

Lee, Robyn, *The Ethics and Politics of Breastfeeding : Power, Pleasure, Poetics*, University of Toronto Press, 2018.

Lin, Xiaoshan, "The image of motherhood : prenatal examination, body experience, and subjectivity of urban women", Society 5(31), 2011, pp.133~157, Chinese.

Milwertz, Cecilia Nathansen, *Accepting Population Control : Urban Chinese Women and the One-Child Family Policy*, Richmond, Surrey : Curzon, 1997.

Robinson, Jean C., "Of Women and Washing Machines : Employment, Housework, and the Reproduction of Motherhood in Socialist China." *China Quarterly* 101, 1985, pp.32~57.

Rofel, Lisa, "Liberation Nostalgia and a Yearning for Modernity", in Christina K. Gilmartin & Gail Hershatter & Lisa Rofel & Tyrene White eds., *Engendering China : Women, Culture, and the State*, Harvard University Press, 1994.

Stevens, Sarah E., "Of Party-State Born Motherhood, Reproductive Politics, and the Chinese Nation-State", in O'Reilly, Andrea(ed), *From motherhood to mother-*

ing : the legacy of Adrienne Rich's of woman born, State University of New York Press, 2004.

Swidler, Ann, "Culture in action : symbols and strategies". *American Sociological Review* 51(2), 1986, pp.273~286.

Umansky, Lauri, *Motherhood Reconceived : Feminism and the Legacies of the Sixties*. New York : New York University Press, 1996.

WHO, *Protecting, promoting and supporting breast-feeding : the special role of maternity services*, 1989.

Wolf, Joan, *Is Breast Best? Taking on the Breastfeeding Experts and the New High Stakes of Motherhood*, New York University Press, 2011.

Woronov, Terry, Governing China's children : governmentality and 'education for quality'. *positions* 17(3), 2009, pp.567~589.

Xu, Fenglian, Liqian Qiu, Colin W. Binns, and Xiaoxian Liu., "Breastfeeding in China : a review" *International Breastfeeding* 4(6), 2009, pp.1~15.

Zhu, Jianfeng, "Projecting Potentiality : Understanding Maternal Serum Screening in Contemporary China", *Current Anthropology*, Vol.54, No.S7, 2013.

熊秉真, 『幼幼－傳統中國的襁褓之道』, 台北 : 聯經出版事業公司, 1995.

盧淑櫻, 『母乳與牛奶－近代中國母親角色的重塑－1895~1937』, 上海 : 華東師範大學出版社, 2020.

劉英·薛素珍, 『中國婚姻家庭研究－五城市家庭調查』, 北京 : 社會科學文獻出版社, 1987.

許怡·劉亞, 「母職初體驗－基於自我民族志與網絡民族志的城市女性哺乳實踐研究」, 『山東社會科學』總第264期, 2017, 95~106쪽.

杜鵑, 「"母乳最優"哺育倫理與整體性母職的建構」, 『山東女子學院學報』總第152期, 2020, 54~64쪽.

劉鈺潭·黃家聖, 「母嬰室中的青年母職實踐, 育兒建構與空間轉譯」, 『中國青年研究』第4期, 2022, 71~77쪽.

王馨鎬·蘇靜靜, 「母乳喂養的歷史研究述評」, 『醫學與哲學』總第725期, 2023, 71~76쪽.

王書吟, 「哺育的現代化－近代上海奶媽群體與市政公共衛生管理的歷史考察」, 『河北師範大學學報－哲學社會科學版』第43卷 第4期, 2020, 43~50쪽.

葉田田, 『母乳喂養的困境及其社會文化成因』, 廣州 : 中山大學, 2020.

周培勤, 「學哺乳 : 基於網絡社區中媽媽關於母乳喂養討論的話語分析」, 『婦女研究論叢』總第155期, 2019, 21~33쪽.

付楠楠·張悅·徐韜·姚詩憶·王惠珊·金曦,「我國愛嬰醫院行動的回顧與展望」,『中國婦幼衛生雜志』第12卷 第4期, 2021, 1~4쪽.

黃醒華,「母乳喂養與愛嬰醫院」,『中華紅產科雜志』第29卷 第3期, 1994, 130~132쪽.

陳寶英,「積極創建愛嬰醫院」,『中國婦幼保健』第8卷 第1期, 1993, 8~10쪽.

侯慶香,「"背奶媽媽"的隱秘戰」,『時代郵刊』第9期, 2023, 33~35쪽.

中國衛生 편집부,「"愛嬰醫院"保障母乳喂養」,『中國衛生』第11期, 2019, 59쪽.

人民日報健康客戶端,「預計2025年全國純母乳喂養率超50%,母乳喂養應當成爲一種常態」, 2021.11.24.

제3장

개혁 시기 '먼저 부자가 되라先富論'와 젠더
혼내외 여성의 생존조건과 '자유'[1]

김미란

1. 들어가며

1949년 신중국 성립 직후에 반포된 「혼인법」은 주로 '농촌여성'을 대상으로 한 것으로, 혼인 자율권혼인자유 보장과 함께 일부일처제를 정착시키고 여성을 '약자'로 간주하는 여성 보호적 성격이 강하였다.[2] 그러나 1980년에

---

1 이 글은 『중국학보』 111집, 2024년 2월호에 실린 글을 수정한 것이다.

2 **제6장 이혼 후 자녀의 부양과 교육**

제18조 여자의 임신기간 중 남자는 이혼을 제기할 수 없다. 남자의 이혼요구는 여자의 출산1년 이후부터 제기할 수 있다. 하지만 여자의 이혼 제기는 이 제한을 받지 않는다.

제21조 이혼 후 여자측이 부양하는 자녀에 대해 남자측은 마땅히 필요한 생활비와 교육비의 전부 혹은 일부를 부담해야 하고 부담하는 비용의 액수 및 기한은 쌍방이 협의한다. 협의가 이루어지지 않을 경우, 인민법원이 판결한다. 비용지불의 방법은 현금 혹은 실물(实物)을 지급하거나 분배받은 땅을 아이를 대신해 경작하는 방법 등이 있다.

제7장 이혼 후 재산과 생활

제23조 이혼시, 여자의 결혼전 재산은 여자의 소유로 귀속된다.

제24조 이혼시, 원래 부부공동생활을 위해 발생한 채무는 공동생활시 취득한 재산으로 상환한다. 만일 공동생활 시 취득한 재산이 없거나 공동생활시 취득한 재산으로 청산하기에는 부족할 때, 남자가 청산한다.

제25조 이혼 후, 일방이 만일 재혼을 하지 않은 상태에서 생활이 곤란할 경우,

반포된 수정 「혼인법」이하 '혼인법'은 남녀평등을 이미 달성된 것으로 간주하여 재산권 등 결혼과 이혼에 있어서 여성 배려적 조항이 삭제되었으며[3] '감정파탄感情破裂'을 이혼사유로 인정하였고[4] 계획생육 등 여성의 재생산자로서의 역할을 강조하였다.[5] 개혁 시기 여성정책의 이러한 특징을 마저리 울프는 여성 '정체성'의 변화라 요약하고 여성이 '노동자'에서 '모성'으로 정체성의 변화를 겪었다고 해석하였다.[6]

혼인법은 가족의 구성과 재산상속에 관한 법이기 때문에 사회변화를 적시에 반영하는 특성이 있다. 그런 점에서 2001년에 반포된 제3차 수정 「혼인법」이하 '혼인법'은 개혁개방 20년 이후의 사회변화와 여성의 생존환경변화를 살펴볼 수 있는 바로미터라 볼 수 있는데 부부의 재산권내용을 세분화하여 귀속을 명확하게 한 점이 특징이다. 1980년 혼인법에서 부부공동재산으로 뭉뚱그려져 있던 부부의 재산권은 2001년 혼인법에서 공동재산, 약정재산, 개인재산으로 3분화되고 타인이 재산권을 침범하지 못하도록 하였는데, 그 배경에는 이혼의 증가와 시장화개혁 이후에 급증한 '제3자혼외 관계'문

다른 일방이 그 생활을 유지할 수 있도록 도와야 한다, 金正秀,「중국 혼인법의 내용 및 그 의미」,『中國語文論譯叢刊』第52輯, 368쪽.

3 『中國婦女』는 새 혼인법을 홍보하기 위하여 40개의 문항을 통해 달라진 법조항을 설명하였다. 그 중 三十六, 离婚时,夫妻所欠的债务怎样处理? 항목에 "第二,如果共同财产不足清偿, 即不够还债, 应由双方协议清偿; 协议不成时,由人民法院判决"로 수정되어 부부쌍방이 합의하고 그것이 성사되지 않으면 인민법원이 판결한다고 명시하였다. 즉 1950년 규정이었던 이혼 후에 여성이 상환능력이 없으면 남자측이 상환한다는 조항이 삭제된 것이다(『中國婦女』1980年 10月 增刊號,「婚姻」, 13쪽).

4 제4장 이혼 제25조. "离婚调解制度,赋予了法官自由裁量权".

5 第5屆 전국인민대표대회 3차회의는 1980년 9월 10일에 수정한『中华人民共和国婚姻法』을 공포하고 1981년 1월 1일부터 시행하였다.

6 Margery Wolf, *Revolution Postponed : Women in Contemporary China*, California : Stanford University Press, 1985.

제가 존재하였다. 개혁 시기에 전체 이혼 가운데 제3자 문제가 1/4을 차지할 정도로 증가하고 민사사건의 90%가 부부의 재산권다툼이었다는 사실은 2001년 혼인법개혁의 필요성을 반증한다.

1950, 1980, 2001년 혼인법을 혼인법의 정신인 '일부일처제'와 개인의 선택의 '자유'라는 관점에서 놓고 본다면, 1950년 혼인법은 양자를 모두 만족시키는 혁명적인 법안이었다. 그러나 1980년 혼인법은 선택의 자유를 허용함으로써 일부일처제의 안정성 훼손을 감수하였으며 그 계기는 집체경제를 시장경제로 전환함으로써 개인의 부 축적 '자유'를 허용한 덩샤오핑의 '선부론' 이론이었으며 혼인법의 '이혼 자유' 개념에는 사상해방百花齊放의 시대적 특징이 강하게 각인되어 있었다. 그러나 2001년 혼인법은 선택의 자유가 일부일처제를 '위협'할 정도로 확대되었다는 사회적 인식하에 수정작업이 추진되었음에도 개인의 사적영역에 대한 국가의 통제보다는 '능력주의'에 따른 개인 '재산권' 제도화에 촛점이 맞추어졌다.

지역과 계층에 상관없이 '먼저 부자가 되라'는 선부론은 평균주의를 반대하고 '노동에 따른 분배'를 통해 '치부'를 고무하는 정책이다. 이 정책은 평균주의에 길들여진 대중들에게 대출, 세금면제 등 각종 특혜와 함께 정부와 개인의 관계를 느슨하게 하여 공권력이 민간에 개입하지 않는 '사적'영역의 확대를 초래하였으며[7] 도시화와 대외 시장개방으로 사회주의 시기에는 존재하지 않았던 '젊음과 용모, 태도를 상품화'하는 서비스 수요를 가속화하고 여성의 몸을 거래하는 성매매 또한 증가시켰다.

두 차례에 걸친 혼인법의 수정은 '능력있는 자 먼저 부자가 되라'는 개혁정책, 즉 선부론과 밀접한 관련을 지니고 있었다. 그러나 최초의 법수정이

7 　杨敏, 「从婚姻法的变迁看婚姻家庭伦理观念的变化(1950~2001)」, 西南政法大学碩士論文, 2020.

이루어진 1980년 혼인법은 선부론이 내포한 경제적 부 축적의 자유에 한정된 것이 아니라 문혁에 대한 비판으로서 사상해방이라는 '정치적' 성격이 강한 것이었다는 점을 주목할 필요가 있다. 왜냐하면 1980년대와 달리, 1990년대 이후 개혁의 산물인 '자유'가 점차 '능력주의'에 기반한 신자유주의적 자유로 확산, 강화됨에 따라 '약자보호'에 대한 국가의 역할과 개혁 과정의 공정성에 대한 사회적 담론이 부상하고 '자유'를 경제적 관점이 아닌 정치적 관점에서 해석하는 입장이 가시화되었기 때문이다. 1994년에 촉발된 신좌파와 자유주의자의 논쟁이 그것으로, 신좌파는 발전주의의 시대에 약자보호가 필요하며 국가가 개입하여 복지와 평등정책을 추진해야 하고 그 자원을 사회주의 경험에서 가져와야 한다고 주장한다. 반면 자유주의자는 자본주의적 시장주의를 강화할 것을 요구하며 국가의 개입을 반대하고 시장주의에 의한 '공정한' 경쟁과 투명성을 주장하며 관료의 부패를 비판하였다. 양자는 시민 권리 보장이라는 점에 대해서는 일치하였지만 개인의 '자유'에 대하여 한편에서는 '제약'을, 다른 한편에서는 '절대적 옹호'라는 입장을 지니고 있었던 것이다.[8] 그리고 이러한 사회적 담론과 혼인법 수정은 무관하지 않다.

2001년 혼인법에 반영된 '자유'개념은 제3자에 대한 처벌규정에서 확인할 수 있다. 일부일처제를 위협하는 '혼외관계' 가운데, 상대적으로 단발성이 강하고 경제적 지원과 관련이 적은 '婚外戀혼외 연애 행위, 외도'에 대하여 2001년 혼인법은 법적 처벌대상에서 제외하였다. 이와 달리, 마치 첩처럼 두 집 살림형식을 갖추거나 경제적 부양을 받는 관계인 '빠오 얼나이包二奶, 두 번째 아내'는 이중결혼重婚죄로 처벌하도록 정하였다. 이 수정안이 시사하는 바는 가정내 개인의 감정에 관한 영역에 국가가 개입하는 것이 부당하다고 보는,

---

8   김도희, 「중국의 신좌파와 자유주의-1990년대 지식인 논쟁을 중심으로」, 『세계지역연구논총』 26집 3호, 2008.

이른 바 '사적영역' 보호와 개인의 '자유'를 중시하는 태도가 수정안에 주요한 영향을 끼쳤다는 점이다.

이에 이 글에서는 남녀평등이 달성되었다고 보는 1980년의 혼인법, 그리고 남녀가 동등하게 책임과 권리를 누려야 한다고 보는 2001년 혼인법에 대하여 과연 '남녀평등'이 달성되었는가라는 질문을 던지며 시장화 개혁이 양성 모두 동일한 책임주체가 될 수 있는 생존환경을 조성하였는가를 살펴보고자 한다. 이러한 질의는 만약 사회주의혁명을 통하여 남녀평등이 달성되었다고 한다면, 왜 문혁 종식과 함께 인구의 80% 이상을 차지하는 농촌에서 젊은 여성들이 매매혼 대상이 되고 또 폭력의 대상이 되어 전국부녀연합의 기관지인 『중국여성』에 2년이 넘도록 혼인문제로 인한 젊은 여성들의 비극적인 삶이 보도되었는가라는 질문에서 촉발된 것이다. 다시 말하면, 개혁 당시, 사회주의 시기에도 컸던 도농 간의 경제, 사회, 신분적 격차가 기존의 이원화된 호구제를 견지하는 틀하에서 추진된 선부론으로 인하여 여성의 삶, 특히 농촌여성의 혼인과 관련한 삶에 새로운 문제를 야기하였음을 주목하고자 한다는 의미이다.[9]

일부일처제는 근대적인 남녀평등의 상징이다. 중국은 1950년 혼인법에서 엄격하게 금지하는 혼인으로 '중혼, 축첩, 민며느리'를 명시하였으나 1980년에 수정 혼인법에서는 '중혼'만 남겨두고 모두 삭제하여 달라진 사회의 발전양상을 보여주었다. 반면, '혁명'을 거치지 않고 근대화를 추진한 한국의 경우에는 첩제 폐지와 함께 여성의 '간통'행위 만을 처벌하던 것을 남녀 '쌍벌죄'로 입법[1953]화 함으로써 남녀평등을 실현하고자 하였다.[10] 한

---

9   馬薔, 「当代中国婚姻法与婚姻家庭研究」, 山東大近現代史 博士學位論文, 2013, 70쪽.

10   행정안전부 국가기록원, "1953년 9월 18일 제정된 「형법」(법률 제293호)은 일

국사회에서 2015년에 간통죄가 폐지되기까지 쌍벌죄는 개인의 성적 자유의 권리를 침해하는 '위헌'이라는 주장을 촉발시키기도 하였지만 남성들로 하여금 혼외관계로 인해 형사처벌을 받을 수 있다는 두려움을 느끼게 하는 '예방'적 효과와 이혼시 피해 여성의 협상력을 높이는 기능도 수행하였다. 이처럼 남녀의 권력관계가 불균형한 상황에서 간통죄가 제한적이지만 여성보호적 역할을 해 왔다는 점을 고려할 때, 개혁 직후부터 법수정논의가 시작된 1995년 전까지 중국사회에서의 혼인가정문제를 장소와 계층에 따라변별적으로 고찰하는 것이 필요하다고 사료된다.

선부론에 관한 선행연구들은 덩샤오핑의 경제정책으로서 선부론이 성공적이었다는 데 동의하고 그 전개양상과 사후적 관점에서 한계와 과제를 논하는 데 초점을 맞추고 있다.[11] 박광득은 선부론의 가장 큰 문제점이 양적 성장우선주의로 인한 빈부격차라고 보고 선부론이 '균부론'으로 전환되어야 한다고 주장한 바 있으나[12] 한계로 지적한 '격차' 분석에 남녀의 성역할과 성으로 인한 차별을 포함시키지 않았다. 이에 이 글은 1980년 혼인법에서 획득된 혼내외 관계에서 '자유'에 대한 인식이 어떠한 것이었으며 90년대 이후 시장화의 진전에 따라 중국여성의 혼내외 삶이 어떻게 달라졌는가

제시대부터 적용되어 온 「형법대전」과 「조선민사령」의 간통죄에 있어 남녀불평등하게 형벌을 부과한 것을 남녀평등 원칙에 의해 간통한 남녀 모두를 처벌하도록 규정하였다. '제22장 풍속을 해하는 죄'의 "제241조(간통) ① 배우자있는자가 간통한 때에는 2년이하의 징역에 처한다. 그와 상간한 자도 같다." https://www.archives.go.kr/next/newsearch/listSubjectDescription.do?id=002589&sitePage=
홍양희, 「"선량한풍속"을 위하여―식민지 시기 '간통죄'와 성(Sexuality) 통제 」, 『법과 사회』 51호, 2016.4.

11 던컨 휴잇, 김민주·송희령 역, 『先富論』, 랜덤하우스, 2008.
12 박광득, 「중국의 개혁·개방정책 30년 성과와 전망」, 『대한정치학회보』 16집 1호, 2008.6, 133쪽.

를 살펴 보고자 한다.

이를 위하여 관방과 여성을 매개하는 부련의 기관지인 『中國婦女』[1978 복간],
상업성 민간 잡지이자 전국 판매율 연속 1위를 차지한 『婚姻與家庭』[1985 창간],
그리고 문학작품과 일부 여성 구술자료를 텍스트로 하여 1980년부터 1995
년 전을 대상으로 혼내외 여성 삶에 대한 담론을 분석하고자 한다. 해당 시
기 여성관련 잡지의 주요 이슈는 도시의 여성과 가정을 중심으로 전개되는
경향이 뚜렷하여 농촌여성의 발화 공간이 부족하다는 항의가 종종 제기되
었는데 1993년에 창간된 『농가녀백사통農家女百事通』은 그에 대한 대응이었
다고 볼 수 있다.[13] 『농가녀백사통』은 본 연구의 분석 시기와 정확하게 일치
하지는 않지만 1980~1990년대에 해당하는 내용들에 한하여 분석텍스트로
활용하고자 한다.

2. 1980~1990년대의 젠더 담론

선부론은 계획경제에서 시장경제로의 전환을 촉구한 구호였기 때문에
배우자선택 기준, 자녀교육 방법, 취업 등에 전방위적인 영향을 끼쳤으며
1980~1990년대 젠더담론은 연속성을 띠면서도 차이를 노정하였다.

1980년대 초 시장화정책은 문혁과 마오저뚱 시기의 중공업 우선 경제정
책을 '극좌'주의라 비판하며 의식주와 관련된 소비재 생산을 허용하고 그것
을 할 수 있는 재량권을 개인과 기업에 허용하였다. 1980년대 초중반에 대
중들은 '생활' 혹은 '민주'라는 용어로 극좌주의를 비판하며 '인간다운 삶'의

---

13   『農家女百事通』은 1993년에 창간된 잡지로 중국부련 산하의 농촌부녀를 위한
       잡지이다.

회복을 요구하였는데, 여성들은 '과거'로 간주되는 사회주의 여성해방을 일 가정 양립의 무거운 하중이란 측면에서 비판하며 복지를 요구하였고 남성 들은 '남성'을 모방한 '무쇠 여인鐵姑娘'이 아닌 여성스런 '아내'가 필요하다고 주장하였다. 양자 모두 '인도주의'적 관점에서 '피해자'를 자처하며 계급혁 명론의 폐해와 국가의 가정에 대한 개입을 비판하였던 것이다.

그러나 '소비'가 부의 증명이자 성공의 표준이라는 인식이 점차 확산되고 1992년 남순강화를 계기로 개인의 욕망실현 자체가 '현대화'에 부합한다는 노골적 주장이 등장하였는데 이러한 변화를 신좌파의 논자인 왕후이汪暉는 1998년에 시장화개혁은 단지 경제적 부를 쌓는 것이 아니라 '이데올로기 혁명'이라고 지적한 바 있다.[14] 시장화의 폭과 속도에 비례하여 남성이 '생 산의 주체'이자 생계부양자라는 담론이 확산되고 강한 남성성이 강조되었 으며 부부관계의 원만한 지속을 위해서는 '감정부부愛'이 중요하고 '가꾸어서 만드는' 여성미가 필요하다고 강조되었다. 이러한 1990년대의 젠더화 담론 은 사회구조적 조건에 대한 논의가 간과된 채, 중산층 가정의 젠더모델을 중심으로 한 '사'적인 공간으로서의 '가정'중심으로 개인의 '선택'을 강조하 는 경향이 뚜렷하였다. 그러나 같은 시기에 이혼과 실직 등으로 가정 밖에 놓여지거나 약세집단이 된 여성들은 '감정'이 아닌 생존문제를 고민하며 더 '강인한 여성'이 되고자 하였으며, 더 이상 작동하지 않는 '공적' 개입의 공 백과 폭력에 노출된 약자로서 모습을 보이기도 하였다. 그러나 도시로의 진 출은 의식변화와 진취적인 기회창출로 연결되기도 하여, 친샹롄秦香蓮 같은 '버림받는' 가련한 여성이란 이미지에서 벗어나는 경향이 뚜렷해졌다. 이러 한 변화의 중심에는 '이념'의 위치를 대체한 '금전'이 바꾸어놓은 일상과 의

---

14 Wang Hui, *China's New Order : Society, Politics, and Economy in Transition*, Boston : Harvard University Press, 2003.

식이 존재하였다.

혼인법 수정이 논의되기 시작한 1995년은 중국 여성학연구에 있어서 분기점이 된 해이다. 1980년대의 여성담론이 마오저뚱 시기 여성의 경험을 '생물학적, 심리적' 특징 중심으로 논의되던 상황에서 1995년 제4차 베이징 세계여성대회 이후 서구 페미니즘을 통해 구성주의적인 '젠더' 개념을 받아들여 활용하기 시작하였기 때문이다. 게일 허셔터Gail Hershatter는 전통적으로 중국에서 생물학적 성에 기반한 여성의 생활사와 문화사 연구가 엄청난 양으로 축적되어 있는 것을 보고 이를 '젠더'적 관점에서 재해석할 필요가 있다고 판단하여 1992년 중국과 하버드대학이 공동주관한 회의 자료집의 제목을 *Engendering China*중국을 젠더화하기라고 자칭 다소 '과장되고 무모하게' 달았다.[15] 서구 페미니즘과의 교류를 통해 구성주의적 분석개념이 도입된 것은 의심할 바 없는 학술적 진전이었다.[16] 특히, '젠더' 개념의 유입은 기존 여성 연구에서 나타났던 지식의 결핍과 편향성을 보완하는 데 중요한 역할을 했다는 점에서 그러한데, 그럼에도 불구하고 중국내에는 포스트구조주의적인 젠더연구가 확산되면서 오히려 여성 글쓰기'여성문학'의 변혁적 동력이 떨어져 현실을 변화시키지 못하고 학술 '제도화'에 그치는 한계를 노정하였다고 비판하는 논자도 존재하는데 허꿰메이賀桂梅의 입장이 그러하다.

허꿰메이는 「당대 여성문학비평의 역사적 윤곽」에서 1980년대 '여성문학'의 의의가 현실에 대한 적극적 개입에 있다고 긍정적으로 평가한다. 그러나 동시에 1980년대 여성 작가들이 '중산층' 속성을 지니고 있어 "텍스트에 내재된 권력 관계와 계층적 관계를 인식하지 못하고, 오히려 계급담론을

---

15 Edited by Christina K. Gilmartin, Gail Hershatter, Lisa Rofel, and Tyrene White, *Engendering China Women, Culture, and the State,* Harvard University Press, 1994.

16 儀緩, 「95世界婦女大會影響下的中國婦女研究」, 『浙江學刊』, 1998.6.

비판하는 "인도주의" 수준에 머물렀다"고 지적한다.[17] 1980년대 여성담론이 양가적이었다고 보는 이러한 관점은 '이혼의 자유'가 확대된 1980년 혼인법과 여성들의 삶을 고찰하는 데 의미있는 시사점을 던져 준다.

3. '자유'에 대한 갈망, 그리고 두 개의 현실

1) '이혼할 자유' – 사상해방과 지식인

1980년의 수정 「혼인법」에서 '감정파탄에 의한 이혼'을 이혼사유로 인정한 것은 1950년 「혼인법」에서 "남녀 한 쪽이 단호하게 이혼을 요구하고, 구 인민정부와 사법기관의 조정이 효과가 없을 때 이혼을 허가한다"5장 17조에 의해 누리던 이혼의 권리가 회복된 것이자, 유책주의가 아닌 '합의'에 의한 이혼이라는 점에서 이혼의 가능성이 상당히 확대된 것이었다. 1960, 1970년대에는 애정이 '소자산계급 정서'로 폄하되고 높은 이혼율이 정치적인 문제로 다루어져 "자본주의 부패와 가정붕괴"라고 간주되었었다.[18] 만약 당원이나 간부가 이혼을 제기하면 법관은 '당신은 공직과 당적을 원하는가, 아니면 이혼을 원하는가?'라고 질문을 하였는데, 1980년에 발표된 위뤄진遇罗锦, 1946의 자전적 소설인 『겨울동화一个冬天的童话』[19]는 이런 분위기에서 '이혼할 권리'를 대담하게 드러낸 작품이었다. 소설이 1980년 수정혼인법이 반포되기 직전에 발표되어 전국적인 찬반논쟁을 촉발시켜 이혼에 대한 80년대 인

---

17   賀桂梅, 「当代女性文学批评的一个历史轮廓」, 『解放军艺术学院学报』 季刊 第2期, 2009.

18   萧扬, 「婚姻法与婚姻家庭50年」, 『中国妇运』, 2000.05, 59쪽.

19   『经典名著名作家大视角好作品—二十世纪的历史长镜头百年社会变革的窗口』, 时代文艺出版社, 1980, 75~187쪽.

식에 큰 영향을 미쳤기 때문에 여기서는 다소 지면을 할애하여 내용을 살펴본다.

베이징의 지식인 가정에서 태어난 총명하고 시적 재능이 있는 위뤄진은 오빠 위뤄커遇羅克가 「출신론出身論」발표로 1967년에 처형된 후, 3년간의 노동개조 후 일자리를 얻지 못해 궁핍한 생활을 하다가 농민과 결혼을 하였으나 결혼생활이 불행하였다. 우파 지식인으로 분류되어 실직자였던 어버지와 두 남동생을 부양하는 박봉의 어머니에게 경제적 도움을 받아야 하는 처지였던 뤄진은 결국 자신을 중매시장에 내 놓았고 딸의 혼처를 구하기 위해 아버지가 여러 지인들에게 보낸 편지는 다음과 같았다.

> 나에게 딸이 하나 있는데, 스물넷이고 고졸이오. 외모는 봐 줄만 하고 몸은 건강하오. 여기허난성는 너무나 먹고살기가 힘이 들어 혼삿 말이 있기는 하지만 전혀 하고 싶은 생각이 없소. 좀 넉넉한 농촌으로 가서 상대가 그냥 무난한 성품이기만 하면 될 것 같소. 문화수준이나 나이는 당신이 알아서 하고 우리는 조건을 달지 않겠소. 사진이 필요하다면 곧 바로 보내겠소.[20]

겨우 한 통의 답장을 받아 동북지역으로 간 뤄진은 정치범 가족임에도 자신을 받아 준 충직한 농민과 결혼하여 돌봄을 받으며 아들을 출산하였다. 그러나 시골 처자를 다루듯 성관계를 폭력적으로 요구하는 남편에 놀라 뤄진은 가위로 자신을 방어하며 3년간 남편과의 잠자리를 거부하다 폭행을 당하였고 '팔려 온 여자'라는 현실을 자각한다. 그러나 베이징에서 온 지식청년과 뜻이 통하여 사랑에 빠져 아들을 포기하고서라도 이혼을 하겠다 결

---

20 遇罗锦, 위의 책, 132~133쪽.

심하고 남편에게 이혼을 요구하였다.

"우리 이혼해요!"

"안 해!"

"왜죠?"

"애초에 당신이 호적 때문에 나를 찾았고 지금은 당신네 식구들 전부가 왔어. 살만 해 지니까 이제 이혼이 하고 싶어? 못 해!"

"내 가슴은 당신이 휘두른 쇳덩이로 만신창이가 되었다구요."

"당신은 왜 나한데 애정이 없는거야? 무엇때문에?"

"내가 설명해도 이해를 못하잖아요"

"겨우 그 한마디로? 절대로 안 돼."

"아마 이 모든 일의 원인은 내가 당신을 사랑하지 않기 때문일거예요"

"날 좋아하지 않으면서 왜 나랑 결혼한다고 했던 거지?"

"호구 때문에, 어쩔 수가 없었어요."

"흥, 이 배은망덕한 것!"

(…중략…)

"당신은 내가 모를 줄 알아? 밖에 애인이 생겼으니 당연히 내가 보기 싫겠지!"

"언제라도 딴 맘이 생겼을 거예요……"

"난 진짜 이해가 안 돼. 내가 당신한테 무슨 잘못을 했다는 거지?"

(…중략…)

"은혜는 무슨 놈의 은혜? 당신은 나한테 호적등록을 할 수 있게 해 줬고 난 당신과 결혼을 해 줬으니 이건 등가교환 아니었나요?"[21]

---

21   遇罗锦, 위의 책, 171쪽.

지식인 여성과 농민 남편과의 소통불가능은 소설 발표 후 '시대적 비극과 지식인 엘리트'의 문제로 받아 들여졌다. 실제 뤄진의 이혼소송 중에 작품이 발표되자 대형 잡지인『신관찰新觀察 』[22]은 "위뤄진 이혼" 대토론회를 「사랑과 결혼에 대한 토론关于爱情与婚姻的讨论」이라는 주제로 열었고 찬반논쟁은 반년 동안 지속되었다. 편집측은 "정정당당하게 이혼을 요구한 위뤄진은 사회도덕의 새로운 표준을 대표한다"며 "사회의 반가운 진보"라고 지지하였다. 그러나 대다수 사람들은『인민일보』의 "행실이 단정하지 못한 여성"이라는 평론에 동조하며 뤄진을 '타락한 여자'라고 도덕적 비난을 하였다. 단지 편집진과 소수의 지지자들 만이 "10년 동란기간에 발생했던 특수한 교환현상을 보여 주었다"고 하면서 "그들에게 이혼판결을 하는 것이 4化사업[23]에 이롭다"고 주장하였다.[24]

　한 여성의 외도로 인한 이혼요구가 지식인들의 '집체'적 경험으로 수용되는 1980년대 초의 독특한 현상은 "정치적 불순과 성적인 불순이 심오하게 결합된 것"[25]에 대한 거부이자 '인간 존엄'회복에 대한 요구이었다. 신중국 건립 후 네 번의 이혼 고조기가 있었는데 첫 번째가 1950년 「혼인법」 반포 직후, 두 번째가 문혁 시기, 세 번째가 1980년 혼인법 반포 직후, 네 번째가 혼인등기시 직장의 소개장이 불필요해진 2006년 직후였다.[26] 1980년 뤄

22　『新观察』第6期, 1980.

23　四化는 '工业现代化, 农业现代化, 国防现代化, 科学技术现代化'를 가리킨다.

24　白亮, 「80年代初的"遇罗锦风波"」『文藝爭鳴』, 2017.11, pp.77~79.

25　Emily Honig·Gail Hershatter, "*Personal Voices : Chinese Women in the 1980's*", Stanford University Press, 1988.

26　第一次离婚潮 : 1951~1956年, 第二次离婚高潮 : 1966~1976年, 3第三次离婚潮 : 1980年代初期, 4第四次离婚潮 : 2006年以来实施的新『婚姻登记条例』大大简化了离婚登记程序, 无需单位开具证明. 张悦, 「新中国成立以来四次离婚潮探析」,『社會與人口』, 首都师范大学历史学院, 2020.3, 156~159쪽.

진의 이혼판결은 '정치적 불순과 애정 불순'을 결합시키던 시대의 종식을 의미했으며 그런 점에서 상흔문학으로 분류되는 『겨울의 동화』는 허페메이가 언급한 1980년대 여성 글쓰기의 '적극성'의 보여주는 대표적인 사례였다.

더이상 1960~1970년대와 같이 가정이라는 영역에 국가가 개입하지 않고 애정문제에 개인에게 결정권을 허용한 것은 개혁 시기 사상의 자유가 만개한 백화제방과 동일한 맥락에 있었다. 그러나 1990년대 이후 중국사회에서는 일부일처제를 위협하는 제3자혼외관계에 대하여 관대한 태도를 보였는데, 그 논리는 "국가가 당신에게 합법적인 가정을 줬으면 됐지 사랑하는 남편과 아내까지 줘야 하는가?"였다. 이러한 주장을 논박하는 다른 입장은 "결혼은 애정만 있는 것이 아니다. 혼내 폭력은 도덕적 제약 앞에서 무력하기 때문에 법적 제재를 가해야 한다"는 것이었다.[27] 후자는 혼외관계가 발생하였을 때 종종 남성 배우자가 아내를 학대하여 '합의'를 종용하여 이혼에 이르게 하는 경우가 많기 때문에 '감정파탄'을 이혼의 사유로 인정할 때 발생하는 부정적 측면을 인지하고 법이 개입해야 한다고 주장하는 것이었다. 그러나 '법의 영역에 도덕이 적용되어서는 안 된다'는 논리가 받아들여져 '婚外戀'은 처벌대상이 되지 않았다.

2) 농촌-약혼 예물彩禮과 '여성거래'

제2차 수정 「혼인법」은 1980년 10월에 반포되어 1981년 1월 1일부터 전국적으로 시행되었다. 1950년 혼인법과 비교할 때 가장 큰 차이점은 계획출산을 법에 명시하고 결혼 조건과 절차를 수정한 것이다. 혼인시 '등기'를 요구한 것은 1950년 혼인법과 동일하였으나 1980년 「혼인법」은 결혼 연령

27　馬藹, 앞의 책, 22쪽.

을 실질적으로 3세 상향하고남 만22세, 여 만20세 관습적으로 허용해오던 외사촌表兄弟姉妹간의 결혼을 근친혼으로 규정하여[28] 우생적 측면을 강화하고 이들 조항을 준수했는지 확인하기 위하여 '반드시 두 사람 다 직접 행정기관에 가서 등기'하도록 하는 별도의 시행세칙을 발표하였다.[29] 등기혼인의 기원은 소비에트식 결혼제도로, 결혼식에 참석한 친인척들을 부부관계의 증인으로 인정하는 관습혼과 달리, 등기를 하지 않으면 당사자들이 법의 보호를 받을 수 없는 '불법동거'로 규정한 것이었다.[30]

농촌의 인민공사는 고도로 조직화된 政社합일체제행정과 인민공사업무를 통합로, 1985년에 정사가 분리되어 행정담당이 인민정부관할로 개편되기 전까지 행정업무인 결혼과 이혼시에 소개장介紹信을 써 주는 업무를 담당하여 왔다.[31] 그리고 문혁 시기에는 호적을 이동할 수 있는 유일한 방법인 대학입시가 폐지됨에 따라 인민공사의 학생 '추천권'과 '소개장'은 상당히 권력화되어 있었다.[32] 따라서 직장의 '소개장'을 생략하고 행정기관에 등기를 하도록

---

28 결혼금지조항은 1950년 「혼인법」에서는 "제2장 결혼 제5조(1) 직계혈족이거나 같은 어머니의 형제자매, 아버지가 같고 어머니가 다르거나 어머니가 같고 아버지가 다른 형제자매인 경우"였다. 1980년 『혼인법』에서는 금지범위가 더 넓어져 "제2항 결혼 제6조(1) 직계혈족이거나 3대 이내 방계 혈족인 경우"로 수정되었다. 증간호『婚姻』,「中國婦女』 12期, 1980, 8쪽.

29 「반드시 혼인법에 따라 일처리를 해야 한다」,『中國婦女』 1期, 1981, 6쪽. 1986年3月15日에 반포된 婚姻登記辦法은 "3. 自民政部新的婚姻登記管理条例施行之日起,未办结婚登记即以夫妻名义同居生活,按非法同居关系对待"라고 명시하였다. 中华人民共和国最高人民法院公报, http://gongbao.court.gov.cn/Details/ee0f781acf12e660044c99dfca52b9.html

30 증간호『婚姻』,「婚姻法40問」,『中國婦女』 12期, 1980.

31 농촌인민공사는 중공업발전을 위한 원시적 축적의 임무를 다하고 1985년까지 5,6만여개이던 인민공사가 9,1만개의 농촌 인민정부로 전환되었다. 진강화 저, 『중국 농촌토지정책 변화연구 1949~2013』, 보고사, 2017, 104쪽. 이미 1984년에 가정농업책임제에 농민의 99%가 참여하였다고 한다.

32 장윤미, 「문화대혁명과 노동자의 '교육혁명'」,『국제지역연구』 16권 1호, 2007.

한 것은 장소성^{지역}에 기반한 지역공동체 혹은 단웨이의 권력을 약화시키는 측면이 있었다.[33]

『中國婦女』는 혼인법이 반포된 1980년 10월에 증간호 『혼인』을 발간[34]하여 사회변화에 따라 수정된 「혼인법」을 홍보하였다. 수정 혼인법도 1950년 사회주의혼인법의 정신인 '혼인자유'와 '일부일처제'를 강조하였으며[35] 이 두 정신을 실현하기 위해 잡지 『中國婦女』는 1978년 제2기^{8월}부터 '부모가 자녀의 결혼에 개입,주관하는 행위'와 '약혼 예물^{차이리}을 수수'하는 행위를 여성의 권리침해라는 관점에서 지속적이고도 강도높게 비판하였다. 1978년 7월 복간호부터 1978년 12월호까지 『中國婦女』는 "변형된 형태의 매매혼을 막고 사회주의의 새로운 문화를 세우자^{刹住变相买卖婚姻歪风社会主义新风尚}"는 제목하에 차이리비판 글을 계속 실었으며 이 차이리는 부모가 1950년 「혼인법」에서 상실한 주혼권^{主婚權}권을 회복하는 것과 밀접한 관련을 갖고 있었다.

1978년 2기에 산동성 부련이 투고한 「부녀의 합법적 권익을 보호한다」[36]는 차이리관련 논쟁의 발단이 된 글이다. 빈농인 부친은 숙부와 함께 16세의 딸 ^{常翠英}을 23세라 속여 혼인등기를 한 뒤, 뭐든 요구하는 대로 다 들어주겠다는 30세 남성 ^{张逢美}의 제안에 동의하여 자전거, 현금, 현물을 받고

많은 부녀들은 이혼을 하려면 세 개의 관문, 즉 남편관문, 시어머니관문, 간부관문을 넘어야 한다고 하였으며 그 중 간부관문이 가장 넘기 힘들었다고 한다. 馬薈, 앞의 책, 34쪽.

33 결혼과 이혼시 '소개장'이 꼭 있어야 하는가? 라는 문의가 자주 제기되자 증간호 『婚姻』에서는 「혼인법에 관한 40가지 질문」에서 소개장이 불필요하다고 답하였다. "必须具有关部门的介绍信, 否则不予受理. 这些作法都是不符合法律规定的(『中國婦女』12期, 1980, 12쪽)."

34 『中國婦女』12월호에 증간형태로 『婚姻』이 실렸으며 증간호 발간 시기는 1980년 10월로 되어 있다.

35 증간호 『婚姻』, 위의 책, 6쪽.

36 山东省妇联供稿, 「保护妇女合法权益」, 『中國婦女』 2期, 1978, 28쪽.

향후 재봉틀과 집마련을 약속받은 뒤 췌이잉에게 결혼을 강요하였다. 정신적 충격과 압박을 견디다 못한 췌이잉이 고향에서 도망쳐 타성에서 자살을 시도하였으나 미수에 그쳐 산동성 부련이 개입하게 되었다. 조사 결과, 부친이 딸의 공사에서 소개장을 받을 때 직원이 췌이잉의 나이를 확인하지 않고 도장을 찍어 줌으로써 불법 결혼을 방조하였으며 부친은 '아들에게 며느리를 구해주기' 위해 차이리를 받았다고 하였다.

이와 반대로 가난한 신랑측이 겪는 고통도 실렸다. 가난한 한 시골청년이 신부측에서 요구한 '차이리'를 마련하기 위해 어머니와 형제들이 제대로 먹지도 못하고 내핍하고 있는 상황에 차이리를 추가로 더 요구받자 결혼을 포기하려 했다. 그러나 맏이가 장가를 가야 된다며 어머니가 빚을 내고 형제들은 밥조차 제대로 먹을 수 없는 상황이 되자 결국 청년은 목숨을 끊었고 동생은 형의 자살을 『中國婦女』에 투고하였다. 과도하게 요구한 차이리의 내용을 보면 잔치 상차림 10탁자, 술, 담배, 차, 사탕, 고기 등은 기본이고 그 외에 동평 시계, 자전거, 재봉틀, 모직옷 네벌, 내의 3벌, 신발 4켤레를 요구하고 별도로 결혼 전에 3칸 짜리 주택, 옷장, 의자, 거울 등이었다.[37]

자신이 위와 같은 약혼예물을 요구했었다고 고백한 24세의 한 농촌여성은 도시의 맞벌이국영기업의 '雙職工'가정이 좋은 옷을 입고 아파트에 살면서 시계를 차고 공원산책을 하는 게 부러워 그렇게 살고 싶었으나 도시로 갈 수 없는 처지이어서 1,000위안이 넘는 차이리를 가난한 애인에게 요구하였고 하루라도 날짜를 어기면 결혼하지 않겠다고 선포했었다고 하였다. 그러나 위의 글인 「이 왜곡된 풍조를 중단해야 한다這股歪风刹一刹」를 보고 사상적으로 깊이 반성하였다고 하였다.[38]

---

37   鄭少軍, 「这股歪风刹一刹」, 『中国妇女』 2期, 1978, 29쪽.
38   董连芳, 「要彩礼只能短了青年人的志气」, 『中国妇女』 5期, 1978, 26쪽.

'차이리'는 결혼을 안정화하기 위해 전통사회에서 오랫 동안 행해졌던 약혼 예물이다. 통상적으로 일단 혼담이 오고 가면 신랑측은 시간을 끌다가 깨질 수도 있다는 불안 때문에 10세만 넘으면 약혼을 재촉하는 경우가 많아 조혼을 조장하였고 신부측에서는 차이리를 받아 돈을 미리 쓸 수 있고 혼전에 딸의 의복을 신랑측에서 관리하여 지출을 줄일 수 있었다. 무엇보다 조혼은 계획생육의 혼인연령을 위반한 명백한 불법행위였다.[39]

부모가 혼인을 주관하는 경우 가장 열악한 사례에 속하는 것이 가난한 집안에서 딸과 며느리를 교환하는 경우일 것이다. 증간호『혼인』에 실린 첫 번째 사례인 「부모의 명을 거역해도 되나요?」를 보면,[40] 빈농의 딸인 쉬성팡徐生芳이 15세부터 사망한 모친을 대신하여 가장 역할을 하는 모범노동자로 성장하였으나 부친은 능력있는 딸은 연애결혼을 하기가 쉽지만 그 밑에 딸린 남동생들은 가난 때문에 며느리를 구하기 어렵다는 이유로 25세인 딸의 연애결혼을 무리한 차이리 요구를 통해 반대하였다. 그것이 좌절되자 부친은 딸의 호적을 들고 고향 섬서성으로 가 버려 딸이 혼인신고를 할 수 없게 만들었다.

하객에게 사탕을 나눠주고 신부가 자기 입을 옷을 만들어 시집을 가는 검소한 '혁명화된 결혼革命化結婚'이 아닌 차이리 관행은 건국 직후 사라졌다가 1960년대 중반부터 나타나기 시작하였으며 관방은 이러한 결혼행태를 바로잡기 위해 1969년부터 풍속정화移风易俗운동을 전개하였다.[41] 차이리 관행

---

39 贺飞, 「变相买卖婚姻危害大」, 『中国妇女』 3期, 1978, 31쪽.

40 寿阳县妇联, 寿阳县委通讯组, 「父母之命可以违?」, 『中國婦女』 12期, 1980, 15쪽.

41 이미 1963년에 공사사원 郑发苏가 자기 딸을 시집보내는 데 차이리 530元을 요구하여 신랑이 빚을 지게 되었고 남성은 결혼 후 "내가 너를 돈 주고 사왔어!(我是用钱把你买来的!)"라며 아내를 폭행하고 빚으로 인해 범죄를 저지르게 되었다. 福州市朝阳公社妇联, 「照屿妇女树新风」, 『中國婦女』 3期 1978, p.30.

이 확산하게 된 원인에 대한 관방의 공식적인 서사는 '4인방'의 방해와 파괴干扰破坏'때문이었다.[42]

　주로 농촌지역에서 문제가 된 차이리는 딸이 '대'를 이을 대상이 아니기 때문에 노동력 상실과 양육비를 신랑측으로부터 보전받으려는 경제적 성격이 강한 것이었었다. 그러나 개혁 직후 가장 문제적인 상황은 차이리로 인해 '여성에 대한 폭력'이 급증한 데 있었다. 신랑이 신부를 '돈을 주고 사 왔기' 때문에 때려서 장애자를 만들어도 이웃들은 방관하였는데, 당시 시모 앞에서 신부의 옷을 벗겨 하반신불구가 되도록 폭행하여 걸을 수 없게 된 피해여성 까오옌팡高彦芳의 이혼소송은 전국적인 공분을 산 사건이었다. 고등학교 학력에 25세인 까오옌팡은 천신만고 끝에 이혼소송을 제기하였으나 법원은 재혼가정을 이룬 옌팡의 부친이 신랑측으로부터 이미 900위안을 차이리로, 중매쟁이가 200위안을 받아 신랑이 총 1,100위안을 지출하였기 때문에 원고 까오옌팡이 피고 남편에게 250위안을 돌려 주라고 민사판결을 내렸다.[43] 까오옌팡을 장애로 만든 폭행죄로 남편이 형사처벌을 받아야 마땅함에도 불구하고 재판부는 돈거래 만을 주목하여 민사로, 그것도 피해자가 가해자인 남편에게 돈을 물어주라는 판결은 내린 것이다. 이 사건은 차이리 부활이 '여성거래'임을 확인시켜준 극단적인 사례라 하겠다.

　『혼인』증간호에서는 '부모의 중매강제결혼包辦婚姻과 매매혼'[44]에 대하여 다

42　"从法律上废除了几千年来的封建包办买卖婚姻制度"但是,这些年,由于"四人帮"的 干扰破坏,在我们㑒中地区,这种从旧社会遗留下来的封建恶习,到现在还没有完全 清除,婚事由父母包办,娶媳妇得给钱, 粮食和布匹", 陕西省周至县终南公社双明大 队党支部副书记 李凤鸣,「不能把女儿当牛马变卖」,『中國婦女』 5期, 1978, 27쪽.

43　판결문 2항은 다음과 같았다. "二, 原告同意退给被告婚礼人民币二百五十元正, 其它财物互相不得追究", 庄孟儒.金瑞英.李叔衡,「残害妇女国法不容」,『中國婦 女』6期, 1978, 30쪽.

44　빠오반 혼인은 부모가 결정한 혼인을 뜻하기도 하지만 종종 강제결혼을 의미하기

음과 같이 정의하고 있다.

> 중매강제혼인은 제3자가 혼인자주 원칙을 위반하여 타인의 결혼을 중매강제한 것이다. 매매혼인은 제3자가 대량의 재물을 획득할 목적으로 타인의 결혼을 중매강제한 것이다. 여기에서 말하는 제3자는 부모를 포함하며 여기서 말하는 타인에는 자녀가 포함된다.[45]

자녀에 대한 부모의 주혼권을 부인하는 위 정의는 여성을 매개로 자신의 이익을 도모하는 행위를 '빠오반 혼인'이라고 비판하고 있다. 그러나 반드시 경제적 이유 때문에 자녀 혼사에 개입하는 것만도 아니었는데, 이는 빈농출신의 고위간부 쑨린성孫林生의 딸 혼사 개입에서 확인할 수 있다. 가난한 우파가정 청년과의 결혼이 동생들의 장래에 악영향을 미친다는 이유로 딸의 결혼을 결사반대한 아버지 쑨린성에 대하여 독자들은 상반된 반응을 보였는데, 한편에서는 쑨린성이 '문혁'의 피해자라는 동정론과[46] 다른 한편에서는 '문혁'이라는 명분을 빌어 연애결혼을 반대하고 고관자제와 혼사를 추진한 쑨린성은 자신의 출세에 딸을 '사다리'로 이용하고자 한 이기적 행위를 한 자라는 비난을 받았다.[47]

이와 같이 혼인자주는 빈농이나 고위층을 막론하고 공통적으로 혼사를

도 하였다. 빠오반 혼인의 경우에 신부측이 돈과 재물을 받았으면 매매혼이 된다.

45 "包办婚姻,是指第三者违反婚姻自主的 原则,包办强迫他人婚姻的。买卖婚姻是指第三 索取大量财物为目的,包办强迫他人婚姻的。这里所说的第三者,包括父母在内,这里所说的他人,包子女在内"『中國婦女』12期, 1980, 6쪽. 이 정의에 따르면 재물을 취하지 않고 부모 마음대로 하면 빠오반 혼인, 재물을 획득하면 매매혼인이 된다.

46 高灿, 「"孙林生也是受害者"吗?」, 『中國婦女』12期, 1980, 24쪽.

47 纪森, 「不能用革命词掩护父权思想」, 『中國婦女』12期, 1980, 25쪽.

개인의 선택이 아니라, '집안'간의 일, 특히 '비슷비슷한'^{門當戶對} 집안끼리 거래하는 관행을 비판한 것이었다. 가장들은 1950년 「혼인법」으로 인하여 주혼권과 함께 재산권을 잃었음에도 여전히 자식을 결혼시켜야 하는 입장이었기 때문에 건국초기의 엄격한 관리분위기가 느슨해지자, 각각 자신이 동원할 수 있는 자원을 동원하여 집안의 이익을 최대화하거나 여성을 몸값으로 매기는 방식으로 거래를 하였던 것이다.

이상 내용을 통해 읽어낼 수 있는 것은 위뤄진의 『겨울동화』의 서사시각이 문혁의 피해자로서 도피성 결혼을 해야 했던 도시출신 지식인들의 관점에 기반하고 있다는 점이다. 문혁기간은 20세기 이래 '농민'에 대한 재현이 가장 부정적으로 이루어졌던 시기에 해당한다. 전통사회에서 단지 '직업'을 지칭할 뿐이었던 농민 개념이 마오저뚱에 의해 혁명성과 보수성 양면을 지닌 집단으로 부상하였다가 문혁 시기에는 야만스럽고 '낙후'의 원인으로 지목되었기 때문이다.[48] 1988년에 TV에방영된 다큐시리즈 '허쌍河觴, 강의 죽음'은 중국이 낙후한 원인이 권위적인 龍문화, 즉 농업문명에 있다고 보고 '누런 황하는 새로운 문명을 잉태할 수 없다, 서구의 개방적인 푸른 해양 문명을 받아들여야 한다'고 하였으며 농민은 전통에 꽉 붙들어 매어져 있는 미신적이고 피동적인 존재로 재현되었다.[49]

시장화개혁을 '문명론'적 관점에서 다루는 방식은 본질주의적 접근방식으로, 대안 문명인 '푸른 문명'을 통해 극복해야 할 비문명으로 농민을 재현한다. 그러나 현실은 부채로 공사가 운영을 중지하여 이미 1984년에 전체 농가의 99%가 가정책임제 생산에 들어가 있는 상황에서 전개되었으며, 농민들은 국가의 계획생육이라는 정책방향을 거스르면서까지 '조혼'을 시켜

---

48 澳杰华, 吴小英 譯, 『都市里的农家女』, 江蘇人民出版社, 2006, 37~40쪽.

49 澳杰华, 위의 책, 40쪽.

야 했던 가난 속에 처해 있었다. 문혁에 대한 지식인들의 글쓰기에서는 종종 농촌이라는 자연에 대해서는 도시와 다른 해방감을 느끼게 하는 숨통 트이는 공간으로 재현되지만 농민에 대해서는 '낙후한 의식'이 강조되었다. 그리고 이러한 부정적 재현은 한 자녀정책이 '봉건성'이란 이름으로 농촌의 차이리로 대표되는 구습을 비판한 것과 정확하게 조응한다.

4. 도시화와 여성

1) 농촌여성의 혼인이주와 토지권

도시화는 도시와 농촌여성 모두에게 일과 가정생활에 있어서 커다란 영향을 끼쳤으며 관념의 변화를 수반하였다. 특히 농촌이라는 혈연중심 사회에 결박되어 있던 농촌여성들은 개혁으로 새로운 돈벌이의 기회를 누림과 함께 개혁 시기의 토지정책으로 인하여 예상하지 못했던 곤경에 처하였는데 본 절에서는 혼인가정문제를 중심으로 농촌여성들의 이주와 토지권에 대하여 살펴 볼 예정이다. 자료 검토과정에서 개혁 시기 혼인의 자유가 여성들에게 어떠한 '부자유'와 불이익을 야기하였는가를 이해하게 될 수 있을 것이다.

1978년 3기 독자투고란에는 한 농촌여성이 「'지방정책'을 폐지하여 여성들의 노동의욕을 높여달라」는 짧은 글이 실렸다. 투고자는 하북성의 한 공사에서 '기혼여성이 인민공사의 일을 마음이 내키면 하고 아니면 안 하는 식으로 불성실하게 하기 때문에 긴고주緊箍咒, 손오공의 머리에 채워진 띠를 채워 관리해야 된다'고 하며 간부가 새로운 규정을 만들었다고 하였다. 그 결과 "청년여성들 가운데 타 지역 남성과 결혼한 여성들에게는 일률적으로 한 계절 분량의 식량권만 지급한다"는 규정이 수년 째 시행되고 있으며 이로 인해 쳐근에 외지인청년과 결혼한 5명의 여청년 가운데 4명이 규정을 견디다 못해 분한 마음으로 타지로 호적을 전출해 이사를 갔다. 그러나 노부모를 돌볼 사람이 없어 고향에 살고 있던 1명의 기혼여성은 강력하게 이 규정에 항의를 하였으나 결국에는 간부가 '예외를 인정할 수 없다'며 '소개장'을 써서 그녀를 강제로 전출시켜버렸다고 하였다.[50]

지방정부가 식량 배분권을 악용하여 여성이 거주의 자유를 박탈한 이들 사례는 어떻게 해석되어야 하는가? 호적제도는 국가의 도농 분리정책으로 '사적'영역에 속하지 않는 문제이다. 따라서 중앙정부의 입장을 살펴 볼 필요가 있는데 이에 앞서 하북성 정책사례의 문제점을 짚어보면, 첫째, 기혼여성은 가사와 육아, 그리고 공사노동이라는 2중의 역할을 담당하기 때문에 미혼 때와 같이 공사노동에 전념할 수 없음에도 공사는 이런 현실을 무시하고 징벌적 규정을 만들었으며, 둘째, 기혼여성 가운데 '호적을 전출해 이사 갈 가능성'이 있는 원거리결혼 집단을 타겟으로 정하여 수입을 1/4로 줄임으로써 호적 전출을 압박하고 그 이익을 토착민이 점유한 점이다.

혼인법 변천사를 연구한 마 후이馬薈는 공사의 여사원과 남사원이 동등한 권리를 누리지 못하였다고 언급하며 여청년은 결혼 후 마땅히 거주의 자유권을 누려야 하며 결혼 후 자신의 부모를 봉양하고자 할 경우에 남편이 여성쪽 호적에 등록하는 권리를 공사가 허용해야 한다고 주장하였다.[51] 호적은 토지권과 직결되어 있는데 2002년 2월 『농가녀백사통』에는 다음과 같은 투고 글이 실렸다.

　　편집동지 이 년 전에 내 친구 샤오메이는 이씨네 촌에서 왕씨네 촌으로 시

50　河北省武强县西五寺公社,「廢除"土政策"妇女干劲高」,『中國婦女』 3期, 1978, 40쪽.
51　馬薈, 앞의 책, 7~8쪽.

집을 갔습니다. 시집간 뒤 이씨네 촌에서는 원래 샤오메이에게 분배했던 책임전責任田을 회수하였고 같은 시기에 왕씨네 촌에서는 샤오메이가 이제 막 본 촌으로 시집을 왔기 때문에 마을의 책임전을 가정에 분배하는 것을 이미 조정을 할 수가 없다며 샤오메이에게 땅을 분배해 주지 않았습니다. 샤오메이는 여러 번 두 마을의 촌위원회에 책임전문제를 해결해 달라고 요구했지만 여전히 답이 없고 현재까지 샤오메이는 책임전을 분배받지 못하였습니다. 여쭤봅니다. 샤오메이는 어떻게 해야 할까요?[52]

인민공사의 사원이 지닌 당연한 권리인 책임전 분배권을 결혼으로 인해, 장소를 이탈하는 '이동'으로 인해 상실하게 되는 이 문제는 위 사례와 같이 결혼을 매개로 이주할 가능성이 높은 여성들에게 근본적인 불안일 수 밖에 없었다. 이런 현상은 도시화와 인구이동이 가속화할수록 더욱 빈번하게 발생하여 현재 논쟁적인 '외가녀'문제로 존재한다. 토지권이 중요한 이유는 농사를 안 짓는 경우에도 토지권유무에 따라 개혁이후 재개발이익을 배당받는 권한이 주어지기 때문이다.

그러면 건국 이후 남녀 모두 1:1의 비율로 동등에게 분배되던 토지가 개혁 시기에 여성들에게 식량권 불이익과 토지-재산권 박탈로 나타나게 된 것은 특정한 농촌집단의 집단이기주의와 도덕성 때문에 발생하였는가? 중앙정부가 1986년에 반포한 토지관리법은 "사람이 늘어나도 땅을 늘리지 않으며 사람이 줄어도 땅을 줄이지 않는다增人不增地 减人不減地", 「中华人民共和国土地管理法」"는 것이었으며 중앙정부는 토지경작의 '안정성'을 유지하기 위하여 인구의 증감과 무관하게 현 상태의 토지규모를 유지하겠다고 밝혔다. 이 원칙

---

52   温绵新, 「出嫁后分不到责任田怎么办」, 『农家女百事通』 第110期, 2002.2, 14쪽.

은 시장화 개혁으로 점차 혼인 권역이 넓어져 이동 가능성이 높아진 여성들에게 심각한 불이익을 초래하였으며 토착 촌위원회는 전출압박과 신입자에 대한 토지분배를 거부함으로써 그 잉여분을 '이동하지 않는' 토착 남성사회가 취하게끔 하였다.

1983년 7월 사천, 안휘, 광동, 호북, 길림, 산서 등 9개성을 대상으로 진행한 「80년대 농촌 청년의 현 상황」에 따르면, 15세에서 29세까지 젊은 여성 가운데 고향이 아닌 다른 향鄉 남성과 결혼한 사례가 41.3%, 타 현縣나 성의 남성과 원거리 통혼을 한 사례가 13.3%를 차지한다. 상품경제의 발달이 남녀 교제 범위를 확대하고 교통발전이 이를 뒷받침해 주었기 때문이다.[53]

그러면 '외가녀'문제에 대한 중앙정부의 입장은 어떠한가? 농촌 집체의 입장에서 보면, 개혁 개방이후 정부가 지방에게 이양한 '민주'적 권리가 위와 같은 태도를 취할 수 있는 근거가 되었는데, (사회주의식) '평등'에 반대개념으로서의 '민주'는 지방정부의 자치와 자유를 의미하였다. 이러한 외가녀 문제에 대한 중앙정부의 입장은 '자신들이 지방정부의 '자유'를 침해할 수 없기 때문에 이 문제에 직접 관여할 수 없다'는 것이었다.[54]

토지권 상실의 사례는 도시에서 여성에게 주택분배가 불공평하게 이루어지는 성차별과 마찬가지로[55] 농촌에서 개인이 누릴 수 있는 가장 큰 재산권인 토지권에 대한 침해였다. 개혁 시기 토지정책은 잠재적인 이동집단인

---

53 2000년대 이후 '외가녀' 논쟁이 더욱 심각해졌으나 이들은 법적으로 승소해도 촌위원회의 거부로 토지권을 되찾지 못하는 경우가 다반사였으므로 개혁 이후 농촌여성의 재산권은 심각하게 손상을 입고 있다고 할 수 있다.

54 黃海, 「论农村妇女的土地财产权－兼议民间法与国家法的冲突与调适」, 『湖南省社会主义学院学报』 4期, 2003, 42~43쪽.

55 김미란, 「1980년대 시장화개혁과 중국 여성－'돌봄'과 '노동' 담론을 중심으로」, 『中國現代文學』 第108號, 2024.8, 150~152쪽.

여성들의 불이익을 모르고 있었다고 보기는 어렵다고 판단되고 그런 점에서 이러한 토지정책의 결과는 헌법적 '명분'으로서의 남녀평등이 지방정부의 '자유'보장이라는 요구 속에서 여성들의 집단적 불이익을 도외시하고 남성중심사회의 이익을 증대시킨 것이라고 볼 수 있다.

2) 배금주의와 '자유'-문혁식 도덕주의의 암영暗影

개혁 이후 도시중심으로 새롭게 등장한 직업군 가운데는 성별화 경향이 뚜렷하였다. 여성만이 담당할 수 있는 신종 직업군인 기업 내 홍보 담당여성公關小姐, 여성 비서, 패션 모델 등이 그런 업종이었는데 타오단陶丹은 「여성에게 시장경제는 무엇을 의미하는가?」에서 이런 현상에는 긍정적 측면과 우려할 만한 측면 모두가 존재한다고 분석하였다.[56] 이들 직업은 전문적인 요건을 필요로 할 뿐만 아니라 공통적으로 젊고 아름다우며 일정 수준의 교양과 우아한 기품을 요구하였는데, 기업은 그것을 통해 회사의 이미지를 끌어 올리고 여성으로서의 매력을 활용하여 사업을 활발하게 추진하고자 하였기 때문이다. 이 영역은 남성은 물론, 중년이나 노년 여성들은 진입하기 어려운 분야로, 건국 이후 처음으로 직업과 여성적 매력이 밀접하게 결합된 것이었으며 젊은 여성들에게 새로운 취업의 기회를 제공하여 고소득, 고소비, 현대적인 생활 방식을 누릴 수 있었다. 이에 많은 젊은 여성들에게 동경 대상이 되어 치열한 경쟁의 장이 되었다.

동시에 타오단은 이들 직종의 뚜렷한 문제점으로 성희롱, 제3자 문제를 지적한다. 많은 젊은 여성이 회사 내 남성 관리자들로부터 성희롱을 당하고 있으며 일부는 남성 관리자들의 정부情婦가 되는 경우도 있다고 하며 그 맥락을

---

56 陶丹, 「市場经济对女性意味着什么?」, 『婚姻與家庭』第8期, 1993.

이렇게 설명한다. "그녀들이 이런 일을 하는 이유는 대부분 남성에게서 이익, 특히 금전적 이익을 얻었기 때문입니다. 사정상 거절하지 못해 결국 몸이 얽히게 된 것이지요. 대학을 졸업한 지식이 있는 여성일수록 이런 상황에 처할 가능성이 더 높습니다. 왜냐하면 그녀들은 외모가 뛰어나지 않아도 기품이 있어 쉽게 주목을 받기 때문입니다."[57] 그래서 그는 자존감을 지닌 여성들은 복잡한 사회적 관계를 맺는 과정에서 스스로를 보호하는 방법을 배워야 한다고 조언한다. 서비스 직종의 활성화는 여성들의 몸과 금전 거래를 빈번하게 만들어 내었으며 인텔리 여성도 그 범주에 들어간다고 위 글은 지적한다.

직업구조면에서 보면, 새로운 산업의 등장으로 일부 일자리 증가가 나타나기는 하였으나 전국적 규모에서 보면 일자리부족이 심화되었으며 특히 중노년 여성들은 경쟁력을 잃어 임시직으로 전락해 갔다. 1990년대의 가장 두드러진 특징으로는 자영업자 계층의 급속한 부상으로 여성들 사이에서 주부 계층이 형성된 점이다. '남자는 밖에서 돈 벌고 여성은 집에서 살림'을 하는 성역할의 젠더화가 점차 뚜렷해지고 현모양처이념이 부상하였다.

그러나 새로운 직업이 요구하는 여성은 위의 직종처럼 전문적 지식을 갖추지 않아도 젊음과 여성적 매력만 있으면 진입이 가능한 직종이 많았다. 젊음과 외모를 통해 낮은 문턱의 서비스 직종에 뛰어드는 풍조가 남순강화 이후 점증하자 중국사회는 이를 비판하는 입장과 지지하는 입장 사이에 논쟁이 치열하게 전개되었다. 현실적 필요성을 인정하면서 개인적 선택으로 보는 견해가 있는가 하면 가치를 따질 수 없는 젊음을 그렇게 낭비해서는 안된다는 의견도 있었으나 '고소득'에 대한 환상과 그 매력에 대해서는 중국사회가 그 추세에 올라타는 것이 옳다는 데 대체로 동의하였다. 『中國婦女』1994

---

57   위의 글, 8쪽.

년 1월호에는 「청춘이라는 밥그릇靑春飯」이라는 제목하에 두 통의 투고글이 실렸다.[58] 첫 번째 사연은 부모가 교수인 여고생이 자신이 노래에 소질이 있고 외모도 자신이 있어서 미용이나 숙박업소에 취직하여 친구처럼 돈을 벌고 이태리산 타조백을 사고 싶다고 하였다. 돈을 버는 것이 '인민을 위해 복무하는 것'이라는 친구의 말을 들은 여고생은 먼저 하고 싶은 취업을 해 보고 공부는 나중에 해도 되지 않느냐며 자신의 생각이 잘못된 것인가를 물었다. 둘째 사연은 중문과 4학년 여대생이 보낸 글로, 평소 탄탄하게 실력을 쌓아 취업시장에 나가 보았으나 실력은 보려 하지도 않고 '외모'를 기준으로 뽑는 현실에 좌절하며 대학을 자퇴하고 유행하는 판매영업에 취직하여 800위안의 월급을 받으며 맛집 탐방을 하며 사는 화려하고 세련된 동기를 찾아가 어떻게 사는 게 옳은 건지 혼란스러운 맘을 털어 놓으며 편집자에게 가난한 문학도로 살 것인지 화려한 친구처럼 살아도 되는 건지 상담을 요청하였다.

청년세대의 인식과 표현 가운데 돈을 버는 것이 '인민을 위한 복무'라고 하는 것은 '선부론'을 자신들의 용어로 해석한 것이다. 공동부유共同富裕가 아니라 선부론은 누구든 어디에서는 돈을 먼저 버는 것이 국가를 위해 기여하는 것이며 성과지향적인 것이었기 때문에 무능력자는 도태되는 것이 타당하다는 것을 전제하고 있다. 평소 부부간에 별 문제가 없었던 한 농촌여성은 남편이 무능하고 소심하여 이혼을 했다는 얘기를 기고하며 이렇게 말하였다.

나는 원래 강한 성격을 지닌 여자라 특히 우유부단하고 능력 없는 남자를 아주 경멸한다. 내 삶의 신조는 언제나 다른 사람들보다 더 잘 사는 것이다. 어디를 가든, 무슨 일을 하든, 나는 항상 최고가 될 것이다. 1983년 정부

---

58 "女人的价值·关于"青春饭"的话题", 小丽, 「我的选择有什么不对?」, 文洁, 「女性的青春价值何在?」, 『中國婦女』1期, 1994, 10~12쪽.

가 개혁개방을 하자 나는 이것이 사회발전의 추세라는 것을 알아차리고 내가 수 년 동안 아껴 모든 저축 2,000여 위안을 들여 두 개의 낡은 기계를 임대하였다.[59]

선부론은 부모들의 아동의 금전교육에도 영향을 미쳐 「아이가 장사하는 것을 어떻게 보아야 하는가?」[60]에서는 9세 아이가 자신이 갖고 놀던 장난감을 15원에 팔고 책을 빌려줄 때도 친구에게 돈을 받는 것을 본 부친이 내심 당혹감을 느꼈으나 본인이 미국에 가서 아이들에게 댓가로 햄버거를 주는 것을 보고, 아이들에게 금전교육을 시키는 것이 필요하다는 것을 깨달았다고 하였다. 물론 이러한 견해에 대하여 찬반의견이 있었으나 '돈을 버는 것'에 대한 대중들의 인식은 사회의 모든 방면에서 새로운 태도를 갖게 만들었다.

1992년 남순강화가 있기 전까지 '돈을 버는 행위'에 대하여 사람들은 눈치를 보며 대놓고 샤하이下海,창업를 하거나 투잡을 하지는 않았었다.[61] 그러나 남순강화가 발표되자 모 교사는 퇴근 후 길거리 좌판을 '돈을 버는 행위'를 연습하는 '사상개조'행위라 당당하게 생각하게 되었다. 남순강화 이전에는 다른 사람 일을 도와주는 것이라고 거짓말을 하며 '돈을 버는 것'을 죄악시하는 생각을 지니고 있다가 그것을 시대변화에 적응하는 '긍정적' 행위로 당당하게 드러내 놓고 하게 되었다. 왕후이가 '이데올로기 혁명'이라고 비판적으로 지적한 것은 이런 변화를 지칭한 것으로 돈을 버는 것이 '성공'이라는 인식이었다.[62]

---

59 张慧娟,「永远比别人活得好」,『婚姻與家庭』第4期, 1993, 16쪽

60 肖琳,「如何看待孩子做"生意"」,『中國婦女』第2期, 1994, 17쪽.

61 張琦等,「大洋這邊的'織女'們」,『婚姻與家庭』第5期, 1992, 12쪽.

62 국아남,「중국 노동 시장에서 여성의 지위-성별에 따른 직업 구분중국 노동시장 젠더 불평등에 관한 연구-성별 직종 분리를 중심으로」, 우석대 박사논문. 2021.2, 9쪽.

금전을 추구하는 경향이 혼인가정에 미친 영향을 살펴 보면, 결혼생활에 있어서 중요한 것이 '애정인가 금전인가'라는 토론에 잘 드러나 있다. 몇 개월에 걸친 토론 끝에 "결혼생활을 응고시키는 것은 금전"이라는 것으로 결론이 났다.[63] 애정이나 가치관이 아닌 '금전'이 결혼생활을 유지시키는 힘이라고 본 것이다. 젊은 부부의 경우에 혼인계약서를 써서 재산과 의무를 명확히 하고 '자유'를 강조하는 분위기가 뚜렷해져 수입을 각자 관리하고 일정 금액을 내서 살림을 하였다.[64] 이들은 돈을 공동관리하는 '집체'형보다 더 '자유'롭고 '현대적'이라고 생각하였다.[65]

소비능력이 성공의 표지가 된 시대에 농촌 남성 가장들의 인식도 변화하였다. 빠른 속도로 변화하는 이웃의 삶을 보며 아내와 자녀들에게 좋은 옷을 사입힐 돈을 벌어오는 것이 가장의 책임이라 생각하였으며 남성가장은 가정생활도 '역사의 산물'이기 때문에 횡적으로 남들의 삶과 비교하는 것을 탓할 수 없으므로 아내가 좋은 옷과 가전제품을 원하는 것을 원망해서는 안 되고 힘들어도 '돈을 더 벌어' 충족시켜주는 것이 남자가 할 일이라고 생각하였다.[66]

이와 같이 남순강화 이후, 1980년대 중반에 전개되던 시장화가 다시 급격하게 추진됨에 따라 자녀교육, 취업, 가정생활에서 '돈'이 삶의 목표가 되는 사회로 변해 갔으며 돈을 버는 궁극적인 목적과 과정, 가치에 대해서는 토론이 이루어지지 않았다. 하루아침에 벼락부자가 되는 일이 빈번했던 1990년대에 '욕망'은 절제의 대상이 아니라 충족시켜야 되는 것이자 돈을

---

63   魏新, 「金钱是爱情的凝固剂」, 『婚姻與家庭』 第2期, 1993, 16쪽.

64   「热心, 冷面, 金字招牌」, 『中国青年报』 第三版, 1992.4.6.

65   「婚姻契約書」 『婚姻與家庭』 第5期, 1993, 16쪽

66   「做男人的艰难」 『婚姻與家庭』 第2期. 1993, 29쪽.

버는 목적이 되어간 것이다.

한편, 여성을 남성의 시선과 입장에서 보는 것이 아니라 여성 스스로 발언권을 지녀야 한다고 생각했던 왕진링王金玲은 개혁 시기 여성범죄자들의 삶을 「범죄부녀 방담실록」에 인터뷰 형식으로 담았다. 이중 환율을 이용한 달러장사와 금괴장사로 하루에 일확천금을 벌던 남성의 아내가 도박에 빠져 강도살인을 한 사건 구술은 1990년대 부의 폭발과 욕망이 분출하던 사회분위기를 여실하게 보여 준다.[67] 그리고 항조우 출신의 1962년생 한 여죄수는 1988년에 이혼한 뒤 4명의 아이를 기르기 위해 선쩐에서 검열대상인 보루담배를 떼다 팔다가 죽음기같은 값 나가는 물건에 손을 대 절도죄로 11년 형을 받았다.[68] 그녀는 검거되기 전에 겪었던 가장 큰 충격이 무엇이었느냐는 질문에 '이혼'이라고 답하였다.

> **대담자** 하지만 여자도 자립할 수 있고 스스로 강해질 수 있습니다.
>
> **수감여성** 하지만, 누군가 도와줄 사람이 없다면 밖에 애인을 만든다 해도 아무런 의미가 없어요. 여자가 외부에 도와주는 사장이 있다면 이것은 거의 다 육체와 교환을 하는 것이고 자신의 진정한 힘으로 자립하는 사람은 극히 적을 수밖에 없어요. 집안 조건이 좋은 경우가 아니라면. 이혼은 내 인생에서 너무 너무 큰 충격이었어요.[69]

가난이 여성의 몸을 거래하게 하는 원인이라는 이 진술은 도덕이 아닌 계

---

67 HWS访谈记录, 王金玲 主编·姜佳将·高雪玉 副主编, 『犯罪妇女访谈实录』, 社会科学文献出版社, 2018, 2~34쪽

68 JGF访谈记录, 위의 책, 40~41쪽.

69 王金玲, 위의 책, 49쪽.

급의 문제로 성을 바라보아야 한다는 점을 상기시켜 주는데, 앞서 살펴 본 금전에 대한 숭배와 여성이 육체를 거래대상으로 삼는 '두번째 아내包二奶'세태는 1990년대에 급증하였다.

이미 첩제도가 1950년 「혼인법」이후로 사라졌음에도 개혁 시기에 '두번째 부인' 일은 날로 증가하여 광동성부련은 1998년에 219건의 투서를 받았으며 1997년 대비 48%가 증가하였다고 하였고 그 형식도 '별도의 집에 두 번째 아내를 숨겨두는 것' '공개적으로 두 번째 아내와 동거' 하는 등 다양하다고 하였다. 그리고 빠오얼나이를 두는 주체도 다양해져 사업가 외에도 내지의 공장장, CEO, 공장실장, 개인사업자 당간부 등이 있었다.

1997년 1월 『中國婦女』에 실린 「부자가 되고 난 뒤 어떻게 살았는가?」라는 글은 아내 류화란刘花然이 남편과 연애결혼을 하였으나 막 부자가 되기 시작하자 남편이 아내와 자녀를 버려 분한 나머지 아내 유화연이 남편을 살해하였다는 내용이다.[70] 보도 후 7개월 동안 논쟁이 분분하였고 논쟁의 주제는 "혼인관계가 무질서한데 자율적으로 해야 하는가 아니면 타율로 해야 하는가? 여성은 어떻게 자신을 보호해야 하는가?"였다.

시장화 개혁은 왜 여성들로 하여금 '성'을 거래하고 여성스러움을 상품화하는 '심미노동'을 확대시키는가? 도시화는 필연적으로 3차산업을 발전시키고 서비스 직종의 발전을 수반한다.[71] 그러나 개혁 시기 남녀평등이 법에 명시되어 있음에도 현실사회의 남녀의 임금과 취업기회의 격차는 계속 벌어졌는데, 조사에 따르면 1990년 도시城镇 취업여성의 연수입은 남성수입의 70.1%였으며 양성간 수입의 차이는 1990년과 비교할 때 1999년에 7.4%

---

70 林亚男, 「富裕的日子怎么过?」, 黄伯益 整理, 「记者与杀夫女囚的对话」, 『中國婦女』第1期, 1997, 22쪽.
71 국아남, 위의 책, 5쪽.

더 벌어졌다. 농촌에서는 양성간 차이가 더 크게 벌어져 1990년과 1999년의 연수입 격차가 19.4%였다.[72]

1980년대 중반부터 국영기업 개혁과정에서 여성이 우선적으로 해고되고 1994년에 새로운 노동법이 통과됨으로써 여성들은 합병, 파산, 해고, 규모 축소로 인해 심각한 실업 상황에 직면하게 되어 1995년부터는 도시지역의 여성 노동자의 수가 서서히 감소하였다.[73] 진입장벽이 낮은 젊음과 여성미를 요구하는 직종들은 대부분이 비정규직이었으며, 그렇기 때문에 당시 여성들은 '화장을 한다고' 여성고용문제가 해결되느냐고 항의하였다. 개혁 시기의 수직적 분리직종내 위계와 수평적 분리업종의 젠더화라는 경제구조를 염두에 둘 때, 제3자의 문제는 상품화 시기에 적응하는 여성들의 자구책이라는 현상으로 이해할 수 있다. 그러나 제3자를 두는 주체가 대부분 남성이고 피해자가 여성인 점을 고려할 때 여성보호적인 조치는 필요했다고 하겠으나 마후이는 6개월 간의 전 국민토론을 거쳐 수정된 2001년 「혼인법」에는 "혼인관계를 파괴하는 제3자에 대한 처벌조치가 없다"[74]고 하였다. 중국사회 과학원의 농촌과 도시조사 결과에 따르면, "제3자 개입현상은 이미 은폐하던 것에서 공개적인 것으로 바뀌었고 심지어 제3자가 법원에 출석하여 (이혼) 당사자의 재판을 돕는 현상까지 벌어지고 있다"고 하며 제3자개입으로 인한 이혼사건은 도시의 경우에는 전체 이혼사건의 30%, 지방에서는 40%에 달하였다.[75]

마후이馬薈는 제3자 문제가 "혼인윤리와 법률이 상충하는 지점이며 이는

---

72 馬薈, 앞의 책, 71쪽.

73 국아남, 앞의 책.

74 馬薈, 앞의 책, 35쪽.

75 樊平, 「离婚」, 『婚姻與家庭』 第7期. 1993, 23쪽.

198   제2부 | 시장화 개혁과 젠더

우리나라 혼인법에서 '배우자 권리'에 대해 관련 규정을 두지 않았기 때문에 생긴 결과이다"라고 분석한 바 있다.[76]

다시 '자유'의 문제로 돌아가서 보면, 개혁초기에는 '감정파탄'에 의한 이혼을 허용한 것이 역사적 상황에 의한 피해를 바로잡는 효과가 있었고 죄악시되던 '혼외관계'가 이혼사유로까지 논의되는 변화가 있었다. 그러나 시장화 시기의 계층분화와 여성노동조건의 악화속에서 기혼여성들이 일부일처제를 위협하는 제3자에 의해 '이혼'을 겪는 사례가 증가하였으며 피해자는 지닌 자원이 적을수록 이혼으로 인해 커다란 충격을 받았다.

한국의 간통죄를 분석한 문현아는 본래 간통죄가 '일부일처제'가정의 유지를 목적으로 남성의 외도도 처벌하는 남녀평등취지로 입법화되었으나 역설적으로 간통죄는 일부일처제를 여성이 '안전하게' 벗어나는 데 존속의 의미가 있었다고 해석한다. 즉, 간통죄가 이혼위자료 요구관철 수단으로 '이용'되어 '간통죄규정이 존속하는 그 맥락에서 민법적 손해배상'이 다뤄졌기 때문이다. 다시 말하면 간통죄가 없으면 재산분할청구권도 위자료도,양육권도 제대로 행사할 수 없는 것이 여성들의 당시 현실이었기 때문이다.[77]

반면, 자유주의자인 리인허는 간통죄 입법을 반대하는 입장에서 국가가 개인의 사적영역에 개입하고 그것이 애정행위에까지 이른다면 그 방대한 위법자를 잡아들이느라 중국의 교도소가 죄수로 넘쳐날 것이라고 하였다. 그는 문화혁명 기간에 도덕순결주의 경향이 광기에 가깝게 불었던 것을 언급하며 간통한 자에게 행정처벌을 했던 행위의 폐해를 상기시켰다. 그런 입장에서 리인허는 현재 도덕파와 효과파가 논쟁으로 대치하고 있지만 양식

---

76 馬薈, 위의 책, 35쪽.

77 문현아, 「현대 간통죄 판례와 결혼관계 내 여성의 지위 변화 분석」, 『여성과 역사』 27집, 2017.12, 208쪽.

있는 인사라면 자신의 판단력을 발휘하여 도덕파의 입법사상을 비판할 수 있어야 한다고 주장하였다.[78]

약자의 입장을 보호하기 위하여 간통죄를 활용한 한국과 달리, 중국의 경우 역사적 경험으로 인한 국가권력의 개인에 대한 권리침해를 우려하고 있는 것은 분명한 차이점이라 할 수 있겠는데, 왕샤오밍王曉明은 한 걸음 나아가 중국 현실에서 발생한 '특수성'을 강조함으로써 리인허의 입장을 뒷받침하고 있다. 그는 1990년대에 급격히 팽창한 '개인' 의식은 단지 경제적 '개혁', 문화 및 사회적 '개방'이라는 일반적인 '현대화'의 결과가 아니라, 1980년대와 1990년대 중국 현실에서 발생한 특수성을 가지고 있다고 지적한다. 그 특수성 가운데 가장 중요한 요인이 '상처의 기억', 즉 공적 생활을 무의식적으로 회피하려는 경향이라고 그는 설명한다.[79]

이상의 분석을 귀납해 보면, 중국의 경우, 제3자 개입으로 인한 일부일처제의 파괴가 피해자에 대한 보호조치로 나아가지 못한 이유는 선부론 자체가 지닌 배금주의적 성향이 원인이었다는 결론에 이르게 된다. 경쟁적이고 성과주의적인 부 축적이 욕망의 분출에 대한 도덕적 성찰을 약화시킨 측면이 존재하기 때문인데 그러한 부정적인 측면이 존재함에도 불구하고 2001년 혼인법에서 약자에 대한 보호, 즉 '공정성' 부족을 법적 제재를 통해 규제하지 않은 이유는 앞서의 연구들이 지적한 바와 같이 문혁으로 인한 극단적 도덕주의에 대한 중국사회의 거부, 개인의 행위가 공적영역에 포섭되는 것을 기피하려는 심리라고 이해할 수 있을 것이다.

---

78 李银河, 「不应当用法律手段惩罚婚外恋」, 『婚姻法修改论争』, 光明日报出版社, 1999, 106~111쪽.

79 王晓明, 「作为一种文化史现象的'现代性'」, 『读书』, 1997.4.

5. 나가며

1980~1990년대 중국사회는 국가가 개인의 일상과 생존을 '집체주의'방식으로부터 '개인'과 '가정', 그리고 '시장'중심으로 전환하는 '과도기'였다. 1980년대는 '문혁'이라는 극좌적 사조에 대한 비판에서 출발한 만큼 문혁의 피해자에게 발언권이 주어졌으며 1980년의 수정「혼인법」의 '감정파탄'을 이혼사유로 인정한 것은 사상해방의 흐름 속에서 개인의 '자유'의 범위를 확장한 것이었다. 1980년에 발표된 위뤄진의 자전적 소설인 『겨울동화』는 여주인공의 외도라는 도덕적 비난보다 농민과 지식인여성의 소통불가능이라는 문혁 시기 '지식인들이 겪어야 했던 집단적 고통'으로 받아들여져 수정 혼인법의 '이혼자유'에 힘을 실어 주었다.

잡지에 드러난 1980년대 농촌여성의 혼인 내외의 삶은 결혼을 매개로 여성을 거래해서는 안 된다는 사회주의 혼인자주 정신을 위배하는 양상으로 재현되었다. '신부를 돈을 주고 샀기 때문에 내 맘대로 해도 된다'는 폭력적이고 야만적인 농민남성이 주로 담론화됨으로써 농민의 정신적 낙후함이 강조되었고 이러한 농민에 대한 부정적인 서사는 지식인의 문혁에 대한 부정적 서사와 동일한 맥락에 있었다. 이는 문혁이라는 역사경험을 극복하고자 했던 1980년대식 농민서사의 특징이라 할 수 있다.

그러나 1980년대 중반과 1992년 남순강화 이후 급격하게 확산된 시장화와 폭발적인 부 축적의 경험은 개인들의 욕망을 자극하고 '민간'영역을 확장하는 방향으로 발전하였고, 대중들은 '선부론'이라는 국가 정책을 자신의 성공과 동일시하는 경향이 뚜렷하였다. 개혁으로 여성적 특성과 직업이 결합됨으로써 지식을 쌓기보다는 쉽게 돈을 벌 수 있는 직종으로 젊은 여성들이 쏠렸으며 자녀교육에서도 금전교육의 필요성이 논의되고 '결혼생활을 안정적으로 만드는 것'이 '금전'이라는 주장이 절대적인 지지를 받았다. 개인화추세와 개인의 '자유'에 대한 인식의 확산은 젊은층 사이에서 '혼인계약서'를 통해 부부가 각자 돈관리를 하는 양상으로 나타났으며 이들은 이런 방식이 과거 '집체'적 방식의 비효율성에 대한 대안이라고 주장하였으며, 비록 각자 돈관리로 인해 저축이 더디어지는 측면이 있기는 하나 '자유'를 누릴 수 있다고 옹호하였다.

'선부론'은 능력을 부의 축적을 통해 입증하는 결과론적인 것이었기 때문에 담론 가운데는 '무능함'을 무가치한 것으로 여기는 경향이 두드러졌다. 무능한 배우자와 이혼하거나 제3자가 도덕적 죄책감을 전혀 느끼지 않고 법정에 나와 자신의 권리를 주장하는 '미증유'의 현상은 부를 축적하는 방법과 과정의 공정함을 묻지 않고 결과만을 중시하던 당시 사회분위기를 반영하는 것이었다. 서비스업종의 증가와 여성취업난의 결과이기도 한 제3자의 증가는 급격한 부의 축적과 밀접한 관련이 있어 전체 이혼사건 가운데 도시에서는 30%가, 지방에서는 40%를 차지하였다. 주로 성공한 남성들의 중년아내들이 혼인파탄의 주요 피해자였음에도 2001년 수정 「혼인법」은 혼외관계를 야기한 제3자 가운데 '이중결혼'형태만 처벌하고 단발성 외도는 처벌하지 않았다.

개혁이후 왜 혼외관계를 '선택적'으로 처벌하였는가에 대한 이해를 위하여 한국과 중국의 '제3자', 그 중 간통행위 처벌에 대한 처리방식을 분석한 결과 아래와 같은 특성을 발견할 수 있었다.

한국의 경우, 일부일처제를 보호하기 위하여 입법화된 간통죄 쌍벌죄는 배우자의 외도로 인한 이혼으로 고통에 처하게 될 여성들에게 재산분할, 양육권 청구등을 협상하게 하는 '긍정적' 기능을 수행하였다. 즉, 애초에 일부일처제를 공고히 하려는 의도에서 제정된 간통죄가 제도적으로 피해자가 소송을 제기하기 위해서는 이혼을 전제로 해야 소송이 성립되도록 규정한 점, 그리고 간통죄에 근거하여 소송과정에서 이혼 후 경제적 생활자금을 확보할 수 있는 재산분할 청구 등이 가능해짐에 따라 이 법은 애초의 목적인 '가정유지'가 아니라 '가정해체'의 위험성을 줄이면서 일부일처제를 벗어나는 방법으로 활용되게 되었다.

중국의 경우에는 개혁 이후 남녀 임금격차가 갈수록 확대되고 수직적, 수평적으로 성차별적인 노동구조가 강화되었으며 이런 상황에서 도,농의 여성들은 취업과 토지권에 있어서 차별을 받았다. 사회주의 시기에 보장받았던 거주권과 토지권을 개혁 시기에 상실하거나 위협받게 된 농촌여성은 결혼을 계기로 한 '이동'으로 토지개발 이익을 누리지 못하는 불이익을 당하게 되었기 때문이다.

남녀 임금격차의 증가와 기존 권리의 상실, 젊은 여성들의 비정규 노동시장 확산은 '여성스러움과 직업'이 결합된 시장화된 현실 속에서 여성들로 하여금 생존을 위한 모색을 하도록 하였으며 제3자의 증가는 그 한 양상이었으며 그로 인한 피해는 주로 중장년 여성들에게 돌아갔다.

이러한 배경하에서 '일부일처제'를 견지하고자 하는 중국사회에서 제3자 문제를 법적 처벌대상으로 되지 않은 이유를 분석해 본 결과, 문혁의 어두운 경험이 결정적이었음을 알 수 있었다. 개인의 생활을 극단적 도덕주의로 통치하던 문혁 시기에 대한 부정적 기억은 개인들로 하여금 가능하면 공적 세계로 편입되지 않으려고 하는 개인화를 '자유'라는 이름으로 강하게 유지하고자 하도록 하였으며 페미니스트 가운데 리인허를 대표로 한 자유주의자들이 그런 입장을 견지하였다.

그러나 혼내외 약자보호 부재원인으로서 부정적인 역사적 경험의 영향이라는 요인 외에 본 연구는 각 종의 혼인가정 잡지를 분석해 본 결과 '돈을 버는 것'에 대한 인식이 '공정성'에 대하여 둔감하게 만들었다는 점을 알 수 있었다. '돈을 버는 것'이 '국가정책에 도움을 주는 애국'이라는 인식이 교육, 취업, 가정 생활에 광범하고 뿌리깊게 확산됨으로써 부 축적의 방법과 과정에 대해 묻지 않는 '배금주의'가 급속하게 확산되었기 때문이다. 배금주의의 어두운 면은 '자유'라는 이름으로 개인의 선택을 미화하고 구조적 문제를 홀시하며 약자에 대한 배려를 무가치하게 여기는 데 있다. 이러한 현상이 야기된 원인으로 선행연구들이 지적한 바, 문헉에 대한 부정적 기억이 영향을 끼쳤지만 1980~1990년대 혼인관련 잡지들은 그러한 결과가 '선부론' 그 자체에서 비롯된 것이었음을 다양한 일상세계 재현을 통해 보여주고 있다.

참고문헌

국내자료

김도희, 「중국의 신좌파와 자유주의-1990년대 지식인 논쟁을 중심으로」, 『세계지역연구논총』 26집 3호, 2008.

김미란, 「1980년대 시장화개혁과 중국 여성-'돌봄'과 '노동' 담론을 중심으로」, 『中國現代文學』 第108號, 2024.8.

던컨 휴잇, 김민주·송희령 역, 『先富論』, 랜덤하우스, 2008.

문현아, 「현대 간통죄 판례와 결혼관계 내 여성의 지위 변화 분석」, 『여성과 역사』 27집, 2017.12.

박광득, 「중국의 개혁·개방정책 30년 성과와 전망」, 『대한정치학회보』 16집 1호, 2008.6.

장윤미, 「문화대혁명과 노동자의 '교육혁명'」, 『국제지역연구』 16권 1호, 2007.

홍양희, 「"선량한풍속"을 위하여-식민지 시기 '간통죄'와 성(Sexuality) 통제」, 『법과 사회』 51호, 2016.4.

국아남, 「중국 노동 시장에서 여성의 지위-성별에 따른 직업 구분중국 노동시장 젠더 불평등에 관한 연구-성별 직종 분리를 중심으로」, 우석대 박사논문, 2021.02.

진강화, 『중국 농촌토지정책 변화연구 1949~2013』, 보고사, 2017.

국외자료

山東省婦聯供稿, 「保护妇女合法权益」, 『中國婦女』 2期, 1978.

增刊號, 「婚姻」, 『中國婦女』, 1980.10.

董连芳, 「要彩礼只能短了青年人的志气」, 『中国妇女』 5期, 1978.

寿阳县妇联, 寿阳县委通讯组, 「父母之命可以违?」, 『中國婦女』 12期, 1980.

小丽, 「我的选择有什么不对?」, 『中國婦女』 1期, 1994.

文洁, 「女性的青春价值何在?」, 『中國婦女』 1期, 1994.

樊平, 「离婚」, 『婚姻與家庭』 第7期, 1993.

『中华人民共和国婚姻法』(1950년 판본, 1980년 1차 수정본, 2001 2차 수정본).

儀纓, 「95世界婦女大會影響下的中國婦女研究」, 『浙江學刊』, 1998.6.

賀桂梅, 「当代女性文学批评的一个历史轮廓」, 『解放军艺术学院学报』 季刊 第2期, 2009.

萧扬, 「婚姻法与婚姻家庭50年」, 『中国妇运』, 2000.5.

贺飞, 「变相买卖婚姻危害大」, 『中国妇女』 3期, 1978.

福州市朝阳公社妇联,「照屿妇女树新风」,『中國婦女』3期, 1978.

陕西省周至县终南公社双明大队党支部副书记 李凤鸣,「不能把女儿当牛马变卖」,『中國婦女』5期, 1978.

庄孟儒.金瑞英.李叔衡,「残害妇女国法不容」,『中國婦女』6期, 1978.

高灿,「"孙林生也是受害者"吗?」,『中國婦女』12期, 1980.

纪森,「不能用革命词掩护父权思想」,『中國婦女』12期, 1980.

_____,「关于爱情与婚姻的讨论」,『新观察』第6期, 1980.

白亮,「80年代初的"遇罗锦风波"」,『文藝爭鳴』, 2017.11.

鄭少軍, -「这股歪风利一利」,『中国妇女』2期, 1978.

张悦,「新中国成立以来四次离婚潮探析」,『社會與人口』, 首都师范大学历史学院, 2020.3.

河北省武强县西五寺公社,「废除"土政策"妇女干劲高」,『中國婦女』3期, 1978.

魏新,「金钱是爱情的凝固剂」,『婚姻與家庭』第2期, 1993.

林亚男,「富裕的日子怎么过?」, 黄伯益 整理,「记者与杀夫女囚的对话」,『中國婦女』第1期, 1997.

温绵新,「出嫁后分不到责任田怎么办」,『农家女百事通』第110期, 2002.2.

黄海,「论农村妇女的土地财产权—兼议民间法与国家法的冲突与调适」,『湖南省社会主义学院学报』4期, 2003.

陶丹,「市场经济对女性意味着什么?」,『婚姻與家庭』第8期, 1993.

肖琳,「如何看待孩子做"生意"」,『中國婦女』第2期, 1994.

张慧娟,「永远比别人活得好」,『婚姻與家庭』第4期, 1993.

張琦等,「大洋這邊的'織女'們」,『婚姻與家庭』第5期, 1992.

_____,「热心, 冷面, 金字招牌」,『中国青年报』第三版, 1992.4.6.

_____,「婚姻契約書」『婚姻與家庭』第5期, 1993.

_____,「做男人的艰难」『婚姻與家庭』第2期, 1993.

王晓明,「作为一种文化史现象的'现代性'」,『读书』, 1997.4.

王金玲 主编.姜佳将 高雪玉 副主编,『犯罪妇女访谈实录』, 社会科学文献出版社, 2018.

樊平,「离婚」,『婚姻與家庭』第7期, 1993.

李银河,「不应当用法律手段惩罚婚外恋」,『婚姻法修改论争』, 光明日报出版社, 1999.

澳杰华 著, 吴小英 譯,『都市里的农家女』, 江蘇人民出版社, 2006.

遇罗锦,『一个冬天的童话』『经典名著名作家大视角好作品- 二十世纪的历史长镜头百年社会变革的窗口』, 时代文艺出版社, 1980.

馬薔,「当代中国婚姻法与婚姻家庭研究」, 山东大近现代史博士學位論文, 2013.

Wang Hui, *China's New Order : Society, Politics, and Economy in Transition*, Boston : Harvard University Press, 2003.

Edited by Christina K. Gilmartin, Gail Hershatter, Lisa Rofel, and Tyrene White, *Engendering China Women, Culture, and the State*, Harvard University Press, 1994.

Emily Honig · Gail Hershatter, *Personal Voices : Chinese Women in the 1980's"* , Stanford University Press, 1988.

인터넷 자료

행정안전부 국가기록원. https://www.archives.go.kr/next/newsearch/listSubjectDescription.do?id=002589&sitePage=

中华人民共和国最高人民法院公报. http://gongbao.court.gov.cn/Details/ee0f781acf-12e660044c99dfca52b9.html

제3부

개혁 시기 재생산과 젠더

제1장

가족 탄력성

가족 발전 능력을 확장하는 분석 프레임

우판

1. '가족 탄력성'은 왜 중요한가

오늘날의 가족은 경제, 사회, 인구, 정치 및 환경의 급격한 변화의 충격을 받을 뿐만 아니라, 가족 구조, 가족 기능, 그리고 세대 간·세대 내 관계의 변화에도 영향을 받아 그 어느 때보다도 큰 압력과 도전에 직면해 있다. 따라서 가족 발전을 지원하는 것은 가족 자체의 복지를 향상시키는 동시에 국가의 지속적인 번영을 촉진하는 데에도 깊은 영향을 미친다. 일반적으로 스트레스 상황에서 가족에 따라 서로 다른 반응을 보인다. 어떤 가족은 부정적인 영향을 받아 발전이 저해되는 반면, 어떤 가족은 안정성을 유지하고 심지어 역경 속에서 결속력을 강화할 수도 있다. 이러한 차이가 나타나는 현상을 설명해 주는 것이 바로 가족 탄력성family resilience이란 개념이다. 그에 따르면 가족은 가족 탄력성, 즉 사회적 제도로서 끊임없이 변화 속에서 발전하며, 외부의 도전에 적극적으로 대응하고 내부의 스트레스를 효과적으로 완화하는 능력을 갖춘 경우, 역사적 흐름 속에서 어떤 변화에 직면하더라도 핵심 가치와 기능을 유지할 수 있다.* 탄력성을 갖춘 가족은 다음 세대를 보다 성공적으로 양육하고 연장자를 돌볼 수 있으며, 가족 구성원에게 따뜻하고 안전한 환경을 제공하고, 구성원의 발전을 지속적으로 지원할 수 있다.

가족은 정서적이면서도 기능적인 조직으로서 그 발전 능력은 가족의 규범적 능력과 가족 탄력성을 포함하는 이중 핵심 구조를 가진다. 정상적이거나 순조로운 환경 상황에서 가족 발전에 필요한 능력과 역경 속에서 요구되는 능력은 서로 다르며, 가족 발전에 미치는 의미 또한 같지 않다. 특히 사회와 가족이 빠르게 변화하고, 위험과 불확실성이 증가하는 상황에서 가족 발달을 위한 가족 탄력성의 가치는 더욱 중요해진다. 따라서 이론적, 정책적 차원에서 이 두 가지 가족 발전 능력을 명확히 구분하고, 양자를 모두 가족 발전 능력의 핵심 구조로 인식할 필요가 있다.

2. 가족 탄력성과 관련한 세 가지 이론적 관점

가족 탄력성이란 개념은 다음 세 가지 관점에서 이론적으로 정리할 수 있다. 첫째, 특질적 성격 이론, 둘째, 역동적 진화 이론, 셋째, 시스템 상호작용 이론 등의 관점이다.

1) 특질적 성격 이론

특질적 성격 이론의 관점에 따르면, 가족 탄력성은 가족이 스트레스와 그로 인한 파괴적인 영향에 직면했을 때 가족이 보여주는 일련의 내재적 특성과 능력이다. 이러한 특성과 능력은 가족 형성 초기부터 내재된 것일 수도

---

1   John DeFrain, Sylvia M. Asay, "Strong Families Around the World", *Marriage and Family Review*, 2007, 41(1~2).

있고, 삶의 실천과 경험을 통해 습득되거나 또는 특정한 스트레스 사건을 계기로 활성화된 것일 수도 있다.[2] 탄력성을 갖춘 가족은 어려운 환경에 적응하고 가족 구조의 완전성을 유지할 수 있을 뿐만 아니라 그 가족 구성원이 스트레스를 발판 삼아 자기 성장과 가족 전체의 발전을 도모할 수 있다.

루벤 힐Reuben Hill은 ABC-X 모델을 통해 가족 탄력성을 설명하고자 하였다.[3] 가족 스트레스 사건(A)과 가족 위기(X) 사이에 가족의 자원 속성(B)과 인지 능력(C)이라는 매개적 변수를 도입함으로써, 가족 탄력성을 가족이 안정적인 발전을 유지하는 특성으로 정의한 것이다. 이 모델에 따르면 가족은 내부 자원과 인지 능력을 활용하여 스트레스 사건과 그 원인을 인식하고 대처함으로써, 가족의 균형에 대한 위기의 영향력을 완화하거나 제거함으로써 가족의 안정적인 발전을 유지한다. 즉, 스트레스 사건 자체가 위기를 직접적으로 결과를 초래하는 것이 아니라, 그에 직면한 가족이 원래 지닌 인지와 자원이 위기 여부를 결정짓는다는 것이다. 해밀턴 I. 맥커빈Hamilton I. McCubbin은 루벤 힐의 모델을 기반으로 하되, 가족 탄력성의 원천을 확대하고 스트레스의 누적 효과를 강조하였다.[4] 그는 가족이 초기 위기를 경험한 후의 조정 과정과 후속 위기 사건에 대한 반응을 중시한다. 즉 가족이 스트레스 사건에 대처할 때 기존의 자원과 인지에 의존할 뿐만 아니라 위기를 겪은 후 적응하는 과정에서 새로운 경험과 자원을 획득하고, 또한 새롭게 형성된 특성이 가족의 탄력성을 강화한다는 주장이다. 한편, 가족 조정 및 적

2   Emmy E. Werner, Ruth S. Smith, *Kauai's Children Come of Age*, Honolulu : University of Hawaii Press, 1977.

3   Hill Reuben, *Families Under Stress,* Westport, CT : Greenwood Press, 1949.

4   Hamilton I. McCubbin, Joan M. Patterson, "The Family Stress Process : Double ABCX Model of Adjustment and Adaptation", *Marriage and Family Review*, 1983, 60(2).

응 반응 모델The Family Adjustment and Adaptation Response Model 은 가족 탄력성을 형성하는 데 있어 가족 내 상호작용과 신념 체계의 역할을 강조 한다.[5] 이 모델에 따르면 가족 탄력성은 가족의 신념의 영향을 받는 가운데, 가족이 직면한 스트레스와 가족 능력 간의 지속적인 조정을 거쳐 역동적인 균형을 이루고 가족 기능을 원활하게 유지하는 일련의 과정이다.

가족의 구조, 강점, 습속의 다양함과 함께 가족이 경험하는 스트레스와 위험의 심각성에 현저한 차이가 있기 때문에, 현재까지 모든 가족에게 보편적으로 적용될 수 있는 가족 탄력성의 특성 목록은 존재하지 않는다. 그러나 특질적 성격 이론 관점에서 연구한 바에 따르면 가족이 처한 천차만별의 문화적 배경에도 불구하고 가족탄력성은 전세계적으로 특정한 공통점을 보인다.

전반적으로 널리 받아들여지는 가족 탄력성의 특징은 다섯 가지의 주요 차원에서 나타나는데, 이는 가족탄력성의 복잡성과 변화하는 환경에서의 적응성을 함께 설명해준다. 첫째, 내적-외적 차원이다. 이는 가족이 스트레스를 견디기 위해 내적-외적 자원을 어떻게 통합하여 다루는지를 다룬다. 둘째, 개인-전체 차원이다. 이는 가족 구성원 개인의 탄력성 특징과 가족 전체의 탄성력 간의 상호작용을 드러낸다. 셋째, 자발성-활성화 차원이다. 이는 탄력성의 특성이 본래 내재된 것인지 아니면 특정 사건에 의해 활성화되는 것인지 설명한다. 넷째, 원시-습득 차원이다. 이는 탄력성이 선천적인 것인지 아니면 경험을 통해 학습되는지를 설명한다. 다섯째, 일상적 지속-비일상적 단기 차원이다. 이는 가족 탄력성이 일상적인 상황과 비일상적인 어려운 상황에서 어떻게 다르게 발현되는지 구분한다.

---

5   Joan M. Patterson, "Integrating Family Resilience and Family Stress Theory", *Journal of Marriage and Family*, 2002, 64(2).

가족 탄력성 특성이 수행하는 주요 역할은 다음과 같이 정리할 수 있다.[6]

유연하고 조정 가능한 가족 역할은 가족의 긍정적인 분위기를 유지하는 데 도움이 되며, 폭넓은 사회적 지원 네트워크는 가족 구성원의 사회 적응 능력을 향상시킨다. 명확하고 질 높은 의사소통은 가족 구성원이 자신의 필요를 표현하고 행동을 조율하는 데 도움이 된다. 시간과 관심사를 공유하면 긍정적인 감정 경험과 소속감이 강화된다. 안정적인 재정 관리는 아동과 청소년의 학업 성취도를 향상시키고, 일상생활과 의식, 그리고 일관된 가치 체계는 심리적 탄력성을 강화하며, 긍정적인 인식은 가족 구성원의 정신 건강을 개선하는 데 도움이 된다.

그러나 학자들은 가족 탄력성을 단순한 정적인 특성으로만 보는 관점에 대해 의문을 제기하고, 가족의 스트레스란 단기간에 발생하는 단일한 사건이 아니라 복잡하고 지속적으로 변화하는 상황의 연속이며, 과거, 현재, 그리고 심지어 미래의 다양한 시간적 차원에서 영향을 받는다고 지적하였다.[7] 따라서 가족은 시간과 환경의 변화에 따라 갱신되는 과정적 탄력성을 필요로 하며, 이는 만성질환, 사랑하는 사람의 사망, 가족 해체, 경제적 어려움과 같은 장기적이고도 누적될 가능성이 있는 스트레스에 대처하는 데 필요하다.[8] 가족의 스트레스 적응은 고정된 것이 아니라 점진적으로 진화하는 것으로, 무질서한 상태에서 점차 질서를 찾아가는 경향을 보인다.

6   Laura de Haan, Dale R. Hawley, James Edmond Deal, "Operationalizing Family Resilience : A Methodological Strategy", *American Journal of Family Therapy*, 2002, 30(4); 余璐,罗世兰.家庭资本对处境不利儿童学习品质的影响 : 家庭心理韧性的中介.学前教育研究, 2020,(9).

7   Michael Rutter, "Psychosocial Resilience and Protective Mechanisms", *American Journal of Orthopsychiatry*, 1987, 57(3).

8   Cynthia Lietz, "Family Resilience in the Context of High-risk Situations", Dorothy S. Becvar, *Handbook of Family Resilience*, New York : Springer, 2013.

<표 1> 가족 스트레스 사건과 가족 탄력성 특성 분류

속성	가족 스트레스-위험 요인		가족 탄력성 특성-보호 / 회복 요인	
원천	**내부** 가족 내에서 발생하는 사건 예 가정 폭력, 중독, 우울증	**외부** 가족 외부에서 발생하는 사건 예 인플레이션, 기후 악화	**내부** 가족 내부에서 형성 및 유지되는 특성 예 유연하게 조정할 수 있는 가족 역할	**외부** 가족이 외부 환경과 상호작용하는 능력 예 폭넓은 사회적 지원 네트워크
유형	**규범적 발전** 생애 과정에서 예측 가능한 사건 예 결혼, 출산, 노화, 은퇴	**재난적 상황** 예측할 수 없는 사건 예 젊은 가족 구성원의 사망, 가족 부양자의 장애	**개인** 가족 구성원 개인의 심리적, 행동적 강점 예 효과적인 의사소통 기술	**전체** 가족이 하나의 단위로서 원활하게 작동하는 방식 예 함께하는 시간
유형	**모호** 사건이나 가족 상태가 불분명하고 정보가 명확하지 않은 경우 예 가족 구성원의 실종, 자녀의 이상 행동	**명확** 가족이 현재 발생하는 일과 그 전개 과정을 알고 있으며, 정보가 명확한 경우 예 주택 대출 상환, 이사	**자발성** 스트레스 발생 이전부터 존재하여 위험 발생의 확률을 낮추는 특성 예 안정적인 재무 관리	**활성화** 스트레스와 위험에 직면했을 때 촉발되는 회복력과 적응 능력 예 자연재해 시 긴급 대응
유형	**자발적** 원하고 주도적으로 선택하는 사건 예 직장 이직, 계획 출산	**비자발적** 비자발적으로 선택한 사건 예 해고	**원초적** 가족 형성 시부터 타고난 속성 예 공통된 취미나 오락적 관심사	**습득** 생활 경험을 통해 형성된 특성 예 일상적인 생활의 의식
지속 시간	**만성적** 장기간 지속되는 사건 예 만성 질환, 빈곤	**급성** 짧은 시간 동안 발생하지만 스트레스가 큰 사건 예 골절	**일상적 지속** 가족 생활에서 장기간 그리고 빈번하게 나타나는 특성 예 긍정적이고 일관된 가치관	**비일상적 단기** 특정 시기나 도전에 직면했을 때 빠르게 동원되는 가족 능력 예 중대한 변화를 겪을 때의 단결과 상호 지원
밀도	**누적** 일련의 사건이 연속적으로 발생하여 가족이 해결되지 않은 다중 스트레스로 인해 지치는 경우	**단일** 단독의 사건이 발생하며, 추가적인 스트레스 요인이 없는 경우		

注 : Boss(2001)의 스트레스 상황 분류표를 바탕으로 정리 및 보완함.

2) 역동적 진화 이론 관점

역동적 진화 이론의 관점에 따르면 가족 탄력성은 다양한 단계와 여러 층위의 스트레스에서 점진적으로 형성되고 강화되는 역동적인 과정이다. 이러한 이해는 시간과 상황에 따라 탄력성이 어떻게 변할 수 있는지 탐구하는 데 도움을 준다.[9] 이 관점은 가족이 삶의 과정과 세대 교체의 흐름 속에서 부단히 진화하는 조직이라고 본다. 즉 가족 탄력성은 특정 사건에 대한 반응에 그치는 것이 아니라 과거와 현재, 미래를 관통하는 지속적인 과정이며, 세대 간의 지원적 연결을 반영한다. 이는 가족 구성원의 의미, 연결, 연속성에 대한 공동의 추구에서 드러난다. 이와 맞물려 가족 탄력성은 개별 가족 구성원의 능력을 단순히 합산한 결과가 아니라, 구성원 간의, 그리고 구성원과 가족 단위 간의 복잡한 상호 작용의 역동적인 관계에서 비롯된다.[10] 따라서 이 관점에서는 가족 탄력성이 다음과 같이 세 가지 핵심 능력을 포함한다고 본다. 첫째, 생애 주기의 여러 단계에서 가족 구성원의 필요에 대응하는 능력, 둘째, 과거의 갈등과 상실을 해결하거나 수용하는 능력, 셋째, 세대를 거쳐 긍정적인 가족 유산을 전승하여, 가족의 연속성과 의미를 공동으로 형성하는 능력이다.[11] 역동적 진화 이론 관점은 시간 변수를 도입함으로써 가족 탄력성 개념을 단순한 정적인 관점에서 보다 복잡한 동적인 관점으로 확장하였다. 이러한 접근 방식은 두 가지 주요 측면을 포함한다. 첫째, 가족 탄력성이 생애 주기 전반에서 어떻게 변화하는지 분석하는 것이며, 둘째, 탄

9   Dale R. Hawley, "The Ramifications for Clinical Practice of a Focus on Family Resilience", Becvar, *Handbook of Family Resilience*, New York : Springer, 2013.

10 Joan B. Simon, John J. Murphy, Shelia M. Smith, "Understanding and Fostering Family Resilience", *The Family Journal*, 2005, 13(4).

11 Deborah A. King, Lyman C Wynne., "The Emergence of 'Family Integrity' in Later Life", *Family Process*, 2004, 43(1).

력성이 세대에 걸쳐 어떻게 전달되고 연속되지는 고찰하는 것이다.

가족이 여러 발전 단계에 따라 어떻게 탄력성을 변화시키는지와 관련, 가족 생애주기 이론은 역동적 진화 이론 관점에서 핵심적인 이론이다. 이 이론에 따르면 가족의 표준적인 발전 과정과 순서는 일반적으로 "사회적 시계social clock" 개념에 의해 형성된다. 전형적인 가족의 생애 주기는 형성, 확장, 안정화, 축소, 빈 둥지, 해체라는 여섯 단계로 구분되어지며,[12] 이 주기는 점점 더 길어지고 다양해지는 경향을 보인다. 가족이 한 단계에서 다음 단계로 이동함에 따라 직면하는 스트레스 요인이 변화하며, 그에 따라 탄력성 역시 조정되어야 한다. 새로운 단계에서 가족의 적응 능력은 이전 단계에서 경험한 트라우마나 축적된 탄력성과 관련이 있을 수 있다.

첫째, 결혼은 가족 생애주기의 출발점으로, 결혼을 통해 두 개인과 그들의 가족 배경이 하나로 결합하게 된다. 결혼한 당사자는 상대방의 생활 방식과 가치관에 적응해야 하며 새로운 가족 목표와 재정 계획 등의 도전에 함께 직면해야 한다. 이 과정은 새로운 가족이 고유한 탄력성의 지도를 만들어가기 시작함을 의미한다.

둘째, 자녀의 출생은 새로운 부모에게 가족 구조, 책임 분담, 그리고 관심의 초점을 조정함으로써 가족 생활양식을 재구성하도록 압력을 가한다. 자녀 수가 증가함에 따라 부모는 시간, 공간, 일, 돈, 여가 활동 등의 여러 측면에서 균형을 맞춰야 하며, 이는 종종 결혼 만족도의 저하와 전통적인 성 역할로의 회귀를 초래할 수 있다. 또한 부모는 자녀의 안전한 애착 형성을 위해 정서적인 투자를 하고 자녀의 다양한 요구를 충족시켜야 한다. 이러한 변화의 과정에서 가족의 적응 능력과 결속력은 보다 강화되며, 가족 탄력성

---

12   Paul C. Glick., "The Family Cycle", *American Sociological Review*, 1947, 12(2).

역시 더욱 심화되고 발전하게 된다.

셋째, 성인 자녀가 한 명씩 집을 떠나면서 가족 구조가 축소되기 시작하고, 부모는 자녀 및 손주와의 관계가 변화하면서 역할의 변화를 겪게 된다. 이 과정에서 부모는 자녀의 삶에서 주변적 위치에 놓일 수 있지만 여전히 서로 긴밀하게 연결되며 상호 의존하는 관계를 유지한다. 빈 둥지라는 도전에 직면한 부모는 개인적인 필요와 우선순위에 다시 집중함으로써 이러한 변화에 적응하는 한편, 조부모로서의 역할 수행이나 다른 형태의 사회적 활동에 참여함으로써 삶의 새로운 의미와 기회를 찾게 될 수 있다.[13] 이 단계에서 가족 탄력성의 핵심 요소는 의미와 만족감을 찾는 것으로, 가족이 겪은 다양한 경험을 하나의 일관된 자아 정체성, 관계적 완정성, 그리고 삶의 가치로 통합하는 것이다.

가족이 역동적으로 변화하는 과정에서 가족 탄력성은 세대 간에 전승될 뿐만 아니라 동시에 생물학적, 심리적, 행동적 차원의 요인을 통합한다. 이는 트라우마의 세대 간 전승 현상과 유사하게 자녀와 부모의 탄력성 사이의 높은 일치도를 보이는데, 이 점은 탄력성의 특성이 가족 내에서 지속적으로 유지되고 세대 간 전파될 수 있음을 시사한다.[14] 가족 탄력성은 임신 기간부터 초기 생애까지의 유전적 요인을 통해 세대간 전승되며 장기적으로 다음 세대의 행동 패턴을 형성하는데, 특히 긍정적인 양육 방식과 개방적인 의사

---

13   Margaret M. Mueller, Glen H. Elder Jr, "Family Contingencies Across the Generations : Grandparent — grandchild Relationships in Holistic Perspective", *Journal of Marriage and Family*, 2003, 65(2).

14   Evaldas Kazlauskas,Danute Gailiene, Ieva Vaskeliene et al., "Intergenerational Transmission of Resilience? Sense of Coherence is Associated between Lithuanian Survivors of Political Violence and Their Adult Offspring", *Frontiers in Psychology*, 2017, (8).

소통은 이러한 영향을 더욱 심화시킬 수 있다.[15] 동시에 각 세대의 탄력성은 특정한 사회적, 경제적, 정치적 배경 속에서 형성되지만 가장 직접적인 영향을 미치는 것은 이전 세대의 탄력성 경험과 기억이 새겨진 가족의 각본으로, 이것은 다음 세대가 도전에 직면했을 때 참고할 행동의 청사진이 되어준다.[16] 이러한 과정에서 두 세대의 가족 구성원은 세대 간 깊은 연결감과 삶의 일관성을 느끼면서 가족 생활의 리듬과 변화에 적응할 수 있게 되며, 파괴적인 사건 및 그로 인한 변화를 가족 탄력성이 발전하는 중요한 이정표로 인식하게 된다.

3) 시스템 상호작용 이론 관점

시스템 상호작용 이론 관점에서는 가족이 스트레스에 적응하는 과정에서 내부 및 외부 자원의 변화에 따라 새로운 취약성과 지지적 역량 요인이 동시에 형성될 수 있다고 본다.[17] 가족이 보유한 사회·생태적 자원의 역동적 상호작용은 가족 기능을 유지하는 핵심 요소로, 가족 탄력성을 이해하기 위해서는 이를 더욱 광범위하고 상호 연결된, 그리고 생태적 유동성을 갖춘 프레임에서 분석해야 하는데, 이 틀은 상호 관계와 사회 환경의 중요성을 강조한다. 가족 탄력성은 미리 결정되고 고정된 일련의 패턴이 아니다. 그것은 직계 및 확대가족, 또래 집단, 지역사회社區 네트워크, 학교, 직장 환경, 그

---

15 Rachel Yehuda, Linda M Bierer, "The Relevance of Epigenetics to PTSD : Implications for the DSM-V", *Journal of Traumatic Stress*, 2009, 22(5).

16 Myriam Denov, Maya Fennig, Marjorie Rabiau et al. Shevell, "Intergenerational Resilience in Families Affected by War, Displacement, and Migration : It Runs in the Family", *Journal of Family Social Work*, 2019, 22(1).

17 Norman Garmezy, Ann S. Masten, Auke Tellegen, "The Study of Stress and Competence in Children : A Building Block for Developmental Psychology", *Child Development*, 1984, 55(1).

리고 더 광범위한 사회 체계^{문화, 정신, 정치, 경제, 기후 등}와 같은 다양한 상호작용 요인의 영향을 받는다.[18] 그리고 이러한 요인들이 가족 탄력성의 발전에 영향을 미치는 중첩된 환경嵌套环境을 형성한다. 가족 구성원과 사회 환경 간의 긍정적인 상호작용은 가족 발전 과정에서 보다 긍정적이고 지속적인 상호작용을 촉진할 수 있지만,[19] 불안전한 지역사회, 주거 불안, 일자리 기회와 의료보건 서비스의 부족 등과 같은 위험 요인은 가족 탄력성에 악순환을 일으킬 수 있다.

현재 가족 탄력성을 설명하는 여러 가지 체계적 모델이 널리 받아들여지고 있는데, 대표적으로 가족 스트레스 맥락 모델the contextual model of family, 다층적 순환 가족 탄력성 모델Walsh's Family Resilience Framework, 다중 시스템 중첩 가족 탄력성 모델Henry's Family Resilience Model이 있다. 이들 모델은 체계적 상호작용의 관점에서 가족 탄력성의 주요 관점들을 각각 다른 각도에서 설명하고 있다.

가족 스트레스 맥락 모델은 가족을 보다 넓은 환경적 맥락의 일부로 간주하여, 가족의 스트레스 관리가 내부 및 외부 환경의 상호작용에 의해 영향을 받는다고 본다.[20] 외적 맥락external context은 거시 경제, 세계사, 인류 발전, 유전학 및 생물학, 문화적 가치관 등의 요소를 포함하며, 이러한 요소들은 스트레스 사건에 대한 가족의 인식과 대응에 영향을 미치지만, 대부분 가족이 직접 통제할 수 없는 영역에 속한다. 한편 내적 맥락internal context은 가족 구조, 정신적·심리적 상태, 가치관 및 신념과 같은 요소로, 조정하고 통제할 수 있는 부분이다. 스트레스 상황에서 가족 구성원은 가족 체계 내에서 자

18   Celia Jaes Falicov, "Immigrant Family Processes : A Multidimensional Framework", Froma Walsh, *Normal Family Processes*, New York : Guilford Press, 2012.

19   Michael Ungar, "Families as Navigators and Negotiators : Facilitating Culturally and Contextually Specific Expressions of Resilience", *Family Process*, 2010, 49(3).

20   Pauline Boss, *Family Stress Management*, Newbury Park, CA : Sage, 2001

신의 역할과 위치를 명확히 인식해야 하는데, 이처럼 체계의 경계를 명확히 인식하는 것은 가족의 결속력과 적응력을 유지하는 데 도움이 된다. 따라서 가족 스트레스 관리에서 중요한 것은 경계의 모호성을 해결하고, 가족 가치관의 부정 및 확인 등의 내재적 맥락의 미시적 측면이다. 이를 위해서는 가족 구성원이 스트레스 상황에서 가족 체계의 역할과 위치를 파악하고 유지함으로써 가족의 안정성과 유연성을 확보할 수 있어야 한다.

다층적 순환 가족 탄력성 모델은 가족 과정의 관점에서 출발해 가족을 역경을 견디고 회복할 수 있는 능력을 갖춘 기능성 체계로 본다.[21] 이 모델은 신념 체계, 조직 패턴, 의사소통 및 문제 해결이라는 세 가지 핵심영역을 중심으로 하여, 다양한 상호작용 변수를 통해 가족이 스트레스와 위기 상황 속에서 어떻게 지속하고 발전을 도모하는지 상세히 설명한다. 구체적으로 신념 체계는 가족의 경험에 의미를 부여하며, 이를 문화와 희망, 꿈과 연결시켜 가족 구성원이 어려움에 직면했을 때 긍정적인 태도를 유지하고 정신적 지지를 찾을 수 있도록 돕는다. 조직 패턴은 구조와 자원 동원의 측면에서 가족의 유연성을 강조하는데, 가족은 특정한 기대와 습관을 기반으로 환경 변화에 적응함으로써 스트레스의 영향을 완화한다. 의사소통 및 문제 해결 능력은 가족 구성원이 스트레스 상황에서 효과적으로 소통하고 협력할 수 있는 기초를 형성한다.

다중 시스템 중첩 가족 탄력성 모델은 예방과 개입을 지향하는 다층적·다체계적·다분야 적용 모델이다.[22] 이 모델은 개인 및 가족 탄력성의 핵심

---

21   Froma Walsh, "Family Resilience : A Framework for Clinical Practice", *Family Process*, 2003, 42(1).

22   Carolyn S. Henry, Amanda Sheffield Morris, Amanda W. Harrist, "Family Resilience : Moving into the Third Wave", *Family Relations*, 2015, 64(1).

개념을 통합하고, 가족 체계의 관점에서 가족의 위험 요인, 보호 요인, 취약성이 생태 체계, 가족 적응 체계, 가족 상황의 의미 체계에서 상호작용함으로써 가족의 적응 능력을 증진할 수 있다고 본다. 특히 가족 적응 체계는 가족이 일상생활을 조정하고, 스트레스가 초래하는 부정적인 영향을 완화하는데, 가족의 의미, 정서, 통제 지원과 스트레스 반응 등의 하위 체계로 구성되어 있다. 생태 체계의 경우 미시적 환경에서 거시적 환경까지 모든 요인을 포괄한다. 이 모델은 기존 연구를 바탕으로 가족 탄력성의 의미를 확장하고 그 일관성 및 폭과 깊이를 강화하였고, 가족이 장단기적인 위험에 적응하는 과정과 가족 능력의 향상 등을 분석하는 데 적용될 수 있다.

4) 중국적 맥락에서의 가족 탄력성 – 세 가지 이론적 관점의 본토화 적용

중국의 특정한 사회·문화적 및 제도적 맥락에서, 위에 언급한 세 가지 이론적 관점은 중국에서 가족 탄력성의 형성과 발전을 이해하는 데 유용하다.

첫째, 중국에서 가족 탄력성의 특성은 효孝, 가족 화합과 같은 문화적 전통 및 가치와 밀접하게 관련되어 있는 경우가 많다. 이러한 특성은 가족이 사회적 변화와 도전에 직면했을 때 중요한 버팀목이 된다. 예를 들어, 중국 가족은 경제적 압박, 건강 위기 또는 기타 어려움을 겪을 때 종종 이러한 내재적인 탄력성 특성에 의존하여 가족의 안정과 기능을 유지한다. 가족 구성원 간의 상호 지원, 공유된 가치관과 신념 체계, 그리고 전통적인 가족 역할에 대한 고수는 가족 탄력성의 중요한 구성 요소이다.

둘째, 가족 생애주기의 서로 다른 단계결혼, 출산, 자녀의 성장, 노년기 등는 가족 탄력성의 형성과 진화에 영향을 미친다. 이러한 각 단계에서 가족 구성원은 가족의 새로운 역할과 책임에 적응하고 세대 간의 갈등과 기대에 대처하며 생활의 사건이 초래하는 도전에 대응해야 한다. 가족 구성원은 각기 다른 생애 단계에서 탄력성을 발휘하며, 세대 간의 지원과 상호작용을 통해 전승되고 강화된다. 예를 들어 중국 가족에서는 부모세대가 자녀의 결혼과 독립을 지원하고, 자녀는 부모가 노년에 접어들었을 때 돌봄의 책임을 맡는다. 이러한 세대 간 지원과 상호 도움은 가족 탄력성이 지속될 수 있는 핵심 요소이다. 중국에서 가족과 사회 환경 간의 상호작용은 특히 중요하다. 가족은 사회 환경의 변화에 적응해야 하는데, 예를 들어 경제 변동으로 인한 불확실성, 코로나19 팬데믹과 같은 보건 위기, 도시화와 인구 이동, 저출산과 고령화와 같은 사회적 도전 등이 그것이다.

이와 동시에 중국의 가족은 또한 다음과 같은 새로운 변화에 마주하고 있다. 이혼 위기의 증가로 인한 가족 불안정성, 저출산으로 인한 가족의 구조적 취약성, 인구 이동으로 인한 가족의 주거 분리 등이다. 이러한 변화들 때문에 가족 탄력성의 중요성은 더욱 커졌다. 가족은 이러한 내적인 스트레스와 위기에 대처해야 할 뿐만 아니라, 외부 환경과 적극적으로 상호작용하며 필요한 자원과 지원을 확보해야 한다. 역사의 새로운 단계에 접어든 가운데 중국 가족은 지역사회의 자원, 교육 기관, 의료 체계 등과 협력 관계를 구축함으로써 가족 구성원의 다양한 요구를 충족하고 가족 전체의 복지를 증진해야 한다.

이 세 가지 이론적 관점을 통해 우리는 중국 가족이 어떻게 삶의 역경에 적응하고 극복하는지, 그리고 사회 변화 속에서 탄력성을 유지하고 발전시키는 방식을 보다 깊게 이해할 수 있다.

먼저 특질적 성격 이론 관점은 가족의 내재적 자원과 역량이 가족 탄력성의 기초를 형성한다는 점을 강조한다. 이는 중국 가족의 문화적 전통과 가치관, 그리고 가족 구성원 간의 상호 지원과 협력을 중시해야 함을 의미한다. 다음으로 역동적 진화 이론 관점은 가족 탄력성이 발전하고 전승되는 것임을 강조한다. 중국의 가족은 생애주기의 여러 단계에서 변화와 도전에 직면하며, 이를 통해 가족 탄력성을 형성하고 전승할 중요한 기회를 갖는다. 이러한 과정은 개별 가족 구성원의 경험뿐만 아니라 사회·문화적 배경과 역사적 맥락에 의해 깊은 영향을 받는다. 마지막으로 시스템 상호작용 이론 관점은 가족과 외부 환경 간의 복잡한 상호작용을 밝혀낸다. 가족이 변화轉型하는 과정에서 중국 가족은 반드시 효과적으로 사회 환경과 상호작용함으로써 필요한 자원과 지원을 얻고, 또한 부단히 변화하는 사회·경제·문화적 도전에 대응해야 한다. 가족 탄력성에 대한 다차원적인 이론 관점은 우리가 가족 발전 능력을 확장하고, 효과적인 가족 지원 정책과 사회 개입 조치를 수립하는 데 큰 의미가 있다.

3. 가족 탄력성을 기반으로 한 가족 발전 능력의 확장

가족 탄력성은 가족이 보유한 핵심 역량으로, 이를 가족 발전 능력의 분석 틀에 포함시킨다면 가족 발전 능력의 전체적인 구조를 보다 포괄적으로 이해할 수 있을 뿐만 아니라 가족 발전 능력의 의미를 더욱 확장할 수 있을 것이다. 특히, 중국의 특유의 사회·문화적 맥락 속에서 가족 탄력성의 중요성은 더욱 부각된다. 가족 탄력성은 단순히 가족이 스트레스와 도전에 대응함에 있어 핵심적일 뿐만 아니라 가족 발전 능력의 핵심적인 구성 요소로 작용하기 때문이다. 따라서 가족 탄력성 연구를 통해 가족 발전 능력의 이론적 지평을 더욱 풍부하게 만들 수 있을 뿐만 아니라, 가족 발전 능력의 실천적 적용에 대한 보다 심층적이고 폭넓은 관점을 얻을 수 있다.

첫째, 가족 발전 능력의 분석틀 안에 가족 탄력성을 포함함으로써 가족 발전 능력의 개념을 더욱 풍부하게 한다. 가족 발전 능력은 가족의 기능을 정상적으로 유지하는 규범적 능력뿐만 아니라, 가족이 위기와 곤경을 효과적으로 대처하고 빠르게 회복할 수 있는 특별한 능력도 포함한다. 따라서, 가족 발전 능력은 규범적 능력과 가족 탄력성으로 구성된 이중 핵심 구조를 이루며, 이같은 구조를 갖춘 가족은 상황이 순조로울 때나 어려울 때 모두 지속적인 발전을 이루는 것이 가능하다. 가족 탄력성이 가족 발전 능력을 확장시키는 또 하나의 중요한 측면은 가족 구성원 간의 정서적 유대, 결속력, 세대 간의 연대와 같은 정신적 요소이다. 이는 가족 발달 능력의 중요한 측면으로, 대체할 수 없는 가치를 지니고 있다. 중국에서는 효, 가족 화합과 같은 가족 탄력성의 특성이 문화적 전통과 가치관을 반영할 뿐만 아니라 가족 발전 능력의 중요한 구성 요소이기도 하다.

둘째, 가족 탄력성은 가족 발전 능력 연구에 새로운 이론적 관점을 제공하며, 이를 통해 가족 발전 능력의 구조적 특성과 발전 논리를 재검토할 수 있도록 한다. 기존 연구에서는 가족 발전 능력을 가족의 특질적 성격에 초점을 맞춰 이해하였으며, 가족 발전 능력을 가족이 보유한 기능적 자원과 같은 정적인 특성으로 이해하는 경향이 있었다. 이에 반해 가족 탄력성 이론은 가족 발전 능력의 역동적이고 사회적이며 체계적인 특징을 강조한다. 특히 중국의 특정한 사회·문화적 배경 하에서는 이러한 이론적 틀이 중요한데, 이를 통해 가족이 사회 변화에 직면하여 어떻게 적응하고 진화하는지, 생애주기의 여러 단계에서 탄력성이 어떻게 발현되는지 고찰할 수 있기 때문이다. 셋째, 가족 탄력성 이론은 가족 발전 능력의 분석 틀을 확장하였다.

상대적으로 가족 탄력성 이론은 가족 발전 이론보다 더욱 성숙하다. 가족 탄력성 이론은 가족 발전 능력 연구의 시야를 넓힐 수 있을 뿐만 아니라 매우 가치 있는 분석 틀을 제공할 수 있다. 특질적 성격, 역동적 진화, 시스템 상호작용의 세 이론적 관점은 명확한 논리적 점진성을 지니며 상호보완적이다. 이를 바탕으로 가족 발전 능력을 종합적으로 분석할 수 있는 이론적 틀을 구축할 수 있다. 첫째, 특질적 성격 관점은 가족이 고유한 능력을 바탕으로 어떻게 발전하는지 이해하는 기초를 제공한다. 둘째, 역동적 진화 관점은 이러한 정적인 특성을 가족 발전의 시간축 위에 놓고 분석하여, 가족 발전 능력이 생애주기에 따라 어떻게 변화해가는지 종단적으로 설명한다. 셋째, 시스템 상호작용 관점은 가족 발전을 보다 광범위한 사회·생태 체계 속에서 놓고 가족과 외부 환경의 상호작용이라는 관점에서 가족 발전 능력과 그 효능을 관찰한다. 이 세가지 이론적 관점은 가족 발전 능력 분석 틀의 논리성을 강화하고, 가족 발전 능력의 심층적 구조를 보다 면밀하게 탐구하여 그 작동 메커니즘을 밝힐 수 있다.

넷째, 가족 탄력성은 가족 정책과 개입 경로에 대한 분석을 심화한다. 가족 탄력성에 관한 세 가지 이론적 관점은 모두 가족 발전 과정에서 중요한 지원과 개입 지점에 관해 이론적으로 뒷받침하며, 가족이 위험과 스트레스를 줄이고 발달 능력을 향상시키는 경로를 식별 및 집중하도록 돕고, 가족 구성원이 어려운 상황에서 상호 협력하고 연대해 함께 문제를 해결하도록 하며, 또한 심각한 상실과 충격을 경험한 후에도 생활을 재건하는 데 도움을 준다.

요약하자면 가족 탄력성은 가족 발전 능력의 한 요소일 뿐만 아니라 가족 발전 능력의 중요한 기준으로 개념화될 수 있다. 특히 가족 탄력성은 불확실성과 다양한 위험이 존재하는 상황에서 더욱 중요한 가치를 지니며, 탄력성의 정도는 한 가족이 역경을 성공적으로 대처할 수 있는지 여부를 결정하는 핵심 요인이 된다. 따라서 정책적 지원을 통해 가족 탄력성을 강화하여 가족이 내부 및 외부의 스트레스에 효과적으로 대응할 수 있도록 도와야 한다.

이를 통해 가족이 빠르게 균형을 회복하고, 가족 구성원이 지속적으로 건강하게 발전하도록 하는 것이 가족 정책의 중요한 행동영역이 되어야 한다.

우리는 이미 탄력성의 시대에 들어섰다. 가족은 개인과 사회 사이에 있는 단위로서, 가족 탄력성에 대한 연구는 상향식과 하향식 접근 방식을 통합함으로써 불확실성에 직면한 개인과 시대에 대한 효과적인 설명과 지원을 제공할 수 있다. 중국의 문화적 맥락에서 가족 탄력성의 구축은 가족의 상호작용과 사회적 행동의 핵심을 형성하는 가치관인 깊은 윤리적 규범과 가족의 책임에 뿌리를 두고 있다. 그러나 새로운 시대가 도래하면서 중국 가족이 의존해온 전통적인 윤리와 제도적 틀이 전례 없는 도전에 직면하고 있다. 중국사회의 급속한 발전과 변화는 가족에게 경제적 압박, 저출산, 인구 고령화 등 일련의 도전을 가져왔으며, 이로 인해 가족은 더욱 강한 적응력과 회복력을 갖춰야 한다. 가족 탄력성을 심층적으로 이해하는 것은 가족이 사회 변화에 적응하는 메커니즘을 밝히고 중요한 지원 지점을 파악하며, 생애 주기의 단계들에서 안정과 발전을 유지할 수 있는 핵심 요소를 파악하는 데 도움이 된다. 그리고 가족 내부의 역동적 관계세대 간 관계, 부부 관계, 부모·자녀 관계등는 가족 탄력성의 형성과 진화에 중요한 역할을 한다. 이러한 관계를 개선하기 위한 가족 간 의사소통 기술을 훈련하고 정서적 유대를 강화하며 효과적인 가족 갈등 해결 전략을 적용하는 등의 방안을 통해 가족의 적응력과 역경 극복 능력을 크게 향상시킬 수 있다. 또한 가족 탄력성을 이해하는 것은 정책 입안자가 가족의 실제 요구를 보다 정확하게 파악해 더욱 정밀한 가족 지원 정책을 설계하고 실행하는 데 도움을 준다.

제2장

한국 청년세대의 돌봄과 젠더평등[1]

문현아 (강민석·은기수·이주현·조기현)

청년세대와 인구위기

인구감소를 '비상'사태로 선포한 현재 한국 정부의 입장은 인구위기가 경제적으로 생산의 위기를 가져오리라는 점은 고려하지만, 이것이 근원적으로 '재생산의 위기'라는 측면은 제대로 포착하고 있어 보이지 않는다. 아이를 '노동', 즉 미래의 '생산가능인구'로 보며 숫자를 늘리는 측면에만 급급하고, 이 아이라는 인간이 '돌봄'의 과정을 통해 성장하여 생명을 마치는 존재라는 측면은 인식하고 있지 않아 보인다. '비상'으로 선포된 이 위기의 본질은 재생산의 위기이며, 이것이 생산의 위기와 맞물려 있다는 분석[2]은 이 위기에서 젠더 문제가 얼마나 중요한지를 암시한다. 즉 남성생산의 영역과 여성재생산의 영역으로 차별적이고 젠더불평등하게 구조화되어 있는 근본 틀에

---

1 이 글은 국제이주와포용사회센터의 센터장(은기수)과 전 연구원(이주현), 현 연구원(강민석), 그리고 돌봄 관련 작가이자 활동가(조기현)가 함께 공동으로 진행한 〈한국사회 청년세대 돌봄 현황과 대안모색을 위한 연구〉의 일환이다. 지면을 통해 연구에 참여하여 귀한 이야기를 들려준 청년세대들에게 감사를 전한다.

2 낸시 프레이저, 문현아 역, 「자본과 돌봄의 모순」, 『창작과비평』 제45권 제1호, 2017, 329~353쪽; 낸시 프레이저, 장석준 역, 『좌파의 길―식인 자본주의에 반대한다』, 서해문집, 2023.

대한 변화가 불가피한 사안인 것이다. 때문에 이 위기 극복을 위해서는 부분적으로 사회정책을 개선하는데 그쳐서는 안 되고, 현 "사회질서를 뿌리부터 구조적으로 변혁"[3]해야 한다.

뿌리부터 구조적인 변혁은 차별적 젠더규범이 근원적으로 어떻게 변화할 것인가와 맞물려 있다. 인구감소와 직결된 '출생'이라는 사안은 생물학적 남성／여성과 관련된 이성애중심의 규범과 맞물리며, 한국사회에서는 특히 이를 토대로 한 결혼 기반의 가족관계와 맞물린다. 재생산의 위기라는 건, 생물학적 남성／여성의 틀, 이성애중심의 규범, 결혼을 통한 가족관계 전체를 포괄하는 젠더규범의 근원적 변화를 필요로 한다는 징후로 해석 가능하다.

이 글에서는 이와 같은 근본적 변화가 요구되는 재생산／생산의 영역 구분과 관련된 젠더(불)평등의 현실과 전망을 청년세대들의 목소리를 빌려 살펴보고자 한다. 청년세대가 인구감소로 인한 문제들을 감당할 현재의 당사자이자, 지금보다 더 나은 미래를 구성해갈 수 있는 주체이기 때문이다. 그렇다면 왜 돌봄인가? '돌봄은 여성들이 담당하는 것'이라는 전제를 풀어나가는 것과 젠더평등은 긴밀하게 관련된다. 젠더불평등은 임금에서의 젠더격차gender pay gap뿐만 아니라 돌봄에서의 젠더격차gender care gap도 고려해야 하기 때문이다.[4] 이를 통해 여성／여성성과 밀착된 돌봄을 남성／남성성과 연결하는 변화의 시도가 현재 우리가 당면한 위기에 대한 근본적 해결책의 실마리가 될 수 있다. 이런 맥락에서 돌봄을 통한 민주주의 정치를 고민하는 트론토는 '여성(적) 도덕성'에 대한 이야기는 이제 그만하고 이 가치를 포괄하는 '돌봄윤리'를 남녀 공히, 즉 인간의 기본 윤리로 이야기하자고 역설

3 낸시 프레이저, 문현아 역, 앞의 책, 352쪽.
4 안숙영, 「독일에서의 젠더 돌봄 격차 논의와 그 함의」, 『EU연구』 제61호, 2022, 443~470쪽.

한다.[5] 더불어 키테이는 남성을 중심에 놓는 사회에서 여성을 이 기준에 맞추려는 시도만으로 젠더평등을 이루기 어렵다는 측면에 주목한다.[6] 즉 시장 / 생산의 영역에 대한 참여 / 분배의 공정함fairness에 대한 요구뿐만 아니라 사람과 사람을 잇는 연결connection에 대한 요구도 결합되어야 비로소 정의를 지향하는 평등이 가능하다고 설명한다. 키테이는 공정함을 둘러싼 논의에 돌봄의 가치와 덕목이 포함되어야 명실상부한 젠더평등으로 이어짐을 지적하고 있다. 남녀 구분을 넘어, 모두의 보편적 윤리로서 돌봄이라는 가치가 실현되려면 우선, 돌봄이 전통적으로 여성 / 여성성 영역으로 간주되어 온 측면에 균열이 일어나야 한다. 이를 위해 돌봄의 가치와 실천이 남성성을 포함하여 통합되어야 한다.[7] '돌보는 남성성caring masculinities' 논의가 의미를 갖는 것도, 돌봄이 여성의 차원에 국한되지 않고, 남성을 포함해 확대해 나가면서 기존의 차별적 젠더규범에 균열을 내고 결국 이를 바꿔낼 수 있는 가치이자 실천이기 때문이다.

그 동안 한국사회에서는 청년세대와 남성성의 문제가 주로 '젠더갈등'으로 표현되었다. 한국사회에서는 젠더'갈등'이라는 기이한 표현 아래 여성혐오, 여성멸시, 안티-페미니즘이 강조되는 가운데, 불평등한 대우를 받는다고 주장하는 일부 남성집단들의 목소리가 정치권과 결합해 세력화되며 갈등을 더 부채질하는 경향이 두드러지고 있다. 하지만 한국사회에서는 '남성

---

5   Tronto, Joan C., *Moral Boundaries : A Political Argument for an Ethic of Care*, New York and London : Routledge, 2009; Tronto, Joan C., *Caring Democracy : Markets, Equality, and Justice*, New York : New York University Press, 2013.

6   Kittay, Eva Feder, *Love's Labor : Essays on Women, Equality and Dependency*(2nd Edition), New York and London : Routledge, 2019.

7   Elliott, Karla, "Caring Masculinities : Theorizing an Emerging Concept", *Mens and Masculinities*, Vol.19, No.3, 2016, pp.240~259; Hanlon, Niall, *Masculinities, Care and Equality : Identity and Nurture in Men's Lives*, New York : Palgrave Macmillan, 2012.

성'에 대한 논의, 특히 헤게모니적 남성성Connell, 2005을 기반으로 한 권력행사가 지배적인 상황에 대한 논의가 제대로 이루어지지 않았다. 또한, 이런 남성성과 거리를 두고, 헤게모니를 발휘하지 못하거나, 발휘하지 않으려는 대안적 남성성에 대한 연구도 일부[8]를 제외하면 많지 않다.

이런 배경 속에서 이 글은 돌봄을 둘러싼 여성성 / 남성성에 초점을 맞추어 생산 / 재생산으로 구분된 차별적 젠더규범의 관계를 청년세대를 중심으로 고찰한다. 첫째, 여성 / 여성성과 돌봄의 연결에 대한 청년세대의 인식을 분석한다. 둘째, 남성 / 남성성과 돌봄의 윤리와 실천이 어떻게 연결되는지 혹은 연결되지 못하는지를 살펴본다. 셋째, 여성성과 남성성이 돌봄을 통해 어떻게 젠더평등하게 결합되어 통합적으로 실천가능한지를 모색한다. 이 같은 분석의 초점은 돌봄을 남성과 여성이 주고받거나 분담해야 하는 어떤 것이기에 앞서 '사회적 공공재'로 간주하는 틀을 바탕으로 하고 있다. 돌봄 경제에 관한 연구를 수행해 온 폴브레는 자본주의 체제에서 단기적 이윤의 극대화를 위해 그 가치가 제대로 평가되지 않은 공공재unpriced public goods로서의 돌봄에 주목한다.[9] 돌봄이 젠더평등을 향한 사회통합의 주요한 가치이자 주제로 고려될 수 있는 이유는 돌봄이 누구나 향유하고 권리를 지녀야 하는 공공재라는 특징과 연결된다.

이 글은 돌봄을 주요 주제로 청년세대의 여성과 남성을 만나 현실을 진단

8　김엘리, 「20~30대 남성들의 하이브리드 남성성」, 『한국여성학』 제36권 제1호, 2020, 139~173쪽; 배은경, 「'청년 세대' 담론의 젠더화를 위한 시론－남성성 개념을 중심으로」, 『젠더와 문화』 제8권 제1호, 2015, 7~41쪽; 나성은, 「부성 실천을 통해 본 '돌보는 남성성'의 가능성－중간계층 아버지들의 경험을 중심으로」, 『한국문화연구』 제28권, 2015, 173~212쪽; 문현아, 「돌보는 남성성의 가능성 모색－남성의 가족돌봄 사례를 중심으로」, 『한국여성학』 제37권 제3호, 2021, 33~63쪽.

9　낸시 폴브레, 윤자영 역, 『돌봄과 연대의 경제학－가부장제 체제의 부상과 쇠락, 이후의 새로운 질서』, 에디토리얼, 2023, 20쪽.

하고, 이들의 성찰을 통해 변화의 전망을 모색하고자 기획한 연구의 일환이다. 인터뷰에 응한 한 청년은 "우리가 이렇게 이야기한 것이 세상에 좀 들렸으면 좋겠어요."라는 부탁과도 같은 당부의 말을 남기기도 했다. 이러한 말이 계기가 되어 연구가 지속되었고, 이 연구의 일부를 토대로 이 글이 작성되었다.

1. 청년세대에게 돌봄이란?

1) 청년세대에게 돌봄을 묻다

이 주제에 관한 기존 연구는 한편으로는 상당히 방대하며, 다른 한편으로는 부족하다 할 수 있다. 돌봄이나 청년세대에 관한 연구 각각을 고려하면 기존 연구는 상당히 풍부하다. 그러나 청년세대와 돌봄을 연결한 기존 연구는 드물다. 최근 '영케어러'를 초점으로 한 연구[10]들이 등장하고 있지만, 영케어러young carer라는 표현 자체가 현재 돌봄을 실행하는 사람들을 의미한다는 점에서, 이 연구의 주요 참여자들인 아직 돌봄에 직접 참여하고 있지 않은 청년세대와는 결이 다르다.

돌봄 경험이 없는 청년세대에 대한 연구는 아직 충분하지 않고, 이들을 젠더평등과 연결한 연구는 더욱 드물다. '담론(화)'를 초점으로 청년세대를 재생산의 위기와 연결한 연구[11]나, 남성성을 고려해 젠더화된 설명을 시도

---

10 조기현, 『새파란 돌봄─가족, 돌봄, 국가의 기원에 관한 일곱 가지 대화』, 이매진, 2022; 함선유, 「우리나라 가족돌봄청년 규모와 특성, 복지욕구」, 『한국사회복지학회 2022년 추계학술대회 자료집』, 2022; 최영준 외, 「영케어러(Young Carer)의 사회적 위험 대응을 위한 혼합방법 연구」, 『한국가족사회복지학회 학술발표논문집』, 2022, 1119~1197쪽.

11 정성조, 「'청년세대' 담론의 비판적 재구성─젠더와 섹슈얼리티를 중심으로」,

한 연구[12]가 있지만, 여성과 남성의 차이는 간략하게 기술되거나[13] 차이를 강조하는 경향이 두드러져, 젠더평등의 지향을 본격적으로 모색한다고 보기는 어렵다. 한편, 청년세대에 주목한 다양한 연구들[14]도 상당하다. 그러나 대부분 결혼, 출산, 양육에 대한 청년세대의 인식과 실태를 젠더 차이를 통해 미시적으로 밝혀내는 것에 강조점을 두어 젠더(불)평등의 목소리를 낸 청년세대의 실상을 제대로 담아내기에는 충분하지 않다.

젠더연구는 통상적으로 '여성'을 변화의 중요한 주체로 상정하는 연구 분야로 간주되어 왔다.[15] 젠더평등 역시 여성들의 사안으로 간주된 측면이 강하다.[16] 특히 한국사회에서 젠더평등 정책은 여성정책으로, 젠더평등을 다

『경제와 사회』 제123호, 2019, 12~39쪽.

12 배은경, 「'청년 세대' 담론의 젠더화를 위한 시론-남성성 개념을 중심으로」, 『젠더와 문화』 제8권 제1호, 2015, 7~41쪽.

13 정성조, 앞의 책.

14 김영미, 「계층화된 젊음-일, 가족형성에서 나타나는 청년기 기회불평등」, 『사회과학논집』 제47권 제2호, 2016, 27~52쪽; 은기수, 「결혼으로 이행에 있어서 연령규범과 순서규범」, 『한국인구학』 제18권 제1호, 1995, 89~117쪽; 진미정, 한준, 노신애, 「20~30대 청년세대의 결혼, 출산 가치관의 잠재유형과 한국사회 인식 및 개인적 미래 전망의 관련성」, 『가족과 문화』 제31권 제1호, 2019, 166~188쪽; 이재경, 김보화, 「20, 30대 비혼 여성의 결혼 전망과 의미-학력 집단 간 차이를 중심으로」, 『한국여성학』 제31권 제4호, 2015, 41~85쪽; 정세정 외, 『2022년 청년 삶 실태조사』, 국무조정실, 2022; 권혁창, 김지현, 「MZ세대 여성의 결혼 의도 및 여부에 미치는 영향요인-결혼 관련 세 집단 비교」, 『2022 여성가족패널 학술대회 자료집』, 한국여성정책연구원, 2022; 임재연, 「한국 청년세대의 출산 의향에 영향을 미치는 사회적 요인-가족가치관 유형의 효과를 중심으로」, 『한국인구학』 제44권 제4호, 2021, 47~74쪽.

15 Connell, Raewyn, *Confronting Equality : Gender, Knowledge and Global Change*, Sydney : Allen and Unwin, 2011; 마경희 외, 『지배적 남성성의 균열과 변화하는 남성의 삶-남성들 내부의 차이를 중심으로』, 한국여성정책연구원, 2017.

16 Hearn, Jeff, "Men and Gender Equality : Resistance, Responsibilities and Reaching Out", Keynote at the Conference Men and Gender Equality, Örebro, Sweden, March 15~16, 2001; European Commission, *Communication from the Commission*

루는 부서는 '여성가족부'로 명명되어, 젠더는 얼핏 여성과 동의어로 간주되고 여성만의 쟁점으로 접근된 측면이 있다. 코넬은 젠더정책이 '여성중심적'으로 구조화되면서 남성의 입장에서는 젠더가 강조될수록 주요 정책대상에서 제외되고 배경 범주로 밀려나는 경험을 하게 되며, 이런 구도 속에서 안티-페미니즘 경향이 생겨날 기회가 만들어진 것이라고 지적하기도 한다.[17] 따라서 남성성을 다루는 연구는 재편되는 젠더지형에서 변화를 해명하는 과제를 지녀야 한다.[18] 이 글은 이러한 과제의 무게를 인지하며, 균형 잡기를 위한 맥락에서 여성 / 여성성과 더불어 남성 / 남성성도 주요 사안으로 포함하여 분석한다. 또한 남성과 여성이라는 이분법적인 분석틀을 넘어 다양한 스펙트럼을 포괄하는 성소수자 청년세대의 경험도 포함하여 여성성 / 남성성의 특징을 분석한다.

2) 어떤 청년들을 만났는가?

청년세대 여성들은 현실을 어떻게 진단하며 대응 전략을 꾸려나가고 있는가? 또 남성들은 여성들의 목소리와 어떻게 다를지, 성소수자의 경우는 어떠한지, 장애가 있는 가족 구성원이 있는 경우의 경험은 또 어떠한지 등 모든 청년세대의 목소리를 들을 수는 없더라도 되도록 다양한 범주의 청년들을 찾아나서 돌봄에 관한 이야기를 들으며 실태를 파악하고자 했다. 이를

---

to the Council, the European Parliament, the European Economic and Social committee and the Committee of the Regions - A Roadmap for equality between women and men 2006~2010 {SEC(2006) 275}, 2006; European Commission, *Strategy for Equality between Women and Men 2010~2015*, Luxembourg : Publications Office of the European Union, 2011.

17 Connell, op. cit..
18 김엘리, 앞의 책.

토대로 정리한 참여자들의 특징은 부록의 〈표 1〉과 같다. 성별과 나이를 중심으로 대상을 구분하였고, 돌봄에 대한 태도와 인식에 영향을 미칠 수 있는 결혼 여부, 동거 가족 및 인적사항을 간단히 정리했다. 참여자들은 익명 처리를 위해 모두 별칭으로 표기하였다.

남성 20명, 여성 23명, 총 43명으로 이루어진 청년 참여자들 중 비혼은 37명[남 19 / 여 18], 기혼은 6명[남 1 / 여 5]이다. 가구형태 중 가장 많은 유형은 비혼 1인 가구이지만[남 10 / 여 6], 이 외에 원가족, 배우자, 애인, 동료 / 친구와 살고 있는 사례도 포함되어 있다. 또한, 사례 선정에 있어 이주 배경과 성소수자의 경험도 고려되었으며, 다양한 경제적 상황[계층]과 비수도권지역의 이야기를 들을 수 있는 사례들[19]도 포함하였다.

2. 생산 / 재생산으로 젠더화된 역할 분담에 대한 청년세대의 현실 진단

1) 차별적 젠더규범이 지속되는 현실과 구조적 제약

한국사회는 보편적 생계부양모델, 즉 맞벌이가구가 중심이 되는 추세로 변화하고 있다. 통계청 지역별고용조사 통계[20]에 따르면, 2023년 맞벌이가

---

19 사례에 대한 기본적 인적사항은 〈부록〉 참고. 이 사례들은 기관의 생명윤리위원회(IRB)의 심의 후 승인(IRB No.2203 / 003~015)을 받아 진행하였다. 참여자는 청년세대 중에서 만 20~39세에 결혼 여부와 관련없이 현재 돌볼 자녀가 없고, 현재 부모님을 부양(지속적인 간호 / 간병)하지 않고 있으며, 돌봄에 대한 고민을 해본 사람을 주요 대상으로 선정했다. 모집공고와 스노우볼 샘플링 방식으로 참여자를 모집하였고, 인터뷰는 2022년 5월부터 2023년 12월까지 약 20개월 동안 진행했다.

20 통계청, 『2023년 하반기 지역별고용조사 맞벌이 가구 및 1인 가구 취업 현황』,

구 수는 약 611만 가구이며, 유배우 가구 중 차지하는 비중은 48.2%로 역대 최대치를 기록했다. 청년층만을 대상으로 볼 때, 2023년 15~29세 맞벌이 가구 비중은 52.6%, 30~39세 맞벌이 가구 비중은 58.9%로 각각 역대 최대 치를 기록했으며, 전 연령층 맞벌이가구 비중 평균과 비교해 청년층의 맞벌 이가구 비중이 더 높게 나타났다.

이런 분위기 속에서 청년세대도 생계부양의 중심성으로부터 벗어나기 어렵다는 점과 연결되어 '생존주의 세대'[21]라는 명칭이 부여되기도 한다. 청년세대에게 가장 큰 고민은 생활비라는 연구결과[22]는 타당해 보인다. 생산 / 재생산을 위계의 측면에서 고려하면, 지금의 자본주의 구도 하에서 돌봄이라는 재생산영역은 생산이라는 생계의 영역에 비해 부차적이거나 하위 단계로 간주된다. 이로 인해 청년세대 모두에게 중요한 의제는 돌봄보다는 경제적 생계에 대한 고민일 수밖에 없다. 그러나 이 둘 사이의 무게 중심을 둘러싼 생각은 여성과 남성 간에 조금 다르게 감지되고 있었다.

> 저한테 결혼은 '족쇄'다(라고 생각). 저는 일단은 우리의 부모세대들이 결혼을 함으로써 잃는 것들을 더 많이 보고 배웠다고 생각을 하거든요. 저로서는. 예를 들어서 여성은 이제 애를 가지게 되면 직장에서 퇴사를 권유하거나 혹은 애를 낳지 않더라도 결혼을 하면 '쟤는 결혼을 했으니까, 이제 곧 애를 가지게' 되고 '회사를 그만둬서, 뭐 이렇게 할' 것이다. 이런 이야기도 많이 있었고.
> [행복, 여]

통계청, 2024, 4쪽.

21   김홍중, 「서바이벌, 생존주의, 그리고 청년 세대－마음의 사회학의 관점에서」, 『한국사회학』 제49집 1호, 2015, 179~212쪽.

22   권혁창, 김지현, 앞의 책.

미션 퀘스트를 깨듯이 '아이고, 할 일도 많은데', 이제 애 키우면서 또 다른 경쟁사회에 또 하나 진입한다는 생각이 들어서 그 짐이라도 덜고 싶다라는 생각에. 물론 저의 남자친구는 계속 반 정도만 동의하고 반은 계속 가능성을 살피고 있지만 저는 계속 그 아이를 낳을 생각이 없다는 걸 계속 피력을 하고 있거든요. 좀 애 키우기도 되게, 이 한 몸 추스르는 것도 힘든데, 애 키우는 여력이 있을까? 라는 생각도 들고. 어떻게 보면은 물론 애가 주는 기쁨이 있지만 힘듦이 더 큰 것 같다는 생각.　　　　　　　　　　　[장미, 여]

아이를 낳았을 때 앞으로가 보여지고, 남편은 그런 게 그냥 막연하게, 그냥 힘들겠지, 힘들겠지. 딱 이 정도여서, 그거에 대한 체감이 다른 것 같아요. 그래서 저는 그거에 대한 걱정이 많은데 남편은 만약 그러면 어떡하지 그냥 딱, 요 정도만 생각하는 것 같아요. 저는 만약에, 만약에라도 그러면은 진짜 제 인생이 다 망가지는 것 같다는 느낌이 드는데.　　　　　　[해, 여]

저출생과 관련되어 이야기되는 '3포' 담론을 드러내듯 연구에 참여한 청년 여성 중 상당수는 돌봄에 대한 어려움을 구체적인 상황 속에서 그려내며, 결혼과 출산을 포기 또는 단념할 수 밖에 없는 고충을 토로했다^{호변, 표정, 행복, 송천, 땅콩, 옹졸, 고구마, 만, 귤 등}. 더불어 본인이 체감하는 두려움과 걱정이 남자친구나 남편이 체감하는 수준과 매우 다르기에 빚어지는 불안감도 표출하고 있었다^{해, 장미, 딸기 등}.

가족이 돼도 이상하지 않은 그런 여친인데, 결혼 얘기를 하면 항상 그 얘기를 합니다. '아이, 아이.' 만약에 결혼하다가 안 좋아서 깨지면 그 돈은 어떡할 거야?' '이혼하면?' 그러게요, 그런 쪽으로 이야기가 넘어왔어요. '결혼을 해서 막 어떻게, 어떻게 살자, 행복한 가정 꾸리자' 했는데. 이제는 결혼을 하면 안 되는 이유가 너무 많아질 것 같습니다. (…중략…) '한 명이 변심하면 걷잡을 수가 없다.' 임신을 한 다음에 '나는 직장이 있는데, 너 나 돌볼 수 있어?' 도 있고, 사실 그건 중요하지 않다고 생각을 해서, 개인적으로는 돈이 있어도 못 할 거고, 없어도 못 할 거면, 그냥 좀 그냥 해버리는 게 맞지 않나라는 천연덕스러운 생각을 하고 있습니다.   [재현, 남]

반면에 남성들은 현재의 여자친구 또는 아내와의 결혼 및 육아 계획에 있어 '어떻게든 되겠지'하는 막연한 구상을 하거나, 비록 현재는 경제적 여건으로 힘들더라도 미래에 언젠가는 결혼이나 출산을 할 것으로 전망하고 있었다. 재현의 이야기는 재현에 국한되지 않고, 로키, 조지, 디너, 런치, 태훈, 세현, 종수, 수첩, 칠판, A님, 참치, 동개 등의 이야기에서도 반복된다. 남성 중 결혼과 출산의 가능성을 배제한 사례는 단 한 건짜으로, 사회경제적 요인 때문이 아니라 어릴적 겪었던 가정불화와 폭력을 대물림하고 싶지 않음이 그 이유였다. 결혼이나 출산을 '상상조차 하기 힘든' 것을 넘어 아예 비혼 또는 비출산을 선언하는 사례가 적지 않은 여성들의 상황과 남성들의 상황에는 분명 차이가 관찰된다. 땅콩과 송천은 그 배경에 자리한 차별적 젠더 규범을 이렇게 설명한다.

제가 기계에 되게 관심이 많거든요. 그리고 그런 공과계열의 물건들도 되게 잘, 좋아하고 배우는 것도 좋아하는데, 제가 처음에 고등학교에서 대학을 갈 때 전 이과생이었는데 선생님이 간호학과랑 사회복지학과만 원서를 넣어줬어요. 여자는 그렇게만 하면 된대요. (이유는) "네가 교대 가기에는 성적

이 부족"하니까 였어요. 너무 편협하다고 생각했거든요.　　　　　[땅콩, 여]

　　네 저희 집은 다 그렇게. 큰언니도 초등학교 교사예요. (웃음) (…중략…) 큰언니도 성적 맞춰서 간 거고, 작은 언니도^{어린이집 교사} 그 성적에 맞춰서 취업을 빨리 할 수 있는 걸, 알아 보다 보니까 그렇게 됐어요. 그리고 아까 말한대로 여자들이 가질 수 있는 직업의 한계 때문에.　　　　　[송천, 여]

　'생존'을 위한 생산영역에의 진출, 즉 돈을 벌어 생계를 유지해야 하는 규범은 남성과 여성에게 동일하게 적용되는 것 같지만, 그 배경에서 차별적 역할분담이나 젠더규범이 여성들의 경우와 맞물린 현실이 드러났다. 땅콩의 사례는 남성과 여성으로 분리된 주된 직업분야의 차별이 맞물려 있었다. 소위 '기계'나 '과학' 분야는 여전히 남성성과 관련된 분야였고, 상대적으로 임금도 높게 책정된 분야라고 할 수 있는데, 땅콩에게는 그 분야로의 진출이 허락되지 않았다. 송천의 사례는 성적이 월등하지 않은 대부분의 여성에게 가능한 직장 선택지가 기존의 젠더화된 역할분담의 틀에서 크게 벗어나지 못하고, 특히 돌봄이 강조되는 분야에 머물러 있는 현실을 보여준다. 송천의 직업도 간호사다. 송천과 땅콩은 특히 지역에서 여성의 일자리가 제한되어 있다는 점을 아쉬워하며, 남성과의 "임금격차도 큰 편"이라고 덧붙였다.

　　열심히 사는 이유가, 어느 정도 제가, 나중에, 계획이 아기를 낳는 거고 그 아기를 키우기 위해서 초반에 그래도 조금 잘 키우려면 그래도 집도, 살 집도 있어야 되고. 그 다음에 분유값이든 뭐든 어느 정도 금전적인 게 필요하다고 생각이 들어서.　　　　　[로키, 남]

저도 양육에 임하는 건 같이 해야 한다고 생각하는데 아마 상대방이랑 저랑 임금 차이가 많이 나면, 제가 만약에 (돌)본다고 치면 어쩔 수 없이 저는 육아에 대해서 조금 소홀할 수밖에 없는 상황이지만 경제적인 능력을 좀 더 키워서 해나가는 건 괜찮을 것 같습니다.   [세현, 남]

이 두 남성의 이야기를 들으면 얼핏 기존의 차별적 젠더규범이 남성들의 목소리를 통해 강화되는 것처럼 보인다. 기존 연구는 생계부양에 대한 강조를 헤게모니적 남성성을 뒷받침하는 틀로 설명했다.[23] 하지만, '임금격차'가 있기 때문세현에, '분유값' 등 금전적인 측면을 고려해야 한다키는 입장은 남성이 생계부양을 해야 한다는, 헤게모니적 남성성에만 기반한 설명과 다른 결을 드러낸다. 이 지점은 두 가지 중요한 측면으로 이어진다. 첫째, 두 사람 모두 '남성이 생계를 책임져야 한다'는 규범은 상정하고 있지 않고, 돌봄을 함께 해야 한다고 상정하고 있다. 둘째, 이들이 경제적 측면을 강조하는 지점은 보편적 돌봄제공자 모델[24]로의 변화를 위해 중요하게 고려되어야 할 측면을 알려준다. 프레이저가 보편적 생계부양자 모델로부터 보편적 돌봄제공자 모델로의 변화를 중요한 지향으로 제시했지만, 현실에서 이런 모델을 구현하려면 '생계'가 사회적으로 보장되어야 한다.

따라서 위 두 남성의 이야기는 생계가 보장되지 않는 상황에서 보편적 돌봄제공자 모델이 현실과 괴리되는 지점을 지적하고 있다. 여성의 경우, 보편적 생계부양자 모델에 내재한 차별적 젠더규범이 제약이 되고, 남성들은

---

23 니얼 핸런, 강순원 역, 「돌봄을 수행하는 남성성−탐색적 분석」, 캐슬린 린치 외, 『정동적 평등−누가 돌봄을 수행하는가』, 한울아카데미, 2016; 마경희 외, 앞의 책.

24 Fraser, Nancy, *Justice Interruptus : Critical Reflections on the "Postsocialist" Condition*, New York and London : Routledge, 1997.

생계를 포기한 '돌봄'이 가능하지 않으므로 보편적 생계부양자 모델에 다시 의존하게 되는 규범이 강화되는 셈이다. 비혼 청년의 이런 인식은 기혼세대의 경우에도 다음과 같이 설명된다.

> 남편이. 그냥, 그냥 생각이 없는 거 같아요. (웃음) 아이만 "낳자"이지, 얘를 내가 어떻게 키워야겠다(에 대해서는 생각이 없). 오빠는 그냥 거의 방목할 거 같아요. 일단 시간적으로는 남편이 업무가 되게 늦게 끝나서 야근을 할 때가 많이 있어서 그런 칼퇴를 하는 거를 솔직히 기대를 많이 안 하기 때문에 그 부분이 솔직히 저는 좀 부담스럽고 걱정이 돼요. (…중략…) 솔직히 걱정되는 거는 남편이 늦게 와서 잠을 많이 못 자는데 그 와중에 내가 또 아기를 맡기는 게, 좀 솔직히 나는 좀 미안하고 부담 주는 것 같아서, 남편 일에 지장이 될까 봐서 좀 그냥 내가 알아서 할까? 이런 생각도 드는데. 어떤 분들은 격일로 한다는 분들도 있던 것 같고. 그러니까 우리한테 맞는 방법을 찾아야 되는데, 상황에 맞게끔. 그래서 그게 좀 고민이에요. 어떻게 해야 될지. 남편이 플렉시블하게 일을 해서 나한테 맞춰줄 수 있으면 참 정말 베스트인데. 아무래도 그게 아니고 업무도 많고 가끔은 주말에도 업무를 하다 보니까. (…중략…) 그런 말도 있더라고요. 애기를 "또 낳자", "또 낳자" 뭐 이런 식으로 말하는 남편들은 육아를 많이 안 하기 때문에, 본인이 안 힘들기 때문에 그렇게 쉽게 얘기할 수 있는 거고. 육아에 많이 도움을 주는 사람들은 이게 힘든 걸 아니까 쉽게 낳자는 말을 못한대요. 그렇게 얘기를 하더라고요. [딸기, 여]

딸기의 이야기는 앞서 세현과 로키가 이야기한 측면의 구체적 현실을 더 분명히 드러낸다. 보편적 돌봄제공자 모델로의 전환에서 중요한 구조적 측면은 남편의 업무량이 너무 많다는 점이다. 딸기 본인과 배우자가 모두 일하는 상황에서 노동'시간'을 유연하게 조정하거나 줄이지 않으면 남성이 아이돌봄에 참여하는 것은 불가능에 가깝다는 설명이다. 기존의 차별적 젠더 규범이 여전히 영향력을 발휘하는 이유는 개인적 속성이나 지배적인 남성성에 기인하는 것에 앞서 구조적이고 제도적으로 그 규범이 뿌리내리고 있기 때문이다.

2) 부모 세대와 연결된 차별적 젠더규범의 의미

'남성 생계부양자, 여성 가족돌봄 역할'에 대한 2006년 한국종합사회조사 결과 남성은 45.2%, 여성은 39.5%가 찬성했다. 세대 별로 보면, 60대 이상의 경우 찬성률은 74.3%였고, 20대 이하는 18%였다.[25] 이처럼 20년 전, 한국사회에서 생산과 재생산을 둘러싼 젠더규범은 차별적이었다. 그러나 최근 조사에서는 남성 생계부양자 역할에 대한 찬성이 46.1%[2016]에서 29.9%[2021]로 감소했으며, 연령대가 낮아질수록 찬성 비율이 줄었다.[26] 청년 세대가 결혼, 출산 등 가족 구성을 둘러싸고 기성세대와는 분명히 다르며,[27] 특히 젠더규범과 관련해서 부모세대의 차별적인 사고로부터 거리두기를 하는 것은 다수의 참여자들의 이야기를 통해서도 확인된다.

제가 집 안에서 외아들이고 해가지고. 이렇게 남자는 아니어도 그래도 손주를 보고 싶으신 게 있으셨는데. 사실 부모님은 남자면 더 좋겠다는 그런

---

25 서베이리서치센터, 『한국종합사회조사』, 한국사회과학자료원, 2006, 232쪽. https://doi.org/10.22687/KOSSDA-A1-2006-0003-V1.0.

26 여성가족부, 『(보도자료) 성평등 체감도 상승했으나 일터와 돌봄의 성별 불균형, 여성폭력 현실에 높은 문제의식 — 『2021년 양성평등 실태조사』 결과 발표』. 2022.4.20.

27 배은경, 앞의 책.

말도, 그냥 은연(중)에 하신 말인데. 저는 그런 건 전혀 없고. (…중략…) 옛날에는 그런 것도 좀 있었어요, 대를 이어야 된다는 그런. (…중략…) 전 이제 저희 할아버지의 (아들인 제) 아버지가 외아들이고 제가 또 외아들이에요. 여자 형제들이 다 있는데 남자는 (없는). 그래가지고 할아버지도 '결혼을 해가지고 아이 낳아야 된다' 이런 거를 많이 어렸을 때부터 들어와가지고 당연히 아이를 낳아야 된다 했는데. 결혼하고 생각이 좀 바뀐 것 같아요. (…중략…) '대를 이어야 된다'는 거는 거의 없어졌어요. [스콘, 남]

돌봄에 있어서는 아버지의 역할이 제 기억으로는 별로 많지는 않으셨던 것 같아요. (…중략…) 되게 진부한 표현이긴 한데 좀 전형적인 한국의 가부장제의 아버지셔가지고, 어떤 감정적인 교류가 많거나 하진 않았고요. (…중략…) 뭐 쉽게 얘기하면 가정 내에서 감정 노동이랑 돌봄노동 같은 건 아무래도 어머니가 도맡아 하셨죠. [동개, 남]

저희 어머니께서 저를 낳으면서 이제 일을 그만두셨어요. 근데 계속 평생 얘기하시더라고요, 그거를. 그래서 그게 되게 저한테는 컸어요. 어머니께서 국세청을 다니셨었는데 그러니까 되게 안정적인 직장이었죠. 근데 저희 아버지는 상대적으로 안정성과는 먼 사업을 하셨으니까 이제 저희 어머니께서는 그 직장을 그만둔 게 거의 한(恨)처럼 남아 있으셨었더라고요. 그러니까 계속 아버지한테 생활비를 받아서 생활을 하는 것도 어떤 순간에는 조금 힘드셨던 것 같고 그거를 계속 들으면서 커 와서 나도 꼭 일하는 여성이 되고 싶다 이런 생각을 했었고. 학교 때는 아예 결혼 생각이 없었어요. 그러니까 결혼이 하기 싫었어요. [고구마, 여]

"네가 결혼만 하면 엄마는 모든 숙제를 다 한 거야"라고 말을 하세요. 그래서 '아니? 무슨 모든 숙제?' 다 이러는데. 이제 엄마 말로는 그렇게 생각하시더라고요. 좀 "네가 배우자가 있어야지, 네가 밤길을 간다고 해도, 야근을 하고 늦게 퇴근한다고 해도 내가 안심을 할 거 아니야" 이런 식으로 얘기를 하시더라고요. (…중략…) 사실은 저희 엄마는 제가 그런 직장에 안 다녔어도, 그냥 "그래도 결혼을 해야 되"고 "그래도 애는 있어야 돼" 하셨을 거예요.

[호변, 여]

헤게모니적 남성성을 가족 구도 내 권력이나 지배와 연결지어 생각하면, 2008년에 폐지되었지만 일제강점기부터 자리 잡아 21세기 초반까지 살아남았던 '호주제'를 떠올릴 수 있다. 호주 = 장남 = 가장이라는 가족법의 틀은 호주제 폐지 이전까지 한국인의 가족과 관련된 기본적 규범과 원칙에 깊이 뿌리내리고 있었다. 특히 1997년 경제위기로 아버지로서의 가장의 지위가 크게 흔들리기 전까지 남성생계부양자 역할은 70년대 이후 경제성장 시기를 거친 근대화 전략 속에서 사회적으로 강제된 젠더규범이었다.[28] 호주제의 폐지로 남성이 가족 내에서 행사하던 강력한 '부권'이자 '가장'으로서의 위치는 흔들리고 있지만, 양육과 가사라는 재생산영역과 돌봄의 역할을 여성이 담당하는 구도는 제도적 변화의 계기를 마련하지 못했다. 호주제의 폐지가 돌봄의 영역을 젠더평등하게 분담하는 것으로 자연스레 연결되고 있지는 않기 때문이다. 스콘, 동개, 고구마, 호변의 이야기는 이런 배경을 경험한 한국사회의 실상을 가감 없이 들려주고 있다.

그리고 이들의 이야기는 차별적 젠더규범의 '역사적' 기원을 더듬어 발신

---

28 신경아, 「신자유주의시대 남성 생계부양자 의식의 균열과 젠더관계의 변화」, 『한국여성학』 제30권 제4호, 2014, 153~187쪽.

자로서 부모세대를 되짚어 봐야 한다는 신호로 들린다. 청년세대가 자녀로서 부모와 함께 가족 내에서 생활하고 성장하는 과정에서 젠더규범이 단순히 답습되기만 하는 것은 아닐 것이다. 그러나 이 규범이 세대를 통해 때로 '강요'되거나 은연 중의 압력의 형태로 전달조지, 스콘, 휴지, 호변, 고구마되는 상황은 중요하게 고려할 필요가 있다. 물론 동개를 비롯해 부모세대의 차별적 젠더규범으로부터 거리를 두려고 시도하는 경우도 있지만휴지, 스콘, 커피, 미모사, 조지 등, 호변처럼 부모세대의 틀을 넘어서는 것을 매우 힘들어하면서 버거움을 토로하는 경우도 있었다. 이들의 이야기가 드러내는 함의는 지금의 청년세대가 변화를 이루기 위해서는 무엇보다 이들의 의식이나 무의식에 스며있는, 부모세대가 전수한 차별적인 젠더규범을 돌아보아야 한다는 것이다.

> 가부장적인 집안이다 보니까는 그 집 분위기가 결국엔 아버지의 그 감정에 따라서 많이 흔들리는 경우도 있었고, 그리고 아버지의 감정은 사실은 여러 가지 스트레스들이 많다 보니까, 기본적으로 본인의 책임감도 그렇고 그 책임감이 있음에도 해내지 못하는 것들에 대한 본인의, 그런, 제가 느꼈을 때는, 그런 본인의 자격지심 같은 것도 그렇고, 하다 보니까는 여러모로 되게 많이 스트레스 받았고, 그거를 좀 저는 (아버지가) 가족들한테도 표출을 많이 하지 않았나, 이런 생각이 많이 들어요. 그런 부분에서 제가 많이 이해를 못했었고, 아버지도 나름 이제, 가정을 돌본다고 이제 얘기를 하는 건데, 신경을 쓴 건데 뜻대로 되지 않은 거죠, 웬만하게 다, 벌이라든가 집안에 그런 돌아가는 것들이라든가.
>
> [알린, 남]

> 이혼을 하게 된 결정적인 계기가 아버지가 일을 안 하셨어요. 오랫동안. 그러니까 아버지가 직장을 다니시다가 그만두고 제가 어릴 때 그 이후로 제대

로 된 구직 활동을 하지 않고 구직을 한다고 해도 그 굉장히 짧은 시기에 다시 그만두시고 나중에는 사실 저희 아버지가 고립(된 것)처럼 방에만 계셨어요. 그러니까 저는 어떻게 보면 그 청소년기에 고립된 사람을 본 거죠. [귤, 여]

알린이나 귤의 사례는 현실에서의 남성과 여성이 젠더규범을 잘 따를 수 없는 상황을 알려준다. 사실 한 개인은 '돈'에만 집중하고 다른 개인은 '돌봄'에만 집중한다는 규범 자체가 비인간적이다. 인간은 먹고 살아야 하는 존재임과 동시에 감정이 있는 동물이기에, 감정을 관리하고 돌보는 것을 특정 젠더의 속성으로 한정할 수는 없다. 그러나 헤게모니적 남성성은 감정적인 속성을 여성성의 특질로 규정하고 이런 속성과 거리를 두는 지배적이고 위계적이며 더 나아가 폭력적인 속성을 남성성의 특성으로 규정한다.[29]

알린이 설명한 아버지의 사례는 이런 측면을 반영하고 있다. 헤게모니적 남성성이라는 규범에 따르기 위해 아버지의 감정과 정서적 측면은 스트레스 상황에서 억눌러져야 하고 그 억눌림이 통제 불가능해지면 외부로 표출되어 다른 가족들에게 해를 끼치게 된다. 남성들이 자신이나 타인에게 가하는 폭력, 위험 수위가 높은 행위를 시도하며 자기-돌봄을 결여하게 되는 것, 그로 인해 결국 건강하지 못한 상황과 관계의 악화로 이어지는 것이 헤게모니적 남성성의 규범하에 개인이 치러야 하는 '해로운 비용'이다.[30]

귤의 아버지가 드러내는 고립적 태도도 헤게모니적 남성성의 이같은 해롭고, 부정적인 측면을 반영한다. 이처럼 남성 실업의 증가와 결합된 가족

---

29 Connell, R.W., *The Role of Men and Boys in Achieving Gender Equality*, United Nations Division for the Advancement of Women Expert Group Meeting, Brasilia : Brazil, Oct. 21~24, 2003; Connell, Raewyn, *Confronting Equality : Gender, Knowledge and Global Change*, Sydney : Allen and Unwin, 2011.

30 Hanlon, op. cit.; Elliott, op. cit..

구조의 불안정성으로 남성들이 남성다움에 대해 의문을 갖는다[31]는 점은 앞서 언급된 바 있다. 그러나 이런 의문을 '아버지' 세대가 어떻게 감당했는지, 그것이 자녀세대에게 어떤 영향을 미쳤는지에 대해서는 한국사회가 아직 충분한 설명을 시도하고 있지 않다. 홍콩의 자녀를 돌보는 아버지에 대한 연구에서는 귤의 아버지처럼 직장을 그만두고 집에서 돌봄의 역할을 맡는 것을 남성성의 규범으로 받아들인 남성의 사례가 언급된다.[32] 귤의 아버지가 집에 있는 자신의 현실을 바람직한 남성성으로 인정할 수 있었다면, 고립과는 다른 방향의 일상이 영위될 수 있지 않을까?

3. 젠더평등으로의 한걸음 돌봄을 통한 변화의 가능성

1) 평등한 젠더규범으로의 '균열' 지점

앞 장에서 언급한 부모 세대의 차별적 젠더규범을 경험한 청년들은 기존 규범을 따르기보다 거부하려는 의지를 많이 드러냈는데, 이 절에서는 특히 남성들의 경우를 중심으로 이러한 경향을 분석한다.

제가 자라온 환경에서는 어머니 쪽이 뭔가 더 많이 하는 부분이 있었는데 저는 오히려 그거를 보면서 반발심 같은 게 들었던 것 같아요. 그러니까 이게 왜냐하면 똑같이, 왜냐하면 저희도 부모님 다 맞벌이를 하셨으니까. 똑같

---

31 나성은, 앞의 책.

32 Liong, Mario, "Sacrifice for the family : representation and practice of stay-at-home fathers in the intersection of masculinity and class in Hong Kong", *Journal of Gender Studies*, Vol.26, No.4, 2017, pp.402~417.

이 맞벌이를 했는데도 불구하고 어머니가 더 하니까 '이거는 공정하지가 않다'라는 생각이 들어서 그에 대한 반면교사처럼, '그럼 나는 크면 그러지 않아야겠다'라는 생각이 들어서 그렇게 말을 하는 것 같아요. 50대 50이라고. 그러니까 만약에 뭐 어머니가 전업 주부셨다면 모를 수 있겠는데, 근데 그거는 전업 주부라는 가정 하에 나오는 거고. 그렇지 않은 상황이라면 당연히. 그래서 오히려 저는 어릴 때 그런 걸 보고 그럼 나는 가정을 이루면 그러지 말아야겠다는 생각이 들었던 게 계기라면 계기고 이유였다면 이유였던 것 같습니다.   [미모사, 남]

저는 10대 때부터 생각한 것 같은데 그게 사실 계기가 있어요. 계기가 뭐냐면 제가 경상도 출신이니까, 가부장이 엄청 심하거든요. 그래서 어릴 때부터 그 가부장을 겪으면서 '아니, 왜, 여자는 이래야만 하고 남자는 이래야만 하는지?'에 대해서 의문을 계속 가졌어요. 처음부터 당연시 됐었던 것 같긴 해요. 어머니가 요리를 하고 있는데, 아버지는 TV(만) 보고 있고. 이런 게 나도 모르게 어릴 때는 그거에 대해서 판단할 수 있는 자아가 형성되지 못했으니까, 그냥 그저 따라 했을 뿐인데. 점점 자아가 형성된다고 해야 될까요? 고등학교 때 자립할 수 있는 생각을 가지고 난 이후부터 내 주변 환경, 이제 집 안의 환경에 대해서 의문을 점점 많이 가지게 되더라고요. 그래서 거기에 대해서 당연시 되는 것들을 한 번씩 다 점검해봤던 것 같아요.   [조지, 남]

미모사와 조지가 들려주는 솔직한 고백은 부모세대를 보고 자란 청년세대에게 부모세대의 차별적 젠더규범이 고스란히 답습되는 것만은 아님을 구체적으로 보여준다. 즉 기성세대의 젠더에 관한 불평등한 인식이나 실천을 자녀세대가 반드시 그대로 따르는 것만은 아니기에 변화의 가능성이 열리는 것이다. 또한 모든 부모세대가 차별적 젠더규범을 답습시키는 존재이기만 했던 것은 아니라는 점도 드러났다.

> 저는 이제 되게 좋아하는 분이 제 작은 아빠인데 저희 아버지가 이제 돌아가셨으니까. 작은 아빠가 되게 잘 하세요 작은 엄마한테. 인생의 모든 걸 헌신해서. 둘이 기러기인데, (…중략…) 금요일마다 퇴근해서 차 타고 내려가서 뭐 집안일 빨래 뭐 이런 걸 다 해주세요. 다 해놓고. 와이프 먹을 거랑 애 먹을 거랑 다 해놓고, 또 일요일 날 올라오시고. 그런 거 보면 작은 아빠가 되게 영향을 많이 줬어요. 이렇게 '와이프를 사랑해야 화목해진다', '남자가 희생해야 화목해진다'. 저희는 명절에도 누구, 누구, '여자만 일해야 된다' 이런 건 거의 없어요. 같이 해요. 작은 아빠 주도 하에. [쭝, 남]

쭝의 경험은 젠더평등에 입각한, 적극적으로 돌봄에 참여하며 돌보는 남성성을 실천한 부모 세대의 사례도 가능했음을 보여준다. 물론 쭝이 언급한 작은 아버지는 남성의 돌봄 참여를 보람된 가치로 평가하기보다는 '희생'으로 간주하며, 기존의 젠더규범을 강화할 우려도 노정하고 있다. 하지만 '사랑'이나 '화목'을 강조하며 감정적, 정서적 측면을 드러내는 것은 헤게모니적 남성성과는 일정 정도 거리를 둔 것으로 해석할 수 있다.

> 음 육아는 저도 그렇고 아내도 그렇고 당연히 처음일 거잖아요. 여자는 모성애가 있으니까 더 잘(한다) 이런 건 제 생각에는 헛소리고. 그건 말도 안 되는 소리고. 서로가 처음인 걸 할 때는 아무래도 정말 5대 5로 좀 분배를 할 수 있지 않을까? [동개, 남]

한 걸음 더 나아가, 동개는 부모세대와 독립적인 맥락에서, 기초적이고 상식적인 판단에 기반하여 남녀 모두에게 공평하게 절반씩 분배하고 분담하는 방식을 언급한다. 또한, 부모세대를 반면교사로 삼아 반대급부를 떠올리는 것도 아니었다.

> 근데 그러기엔 아버지에게 어쨌든 금전적 지원을 많이 받아왔고. 약간 그런 거죠, 뭔가 홉스식 사회 계약 같은 거죠. 내가 똑같은 방식으로 누군가한테 (뒤)통수 맞지 않기 위해서라도 돌봄을 한다. (…중략…) 내가 그런 상상을 해요. 내가 만약에 아버지를 부양하지 않았고 내가 자녀가 있을 때 부양하지 않는 모습을 만약에 자녀가 봤어요. 아버지가 막 암에 걸리셔서 막 돌아가시기 직전인데 부양을 안 했어. 자녀들이 나중에 내가 똑같은 병에 걸렸을 때 자녀들이 부양을 안 할 때 '너는 왜 (나를) 부양 안 해?'라고 할 수가 없어지는 거잖아요. '아빠도 그랬잖아'라고 하면. 근데 실제로 외가에서 좀 그랬어요. 그리고 제가 그걸 본 자녀고.　　　　　　　　　　　　　[지락, 남]

지락은 돌봄을 고려하지만, 상호의존성이나 돌봄의 가치를 삶에 통합하는 의미보다는 '주고 받는 관계'의 형평성의 측면에서 이해한다. 청년세대 부양의식에 관한 연구를 보면, 여성이 남성보다 부양의식이 높게 나타나는 경향이 보이는데,[33] 이 연구에서는 그런 경향이 두드러지지 않았다. 오히려 노인세대에 대한 공감수준과 가족친밀감이 높을수록 부양의식이 높다는 연

---

[33]　백종욱, 「대학생들의 가족주의 가치관 및 노인에 대한 태도가 부양의식에 미치는 영향」, 『임상사회사업연구』 제11권 제1호, 2014, 1~19쪽; 최세영·박주현, 「베이비붐세대의 부양의식에 미치는 영향─노인 이미지와 친밀감 중심으로」, 『한국가족복지학』 제22권 제1호, 2017, 101~123쪽.

구[34]와 연결된다. 엘리엇은 돌보는 남성성의 주요 특징으로 첫째, 지배를 거부하는 것과 둘째, 돌봄의 가치를 통합하는 것을 꼽는다.[35] 그리고 긍정적인 정서positive emotion, 상호의존성interdependence, 관계성relationality을 돌봄가치로 통합할 중요한 정체성으로 고려한다. 이를 바탕으로 보면 지락은 부모에 대한 돌봄 책임을 강조하며, 특히 '부양'의 맥락에서 돌봄을 고려하고 있는 점에서 남성성의 지배적 특징을 한층 더 강화하는 뉘앙스로 읽히기도 한다. 따라서 지락의 사례만으로는 변화의 가능성이 어느 방향으로 나아갈지 쉽게 단정하기 어렵다.

제가 부모님한테 엄청 많이 신경을 쓰고 그리고 제일 많이 보이는 게 이제 저희 어머니가 많이 늙어가는 느낌, 그리고 어디 아프시다, 아프시다 그러면 진짜 막 걱정이 되고 조금 더 같이 즐기고 싶은데, 저도 이제 물론 나이가 들겠지만 지금 제가 나이가 들면 저희 어머니는 더 들 거잖아요. 지금 생각이랑 그런 거 있을 때 같이 좀 즐기고 싶어서, 지금 되게 그런 쪽으로 많이 노력을 하고 있어요. (…중략…) (어머니가 아프시면 돌봄을) 저는 누나가 할 것 같은데, 작은 누나가. 저도 많이 보러 가겠죠. 제 일 끝나고, 원래는 집에 가서 자야 되는데 거기서 잘 수도 있는 거고. 근데 자주는 자주 갈 생각은 없을 것 같아요. 왜냐하면 엄마도 부담스러워할 것 같고.   [디너, 남]

디너는 어머니의 상황에 대해 느끼는 애틋함을 바탕으로, 정서적으로 돌봄의 가치를 포용하고 이를 자신의 삶에 통합하는 것으로 보인다. 균열을 보

34 임정수·정순둘, 「노인 부양의식에 영향을 미치는 요인─청년세대와 중년세대 비교를 중심으로」, 『한국가족복지학』 제58호, 2017, 37~66쪽.

35 Elliott, op. cit., p.241.

이는 지락의 지점보다는 돌보는 남성성의 실천으로 더 다가가 있다. 그러나 부모세대의 생각이 이를 적극적인 실천으로 연결하지 못하게 하며 '균열'의 지점에 머물게 한다. 어머니의 생각, 즉 '아들로서 남성은 생계를 부양'하는 것이 더 낫고, 돌봄은 딸인 여성이 하는 것이 편하다는 차별적 젠더규범이 딸/아들에 대한 역할 규범과 중첩된다. 동시에 디너는 아버지에 대한 돌봄에 대해서는 말을 아꼈다. 어릴적 폭력적이었던 아버지에 대한 기억을 떠올리며, 어머니에 비해 돌봄의 가능성에 대해 훨씬 소극적인 입장을 견지했다. 아래에서 인용하는 런치의 경우에도 여동생이 수행하는 돌봄과 본인이 아들로서 수행하는 돌봄 사이의 차이를 언급하고 있다. 런치는 어머니의 입장은 딸이, 아버지의 입장은 아들이 더 잘 알아주는 남성-남성, 여성-여성 유대의 특징을 언급하기도 했다. 그는 아들이 딸보다는 표현에 있어 '부족하다'는 점을 인정하면서도, 아들만의 표현 방식으로도 "충분히 돌봄이 될 수 있다"는 점도 강조했다. 이는 핸런이 지적하듯 젠더차별적인 아비투스가 자리 잡은 젠더화된 정체성 속에서도 감정적 친밀성과 돌봄 분담을 해야 하는 남성들이 재협상해야 하는 상황을 잘 드러낸다고 볼 수 있다.[36]

부모님이 아프실 때 아들인 제가 얼굴을 비추는 게 제일 중요하다 라는 생각이 우선 들어서 좀 무리해서라도 당분간이라도 부모님 곁에서 손수발을 하고 싶은 게 가장 첫 번째 마음입니다. 여동생을 시키고 싶지도 않고. 무조건 제가 해야 돼서. (제가) 아들, 이런 이유도 있고. 또 그냥 제가 느끼는 거지만 저를 더 좋아하세요, 여동생보다. 여동생도 물론 너무 좋아하고 이렇게 다 지원해 주시고 하지만. 분명히 아들이고, 첫째였던 만큼 뭔가 더 많이

---

36 니얼 핸런, 강순원 역, 앞의 책, 294쪽.

표현 받음을 느껴가지고.   [런치, 남]

근데 이제 어쨌든 뭐라고 표현해야 될까요? 부모님에 대한 부채감? 이라
고 할까요? 혹은 할머니에 대한 부채감일 수도 있죠? 그런 것 때문에라도
진짜 최소한 제가 몇 개월이라도 모시고는 싶은데, 모셔야 될 텐데, 모셔야
하는데. 그 '해야 한다'라는 어떤 그런, 뭐라고 하지 당위의 문제라고 하나
요? 그것과, '하고 싶은데'라는 그런 것과 어떤 그런 게, 약간 되게, 좀, 좀 섞
여 있는 것 같아요.   [동개, 남]

런치는 무리해서라도 '손수발'을 들고 싶다는 절박한 감정을 표현했다. 그
리고 동개와 비교했을 때, '해야 한다'는 당위감으로부터 한걸음 더 나아가
'하고 싶다'는 강한 자발성을 표현하고 있다. 당위감보다는 자발성에 방점을
찍는다는 면에서 런치의 돌봄에 대한 수행성은 동개에 비하면 돌봄의 가치
를 통합하는 측면에 더 가까워 보인다. 그러나 돌봄이라는 가치를 내재하거
나 실천하고자 하는 측면보다는 '받은 것이 있다'는 맥락을 고려할 때, 앞에
서 지락이 언급한 '주고 받는' 관계의 측면에 의한 '물질적' 고려가 더 큰 비
중을 차지하고 있다. 장애자녀를 돌본 경험을 토대로 남성의 돌봄에 대해 연
구한 잭슨에 따르면, 돌봄은 존재의 가능성과 긴밀하게 연결된 경험이다. 그
리고 이 경험 속에서 사람들은 시간의 흐름과 더불어 돌봄에 대한 선택을 통
해 성장하기도 하지만 때로 휘청대기도 하며 또다시 일어나는 과정을 되풀
이 한다.[37] 잭슨의 설명대로, 동개나 런치의 돌봄에 대한 생각은 실제 '경험'
을 통해서 뒤로 물러났다 앞으로 다시 나아가는 과정을 반복하며 다져지고,

---

37 Jackson, Aaron J, *Worlds of Care : The Emotional Lives of Fathers Caring for Children
    with Disabilities*, Oakland : University of California Press, 2021.

이 과정에서 돌봄의 가치를 남성성과 통합하며 발전하지 않을까?

저는 마음을 되게 중요시 여겨가지고 간병인을 사용하는 것도 물론 방법이고 또 현실적이고 지혜롭다고 이야기할 수도 있겠지만. 엄마와 아들 간의 그런 관계가 말로 표현할 수 없듯이 분명히 제가 간병을 할 때 엄마도 더 힘을 낼 수 있는 부분이 있을 거라고 생각이 들거든요. 그렇기 때문에 꼭 하고 싶은 그런 욕심이 있는 것 같아요. 좀 무리해서라도 한순간일 수도 있고 하다 보니까.

[런치, 남]

저는 아버지의 심장 소리는 좀 자주 들려주고 싶어요. 그거는 좀 해주고 싶다는 생각이 있었어요. 저의 어렸을 적의 어떤 결핍이기도 하고. 어머니한테 안겨 있기만 했었던 그 느낌이 저한테는 좀 큰 상실이기도 했었던 것 같거든요. 내 근처에는 두 종류의 심장이 있는데 한 쪽만 들어왔던 것만 같은 그런 아쉬움 같은 게 있어서.

[종수, 남]

아까보다 조금 앞으로 나아간 듯, 런치는 어머니에 대한 간병이나 돌봄과 관련하여 조금 더 정서적인 면을 드러내며, 돌봄의 가치, 상호의존성, 관계성을 강조하는 마음을 들려주었다. 본인이 돌봄을 실천함으로써 '어머니가 더 힘을 낼 수 있는 부분'이라는 표현이나 '마음을 중요시 여긴다'는 표현은 친밀감을 표현한다는 맥락에서 돌보는 남성성으로 한걸음 더 다가가는 해석이 가능하다. 이는 엉거슨과 엘리엇 등이 돌봄에서 정서적, 감정적 측면을 상소하는 맥락과 연결된다.[30] 이런 감정이 흔히 '어머니'에 대해 일반 남

---

38 Ungerson, Clare, "Gender, Care, and the Welfare State", In *Handbook of Gender and Women's Studies*, edited by Kathy Davis, Mary Evans, and Judith Lorber, Lon-

성들이 가지는 과잉된 감정에 불과하다고 할지라도, 런치가 어머니에 대해 느끼고자 하는 유대의 끈은 돌보는 남성성으로의 변화를 위한 귀한 자원으로 해석할 수 있다. 종수는 예술 분야에 종사하고 있어 표현이 조금 남다를 수 있다. 이를 감안하더라도, 본인이 부모님 중 한쪽, 즉 어머니의 심장소리만 들었던 기억을 소환하며 다음 세대에게는 공평하게 부모 양쪽의 심장소리를 들려주고 싶다는 생각은 이전 세대로부터의 경험을 거슬러 변화를 시도하려는 강한 의지를 나타낸다.

런치가 '무리해서라도', '한순간'일 수도 있다고 표현한 배경에는 '돈을 벌어야 하는 역할과 돌봄의 역할 사이의 균형을 어떻게 해낼 수 있느냐?'는 현실적 고민이 자리하고 있다. 런치는 인터뷰 당시 일을 하고 있었고, 어머니가 오랜 시간 친할머니를 집에서 모시며 돌보는 상황에 본인이 도움이 되지 못하는 점을 안타깝게 여기고 있었다. 인터뷰 이후 런치는 휴직을 했다는 소식을 들었다. 할머니의 증세가 악화되면서 어머니의 돌봄을 돕기 위한 방안이었다고 했다. 런치는 생계부양의 역할을 당분간 접고 돌봄의 역할을 충실히 하는 것에 비교적 거부감이 덜해 보인다. 직장이 중요하지 않은 것은 아닐 테지만, 돌봄에는 때가 있고, 그 때가 아니면 할 수 없는 상황을 고려한 선택으로 보인다. 만약 사회가 이러한 런치의 결정을 지원하고 격려하는 분위기가 된다면, 런치는 돌봄의 가치를 남성성과 결합해 돌보는 남성성의 실천을 충분히 잘 해낼 수 있지 않을까? 여성들의 입장은 어떨까?

저는 양육에 있어서는 경제적인 부분은 중요하지 않다고 생각을 해서. 어쨌든 보내는 시간은 엄마든 아빠든 똑같이 나눠야 된다고 생각을 하고. 그러

---

don : Sage Publications Ltd, 2006, pp.272~286; Elliott, op. cit.; Hanlon, op. cit..

니까 이게 사실 전제가, 여성이 노동을 거의 안 하는 걸, 좀 전제로 일단 많이 생각을 하시잖아요. 그리고 남성은 경제적인 부담을 져야 되니까. 근데 이게 결국에는 노동 환경에서 일하는 곳에서의 문화가 가장 크다고 생각을 하거든요. 직장 문화가. 저는 어떻게 보면 조금은 그런 쪽에 있어서는 평등한 직장에 있다고 생각을 하는데. 제 일하는 동료들의 얘기를 들어보면 정말 칼같이 뭐 월 / 수 / 금, 화 / 목 / 토 이렇게 나눠가지고 육아를 하시더라고요. 그래서 그게 불가능한 게 절대 아니라고 생각을 하고 동등, 그러니까 같이 보내는 시간이 누가 더 많고 적고를 경제적인 그런 걸 역치로 두어서는 안 된다고 저는 개인적으로 생각을 합니다.   [표정, 여]

표정은 개인 간의 젠더평등한 분담이 현실에서 가능하려면 노동환경, 즉 직장문화의 변화가 필수불가결함을 강조한다. 표정은 경제적인 측면이 중요하지 않다고 보았지만, 사실 모두가 돌봄에 참여하려면 경제적 부담의 무게가 경감되어야 한다. 현재 남성의 임금이 여성에 비해 높게 책정되어 있는 구조에서는 남성이 '주 생계책임'을 지고 여성이 부차적으로 생계를 담당하는 구도가 여전히 존재하기 때문에, 돌봄이 생계를 덜 책임지는 사람의 몫으로 남겨지는 상황은 변화하기 어렵다. 표정의 이야기는 젠더 간 임금격차와 그와 맞물린 젠더차별적 문화가 함께 바뀌어야만 젠더평등이 실현될 수 있음을 설명한다.

양육에 있어서는 그게 나누면 안 된다고 생각은 하거든요. 물론 아내랑 저랑 만약에 벌이 차이가 좀 있으면 그게 좀 있을 수 있는데. 거의 비슷하거나 거의 동등하다고 보면, 근데 정서적으로 지원을 해주는 부모랑 경제적인 지원을 해주는 부모가 따로 있으면 안 된다는 생각은 하고 있거든요. 그런 경제적인 지원을 해주는 부모가 나중 가서는 자녀랑 좋은 관계를 형성할 수 있을까?라는 의문이 들어가지고. 아무래도 부양 같은 경우에는 어느 정도 그 형성 단계가 마무리됐잖아요. 근데 양육은 저는 솔직히 웬만하면 둘 다 거의 비슷하게 하는 게 맞다고 봐요. 아무리 돈을 벌어온다고 쳐도. 물론 돈 버는 차이가 좀 있으면 그래도 돈을 좀 버는 쪽이 경제적 쪽으로 좀 치우쳐져 있는 건 그럴 수 있는데 완전 그렇다고 정서적인 지원을 안 해주는 건 저는 말이 안 된다고 생각해요.   [참치, 남]

참치는 표정이 언급한 젠더 간 임금격차를 바꾸지 못하는 현실 속에서도 평등한, 공동의 돌봄 방안을 고민한다. 특히 경제적 지원과 정서적 지원이 '돌봄'에서 무 자르듯 분명하게 구별되는 것이 아님을 강조한다. 보편적 돌봄제공자 모델을 현실에 적용할 때, 구체적으로 어떻게 해야 할까? 남성과 여성이 절반씩 공동으로 분담한다는 이야기는 이론적으로는 간단할 수 있지만, 현실에서는 참치의 설명대로 쉽지 않다. 이는 매우 구체적인 현실 속에서 관련 당사자들이 서로 논의하고, 협상하며, 균형을 맞춰가야 하는 상당히 복잡한 사안인 것이다.

2) 현실로 존재하는 '돌보는 남성성'의 사례

돌보는 남성성 개념은 돌봄관계가 남성들의 일상에서 중요한 모순과 긴장을 노출한다는 점을 주요하게 고려한다.[39] 코넬이 제시한 헤게모니적 남성성으로부터 남성들을 떼어내어, 대항적이며 대안적인 새로운 남성성을 모색하려는 시도다. 이를 위해서는 남성들이 돌봄을 실천하면서 지배를 거

---

39   Hanlon, op. cit..

부하고, 이를 대신해 돌봄의 가치를 자신의 정체성으로 통합[40]할 수 있어야 한다. 이 가능성은 비판남성학 연구에서 '권력'이라는 힘의 논리와 연결된 남성성의 특징[41]을 어떻게 내려놓을 수 있는지와 맞물린다. 청년세대 담론의 젠더화를 위해 남성성을 고려하는 맥락[42]은 이런 배경과 연결되며, 이 속에서 대안적, 대항적 남성성을 고려하는 것은 복수의 남성성이 가능하다는 설명과 부합한다.

즉, 본질화된 지배적인 형태로 고착된 하나의 남성성에 그치지 않고, 다양한 남성성의 실천과 가능성을 모색하여 헤게모니적 남성성에 저항하는 '전복적' 남성성을, 그람시적 의미에서 '진지전'으로 구축하는 것이다.[43] 하나가 아닌 다양한 남성성을 고려할 때, 여성성에 대해서도 동일한 설명이 가능하다. 돌봄과 여성성을 밀착시키는 차별적 젠더규범이 존재한다 해서 현실에서 모든 여성이 돌봄을 긍정적으로 생각하며 일상에서 돌봄을 실천하는 것은 아니다. 여성들의 경우, 여성성과 돌봄의 긴밀성을 인정하고 이를 강화하는 경우삼다수,3번 등도 없지 않았지만, 둘 간의 긴밀성을 떼어 생각하려는 의지가 반영된 경우가 더 많았다. 이와 같이, 모든 남성들도 헤게모니적 남성성을 실천하는 것만은 아닌 점을 찾아들어갈 수 있다. 남성들이 지배적 남성성에 대한 논의를 완전히 떨쳐버리는 경우는 흔하지 않았지만, 돌봄과 연결하여 고민하는 사례가 없지 않았다. 이는 여성의 목소리를 통해서도 확인되는

40　Elliott, op. cit., p.240.

41　Hearn, Jeff, "So What Has been, Is, and Might be Going on Studying Men and Masculinities? Some Continuities and Discountinuities", *Men and Masculinities*, Vol.22, No.1, 2019, pp.53~63.

42　배은경, 앞의 책.

43　Connell, R.W. and James W. Messerschmidt, "Hegemonic Masculinity : Rethinking the Concept", *Gender and Society*, Vol.19, No.6, 2005, pp.829~859.

데, 상대방 남성이 요리, 청소, 가사노동 등과 연결되어 있으며 심지어 여성보다 더 잘한다는 평가가 이루어지는 사례들이 그 가능성을 보여준다.

> 사실 집안일은 거의 남편이 좀 많이 하고 있어요. 거의 한 6 대 4. 이 정도로 남편이 많이 하고 있고. 저는 주로 요리 만들고 그리고 간단한 청소기 돌리고 그런 거 하고 있고. 화장실 청소? 가끔 그러고 있고. 남편이 분리 수거라든지 쓰레기 청소라든지 이런 것. 근데 남편이 행동이 되게 빨라요. (…중략…) 분리수거, 창틀 닦기 그 다음에 빨래 돌리기, 빨래 건조기, 빼서 접기, 이런 것들이 있잖아요. 그러니까 저도 인정해요. 남편이 많이 한다는 거를.
>
> [라파엘라, 여]

> 저는 저보다 (남자친구의 집안일 참여도가) 높다고 봅니다. (웃음) (…중략…) 집안일도 곧잘 하는 편이고 요리도 곧잘 하는 편이고. (…중략…) 주말에는 자기가 뭘 요리해서 이제 엄마, 아빠, 동생, 밥 차려주기도 하고. 또 화초도 잘 키우고, 청소도 열심히 하고. 이렇게 뭔가 아기자기하게 하는 걸 좋아하지. 하다못해 꽃 받으면 말리고 막 이런 것도 자기가 알아서 하기 때문에, '네가 나보다 낫다'(고 하죠). (…중략…) 저는 남자친구가 이것저것 하는 걸 좋아하니까, (웃음) 남자친구한테, "잘하는 사람이 해야지!" 막 이러면서, "잘 하잖아. 요리도 잘하고, 청소도 잘하고, 잘하는 사람이 하는 게 맞지!" 계속 이렇게.
>
> [장미, 여]

장미와 라파엘라의 평가에 동의하듯, 남성들로부터 본인 스스로를 돌봄에 적합하고, 이를 좋아하는 존재로 자리매김하는 이야기는 이야기군^{칠판, 참치, 재현, 지락,} ^{고바}등를 들 수 있었다. 지락은 여성이 돌봄에 익숙하다면 그것은 그간 여성이 돌봄을 전담하는 환경에 있거나 어릴 때부터 그렇게 학습되었기 때문이라며, 남성도 처음에는 서툴더라도 꾸준히 학습하는 과정을 통해 익숙해지면 남성도 충분히 잘 할 수 있다고 이야기한다. 지락의 사례는 지배적 남성성이 '학습'을 통해 돌보는 남성성으로 변화할 수 있다고 지적하는 점에서 인상적이다. 즉, 남성들이 배우고 터득하는 '학습'과정을 거치면, 돌봄능력을 키워 수행할 수 있다는 제안인 것이다.

> 남성에게 주어진 역할과 여성에게 주어진 역할이 학습이 오래되면, 당연히 돌봄이라는 행위에서, (처음엔) 남성이 조금 서툴 수는 있는데 이거는 본원적인 게 아니라 환경에 의해서 이렇게 된 거라 얼마든지 다시 학습할 수 있는 거라고 생각을 하고.
>
> [지락, 남]

> 아, 요리 되게 좋아합니다. (…중략…) 저는 애 키우고 싶어요. (웃음) 저는 일이랑 맞지 않는 것 같고 그 다음에 경제적으로 그렇게 부담되는 면이 줄어서, 좀 덜해서. 뭐 할머니들이랑 이제 애들이랑 애들 교육부터 애들 노는 것까지 전부 다 제가 할 자신이 있어요. 근데 아빠니까, 하, 그게 이제 걱정이 되네요. 아빠라서 뭔가 초등학교 이제 참관 수업 가거나 하면 "아빠가 왔네?" 그럴까 봐.
>
> [재현, 남]

> 제 남자친구는 육아 휴직도 못 쓸 것 같은 환경이고, 회사에서 그렇게 하면, '아니 무슨 남자가 육아휴직?' '너 갔다 오면 안 돼!' 이런 얘기를 들었던 적이 있어서. 그런 문제를, 회사의 조직 문화 그리고 나라에서 만들어 놓은 법이 제일 중요한 것 같아요. 누가 더 양육을 하냐는 그 부분에 있어서 달라질 수 있을 것 같아요.
>
> [아침, 여]

남성들이 돌보는 남성성을 실천하는 데 있어서는 개인적 노력도 중요하지만, 이런 남성의 실천을 지원하는 가족적, 사회구조적 조건도 중요하다.[44] 재현은 아이들을 좋아하기에 양육을 맡고 싶고, 잘 할 자신이 있다고 이야기한다. 고모네 아이들을 방학 때마다 돌보며 같이 지낸 경험도 들려주어, 이러한 자신감의 근거가 전혀 없는 것 같지는 않다. 더불어 남성의 돌봄 실천에서 요구되는 능숙함competence을 '통달mastery'이 아닌 '할 수 있음'ability으로 해석해야 한다[45]는 엘리엇의 설명과도 부합한다. 그러나 재현은 또한 이런 개인 남성의 실천이 '아빠가 왜?'라는 사회적 조건, 분위기와 맞물렸을 때의 상황을 우려한다. 아침이 이야기하는 맥락도 이와 유사하다. 돌보는 남성성이 개인의 실천에서 그치는 것이 아니라 더 많은 남성들로 확대되고 그것이 사회구조적 여건의 변화와 맞물려야 현실에서 유지될 수 있다는 점을 강조한다. 이는 동개, 미모사, 표정, 옹졸, 호변 등 여러 사례에서도 나타나며, 이러한 논의는 지금까지 일-가정 양립 정책이 여성을 주요 대상으로 삼아온 관점을 재고해야 하는 필요성으로 연결된다. 일과 가정을 남녀 공히 균형있게 양립할 수 있도록 하려면, 남성도 포괄하고 돌봄을 포함해 일-삶-돌봄이 균형을 이루는 틀로 확대[46]되어야 한다.

상황에 따라 다르겠죠. 만약에 이 사람, 상대방이 더 바쁘다, 돌봄을 할 수 있는 여건이 안 된다면 내가 당연히 많이 해야겠고, 반대면, 상대방이 좀 더 많이 하게. 근데 이거를 어느 한쪽에 전가시키기보다는 대화를 하면서 협의해

44　문현아, 앞의 책.

45　Elliott, op. cit..

46　조기현, 『아빠의 아빠가 됐다―가난의 경로를 탐색하는 청년 보호자 9년의 기록』, 이매진, 2020; 문현아, 앞의 책.

나가야.   [고바, 남]

　고바는 남성도 돌봄을 해야 한다는 당위를 넘어, 서로의 상황에 맞게 젠더를 넘나들며 함께 '협의'하는 절차가 필요하다고 지적한다. 협의와 대화라는 표현은 부모세대의 규범에서, 특히 과묵한 가장으로서 아버지의 이미지를 고려하면 낯설다. 그러나 돌봄과 남성성을 연결하는 구도에서는 일상에서의 소통이 잘 이루어져야 하고, 이를 통해 협의하고 합의할 수 있는 능력이 함양되어야 한다. 이는 '남성의 돌봄 노동에 대한 능력'과 '여성의 개인적 성취를 위한 능력'을 함께 개발하는 새로운 노동 분업의 지향[47]이 구체적 현실에서 어떻게 맞물려야 하는지를 촘촘하게 들여다보게 한다.

　이들의 인식이 재생산의 위기를 돌파할 수 있을지 여부는 시간이 흘러야 확인할 수 있을 것이다. 그러나 라파엘라의 사례를 보면 변화는 이미 시작되고 있다. 라파엘라는 "남편이 많이" 하는 점을 인정하기에 "제가 애를 낳아도 되겠다"는 생각이 들었다는 이야기를 들려주었다. 인터뷰 이후 우연히 만난 라파엘라는 배가 불러있었고, 출산을 3주 앞두고 있었다. 재생산의 위기, 특히 인구감소가 심각한 문제로 대두되는 속에서, 라파엘라의 사례는 젠더평등한 사회로의 변화가 남녀가 함께 돌봄을 고민하고, 남성의 실천과 더 밀접하게 연결될 수 있다는 점을 확인해주는 것이지 않은가?

47　낸시 폴브레, 윤자영 역, 『보이지 않는 가슴―돌봄 경제학』, 또하나의문화, 2007, 306쪽.

4. 차별적 젠더규범 너머 — 함께 돌보는 공동체로의 전환

오늘날 돌봄은 이제 더 이상 개인이나 가족만의 의무로만 이루어지지 않고, 사회적 돌봄, 공동체적 돌봄으로 변화하고 있다.

> 할머니가 요양병원에 계실 때 저 사람들이 장례식에 아예 안 오고 그냥 한 번씩, 한 명씩만 일주일에, 한 달에 한 번씩만 찾아왔어도 할머니가 덜 외로웠지 않았을까. (…중략…) 그런 격리된 느낌이 아니라 그냥 마을 안에 있는 느낌이어야 되지 않을까. [보라, 여]

보라의 이야기는 돌봄이 누구에게나 삶의 과정과 결합되고, 격리되지 않은 지역 공동체 내에서 이루어져야 함을 강조한다. 죽음과 마주한 후 돌아보는 유교적 장례절차의 의미도 중요하지 않은 것은 아니지만, 돌봄은 죽음 이후보다는 삶의 과정에 더 초점을 맞추는 실천임을 일러주고 있다. 남성성이 돌봄과 연결되기 위해서는 이러한 삶의 가치에 대한 긍정, 정서적 돌봄의 측면에 대한 인정[48]이 요구된다. 돌봄은 '자기 주위'를 돌아보는 일이며, '세상을 돌보는 일'인 것이다.[49]

그러나 현실의 삶에서는 '생계'를 이어갈 '돈'이 필요하다. 생산 / 재생산의 젠더화된 노동분업의 근간에 자리한 중요한 변수의 하나는 '비용'의 문제와 관련된다. 페미니스트 경제학자로서 돌봄의 경제적 가치와 시장영역으로의 유입을 고민하는 폴브레는 돌봄의 가치를 재평가하기 위해 '타인에

---

48 Elliott, op. cit..
49 조기현·홍종원, 『우리의 관계를 돌봄이라 부를 때—영 케어러와 홈 닥터, 각자도생 사회에서 상호의존의 세계를 상상하다』, 한겨레출판, 2024.

대한 돌봄 의무 규범을 재협상'해야 한다고 강조한다. 그리고 이 점이 더 많은 '비용'을 부담하지 않으려는 사람들의 저항을 불러 일으킨다.[50] '비용'의 문제를 고려해 돌봄의 의무 규범을 재협상하려고 할 때, 이에 따른 '비용 지불'에 저항하는 집단은 남성이라는 범주에 국한될까? 중상위계층, 혹은 생산분야인 시장에서 보다 높은 임금을 받는 노동에 종사하는 개인이라면, 남녀 불문하고 돌봄을 '비용'으로 해결하려 할 수 있다. 돌봄의 가치가 사회적으로 저평가되어 있기 때문이다.

2023년 11월에 실시한 『저출산 인식조사』에서는 저출산 현상의 주된 원인으로 '경제적 부담 및 소득 양극화'를 꼽은 응답이 40%로 가장 높았고, '자녀 양육／교육에 대한 부담감'이 26.9%로 나타났다.[51] 이처럼 아이를 낳지 않는 이유 중 '경제적 부담'이 높다는 결과는 돌봄과 비용의 측면이 매우 중요한 근간을 이루고 있음을 보여준다. 동시에 최저임금보다 낮은 임금을 받는 외국인 가사근로자를 통해 이 비용을 감당하려는 시도도 등장한다. 이런 상황에서 여성뿐만 아니라 남성도 노동시장에서 생계를 위한 충분한 임금을 벌지 못할 경우, 돌봄을 떠맡게 될 가능성이 적지 않다. 즉, 중하위계층 남녀의 결혼가능성 전망이 가장 부정적이며, 이들은 일-가정 균형에 관한 제도적 지원을 기대하기 어려워, 특히 자녀를 낳으면 여성이 일을 할 수 없게 된다는 부담을 남녀 모두 느끼고 있다[52]는 설명이 들어맞는 것이다. 헤게모니적 남성성은 종종 생계부양자 역할과 연결되지만, 구조적 실업이 노동계급, 특히 청년들에게 만연한 상황에서 이들에게 헤게모니적 남성성은 구

---

50 낸시 폴브레, 윤자영 역, 『돌봄과 연대의 경제학−가부장제 체제의 부상과 쇠락, 이후의 새로운 질서』, 에디토리얼, 2023, 65쪽.

51 저출산·고령사회위원회, 문화체육관광부, 『저출산 인식조사』, 2023, 25쪽.

52 최선영·이지혜·윤태영, 『가족형성과 사회불평등에 대한 연구』, 한국보건사회연구원, 2022.

현하기 어려운, 불가능의 조건으로 작동한다는 논의도 이런 배경과 맞닿는다.[53]

경쟁에 몰리고 사회 안전망으로부터 보호받지 못하고 파편화되어 신자유주의 '개인화'의 무게를 감당해야 하는 한국의 청년 세대 중, 돌봄 비용을 감당할 수 있는 남녀는 얼마나 될까? 더 나아가 출산이나 양육을 이성애 규범 내에서만 접근하는 틀 속에서 원천적으로 배제당하고 있는 성소수자들의 상황도 고려해야 한다. 폴브레가 설명한 비용 전가의 문제는 공공재로서의 돌봄이라는 접근을 통해 해결의 실마리를 풀어갈 수 있다. 근본적으로 돌봄이 남성이나 여성 개인의 차원에서 '비용'으로만 감당해야 하는 사안인지를 다시 질문할 필요가 있는 것이다. 또한, 생계 / 돌봄의 구도가 혈연 바탕의 가족 단위 내 젠더관계에서만 논의하는 것으로 해결될 수 있는가에 대한 문제의식도 필요하다.

1) 젠더평등한 돌봄을 향한 청년세대의 제안

(1) 다양한 부문의 구조적 불평등과 젠더평등 고민이 맞물려야

최근 급격하게 늘며 사회적 문제로 회자되는 '쉬고 있는 청년세대'[54]는 사실 그냥 쉬는 것이 아니라 33% 정도가 '일자리를 구하기 어려워'서 실직 상태에 있다. 이런 상황에서 청년세대는 모두 경제적인 생계를 책임져야 하는 압박에 시달리고 있고, 조사에 참여한 청년세대도 예외는 아니었다. 일차적으로 생계에 대한 압박을 해결하지 않고, 돌봄 사안을 이야기하기는 어려워보였다.

---

53 Connell, R.W., *Masculinities* (2nd Edition), Berkeley : University of California Press, 2005.

54 『연합뉴스』,「그냥 쉬는 청년 40만, 또 증가 전환… 역대 두 번째로 많아」, 2024.6.23. https://www.yna.co.kr/view/AKR20240622035700002

어떤, 노력에 의해 어떤 의무를 행해야 하는 게 아니라 기본적으로 모든 국민에게 모두에게 평등하게 기본소득을 주게 되면 돌봄에 대한 어떤 부담을 좀 해소할 수 있는 거 아닐까?   [표정, 여]

맞벌이 안 하고 그냥 기본 소득 300씩 꽂아줘 통장에다가. (웃음) [휴지, 남]

일단 주 4일제가 (웃음) 실행되어야 되지 않을까 생각합니다. 갑자기 그게 제일 먼저 떠올랐어요. 그러니까 노동 시간이 더 짧아져야 다른 가능성들이 생기지, 지금과 같이 노동하는 상황에서는 다른 가능성들을 찾기가 너무 어려울 것 같아요.   [귤, 여]

비용의 문제를 고려하며 표정과 휴지를 비롯한 여러 명이 기본소득을 언급했다동개, 태훈, 종수, 호변 등. 청년들이 바라는 미래에서 가장 중요한 요소가 청년이 원하는 일자리라는 점[55]은 이런 측면과 관련되어 보인다. 이들은 남녀가 개인적으로 돌봄을 실천하고 책임을 부담하는 상황을 넘어서 사회가 돌봄을 공공재로 접근하기 위해서는 충분한 소득이 기본적으로 뒷받침되면 가능하다고 말했다. 그리고 그 기본소득의 비용이 충분히 먹고 살며 돌봄을 수행할 시간과 에너지를 고려할 때, 적지 않은 비용으로 상정되어야 한다는 점도 지적했다. 19~34세 미혼 청년들의 시간활용에 대한 조사에 따르면 '유급노동과 돌봄노동 시간이 길어질수록 모든 형태의 시간결핍을 더 심하게 경험'하는 것으로 나타난다.[56] 시간에 대한 결정은 가치에 대한 결정으로, 돌봄에 시간을 사용하는 것은 생산시간의 대가를 토대로 가능하며, 이는

---

55   정세정 외, 『2022년 청년 삶 실태조사』, 국무조정실, 2022.
56   김진욱, 「청년들의 시간결핍」, 『복지동향』 제299호, 2023, 17~22쪽

권력, 지위, 돈과 관련된다.[57] 돌봄과 생산을 둘러싼 비용과 시간에서의 젠더 평등이 가능하도록 하는 제도적 지원이 필요한 배경이다.

비용과 가치의 측면에서 돌봄노동자들의 처우 개선과 경제적 보상을 통한 돌봄의 질이 향상될 필요성에 대한 이야기도 들을 수 있었다.휴지, 라파엘라, A 님, 해등. 돌봄을 둘러싼 비용의 문제를 돌봄노동자와 가정 내 개인의 사안으로 한정짓지 않고, 사회적으로 접근해야 한다는 이야기다. 이와 더불어, 귤은 돌봄을 위한 시간마련에서 노동시간 단축의 필요성을 구체적으로 강조한다.

> 정말 출생이 더 필요하다, 이렇게 생각을 방향을 잡고서 나아갈 거라면 노동 환경의 개선이 가장 절실하게 필요하다고 생각을 하거든요. 저는 직장에서의 성차별이나 뭐 조직 문화적인 차별이 곧 가정으로 온다고 생각을 하고 있고 여성들은 (…중략…) 결혼이나 육아, 출산 육아 등이 이제 경력이 단절되는 상황이 생기고, 이런 육아휴직 제도도 사실 있기는 하지만 적용되지 않는 사업장도 많고. 그걸 쓸 수 있다고 해서 정말 진짜 쓸 수 있는 회사가 많은 곳도 아니고. 이런 게 개선이 돼야지, 사람들이 그런, 더 자유롭게 육아휴직이라든지 이런 거를 사용하면서. 사용할 수 있는 게 보장이 돼야지, 뭐 출생율에 기여를 하게 되지 않을까? 그러니까 만약에 정말 그게 국가적인 문제인 거면 노동시장, 노동 환경부터 개선을 해야 된다 라고 생각을 합니다. [표정, 여]

> 그러니까 '나의 근무 환경은 내 옆 사람의 근무 환경이고 조건'이라고 그래서 저희가 그런 얘기도 한번 했던 것 같아요. 저희 상근하시는 분들끼리 '내가

---

57   Lynch, Kathleen, *Care and Capitalism : Why Affective Equality Matters for Social Justice*, Cambridge : Polity Press, 2022.

그런 걸 마음 놓고 편하게, 병가나 그런 회사에서 주는 복지들을 써야지, 내 옆 사람도 같이. 이렇게 눈치 보지 않고 쓸 수 있지 않겠냐?'라고.　　**[호변, 여]**

젠더평등은 단순하게 남성과 여성이라는 범주의 사안에 국한되지 않고, 큰 틀에서 남성과 여성이 사회에서 차지하는 위치나 입지를 아우르는 구조적 평등과 맞물려야 한다. 표정의 이야기처럼 사회문화적, 구조적 차별이 개인으로서 남성과 여성이 겪는 차별의 근원에 자리하고 있다. 트론토가 지적하듯, 모든 시민이 평등하다는 전제를 실현하기 위해서는 돌봄 관점을 통한 평등을 정치적 목표로 추구해야 한다.[58] 인간의 자립은 단순히 경제적 독립이 아니라 남을 돌볼 수 있는 능력을 확립하는 일[59]이며 이는 여성에 국한되지 않고 남성과 더불어 모든 시민이 발휘하는 능력이 되어야 하는 것이다. 트론토가 넘어서야 할 도덕경계moral boundary 중 하나로 꼽는 공적 / 사적영역에 대한 경계를 고려하면, 개인적 영역에서의 변화를 구조와 맞물려 고민해야 한다는 표정과 호변의 제안은 시민으로서 청년세대가 돌봄을 공적으로 토론하고 논의하며 키워갈 수 있는 기반을 마련할 필요성을 역설하고 있다.

(2) 돌봄에 대한 생각, 인식이 계기가 된다

연구진은 개별 인터뷰를 마무리할 때 참여자 모두에게 인터뷰를 진행하는 과정에 대한 소감을 물었다. 이에 대해 참여자 대부분은 돌봄이라는 키워드가 많은 생각을 하게 하는 계기가 되었다는 이야기를 들려주었다.

58　Tronto, Joan C., *Moral Boundaries : A Political Argument for an Ethic of Care*, New York and London : Routledge, 2009.

59　조기현·홍종원, 앞의 책.

내가 남을 돌봐야겠구나!도 당연한데, 누가 날 돌봐줬었구나, 그걸 상기 시켜주는 인터뷰였던 같아요. (웃음)　　　　　　　　　　　　　　[쭝, 남]

자식이 이제 부모를 보는 것도 돌봄일 수 있고, 할아버지, 할머니를 그렇게 하는 것도 돌봄일 수 있고. 그런 개념인 줄 몰랐는데 새로 알게 됐습니다.
　　　　　　　　　　　　　　　　　　　　　　　　　　　　　　[스콘, 남]

저도 돌봄이라는 게 참 멀게 생각했는데 오히려 듣고 나니까 생각보다 일상적인 것도 돌봄이겠구나 라는 생각도 (들고), 좀, 저도 약간 많이 배운 것 같습니다.　　　　　　　　　　　　　　　　　　　　　　　　　　[수첩, 남]

제가 전혀, 나의 아이를 낳아서 양육하는 데 있어서 전혀 뭔가 그런 제반 상황이, 그래도 주변 사람들이 그런 모습이 보이면 저도 그걸 고려했을 텐데, 그런 것 자체가 제 인식 자체에 없었다는 거를 지금 말씀하시니까 느끼는 것 같아요.　　　　　　　　　　　　　　　　　　　　　　　　　　[보라, 여]

지면의 한계로 모든 인터뷰 내용을 인용할 수 없지만, 거의 모든 참여자들이 돌봄에 대해 새롭게 생각하거나 살아오면서 돌봄을 일상에서 잘 인식하지 못했던 점들을 깨닫는 계기였다고 이야기했다. 특히 남성들은 돌봄을 주제로 대화를 나누면서 소위 이런 '속내 이야기'를 처음 해본다고 토로한 경우도 있었으며, 눈물과 함께 진행된 인터뷰 시간을 통해 정서적 관계를 돌아보고 자기 돌봄의 계기를 마련할 수 있음을 확인했다. 키테이가 돌봄에 있어서 강조한 '의존'[60]에 대해 생각해 본 쭝은 아버지가 일찍 돌아가신 뒤 자신이 의지했던 작은 아버지, 이모, 목사님을 떠올리며, 새삼 자신이 돌봄을 많이 '받았다'고 인정했다. 수첩은 부모님의 이혼과 더불어 생긴 돌봄 공백 속에서 자신도 나이 차이가 있는 동생을 돌본 경험을 인터뷰를 통해 떠올리며, 본인이 영케어러였음을 자각했다.

일부 참여자들은 개인의 변화를 넘어서 사회 전체적으로 돌봄에 대한 교육을 통해 사람들이 돌봄에 대한 감수성을 높이는 방안을 조언하기도 했다. 앞 장에서 인용한 젠더를 넘나드는 '대화'와 '협의'의 필요성에 대한 고바의 이야기를 옹졸, 미모사, 행복, 알린은 한층 더 구체적으로 그리고 있다.

> 아이를 양육하면, 이 인간을 키우기 위한 어떤 스킬에 대한 교육이라든지 그런 공동체가 적극적으로 활성화된다든지. 뭐라 그럴까요, 정신적인, 교육적인 거? 그런 지점들도 충족이 돼야 할 것 같고. 그리고 직접적으로 아이에 관한 것 말고도, 그냥 어쨌든 좋은 사람으로 성장을 하려면 사회가 그 외에 많은 차별적인 요소들이라든지 험악한 모든 것들이 좀 같이 나아져야 되지 않을까? 그런 생각이 좀 듭니다.   [옹졸, 여]

> 다 나이 들거나 누가 실제로 내 근처에 누군가 아파야지, '와 이거 장난 아니다.' 라는 생각을 그때부터 하기 시작해서. 저도 그랬고. 그래서 이거를 병원 쪽에서 일하면서 보다 보니까, 닥쳐서 생각을 하지 말고, 그전에 생각할 수 있게끔, 뭐 학교에서 교육이든, 하다못해 공익 광고든, 뭐든 생각이 좀 더 보편화하고 이런 생각이 사회 전반적으로 할 수 있으면 어떨까? 라는 생각

---

60 Kittay, op. cit..

이 들더라고요.   [미모사, 남]

저는 국가에서, 어렸을 때부터 좀 공동체나 돌봄에 대한 교육을 강화해야 된다고 생각했어요. 그리고 조금 돌봄을 생각했을 때, 제가 왜 항상 막막한 기분이 들었지? 왜? 나 혼자? 한다고 되는 게 아니라고.   [행복, 여]

사회적인 시스템으로 그런 공동체가 또 유지가 될 수 있고, 지원도 받고 할 수 있다면, (…중략…) 마을이라는 게 건너 건너 누가 사는지 다 알고 '이 사람이 아프네' 하면서 같이 막 챙겨주기도 하고, 뭐 이런 것들이었잖아요. 이런 건데. 하물며 농가 같은 데 가면 품앗이 한다는 말도 있듯이, 그런 것처럼 서로 돕고 사는 이미 공동체가, 그런 시스템이 아니더라도 정서적으로 그게 이루어졌었는데, 이런 것들을 시스템을 만들어야지 된다고 생각도 들고. 그런 거에 대한 정서적 공감을 얻는 게 제일 먼저 저는 중요하다고 생각이 들거든요. 나뿐만 아니라 남도 챙길 줄 알아야 되고, 결국에 우리가 그래도 다 같이 잘 살려면 나만 챙기는 걸로 끝나면 안 된다라는 게, 저는 먼저 그런 정서적인 공감이 필요하다고 생각이 들거든요.   [알린, 남]

돌봄을 여성이 전담해야 한다고 말한 청년은 한 명도 없었다. 남녀 구분 없이 대체로 '돌봄은 남녀가 같이 해야 한다'고 생각하고 있었다. 차별적 젠더규범에 대한 문제제기와 더불어 기존의 젠더규범이 균열을 일으키고 있는 것은 분명했다. 더 나아가 젠더평등하게 돌봄을 분담해야 한다는 생각도 지배적이었다. 그러나 구체적인 현실에서 돌봄에 대해 제대로 교육을 받은 경우나, 돌봄의 가치를 토론하고 미리 대비하는 논의의 장은 한국사회에서 거의 없었다는 것이 이들의 이야기를 통해 드러난다. 젠더평등한 삶을 누리며, 서로 돌보며 살고 싶은 이들에게 필요한 구체적인 실천 방안, 이를 테면 '공익광고'에서부터 전문적 교육을 아우르는 다양한 방안을 통해 돌봄의 가치가 공유되고 널리 확산될 필요가 있다. 돌봄은 사람을 잘 배려하고 배려받는 분위기를 익히는 것이고, 이는 오랫동안 '체득한 관계' 속에서 가능하다.[61] 여성과 남성 모두가 돌봄의 가치를 체득하고 이를 공유하게 되면, 젠더를 기반으로 상대방을 존중하는 문화도 더 확산될 수 있을 것이다.

(3) 정서적 관계와 감정적 유대의 중요성 확인

서로를 돌보는 공동체는 인류 생존에 필수적이다. 「2021년 정신건강 실태조사」에서 청년 남녀의 '자살예방 정책'의 세 번째로 꼽힌 주요 내용은 '서로에 대한 배려와 관심을 통한 공동체 형성'이었다.[62] 인터뷰에 응한 청년세대들도 '공동체'의 필요성에 힘을 실었다. 특히 감정적, 정서적 측면에 대한 이야기를 많이 들을 수 있었다. 미모사나 알린과 같은 남성의 목소리를 통해 정서적 측면에 관한 논의가 강조되는 것은 앞서 언급한 돌보는 남성성의 확장과도 잘 맞물린다.

> 미성년자 자녀들이 커가는 데에서는 부모님이나 가정 환경이 주는 영향이 굉장히 크기 때문에, 그런 부분에 있어서 저는 가족 관계에서 돌봄이라면 당연히 물리적인 의식주가 해결되는 기초적인 거가 맞지만, 그게 해결이 된 이후로는 저는 정서적인 것과 어떤 감정적인 거 그런 걸 케어해 주는 게 더 큰, 더 중요하다고 봅니다, 돌봄에 있어서 비중이. [미모사, 남]

---

61 조기현·홍종원, 앞의 책.

62 장숙랑, 「청년이 제안하는 정신건강 정책」, 『복지동향』 제299호, 2023, 41~44쪽.

좋은 돌봄은 정서적인 게 제일 중요한데, 그거를 어떻게 줄 것이냐가 가
장 큰 문제라고 생각이 들거든요. 지금 제가 말하는 것들을 사회에서 못 해
주니까 자꾸 이게 좀 악순환이 되는 느낌이라고 (생각이) 들어요. (…중략…)
좀 말이 길지만, 결과적으로 아까 했던 얘기지만 정서적으로 돌봄이 가장 중
요하다, 그런 걸 할 수 있는 사회가 되어야 한다, 라는 게 제일 중요한 것 같
아요. (…중략…) 저는 그래서 이게 강제할 건 아니지만, 적어도 사람들의
'공감 능력치'라고 해야 되나. 그런 것들을 끌어낼 수 있는 어떤 수단은 좀
필요하다고 봐요.   [알린, 남]

현재 한국사회에서 젠더는 '갈등'으로 조장되며 혐오의 정서를 불러일으
키는 키워드가 되었다. 이는 젠더 간 타자화를 촉진할 뿐 아니라, 삶의 다른
영역의 관계까지도 단절되게 한다. 혐오의 정서를 기반으로 상호존중하는
관계망을 만들 수 없기 때문이다. 이런 상황을 고려할 때, 돌봄이 남녀 모두
의 관계의 기반이 되어야 하며, 이를 위한 총체적 전환이 필요하다. 이러한
인식의 전환을 통해 젠더는 비로소 포용, 이해, 그리고 상호존중의 관계맺기
로 이어질 수 있지 않을까?

2) 이성애중심 관계 너머 젠더평등한 공동체를 향해

젠더와 젠더평등을 이야기하는 맥락에서, 종종 논의가 미시적인 개별 단
위에 머물러 확장되지 못하는 경우가 있다. 이를 테면 젠더를 '갈등'으로 접
근하는 구도는 개별적 차원에서 남성 / 여성이라는 범주만을 문제 삼는다.
그러나 젠더는 섹슈얼리티와 밀접하게 연관되어 있으며, 이를 고려하면 남
성과 여성으로만 구분하는 이분법적 구도와 이를 강고하게 지탱하며 강화
하는 이성애중심적 규범을 문제 삼지 않고 젠더평등을 논하기 어렵다. 특히

한국사회는 이성애중심적 규범이 혈연중심 가족주의와 맞물려 개인적 관계 맺기에서부터 다양한 젠더에 관한 논의를 일차적으로 배제하는 경향이 있다. 즉 '퀴어'나 성소수자라는 정체성은 젠더 논의의 장과 연결되기보다는 원천적으로 차단되고 배제되는 구도가 여전히 공고한 것이다. 그러나 연구진은 청년들과의 인터뷰를 통해 이러한 구도에 균열이 일어나고 있는 것을 확인할 수 있었다.

결혼을 했는데 혼인신고 안 한 사람들은 진짜 많아요. 왜냐하면 다 그 집 때문에, 집 청약 때문에. 혼인신고 (안)하면 부부가 각자 생애 첫 분양으로 이렇게 신청할 수 있는데, 결혼하면 한 명 밖에 신청 못하거든요. [라파엘라, 여]

예를 들어 가족이면 '신혼부부 임대주택' 이런 식으로 들어갈 수가 있는데 저희는 1인이잖아요. 그러면 가족한테 주어지는 임대주택에는 절대 들어갈 수가 없는 거예요. 그래서 그런 부분이 가장 짜증나죠. 저희가 같이 살려면 그냥, 다, 다 돈을 잘 벌어서 돈을 모아서 집을 사야 되는 상황(이니까). [보미, 여]

새로운 어떤 그런 동반자법이 시행이 될 거라고 생각을 하고 있어요. 어느 정도 희망적인 거죠. 근데 (제) 애인 같은 경우는 뭐 '꼭 그러진 않을 것 같다' 이런 식으로 얘기를 하기도 하고, 저는 근데 어느 정도는 기대가 있기는 해요. 왜냐면 지금 결혼을 하는 사람 자체가 줄어들고 있고, 출생률도 줄어들고 있고, 이게 사람들이 올바름의 가치를 추구해서라기보다는 이해관계가 맞아서 그렇게 될 거라고 생각해요. 왜냐하면 일단 결혼한 커플의 수가 줄어들수록 입양이나 이런 걸 하는 사람도 많지 않을 거고. 그러면 아무래도 만약에 이성애자 커플들이 결혼을 안 하면 동성애자 커플들이라도 결혼을 시켜주고 그 사람들의 입양을 정부에서 좀 더 수월하게 추진을 하지 않을까? 그런 이해관계 측면에서라도 되지 않을까? 이런 생각이 저한테는 조금 있어요. 약간의 기대는 있는 것 같아요. [해완, 여]

결혼과 임신과 출산과 결혼 가족 구성으로 이어지는 것들만 많았는데, 제가 원하는 건 그게 아니었고, 그래서 이제 저는 (…중략…) 그런 성애적인 귀결로 가지 않는, 조금 더 평등하고 우정이나 친밀감으로 이루어진 관계를 원했는데, 그런 것에 대해서 이제 많이 고민을 하다 보니까 가족 구성권에 관심을 갖게 된 거고요. 근데 그걸 계속 생각을 하다 보니까 가족이 되려면 그냥 냅다 가족이 될 수는 없잖아요. 그리고 특히 이런 제도로 이루어지지 않는 가족은 더더욱. 그래서 돌봄담론에 제가 관심을 갖게 되었던건가? [노랑, 여]

라파엘라는 이성애중심적 접근을 벗어나지 않아도 지금의 결혼 중심의 제도가 청년세대의 주거 접근성을 제한하는 측면을 언급한다. 이는 이성애중심적 틀 내에서 남녀 모두가 경험하는 제약이다. 한편 보미, 해완, 노랑은 이성애중심적 제도가 성소수자의 입지를 더욱 제약하는 측면의 한계를 분명하게 알려준다. 돌봄은 가족 내에서, 특히 이성애중심적 혼인관계를 기반으로 하는 관계망에만 국한된 사안이 아니다. 공공재로서의 돌봄을 고려할 때, 돌봄의 관계망을 여성 중심으로부터 벗어나 남성으로 확장하고, 동시에 사회 전체적으로 이성애중심적 가족이 중심에 놓이지 않는 방향으로의 변화가 이어져야 하지 않을까?

돌봄의 이유로 가족을 만들고, 배우자든 자식이든 그렇게 하는 방식이 사실 동의가 살짝 안 되기도 하고. 그러한 지점들을 뭔가 사회가 (적극적으로) 해결을 해주거나.

[옹졸, 여]

최근에 이제 식구가 천공, 위가 천공이 돼가지고 병원에 갔을 때도 엄청 아픈데도 다 본인이 서명을 했어요. 왜냐면 친구라고 하니까 아무런 권한이 없잖아요.

[보미, 여]

결혼은 싫고 하지만 뭔가 나를 보호할 수 있는 의지가 되는 그런 사람이 있으면 괜찮지 않을까? 이런 생각을 하다가 이렇게 알아보게 되었던 것 같아요. 근데 또 그런 시민결합제도도 결국에는 일대일 관계가 거의 대부분이다 보니까, 그게 또 완벽한 대안이라는 생각은 들지 않더라고요.　　[만, 여]

위의 사례는 청년세대 내에서 결혼을 통한 가족형성에 대한 근원적인 문제제기가 시작되고 있음을 보여준다. 옹졸은 꼭 가족을 꾸려야 하는지 물음표를 던지며 기존의 가족 규범을 회의적으로 바라본다. 보미는 현실에서 돌봄을 실천하는 데 있어 가족중심성의 한계를 지적하며, 만은 혈연 기반의 이성애중심적 가족관계를 넘어서는 대안적 가족제도를 구상하더라도 그것이 여전히 일대일 개인의 관계맺기를 전제로 한다는 점에서 여전히 충분하지 않다고 본다. 이러한 지적을 바탕으로, 청년세대들은 근본적으로 공동체를 지향하는 대안적 관계망의 필요성을 제안하고 있다옹졸, 호변, 동개, 노랑, 휴지, 보미, 땅콩, 고바, 해완, 귤 등.

제가 되게 힘들었다고 생각한 시기가 지나고 나서 친구들한테 정말 자주

했던 얘기가 "너희가 없었으면 나는 그 시간을, 이제 약간 통틀면 주로 20대인데, 나는 그때를 못 버텼을 거"라고. 그럴 때 친구들(이) 도와줬던 것 중 하나가, 좀 집에서 특히 언니랑 힘들었던 거, 그런 걸 같이 얘기 들어주고, 같이 울어주기도 하고, 화도 내주고. 그게 진짜 컸어요.   [호변, 여]

정서적으로 많이 도움이 되죠. 아무리 힘든 일, 예를 들어 친구들끼리, 남자인 친구들끼리, 특히나 초등학교, 중학교, 고등학교를 같이 나온 애들끼리 너무 다 잘 알기 때문에, 얘가 어떻게 살았고, 보통 가족 얘기를 하면 감당이 안 되는 일이 많거든요. 서로. (…중략…) 네, 같이 시간을 내줍니다. 거리낌없이 그냥. "어, 그럼. 시간 낼 수 있지." 시간 내서 또 바텐더 있으니까 가서 한 잔 하면서 "어, 그랬구나. 요즘은 어떻게 지내니?" 남들한테 얘기하는 것보다 확실히 좀 더 이 사람이 "아, 나를 정말 잘 알고 있다"라는 느낌이 있으니까 훨씬 의지가 많이 되는 것 같아요.   [재현, 남]

호변과 재현은 각기 또래 집단 및 친구들을 통해 힘겨운 시기를 버틸 수 있었던 점을 강조한다. 돌봄은 반드시 가족 틀 내에서만 이루어져야 하는 것은 아니며, 두 사람의 경우, 원가족과의 어려움을 함께 나누고 공감하는 친구들이라는 공동체가 존재했다. 이런 공동체 역시, 남녀 구분을 떠나 모두에게 필요한 것으로 보인다. 고바의 이야기는 특히 이런 측면을 더 잘 설명한다.

가족이라고 해서 이 사람한테 돌봄을 더 해야 된다는 이런 생각은 없고, 그냥 마음이 맞으면 그 공동체, (…중략…) 그리고 가족이라고 해서 무조건적인 돌봄도 이상한 것 같아요. 유대가 없는 사람들도 있잖아요, 가족이랑.

다 화목한 건 아니니까. 근데 약간 우리나라는 부모님하면 무조건 제가 케어해야 되고 약간 이런 인식이 있으니까. 저는 그런 인식은 없거든요, 딱히. 충분히 친하다면 돌봄을 해줄 수 있다고.　　　　　　　　　　　　　[고바, 남]

뭔가 공동체가 만들어지려면 비슷한 가치관을 지닌 사람들이 있어야 될 것 같은데, 아까도 말씀드렸듯이. 비슷한 가치관이 있지 않다면 애초에 공동체라는 개념에 동의를 하지 않을 것 같아요. 공동체라는, 사실 공동체의 필요성을 안 느끼는 사람들도 있을 수 있잖아요. 그냥 가족이나 친구만으로 충분하다 라고 생각할 수 있잖아요. 근데 뭔가 공동체는 딱 하나의 세대만으로 이루어진 것도 아니고, 어떻게 보면 다양한 세대가 비슷한 가치관을 공유하면서, 서로를 돌보는 곳이라고 저는 생각을 하는데.　　　　　　　[귤, 여]

귤은 가족이나 또래를 넘어 다양한 세대가 이루는 공동체에 대한 상상도 제안한다. 평등한 관계 속에서 다양한 형태의 돌봄을 주고 받으며 친밀성을 형성해나갈 수 있다면, 청년세대들의 미래는 인구감소 속에서도 희망을 찾을 수 있지 않을까? 젠더평등한 삶은 개인으로서 남성과 여성이 서로 평등한 관계를 갖는 것을 기본으로 하지만, 개인 간의 관계를 넘어 가족 내에서, 그리고 공동체 전체에 대한 비전으로 확장되고 있음을 청년세대의 목소리에서 확인할 수 있다.

5. 젠더 평등을 실천하는 청년세대의 가능성과 전망

돌봄이라는 주제를 경유한 맥락 때문인지, 인터뷰에 응한 청년세대들이 들려준 이야기는 젠더불평등이나 차별로 인한 심각하고 폭력적이고 비관적인 상황보다는 젠더평등을 지향하는 미래지향적인 내용이 더 많았다. 이미 대안 공동체를 꾸려 살아가고 있는 보미에게는 젠더불평등한 구조도 있지만, 원가족 부모세대로부터 제대로 돌봄을 받지 않은 측면에 대한 아픈 감정이 많이 토로되었다. 그렇지만 '혼자 살기 어렵다'고 판단한 친구들이 함께 돌봄을 위해 모이며 '공동체'로의 구상과 실천이 가능했고, 그로 인해 '혼자 감당하지 않아도 된다'며 부담을 덜었다고 했다. 휴지는 청년세대들이 '마음의 데미지'를 위로하고 서로 응원해주는 것에 민감하며, 이 부분이 중요하다고 강조했다.

이 연구를 통해 청년세대들이 들려준 이야기 속에서 새롭게 드러난 특징은 다음과 같이 정리할 수 있다. 첫째, 재생산영역의 돌봄과 생산영역의 생계부양이라는 양 축을 젠더로 이분화하는 젠더규범은 오늘날 청년세대에게 유효하지 않다. 물론 돌봄을 주제로 진행한 인터뷰라는 제약이 있지만, 그 제약을 인정하는 한에서 적어도 돌봄에 대해 생각하는 청년세대, 특히 남성들에게는 돌봄이 단순히 '여성적'인 사안이거나 여성들만 고민해야 하는 문제로 떠넘겨지지 않고 있음을 확인할 수 있다.

둘째, 재생산 / 생산과 젠더를 연결한 기존의 논의 구도에서는 잘 드러나지 않던 중층적이고 복합적인 차원의 문제들이 드러났다. 특히 신자유주의 체제 내 해고와 실직이 만연하고 '불안정'한 일상의 삶이 디폴트로 전제되는 사회환경 속에서 청년세대는 남성과 여성 모두 생산영역에 집중할 수밖에 없다. 돌봄을 수행하기 위해서라도 생산영역을 통한 기본적인 생계가 마련되어야 함을 절감하면서, 이들은 프레이저식 '보편적 돌봄제공자' 모델로의 이동보다는 생계와 돌봄을 동시에 고민하고 감당해야 하는 현실에 직면하고 있다. 그 속에서 이성애중심적 가족관계 안에서는 상대방 젠더와 두 가지 책임 — 생계와 돌봄 — 을 어떻게 평등하게 나누어야 하는지를 고민하며, 그런 가족관계를 넘어서는 개인들은 보다 큰 공동체 지향의 사회적 틀에서 이 고민을 나누어야 한다고 강조하고 있다. 이들의 이야기는 젠더를 이성애중심적 가족 내 역할로만 한정할 수 없음을 말해주며, 이러한 지향이 실천 가능한 조건이 마련된다면 젠더평등을 향한 거대한 지각변동이 시작될 수 있음을 일깨워준다. 젠더를 남성과 여성, 특히 가족 내에서의 역할에 국한하는 틀을 넘어서야 하는 이론적, 실천적 현실이 이들의 이야기와 더불어 세상에 들려지면 더 큰 변화가 시작될 수 있다.

셋째, 감정, 정서, 친밀감 등등이 여성 / 여성성의 특질만이 아니라는 점도 확인할 수 있다. 돌봄이 정서적 측면 그리고 사회의 차별적 젠더규범과도 맞물려 있음을 인식하는 청년세대, 특히 남성 청년들에게 정서적 측면에 대한 이야기를 나누는 것이 예전보다는 훨씬 익숙해지고 있음을 감지할 수 있다. 이는 이른바 '감정 자본주의'[63]가 기대했던 것과는 다른 방향으로 나타난 효과로 해석할 수도 있다. 자본주의와 감정의 결합 속에서 여성적 특징으로 해석되던 '감정'이 더 이상 여성성의 영역에 국한되지 않고 남성성의 영역으로 스며들고 확산되는 것으로 보이기 때문이다. 물론 이것을 '돌보는 남성성'의 실천으로 단숨에 확대하거나 모든 청년세대 남성이 이런 상황을 공유한다고 판단하기는 아직 이르다. 그러나 이 연구를 통해 청년세대로부터, 특히 남성들로부터 감정과 연결된 측면을 자연스럽게 인정하는 경향이

---

63   에바 일루즈, 김정아 역, 『감정 자본주의』, 돌베개, 2010.

드러나고 있는 것은 사실로 인지할 수 있다.

끝으로, 청년세대들이 사회 구조적으로 곳곳에 스며들어 있는 다양한 차별이나 불평등에 대한 감수성을 지니고 있음이 부분적으로나마 드러나고 있다. 엘리엇은 돌보는 남성성의 주요 특징으로 타인이 처한 불평등에 대한 감수성을 꼽는다.[64] 청년세대들은 돌봄노동자가 사회적으로 제대로 대우받지 못하고 있는 측면이나 이주민이 겪는 차별, 성소수자가 겪는 사회구조적 차별에 대해 공감하며 지지하는 의견을 피력했다. 지역적 차별에 대한 이야기도 들을 수 있었다. 인간의 취약성과 불평등성에 대한 공감과 이해[65]를 바탕으로, 청년세대는 개인으로서 '나'라는 여성 또는 남성을 돌아보고 그와 얽힌 타인을 돌아보는 고민을 하며 젠더평등을 위한 기반을 마련하고 있다.

한국사회의 현실은 이들이 들려준 이야기를 반영할 수 있을 정도로 아직 충분히 변화하고 있지 않아 보인다. 젠더와 관련된 폭력, 혐오, 차별이 만연하며, 하루가 멀다 하고 미디어를 통해 전해지는 소식은 희망적인 기대를 품을 만한 분위기를 만들어주고 있지 않다. 그람시의 표현대로 현 실태를 '지성으로 판단'하면 '비관적'이다. 그러나 청년세대의 목소리, 비록 몇 안 되는 소수의 목소리에 불과할 수 있지만, 이들의 목소리는 '의지의 낙관주의'에 힘을 보탤 만큼은 충분한 가능성을 내비치고 있다.

---

64 Elliott, op. cit..

65 Tronto, Joan C., *Moral Boundaries : A Political Argument for an Ethic of Care,* New York and London : Routledge, 2009.

참고문헌

국내자료

권혁창·김지현, 「MZ세대 여성의 결혼 의도 및 여부에 미치는 영향요인 – 결혼 관련 세 집단 비교」, 『2022 여성가족패널 학술대회 자료집』, 한국여성정책연구원, 2022.

김엘리, 「20~30대 남성들의 하이브리드 남성성」, 『한국여성학』 제36권 제1호, 2020, 139~173쪽.

김영미, 「계층화된 젊음 – 일, 가족형성에서 나타나는 청년기 기회불평등」, 『사회과학논집』 제47권 제2호, 2016, 27~52쪽.

김진욱, 「청년들의 시간결핍」, 『복지동향』 제299호, 2023, 17~22쪽.

김홍중, 「서바이벌, 생존주의, 그리고 청년 세대 – 마음의 사회학의 관점에서」, 『한국사회학』 제49집 1호, 2015, 179~212쪽.

나성은, 「부성 실천을 통해 본 '돌보는 남성성'의 가능성 – 중간계층 아버지들의 경험을 중심으로」, 『한국문화연구』 제28권, 2015, 173~212쪽.

낸시 폴브레, 윤자영 역, 『보이지 않는 가슴 – 돌봄 경제학』, 또하나의문화, 2007.

_____, 『돌봄과 연대의 경제학 – 가부장제 체제의 부상과 쇠락, 이후의 새로운 질서』, 에디토리얼, 2023.

낸시 프레이저, 문현아 역, 「자본과 돌봄의 모순」, 『창작과비평』 제45권 제1호, 2017, 329~353쪽.

_____, 장석준 역, 『좌파의 길 – 식인 자본주의에 반대한다』, 서해문집, 2023.

니얼 핸런, 강순원 역, 「돌봄을 수행하는 남성성 – 탐색적 분석」, 캐슬린 린치 외, 『정동적 평등 – 누가 돌봄을 수행하는가』, 한울 아카데미, 2016.

마경희 외, 『지배적 남성성의 균열과 변화하는 남성의 삶 – 남성들 내부의 차이를 중심으로』, 한국여성정책연구원, 2017.

문현아, 「돌보는 남성성의 가능성 모색 – 남성의 가족돌봄 사례를 중심으로」, 『한국여성학』 제37권 제3호, 2021, 33~63쪽.

배은경, 「'청년 세대' 담론의 젠더화를 위한 시론 – 남성성 개념을 중심으로」, 『젠더와 문화』 제8권 제1호, 2015, 7~41쪽.

백종욱, 「대학생들의 가족주의 가치관 및 노인에 대한 태도가 부양의식에 미치는 영향」, 『임상사회사업연구』 제11권 제1호, 2014, 1~19쪽.

서베이리서치센터, 『한국종합사회조사』, 한국사회과학자료원, 2006. https://doi.org/10.22687/KOSSDA-A1-2006-0003-V1.0.

신경아, 「신자유주의시대 남성 생계부양자 의식의 균열과 젠더관계의 변화」, 『한국여성학』 제30권 제4호, 2014, 153~187쪽.

안숙영, 「독일에서의 젠더 돌봄 격차 논의와 그 함의」, 『EU연구』 제61호, 2022, 443~470쪽.

에바 일루즈, 김정아 역, 『감정 자본주의』, 돌베개, 2010.

여성가족부, 『(보도자료)성평등 체감도 상승했으나 일터와 돌봄의 성별 불균형, 여성폭력 현실에 높은 문제의식−『2021년 양성평등 실태조사』 결과 발표』. 2022.4.20.

『연합뉴스』, 「그냥 쉬는 청년 40만, 또 증가 전환… 역대 두 번째로 많아」, 2024.6.23. https://www.yna.co.kr/view/AKR20240622035700002

은기수, 「결혼으로 이행에 있어서 연령규범과 순서규범」, 『한국인구학』 제18권 제1호, 1995, 89~117쪽.

이재경·김보화, 「20, 30대 비혼 여성의 결혼 전망과 의미−학력 집단 간 차이를 중심으로」, 『한국여성학』 제31권 제4호, 2015, 41~85쪽.

임재연, 「한국 청년세대의 출산 의향에 영향을 미치는 사회적 요인−가족가치관 유형의 효과를 중심으로」, 『한국인구학』 제44권 제4호, 2021, 47~74쪽.

임정수·정순둘, 「노인 부양의식에 영향을 미치는 요인−청년세대와 중년세대 비교를 중심으로」, 『한국가족복지학』 제58호, 2017, 37~66쪽.

장숙랑, 「청년이 제안하는 정신건강 정책」, 『복지동향』 제299호, 2023, 41~44쪽.

저출산·고령사회위원회, 문화체육관광부, 『저출산 인식조사』, 2023.

정성조, 「'청년세대' 담론의 비판적 재구성−젠더와 섹슈얼리티를 중심으로」, 『경제와 사회』 제123호, 2019, 12~39쪽.

정세정 외, 『2022년 청년 삶 실태조사』, 국무조정실, 2022.

조기현, 『아빠의 아빠가 됐다−가난의 경로를 탐색하는 청년 보호자 9년의 기록』, 이매진, 2020.

_____, 『새파란 돌봄−가족, 돌봄, 국가의 기원에 관한 일곱 가지 대화』, 이매진, 2022.

_____, 홍종원, 『우리의 관계를 돌봄이라 부를 때−영 케어러와 홈 닥터, 각자도생 사회에서 상호의존의 세계를 상상하다』, 한겨레출판, 2024.

진미정·한준·노신애, 「20~30대 청년세대의 결혼, 출산 가치관의 잠재유형과 한국사회 인식 및 개인적 미래 전망의 관련성」, 『가족과 문화』, 제31권 제1호, 2019, 166~188쪽.

최선영·이지혜·윤태영, 『가족형성과 사회불평등에 대한 연구』, 한국보건사회연구원, 2022.

최세영·박주현, 「베이비붐세대의 부양의식에 미치는 영향−노인 이미지와 친밀감 중심으로」, 『한국가족복지학』 제22권 제1호, 2017, 101~123쪽.

최영준 외, 「영케어러(Young Carer)의 사회적 위험 대응을 위한 혼합방법 연구」, 『한국가
족사회복지학회 학술발표논문집』, 2022, 1119~1197쪽.

통계청, 『2023년 하반기 지역별고용조사 맞벌이 가구 및 1인 가구 취업 현황』, 통계청,
2024.

함선유, 「'우리나라 가족돌봄청년 규모와 특성, 복지욕구」, 『한국사회복지학회 2022년
추계학술대회 자료집』, 2022.

국외자료

Connell, R.W., *The Role of Men and Boys in Achieving Gender Equality,* United Nations
Division for the Advancement of Women Expert Group Meeting, Brasilia : Bra-
zil, Oct. 21~24, 2003.

Connell, Raewyn, *Confronting Equality : Gender, Knowledge and Global
Change,* Sydney : Allen and Unwin, 2011.

Connell, R.W. and James W. Messerschmidt, "Hegemonic Masculinity : Rethinking the
Concept", *Gender and Society,* Vol.19, No.6, 2005, pp.829~859.

Elliott, Karla, "Caring Masculinities : Theorizing an Emerging Concept", *Mens and Mas-
culinities,* Vol.19, No.3, 2016, pp.240~259.

European Commission, *Communication from the Commission to the Council, the European
Parliament, the European Economic and Social committee and the Committee of the
Regions - A Roadmap for equality between women and men 2006-2010 {SEC(2006)
275},* 2006.

European Commission, *Strategy for Equality between Women and Men 2010-2015,* Lux-
embourg : Publications Office of the European Union, 2011.

Fraser, Nancy, *Justice Interruptus : Critical Reflections on the "Postsocialist" Condition,*
New York and London : Routledge, 1997.

Hanlon, Niall, *Masculinities, Care and Equality : Identity and Nurture in Men's Lives,*
New York : Palgrave Macmillan, 2012.

Hearn, Jeff, "Men and Gender Equality : Resistance, Responsibilities and Reaching Out",
Keynote at the Conference Men and Gender Equality, Örebro, Sweden, March
15~16, 2001.

Hearn, Jeff, "So What Has been, Is, and Might be Going on Studying Men and Mas-
culinities? Some Continuities and Discountinuities", *Men and Masculinities,*
Vol.22, No.1, 2019, pp.53~63.

Jackson, Aaron J, *Worlds of Care : The Emotional Lives of Fathers Caring for Children with Disabilities*, Oakland : University of California Press, 2021.

Kittay, Eva Feder, *Love's Labor : Essays on Women, Equality and Dependency*(2nd Edition), New York and London : Routledge, 2019.

Liong, Mario, "Sacrifice for the family : representation and practice of stay-at-home fathers in the intersection of masculinity and class in Hong Kong", *Journal of Gender Studies*, Vol.26, No.4, 2017, pp.402~417.

Lynch, Kathleen, *Care and Capitalism : Why Affective Equality Matters for Social Justice*, Cambridge : Polity Press, 2022.

Tronto, Joan C., Moral Boundaries : A Political Argument for an Ethic of Care, New York and London : Routledge, 2009.

Tronto, Joan C., *Caring Democracy : Markets, Equality, and Justice*, New York : New York University Press, 2013.

Ungerson, Clare, "Gender, Care, and the Welfare State", In *Handbook of Gender and Women's Studies*, edited by Kathy Davis, Mary Evans, and Judith Lorber, London; Sage Publications Ltd, 2006, pp.272~286.

〈표 1〉청년세대 돌봄 인식 조사 참여자의 특징

	별칭	성별	만 나이	결혼 여부	동거인	직업	교육정도	거주지
1	태훈	남	22	비혼	외조부모	대학생	대학-재학	부산
2	세현	남	24	비혼	부모	대학생	대학-재학	순천
3	재현	남	25	비혼	없음	대학생	대학-재학	경기
4	참치	남	25	비혼	없음	대학생	대학-재학	시흥
5	런치	남	26	비혼	여동생	쉐프	대학-졸업	서울
6	로키	남	26	비혼	여자친구	헬스장 팀장	대학-졸업	서울
7	알린	남	27	비혼	동료 2인	청소년센터 사무직	대학-재학	부천
8	고바	남	27	비혼	없음	공무원	대학-졸업	경기
9	칠판	남	30	비혼	없음	연구원	대학원(박사)-수료	전북
10	쭝	남	30	비혼	없음	대기업 회사원	대학-졸업	서울
11	조지	남	31	비혼	없음	작곡가, 프리랜서 개발자	대학-졸업	서울
12	A님	남	31	비혼	여자친구	취업준비생	대학-졸업	서울
13	지락	남	31	비혼	없음	인디 뮤지션	대학-졸업	서울
14	스콘	남	32	기혼	아내	대학원생	대학원(박사)-재학	서울
15	미모사	남	32	비혼	부모	대학병원 직원	대학-졸업	인천
16	수첩	남	33	비혼	없음	대학 교직원	대학원(박사)-재학	경상
17	동개	남	33	비혼	부모	석사 과정생	대학-졸업	서울
18	휴지	남	34	비혼	없음	활동가	대학-졸업	서울
19	디너	남	37	비혼	없음	쉐프	고등학교-졸업	서울
20	종수	남	37	비혼	-	교육 및 예술직	대학원(석사)-졸업	서울
21	만	여	24	비혼	외조부모	무직 (전 광고회사원)	대학-졸업	서울
22	귤	여	25	비혼	없음	대학생	대학-재학	경기
23	행복	여	25	비혼	부모, 남동생	NGO 상근직원	대학-졸업	대전
24	표정	여	25	비혼	-	사무원	대학-중퇴	서울
25	커피	여	26	비혼	친구	구직 중	대학-졸업	경기
26	해완	여	27	비혼	없음	고등학교 교사	대학-졸업	경기
27	3번	여	27	비혼	부모, 오빠	연극 기획자	대학-졸업	경기
28	노랑	여	27	비혼	없음	출판 편집자	대학-졸업	경기
29	해	여	28	기혼	남편	작업 치료사	대학-졸업	서울

	별칭	성별	만 나이	결혼 여부	동거인	직업	교육정도	거주지
30	옹졸	여	28	비혼	부모	NGO 활동가	대학-졸업	경기
31	아침	여	29	비혼	–	회사원	대학-졸업	대구
32	땅콩	여	30	비혼	할머니, 남동생	무직(전 어린이집 교사, NGO 활동가)	대학원(석사)-졸업	경상
33	무죄의 요정	여	30	기혼	남편	변호사	대학-졸업	서울
34	보미	여	31	비혼	공동체 구성원 3인	활동가	대학-졸업	서울
35	삼다수	여	34	비혼	어머니	프리랜서 번역가	대학원(석사)-중퇴	파주
36	호변	여	34	비혼	없음	변호사	대학원(석사)-졸업	서울
37	고구마	여	34	기혼	남편	시각예술 작가	대학-졸업	서울
38	라파엘라	여	34	기혼	남편	대학원생	대학원(박사)-재학	서울
39	딸기	여	35	기혼	남편	UX디자이너 / 마케터	대학원(석사)-졸업	서울
40	장미	여	35	비혼	부모	직장인 / 박사과정생	대학원(박사)-재학	서울
41	송천	여	36	비혼	어머니	간호사	대학-졸업	전북
42	등불	여	37	비혼 (이혼)	없음	사무직	대학원(석사)-졸업	서울
43	보라	여	39	비혼	없음	자영업자 (공부방 운영)	대학-졸업	대전

* 동거인 정보가 없는 경우 '-'로 표기.

제3장

돌봄 세대전가의 영향

가족과 노동시장을 중심으로[1]

김양지영

1. 들어가며

1) 한국과 중국의 닮은 꼴, 저출생

한국의 2023년 기준 합계 출산률은 0.72명으로 2000년대 진입이후 홍콩 등을 제외하고 세계적으로 가장 낮은 수준이다. OECD 국가 중에서도 출산율이 1명 미만인 나라는 한국이 유일하다. 저출생의 원인으로 치열한 '경쟁 압력'과 자녀양육에 대한 경제적·정서적 부담, 가족내 성불평등, 미래에 대한 불확실성 등이 제시되고 있다. 비단 저출생은 한국만이 겪고 있는 문제가 아니다. 중국도 저출생 문제가 심화되고 있고 2023년 기준 출산률은 1.0명으로 꾸준히 감소하고 있다. 중국의 저출생 원인은 출산 적령기 여성 인구 감소와 함께 결혼을 꺼리는 문화恐婚族, 젊은 부부의 출산 기피 등으로 제시되고 있다. 시진핑 중국 국가주석은 저출산 문제에 대한 해법으로

---

1   저자의 박사학위논문 「돌봄의 세대전가와 노동시장 내 돌봄분리－취업부부를 중심으로」를 발췌하였다. 해당 논문은 조부모의 손자녀 양육지원을 받으며 경력단절을 겪은 적 없이 전일제 취업을 하고 있는 20~40대 유자녀 여성 16사례와 남성 9사례(4사례는 부부)를 심층면접해 분석하였다.

일하는 사회적 여성 대신 '엄마'로서의 역할에 충실해야 한다는 논리로 '여성의 가정 복귀'를 거론하기도 했다.[2]

그러나 중국의 저출생 대응에 대한 해법은 중국여성의 현실과 인식변화를 쫓아가지 못하고 있다. 중국여성들은 단지 경제적인 문제만이 아니라 노동시장에서의 성차별, 가사 및 육아 분담의 불평등, 결혼 후 여성의 지위 하락 등을 높게 인식할수록 결혼과 출산을 기피하는 경향이 있다.[3] 현재 중국 여성들이 마주한 현실은 성차별이 만연한 취업시장에서 출산·육아에 대한 공적 지원체계 미흡으로 경력과 아이 중에 선택해야하는 상황속에 놓여 있다는 점이다. 이를 반영하듯 중국 여성의 경제활동 참가율은 계속 하락해 1993년 72%에서 2023년 60% 수준으로 떨어졌고,[4] 미취학아동을 가진 유자녀 여성의 취업률은 무자녀 여성보다 약 10%가 낮게 나타난다. 그래서 한국과 마찬가지로 중국 여성 또한 일·생활균형은 출산을 고려할 때 중요하게 고려하는 요소라고 할 수 있다.[5]

한국은 중국보다 먼저 저출생 문제를 겪었으며, 이를 해결하기 위해 국가 차원에서 다양한 정책과 대책을 마련해왔다. 그러나 이러한 노력에도 불구

---

2 『중앙일보』(2023.11.27), "중국 인구 4억 감소 얘기도 나왔다. 올 신생아 49년 이후 최저"; BBC NEWS 코리아(2023.3.6), "저출산—자녀를 원치 않는 중국 여성들, 이유는?"; 『한국경제』(2023.11.5), "시진핑 "여자들 집에서…" 인도에 '인구 1위' 뺏기더니 '파격'".

3 Chen, Chen, "Long-Run Impacts of Fertility Restriction Policy on China's Gender Gap in Career Advancement", Available at SSRN 5042565, 2023.

4 중국여성의 경제활동참가율은 1993년 72%, 2013년 63%, 2023년 60%이다 (World Bank, Labor Force Participation Rate, Female). https://data.worldbank.org/indicator/SL.TLF.CACT.FE.ZS?locations=CN(검색일 : 2025.2.20)

5 2010년 중국 부녀자 사회지위 조사에 따르면, 6세 이하 자녀를 가진 25~34세 도시 여성의 취업률은 72%로, 동일한 연령대의 무자녀 여성의 취업률에 비해 10.9%가 낮았다(김병철·황지유, 「중국 저출산 위기와 대응정책에 관한 분석」, 『중국지식네트워크』 14권 14호, 2019, 237~238쪽)

하고 출생률은 여전히 회복되지 않고 있다. 이 글에서는 한국의 낮은 출생률을 취업 부부취업여성가 임신출산육아기에 겪는 일·생활 균형의 어려움과 연결 지어 분석하고자 한다. 이를 통해 한국의 유자녀 취업부부가 어떻게 일과 양육을 병행하고 있는지, 그리고 그것이 가족과 사회에 미치는 영향이 무엇인지 살펴봄으로써, 중국의 취업부부의 일생활균형을 위한 보다 실효성있는 해결책이 마련될 수 있기를 바란다.

한국에서 취업부부들은 주로 조부모의 도움을 받아 아이돌봄 문제를 해결해왔다. 조부모의 양육지원과 관련한 연구들은 주로 조부모가 손자녀 양육을 통해 성인 자녀 세대의 경제 활동을 지원함으로써 사회 생산성을 유지하는 중요한 서비스 제공자임을 제시하고, 조부모의 양육 지원을 위한 구체적인 방안을 마련해야 한다고 제시하고 있다. 그러나 이러한 논의는 조부모의 손자녀 양육이 사회에 미칠 영향을 충분히 고려하지 않고 있다. 게다가 조부모의 돌봄 지원은 여성의 시장노동 증가라는 측면만이 부각되어 긍정적인 것으로 다뤄지고 있다. 기존 연구에서는 조부모의 손자녀 양육지원이 해당 국가의 공보육체계의 미비나 강한 가족주의 문화로 인해 발생한다고 설명하고 있다. 하지만 자본주의 사회에서 노동시장이 개인·가족·사회에 미치는 규정력은 절대적이므로, 조부모의 양육지원 또한 노동시장 요인의 관점에서 보다 심층적으로 분석할 필요가 있다.

따라서 현재 한국 사회에서 나타나고 있는 취업부부를 위한 조부모의 돌봄 지원이 왜 나타나고 있는지를 노동시장 요인에서 살펴보고, 이러한 돌봄 지원이 성인자녀 세대의 가족관계 뿐 만 아니라 노동시장 전반에 미치는 영향이 무엇인지 살펴보았다. 이를 위해 다음 3가지 핵심 질문을 중심으로 탐구했다.

첫째, 취업부부가 조부모의 돌봄지원을 필요로 하는 배경에는 어떤 노동

시장 요인이 작동하는가? 둘째, 조부모의 돌봄지원을 받는 취업부부들은 어떻게 가족 안에서 일상적·세대적 재생산을 하며 어떠한 관계를 맺고 있는가? 셋째, 조부모의 돌봄지원이 노동시장에 미치는 영향은 무엇인가?

2) 취업부부 자녀돌봄 해법, 조부모의 돌봄 지원[6]

한국은 현재 많은 취업부부가 조부모 양육지원을 받으며 일하고 있는데 중국 또한 조부모 양육지원을 받으며 취업부부가 일하고 있다.[7] 조부모의 아이 돌봄은 중국, 대만, 한국과 같은 동아시아 국가에서 일반적으로 나타나고 있다.[8] 미국과 유럽의 조부모 손자녀 돌봄은 보충적인 측면이 강하고, 부모가 시간외 근무를 하거나 아프거나 하는 등의 응급적인 상황에서 주로 활용되고 있다.[9] 그러나 한국을 비롯한 동아시아 국가에서는 돌봄을 보완하는 것이 아닌 대체하는 '집중적인 / 강도 높은' 손자녀 양육이 나타나고 있고, 손자녀 양육은 주로 여성 노인에 의해 이뤄지고 있다. 동아시아 국가에서 조부모의 양육 지원이 공통적으로 나타나더라도 각 나라가 처한 환경에 따

---

6   일반적으로 '조부모의 손자녀 양육'이란 표현을 주로 사용하는데, 본문에서는 조부모의 지원인 양육에 한정되는 것이 아닌 성인자녀를 위한 가사지원 등까지 폭넓게 이뤄지는 것을 드러내기 위해 '조부모의 돌봄지원'을 사용하고자 한다. 본문에서는 '손자녀 양육'과 '돌봄지원'을 혼용해서 사용하는데 포괄적인 의미를 강조하고자 할때는 '돌봄지원'을 주로 사용하고 있다.

7   Du, Fenglian, Xiao-yuan Dong, and Yinyu Zhang, "Grandparent-provided child-care and labor force participation of mothers with preschool children in urban China", *China Population and Development Studies*, Vol.2, No.4, 2019, pp.347~368.

8   Shirley HSIAO-LI S., "'NOT JUST A BUSINESS TRANSACTION' The Logic and Limits of Grandparental Childcare Assistance in Taiwan", *CHILDHOOD*, Vol.15, No.2, 2008, pp.203~224.

9   Karsten H., Isabella B., "Grandparents Caring for their Grandchildren : Findings from the 2004 Survey of Health, Ageing, and Retirement in Europe", *Journal of Family Issues*, Vol.30, No.1, 2009, pp.53~73.

라 발생 원인과 양상이 다르고 취업 부부와 조부모 세대가 맺는 관계 또한 다를 것이다.

한국의 취업부부를 위한 조부모의 손자녀 양육지원의 현황 및 특성은 다음과 같다. 한국 사회에서는 유자녀 여성이 일을 지속하는 경우 대리 보육자로 조부모를 떠올릴 정도로 친족에 의한 대리 보육이 일반화되어 왔다. 이를 잘 보여주는 자료로, 2012년 보육 실태 조사에 따르면 영아의 35.1%가 조부모의 양육 지원을 받고 있는 것으로 나타났다. 또한, 2009년 제2차 아동 패널 조사에서는 만 2세 미만 영아를 둔 취업모의 80.5%가 조부모에게 개인 대리 양육을 맡기고 있었다. 이러한 경향은 2020년에도 지속되어, 맞벌이 가구에서 조부모 또는 친인척이 영유아를 돌보는 비율이 70.2%를 차지했다.[10] 이러한 현실을 반영하듯 손자녀 양육과 관련된 다양한 정책이 제안되고 있으며, 2011년부터 일부 지방자치단체에서는 조부모에게 수당을 지급하는 '손자녀 돌봄 지원 사업'을 시행해오고 있다.

기존연구에서는 조부모의 돌봄 지원 원인을 두가지로 제시하고 있다. 첫째, 국가의 공보육 체계가 잘 마련되어있지 않은 경우 조부모가 주요한 돌봄 대안으로 자리 잡는다.[11] 둘째, 해당 국가의 특수한 가족주의 가치와 전통적인 성별 분업이 조부모의 돌봄역할을 강화하는 요인으로 작용한다.[12] 또한 여성의 시장노동과 조부모 돌봄 지원의 연관성을 다룬 연구들은 한국에서 조부모 돌봄지원이 가족주의와 전통적인 성별 분업의 결과로 나타난다고 분석하고 있다.[13] 유자녀 취업 여성들은 가정 밖 역할 증대라는 변화를

---

10 조숙인 외, 『맞벌이 가구의 일·가정 양립을 위한 육아지원 방안 연구』, 육아정책연구소, 2020.

11 Karsten H., Isabella B.,op.cit.

12 Shirley HSIAO-LI S.,op.cit.

13 Jaerim L., Jean W B., Motivations for Providing and Utilizing Child Care by

뒷받침할 만한 핵가족 내의 역할 변화 부재강고한 가족 내 젠더 관계로 인해 모계 수정 확대 가족 전략을 구사함으로써 친족 관계의 강화와 같은 세대 관계 변화라는 대처 전략으로 돌봄을 해결해오고 있다. 특히 여성들이 시장노동 단절 없이 일을 지속할 수 있었던 배경에는 3대에 걸친 협력 체계라는 친족 관계가 존재한다.[14] 전문·중간 관리직 여성 혹은 경력단절 없이 시장노동을 지속하는 여성들은 공통적으로 친족 지원을 받고 있다.[15]

이러한 분석들을 통해 한국에서 나타나고 있는 조부모 돌봄 지원은 공보육 체계의 낮은 유용성과 전통적인 가족주의 및 성별분업의 결과라는 것을 유추할 수 있다. 그러나 기존 연구들은 조부모 돌봄지원을 공보육 체계와 가족주의 틀에서만 설명함으로써 시장이 개인·가족·사회에 미치는 규정력은 고려하지 않고 있다. 한국과 같이 국가 주도의 장시간 노동 체제의 특성을 갖는 곳에서 개인에게 미치는 시장의 영향력은 절대적인 것이라고 할 수 있다. 조부모 돌봄 지원의 발생 배경에는 노동 시장의 영향이 주요하게 자리잡고 있다.

Grandmothers in South Korea", *Journal of Marriage and Family*, Vol.75, No.2, 2013, pp.381~402.

14 조주은, 「중간 계급 유배우 취업 여성의 압축적 시간 경험에 관한 연구」, 이화여대 박사논문(미간행), 2009, 211쪽.

15 이재경 외, 「기혼 취업 여성의 일·가족생활 변화와 한계─계층 간 차이를 중심으로」, 『한국여성학』 제22권 2호, 2006.

2. 조부모 돌봄지원의 원인

1) 장시간 노동으로 인한 공보육의 한계

한국은 2022년 현재 OECD 국가 중 연간 노동 시간이 1,901시간으로 OECD 평균 1,752시간에 비해 149시간 더 길고, OECD 전체 38개 회원국 중 5위로 길다. 한국 사회 장시간 시장노동은 노동 시간과 보육 체계의 불균형을 초래하고 이로 인해 자녀 양육 공백을 발생시키고 있다. 2021년 보육 실태조사 결과 영유아 전체의 어린이집 이용 시간은 평균 7시간 12분이고, 어린이집 희망 이용 시간은 8시간 6분으로 나타난다. 보육 시설 이용 시간은 취업모의 주당 근로시간이 40시간 이상인 경우 8시간 18분으로 나타나는데 대략적으로 취업모의 평균 출퇴근 시간을 고려한다면 아이는 더 오랜 시간 보육시설에 있어야 한다. 그러나 장시간 보육의 기피로 맞벌이 가구의 60%, 취업모의 근로시간이 40시간 이상인 경우 64.4%가 연장보육4시~7시 30분을 이용하지 않고 있다.[16] 실제로 이를 잘 보여주듯 조부모의 지원을 받는 취업 부부들은 시설에만 의존할 수 없다는 이유로 하원 시간과 시장노동 시간 간의 불일치를 이야기하고 있다. 취업부부들은 아이가 아주 어린 영유아기 때를 제외하고는 만 1세부터 시작해 평균 만 2세 전후로 보육 시설에 아이를 보내고 있다. 그러나 이들은 조부모 지원을 통해 일반적인 보육 시설의 등·하원 시간에 맞춰 오전 9·10~오후 3·4시까지로 한정된 시간만을 이용하고 있었다. 취업부부들은 보육 시설의 하원 시간이 시장노동하는 부모를 전제로 하지 않는 것에 대해 언급하고는 있지만, 아이들을 장시간 동안 시설에 맡기고 싶어 하지 않는다. 이를 반영하듯 보육 시설의 운영 시간

---

16 유해미 외, 『영유아 보육교육기관과 아이돌봄서비스의 효율적 연계 방안 연구』, 육아정책연구소, 2021.

에 대한 실태조사에 따르면 시설을 법정 운영 시간보다 더 길게 운영하는 방안에 대해서는 맞벌이, 홑벌이 가구 모두 상대적으로 필요성을 낮게 인식하고 있었다.[17] 현실적으로 보육 시설이 더 늦은 시간까지 보육을 하더라도 부모의 장시간 노동으로 인해 퇴근 시간과 보육 시설 하원 시간 간의 격차가 존재할 수밖에 없어 추가적인 돌봄 지원이 필요하고 취업부부들은 주로 조부모의 양육지원을 선택한다.

실제 조부모 지원을 받는 연구 참여자들은 이러한 한국의 장시간 노동 체제를 반영하듯, 대부분이 장시간 노동을 하고 있었다. 이들의 장시간 노동은 부부의 시장노동 시간표를 통해 자세히 알 수 있다. 통근 시간이 긴 경우는 노동 시간이 긴 것과 같은 효과를 갖기 때문에 노동 시간에 통근 시간도 함께 표기했다.

조부모 돌봄 지원은 취업 부부의 장시간 시장노동에 따른 결과이지만 좀더 자세히 살펴보면 취업 부부가 아닌 '취업 여성'의 장시간 시장노동과 밀접한 연관이 있다. 기존 연구에서도 유자녀 취업 여성의 전일제 고용과 표준적이지 않은 노동 시간이 아이 돌봄에 있어 친족의 결합과 밀접한 연관이 있다는 것이 밝혀져 왔다.[18] 이러한 특성은 연구 참여자들의 부부간 노동 시간 비교표에서도 잘 드러난다. 여성이 남성보다 노동 시간이 길거나 남성만큼 긴 경우는 총 22사례 가운데 16사례로 여성의 장시간 노동 특성이 뚜렷하게 나타난다. 이는 취업 부부의 조부모 지원이 남성의 시장노동 시간이 아닌 여성의 장시간 시장노동에서 기인한다는 것을 분명하게 드러내고 있다. 즉, 조부모 돌봄 지원이 유자녀 여성의 장시간 노동에 기인한다는 것은

---

17   유해미 외, 위의 책.

18   Deborah L V., et al., "Variations in Child Care by Grandparents During the First Three Years". *Journal of Marriage and Family*, Vol.65, No.2, 2003, pp.375~381.

<표 1> 조부모 지원 받는 취업 부부의 시장노동 시간

사례		여성	남성
부부 모두 장시간	사례 1(여)	8:30~10:00 / 11:00	배우자와 유사함.
	사례 2(여)	8:00~6:00 / 7:00, 늦으면 8 / 9시. 주에 2일 정도 일찍 귀가. 주 3일은 7 / 8시.	배우자와 유사함(동종업계).
	사례 3(여)	7:00~7:00 주중에 회식 등이 2회 정도 있음.	8:00~8:00 주 1회 정도 7시에 귀가.
	사례 4(남)	9:00~6:00(통근 시간 하루 5시간) 주 2회 아이들 챙기러 9시에 귀가.	9:00~6:00 밀린 업무와 연구를 하느라 늦고, 주 2회 아이들 챙기러 9시에 귀가.
여성＞남성	사례 5(여) / 사례 6(남)	8:30~8:00 / 9:00 (통근 시간 하루 3시간) 주 2회 아이 챙기러 9시에 귀가.	9:30~6:30 탄력적 근무 시간제 활용해 30분 늦게 출근. 주 2회 아이 챙기러 9시에 귀가.
	사례 7(여) / 사례 8(남)	7:30~5:30 / 6:00 (통근 시간 하루 3시간) 평상시 회식 등이 잦아 집에 오면 8:30~9시.	과거 직장은 9:00~6:00 사업(1인)을 하면서는 9:00~4:00 현재 취업한 곳은 9:00~8:30
	사례 9(여)	8:30~5:30 일이 없을 때는 정시 퇴근 가능. 일이 많은 날이 많음.	9:00~6:00 6:30에 정시 퇴근해 7시에 귀가. 늦는 경우 7시 30분.
	사례 10(여)	8:30~6:00 / 7:00 (통근 시간 하루 3시간) 일을 조금하면 8 / 9시.	9:00~6:00 정시 출퇴근. 주중 회식 자리가 많아 주중 2, 3회 밤늦게 귀가.
	사례 11(여)	9:00~9:00(통근 시간 하루 3시간)	9:00~7:00
	사례 12(여)	9:00~6:00 일이 있으면 야근함. 현재 시험 준비로 11·12시에 귀가.	8:30~7:30
	사례 13(남)	8:00~6:00(통근 시간 하루 3시간)	9:00~8:00 / 9:00
여성＜남성	사례 14(여) / 사례15(남)	9:00~6:00	9:00~10:00 / 12:00
	사례16(여)	9:00~6:00	6:30 / 7~8 / 8:30(집 기준) 늦으면 11시 넘음.
	사례 17(여)	8:30~5:30	6:00~10:00(집 기준)
	사례 18(여)	10:00~6:00 일 있을 때는 11시까지 야근.	6:00~8:00 통근시간 4시간. 늦으면 10시.
	사례 19(남)	7:50~4:30	7:30~5:30 주중에 3회 정도 6:30 / 7:00에 들어옴.
여성＝남성	사례 20(남)	9:00~6:30 주에 2, 3일 정도 늦음.	7:30~5:00(통근 시간 3시간) 배우자와 퇴근 시간 조정해 새벽출근을 하거나 밤늦게 퇴근함. 주중에 2, 3일 정도 늦음.

사례		여성	남성
여성=남성	사례 21(남)	9:00~6:00 밀린 업무를 집에 가져와서 함. 박사 공부로 퇴근 후 공부하다 귀가.	9:00~6:00 바쁜 시기에는 매일 야근과 주말 근무.
부부 모두 정시 퇴근	사례 22(여)	10:00~7/7:30	8:30~5:30(통근 시간 하루 3시간)
	사례 23(여)	9:00~7:00	9:00~6:00
	사례 24(여)	9:00~6:30	9:00~6:00
	사례 25(남)	9:30~6:30	9:00~7:00

돌봄 책임을 가진 여성이 장시간 시장노동으로 인해 그 책임을 다하지 못할 경우 조부모 지원으로 전환되고 있음을 잘 보여준다.

이처럼 한국의 장시간 시장노동은 전일제 유자녀 취업부부가 추가적인 돌봄 지원 없이 공보육·공교육에만 의존해 시장노동을 지속하기 어렵게 하고 있다. 취업부모의 장시간 노동은 공보육·공교육 운영시간 간의 격차를 가져올 수밖에 없고, 아무리 질 좋은 공적 지원이 마련되더라도 전일제 취업부부가 공적 지원에만 의존해서 시장노동을 지속하기 어렵다는 것을 잘 보여준다.

2) 강한 가족 신뢰와 장시간 노동

한국은 일제하 식민 지배, 6·25전쟁, 군부 쿠데타, 산업화로 이어지는 격동의 시간을 거치며, 국가와 사회 공동체가 개인의 물질적·신체적·정신적 보호를 보장할 수 없었기 때문에 각 개인은 가족을 중심으로 가족 및 친족 자원을 수시로 동원하면서 위기에 대처하고 새로운 기회를 개척하고 사회적 정체성을 유지해왔다.[19] 한국의 국가 발전 전략 역시 성장 제일주의로 효율적인 자본 축적을 최우선시 했기 때문에 국가 정책에서 사회 복지는 항상

---

19 장경섭, 「가족 이념의 우발적 다원성—압축적 근대성과 한국 가족」, 『정신문화연구』 제24권 제2호, 2001, 161~202쪽.

부차적인 것으로 간주되었고 사회 복지의 부담은 개별 가족에게 전가되어 왔다.[20] 이처럼 한국 사회는 일종의 '제도화된 가족주의'가 한국인의 일상적 삶 뿐 아니라 사회 재생산에까지 영향을 미치고 있다. 한국인들은 가족을 중심으로, 가족에 의지하며, 가족을 위해 살도록 규범적으로 강제되었고 제도적으로 강제되어 왔다고 할 수 있다.[21]

한국의 가족주의는 혈연관계에 기초한 가족 중심성과 가족 결속을 강조함으로써 사회 전체적으로 내집단 편향성에 기초한 배타적인 문화로 확대되었다.[22] 가족주의가 강한 한국 사회에서 친족 외의 타인에 대한 불신은 아이 돌봄에서도 돌봄 노동자를 고용하기보다는 조부모 지원을 우선적으로 고려함으로서 비가족적 돌봄을 고려하지 않는 특성으로 나타난다. 그 결과 유자녀 여성들은 아이 돌봄 문제를 해결하기 위해 조부모 돌봄과 비 친족 돌봄돌봄 상품화 사이에서 선택을 하는 것이 아니라 조부모 돌봄 지원이 안 될 때 시장노동을 그만두는 선택을 한다. 취업 여성 22사례 가운데 8사례가 조부모 지원이 없었다면 일을 그만뒀을 것이라고 말한다.

여성들이 조부모 돌봄지원이 없을 때 시장노동을 그만둘 선택을 하는 것은 강한 가족주의와 함께 장시간 시장노동이 결합되어 있기 때문이다. 장시간 일하는 취업 부부는 아이들을 저녁 늦게까지 오랫동안 맡겨야 하기 때문에 신뢰할 만한 사람에 대한 요구가 더 높다. 취업 부부의 조부모 지원 선호는 자신들의 장시간 노동에 맞게 조부모가 시간적 제한 없는, 유연한 돌봄시간을 제공하기 때문이다. 이를 잘 보여주듯 취업부부 22사례 가운데 2사

---

20 김수영, 「한국의 산업화 과정과 가족·여성」, 『진보평론』 제7호, 2001년.
21 장경섭, 「'위험 회피' 시대의 사회 재생산─가족 출산에서 여성 출산으로?」, 『가족과 문화』 제23집 3호, 2011.
22 조혜정, 「한국의 사회변동과 가족주의」, 『한국문화인류학』 17, 1985, 81~98쪽.

례를 제외하고 모두 아이 돌봄 지원에 시간적 제한이 없었다. 취업부부들은 주변에 베이비시터를 고용한 경우 안정적이지 못해 일을 그만둔 경우가 많다고 말하며 조부모 지원을 돌봄을 상품화한 경우보다 더 안정적인 것으로 인식하고 있다.

이처럼 한국의 강한 가족주의로 인한 타인 돌봄에 대한 불신과 함께 장시간 노동으로 인한 시간적 제한 없는 유연한 돌봄 시간에 대한 필요는 조부모 돌봄 선호로 나타나고 있다.

3) 손자녀 양육과 도구적 가족 연대

한국의 가족주의 특성은 개별 가족원들 간의 소통과 친밀성 측면은 약한데 반해 도구적 성격이 강한 데서도 잘 드러난다.[23] 가족은 경제적 생존을 위해 도구적 가족 연대 전략으로 대응하고 있는데 특히 세대 간 연대 전략이 강하게 나타난다. 핵가족과 확대 친족 간에 세대별로 재화와 용역을 교환하면서 전통적인 친족 관계가 활용되고 강화되고 있다.[24] 이를 반영하듯 조부모 지원을 받는 취업 부부 22사례 가운데 12사례가 조부모가 자신들 외에도 다른 성인 자녀의 손자녀 돌봄을 했거나 현재 함께 병행하고 있었다. 조부모의 양육지원은 가족의 경제적 생존과도 밀접한 연관이 있다. 전일제 취업 부부들은 돌봄 지원을 받으면서 조부모에게 일정 정도의 비용을 지불하고 있다. 조부모 지원 비용은 최저 30만 원에서 최대 150만 원까지 다양하고, 평균 80만 원에서 100만 원 수준에서 비용 지원이 이뤄진다.[25] 취업

23　정재기, 「한국의 가족 및 친족 간의 접촉 빈도와 사회적 지원의 양상―국제간 비교의 맥락에서」, 『한국인구학』 제30권 제3호, 2007, 157~178쪽.

24　박기남, 「전문직 여성의 노동 경험과 돌봄의 젠더화―1980년대 이후를 중심으로」, 『페미니즘 연구』 제7권 2호, 2007, 83~124쪽.

25　2024년 현재 조부모의 아이돌봄 비용 시세는 150~200만원 정도에서 형성되

부부들은 조부모에게 현금 외에도 의료비용, 선물비용, 외식비용, 장봐드리는 비용 등 추가적인 비용을 지원하기도 한다. 조부모 지원 비용은 베이비시터를 시장에서 고용할 경우 형성되어 있는 가격대와 같이 일반적으로 통용되는 가격대80~100만 원가 형성되어 있다. 조부모 지원 가격대는 보통 출퇴근 형 베이비시터의 시장 가격인 150~160만 원보다 낮게 형성되어 있다.

이러한 취업부부의 돌봄 비용 지불은 조부모 세대의 취약한 노후지원과 밀접하다. 최근 자녀들이 가정을 떠나는 시기가 지연되어 성인 자녀에 대한 부모 역할 수행 기간이 길어짐에 따라 부모 세대가 노후 준비를 제대로 하고 있지 못하다. 이러한 현실은 사회적 안전망 미비, 고령자 일자리 부족 등으로 인한 고령층의 높은 빈곤율을 통해서도 잘 나타나고 있다. 이러한 조부모 세대의 노후 상황은 성인 자녀 세대의 지원이 조부모의 노후에도 도움이 되고 있음을 유추할 수 있다. 성인 자녀 세대는 자신들을 키우느라 은퇴 준비가 안 된 조부모의 노후 지원금을 고려하고 있어야 한다. 조부모의 노후 지원금을 전제한다면 취업 부부에게 아이 돌봄을 위한 돌봄 노동자 고용은 또 다른 비용부담이 된다. 취업 부부들은 조부모에게 아이를 맡기면서 아이 돌봄과 조부모 부양이라는 이중 부담을 해결하고 있기도 하다. 이처럼 조부모 돌봄 지원은 자녀세대의 저렴하고 신뢰할만한 돌봄 추구와 함께 노인 세대의 불안정한 노후와 밀접한 연관 속에서 나타나고 있기도 하다.

어 있다. 베이비 시터 비용은 경력에 따라 시급은 12,000원~15,000원 선이고, 월급은 220~300만 원, 입주인 경우는 300~400만 원 선에서 형성되고 있다.

3. 돌봄의 세대전가

지금까지 살펴본 조부모 돌봄 지원의 배경과 전제를 통해 한국 사회에서 조부모 돌봄 지원이 나타나는 맥락을 자세히 살펴보았다. 그렇다면 이러한 조부모 돌봄 지원을 통해 취업 부부는 어떻게 돌봄을 하며 시장노동을 하고 있는가?

1) 취업부부의 최소화된 일상적·세대적 재생산 역할

취업 부부들은 동거나 비동거 형태로 돌봄지원을 받는데 22사례 가운데 17사례는 조부모 집 근처에 살면서 비동거 형태로 돌봄 지원을 받고 있었다. 조부모 집과 성인 자녀 집이 가까운 경우에는 주로 조부모가 성인 자녀 집으로 출퇴근을 하거나, 성인 자녀가 조부모 집에 아이를 데려다 주고 오는 형태를 보인다. 양 쪽 집이 먼 경우에는 조모가 성인 자녀 집에서 주중 동거하거나, 성인 자녀가 아이를 조부모에게 주중 맡기는 형태가 주를 이룬다.

이러한 다양한 지원 유형은 취업 부부가 조부모로부터 어떠한 가사육아 지원을 받는지를 드러내주고 있다. 조부모 지원 유형에 따른 가사육아 지원 차이는 크게 동거와 비동거로 나뉜다. 동거 유형은 공간 분리가 안 되기 때문에 조모가 가사육아를 전적으로 맡고 있다는 특성이 있다. 동거는 취업 부부가 가사육아를 할 물리적인 시간이 안 된다는 판단 하에 취한 유형으로, 가사육아에 있어 주중에는 거의 못하고 주말에도 최소화하고 있다. 조모가 월요일에 와서 금요일에 가는 주중 동거 또한 동거와 마찬가지로 조모가 가사육아를 전담한다.

---

26 조(부)모 지원이 복합적인 경우는 해당하는 지원 유형에 중복 표기하였다.

<표 2> 조부모 돌봄 지원 유형 및 가사육아 현황

유형		연구 참여자 현황[26]	특성	주중 가사육아 현황	주말 가사육아 현황
동거		2 사례 (사례5 / 사례6(부부), 사례4)	신혼 때부터 조부모 집 근처에 살다가 아이 출생 후 조부모 집으로 들어감.	조부모가 가사육아전담	동거로 인해 공간 분리가 안됨. 조부모가 나가거나 자녀가 나가거나 해서 물리적으로 분리함.
근거리	출퇴근	12 사례 (사례1, 사례17, 사례18, 사례23, 사례24, 사례11, 사례4, 사례19, 사례14 / 사례15, 사례21, 사례20)	자녀가 출근하기 전 조부모가 자녀 집으로 갔다가 자녀 퇴근 후 자신의 집으로 돌아옴.	조부모가 가사육아전담. 퇴근 시간에 따라 자녀들의 몫이 결정됨.	아이 돌봄 자녀 세대 몫
	데려다 주고오기	5 사례 (사례9, 사례7 / 사례8, 사례3, 사례10, 사례25)	자녀가 출근하기 전 아이를 조부모 집에 데려다주고, 퇴근 후 자신의 집으로 데리고 옴.	조부모가 육아전담, 가사는 자녀세대가 맡음. 그러나 주중 식사는 조부모 집에서 주로 해결함.	아이 돌봄 자녀 세대 몫
	혼합 (출퇴근+ 데려다 주고오기)	3 사례 (사례10, 사례24, 사례13)	조부모가 아침에 자녀가 출근하기 전에 자녀 집으로 출근, 자녀가 퇴근 후 조부모 집에 가서 아이를 데리고 옴.	조부모가 육아전담 가사는 전담이 아닌 지원	아이 돌봄 자녀 세대 몫
원거리	주중 동거	2 사례 (사례2, 사례3)	조모가 성인 자녀 집에 와서 주중에는 동거를 하고 주말에는 자신의 집으로 돌아감.	조부모가 가사육아전담	아이 돌봄 자녀 세대 몫
	주중 맡김	7 사례 (사례1, 사례16, 사례12, 사례9, 사례19, 사례14 / 사례15, 사례21)	자녀가 조부모 집에 아이를 주중에 맡기고, 주말에만 보러가거나 자신의 집으로 데려와서 돌봄.	조부모가 육아전담 가사는 자녀 세대	아이 돌봄 자녀 세대 몫

조부모 지원의 대부분을 차지한 비동거 유형은 동거와 달리 조부모와 취업 부부의 공간이 분리되기에 가사육아와 관련해 주중과 주말이 나뉜다는 특성이 있다. 취업 부부들은 주중에는 주로 조부모에게 가사육아를 의존하

지만, 주말에는 자신들이 가사육아에 대해 책임진다. 그러나 이 유형들 또한 가사육아를 하는데 있어 동거 형태와 큰 차이가 드러나지 않는다. 출퇴근 형은 돌봄이 자녀 집에서 이뤄지기 때문에 조부모가 아이 돌봄 뿐 아니라 자녀 집의 가사까지 함께 하게 된다. 보통 자녀들의 퇴근 시간이 늦기 때문에 조부모는 저녁 식사까지 준비하고 함께 먹고 치우고 가는 경우가 많다. 데려다 주고 오기 형은 조부모 집에서 아이 돌봄이 이뤄지기 때문에 자녀 집과 공간 분리가 됨에 따라 조부모가 자녀 집의 가사를 하지는 않는다. 그러나 이 유형은 성인 자녀가 조부모 집에서 주로 식사를 해결함으로써 성인 자녀의 가사가 조부모 집으로 이동한 경우라고 할 수 있다. 취업 부부와 조부모 집이 먼 주중 맡김 형은 먼 거리로 인해 공간 분리가 자연스럽게 이뤄지다보니 조부모가 취업 부부의 가사 지원을 하지는 않는다. 그러나 조부모가 취업 부부의 가사 지원은 하지 않지만 주중 동안 자녀들의 지원 없이 전적으로 아이 돌봄에 대한 책임을 진다는 측면에서 그 부담 또한 크다고 할 수 있다.

조부모는 성인 자녀들이 출근하기 전부터 퇴근하는 시간까지 자녀의 집에서 혹은 자신의 집에서 가사육아를 책임지고 있다. 그러나 이러한 조부모의 아낌없는 지원은 조부모 지원을 받는 취업 부부의 돌봄에는 부정적인 영향을 미치고 있다. 취업 부부들은 조부모 지원을 통해 세대적 재생산^{육아}을 최소화할 뿐 아니라 일상적 재생산^{가사}도 최소화하고 있다. 돌봄에 초점을 맞춰서 본다면 조부모의 돌봄 지원은 성인자녀세대의 돌봄을 최소화함으로써 돌봄에 취약한 이들이 되게 하고 있다. 이와 같은 현상은 취업 부부의 돌봄이 조부모에게 아웃소싱^{전달}된 형태로 돌봄의 세대 전가[27]라고 명명할 수 있

---

27 '전가'란 용어를 사용하는 것은 '이전(transfer)'과 차별성을 두기 위한 표현이다. '이전'은 옮겨간다는 의미라면 '전가'는 자기 책임을 타인에게 넘긴다는 의미가

을 것이다. 돌봄의 세대 전가란 성인 자녀 세대가 자신들의 일상적·세대적 재생산을 조부모의 돌봄 지원을 통해서 해결하는 것을 의미한다.

2) 자녀 세대의 시장노동 중심적인 삶 지원

그렇다면 취업 부부는 조부모의 돌봄 지원을 받으며 어떻게 시장노동 하고 있는가? 조부모의 양육 지원의 목적은 자녀 세대의 안녕이고, 그 안녕의 중심에는 시장노동에 대한 적극적인 지원이 자리 잡고 있다. 실제 취업부부들은 조부모의 돌봄 지원 덕분에 시장노동에 집중함으로써 아이 출생 전후 크게 달라지지 않은 조건에서 일하고 있었다. 보통 전일제 유자녀 취업 부부는 제한된 시간 속에서 시장노동 시간과 함께 돌봄 시간을 확보해야 하기에 시간 압박을 치열하게 겪는다.[28] 그 가운데서도 시장노동하는 유자녀 여성의 시간 압박은 남성에 비해 더욱 크다.[29] 그러나 취업부부들은 조부모 지원을 통해 돌봄 문제를 해결함으로써, 상대적으로 시간 압박을 덜 느낀다. 이들은 회사 내 유자녀 여성들 가운데 조부모 지원을 받는 사람과 안 받는 사람의 명시적인 차이는 '퇴근시간의 구애를 받느냐 여부'라고 말하며 자신들은 조부모 지원 덕분에 여유가 있다고 말한다. 이처럼 취업 부부들은 조부모 지원을 통해 아이 출생 전후 크게 달라지지 않은 조건에서 일하고 있다. 특히 남성들은 자녀 유무에 영향 받지 않고 시장노동 중심적인 일상을

강하다. 그리고 '이전'이란 명명은 세대 간 자원 이전에 관한 연구와 차별화되기 어렵기 때문이기도 하다. 세대 간 자원 이전 연구는 조부모의 돌봄 지원과 성인 자녀의 시장노동의 상관관계에 대해 조부모의 아이 돌봄을 통한 시간 이전이 성인 자녀 세대의 노동 공급에 긍정적인 효과를 미친다고 본다.

28 Jerry A J., Kathleen G., *The Time Divide : Work, Family and Gender Inequality*, Cambridge, MA : Harvard University Press, 2004.

29 Arlie R H., *The Second Shift : Working Parents and the Revolution at Home*, New York : Avon Books, 1989.

구성한다. 그리고 이러한 시장노동 중심성은 유자녀 남성들에게만 국한되지 않는다. 유자녀 여성들 가운데도 장시간 시장노동으로 일상적 돌봄을 거의 하지 못하는 이들5사례이 있다.

취업 부부들의 시장노동 중심성은 아이 출생 후 조부모 지원을 통해 돌봄을 최소화하고 있으면서도 아이로 인해 시장에 헌신하는데 제약이 따르는데 대한 아쉬움, 억울함, 불공평함 등을 느끼는 데서도 잘 나타난다. 취업부부는 조부모 양육지원을 통해 시장노동 중심적인 일상을 구성하다보니 돌봄 시간은 항상 후순위로 밀리고, 돌봄이 노동 시장에 잠식되는 경우가 많다. 전일제 취업 부부는 시장노동을 하느라 이미 지쳐 돌봄을 할 시간도 없지만 시간이 주어진다고 할지라도 돌봄을 할 여력도 없다. 취업부부의 시장노동 중심적인 일상은 돌봄노동을 할 시간과 돌봄노동에 대한 필요성을 느낄 수 있는 틈을 주지 않고 있다.

그리고 일상을 시장 중심으로 구성하는 취업부부들에게 돌봄 노동은 시장노동에 비해 시간의 효율성이 떨어지는 일로 간주된다. 이들은 자본주의 사회에서 노동에 가치를 매기는 방식, 즉 보상이 주어지는지 여부와 보상액이 얼마인지를 기준으로 시장노동과 돌봄 노동을 평가하고 있다. 취업부부들은 돌봄 노동은 시장 노동보다 낮은 가치를 갖는 것으로, 돌봄보다는 시장 영역에서 교환 가치를 창출하는 것이 시간 사용의 효율성이 더 높은, 더 가치 있는 일이라고 생각한다. 이와 같은 전일제 취업부부들의 시장노동에 대한 중시는 돌봄을 최소화하면서 시장영역에서의 성공을 추구하는 모습으로 나타나기도 한다. 취업부부들은 시장영역에서 좀 더 우위를 확보하기 위해 학업 병행, 시험준비, 사회적 네트워크 쌓기에 집중하는 모습을 보인다.

전일제 취업 부부들은 조부모의 돌봄 지원 덕분에 시장노동 중심적인 일상을 구성하며, 돌봄노동보다 시장노동에 더 가치를 두며, 노동 시간 외 시간을 경력과 네트워크를 축적하는 시간으로 전환하면서 살고 있다. 성인 자녀 세대는 돌봄이 아닌 시장에 충실한 삶을 살고 있는 것이다. 결과적으로 조부모는 돌봄 지원을 통해 성인 자녀 세대들이 시장노동 중심으로 살아갈 수 있도록 적극 지원하고 있고, 시장노동을 하느라 누군가를 돌볼 시간도 돌볼 여력도 없는 자녀들을 대신해 일상적·세대적 재생산을 하고 있다.

4. 돌봄의 세대전가가 가족에게 미치는 영향

여성의 시장노동은 남성과 생계부양 책임을 공유함으로써 가족 내 돌봄 문제에 남성을 결합시킬 수 있는 협상력을 가질 수 있는 조건이다. 실제로 20개국 44건의 시간 사용 조사 연구 자료를 분석한 결과에 따르면 남성의 무급 노동주로 가사육아 시간이 여성의 취업률 수준과 비례해서 상승하는 것을 알 수 있다.[30] 취업부부 가구에서 여전히 여성이 남성보다 더 많은 가사육아를 맡고 있지만 남성들의 가사육아 참여는 증가하고 있다. 뿐만 아니라 취업여성의 소득이 증가할수록 가사노동 양은 감소하는데 반해 남성의 가사노동 양은 증가하고 있다.[31] 한국의 전일제 취업 부부의 가사노동 현황을 보면 이러한 변화를 보여주고 있기는 하다. 2019년 생활시간조사결과에 따르면 맞벌이 가구의 가사노동가사 및 가족돌봄 시간은 취업여성이 3시간 7분, 취업남성 54분으로 여성이 남성보다 3배 이상 더 많다. 2014년 여성이 3시간

---

30 Jennifer LH., Gender Inequality in the Welfare State : Sex Segregation in Housework, 1965~2003", *American journal of sociology*, Vol.115, No.5, 2010, pp.1480~1523.

31 Michael B., et al., When Gender Trump Money : Bargaining and Time in Household Work, *American Journal of Sociology*, vol.109, 2003, pp.186~214.

13분, 남성이 41분이었던 것과 비교해 여성의 가사노동시간은 줄고 남성은 증가한 것으로 나타났지만 그 변화가 더디기만 하다.

그렇다면 조부모 양육지원은 취업부부의 가족 내 돌봄 분담에 어떠한 영향을 미치는가? 조부모가 성인 자녀 세대의 돌봄의 짐을 덜어줌으로써, 자녀세대는 더 평등해지고 돌봄의 문제를 둘러싼 남녀간의 성별분업은 해체되고 있는가? 조부모의 아이 돌봄 지원이 이뤄지는 시점은 보통 출산휴가 혹은 육아 휴직 이후로 초기 양육기에 해당한다. 이때는 부모가 되는 이행 과정으로 여성과 남성은 아이 돌봄을 하면서 성별차이와 성별분업이 강화된다. 바로 돌봄은 여성의 몫이 되고 부모 역할이 성별화되는 중요한 시기이다.[32] 남성 생계 부양자의 경제적 토대가 허물어지고 있는 현실 속에서도 아이돌봄이 이뤄지는 일상의 공간에서는 초기 양육기 동안 형성되는 성별분업이 하나의 이데올로기로서 지속성을 갖고 재생산되고 있다. 그러나 조부모 돌봄지원을 받는 경우 남녀간의 성별분업이 강화되지 않을 조건에 있다고 할 수 있다. 초기 양육기 조부모 돌봄지원을 받는 취업부부의 아이 돌봄을 둘러싼 젠더 관계를 살펴봄으로써 조부모 지원이 성인자녀세대 부부의 성평등에 어떠한 영향을 미치는지 알 수 있다.

1) 부부간 최소화된 돌봄 갈등

일반적으로 유자녀 여성의 역할 부담은 첫 자녀 출생 후 크게 증가하며, 부부간 역할 갈등은 첫 자녀가 미취학 연령인 시기에 가장 많이 나타난다. 특히 취업 부부의 일·가족 갈등 요인 중 미취학 자녀 요인이 주요 변수로 고려되는데 어린 자녀가 있을 경우 부부는 시간 부족에서 오는 갈등을 더

---

32 Bonnie F., *When Couples Become Parents : the Creation of Gender in the Transition to Parenthood*, University of Toronto Press, 2009, p.30.

많이 경험하게 된다.[33] 일반적으로 취업 부부는 자녀 출산 이후부터 미취학 시기까지 부부 간 갈등을 더 많이 경험하지만, 조부모 지원을 받는 부부들은 모두 전일제로 장시간 노동을 함에도 불구하고 부부간 갈등이 거의 없다고 말하고 있다. 취업 부부들은 아이의 출현으로 발생하는 돌봄 부담을 가족원 각각의 역할에 대한 재조정이 아니라 조부모라는 외부적 자원을 통해 해결하고 있다. 즉, 조부모가 가사육아로 인한 부부간 갈등을 완화시키는 역할을 해줌으로써 가족 내 돌봄의 문제는 부부간 갈등의 원인으로 작동하지 않는다. 취업부부들은 대부분 '조부모의 지원 덕분에 부부 관계도 만족스럽다'고 말하며, 다만 '조부모가 힘드신 게 문제'라고 말하고 있다. 이처럼 취업부부들은 가사육아를 둘러싼 부부 갈등도 거의 없고, 부부간 가사육아를 하는데 있어 여성에게 더 편중되어 있지도 않기 때문에 외양적으로는 성평등한 것처럼 보인다. 그러나 이는 어디까지나 가사육아 부분을 조부모에게 전가(외주화)한 결과로, 이들이 성평등한 관계를 맺고 있다고 말하기 어렵다.

2) 세대 간 분업 – 주 양육자와 보조 양육자

성인 자녀 세대가 아이 돌봄의 어려움을 갖게 되면, 그것은 바로 조모의 책임으로 전가된다. 전일제 취업 여성도, 조모도 돌봄은 여성의 몫이라는 성별 분업 이데올로기로부터 자유롭지 못하고, 결국 돌봄은 '여성들의 문제'가 된다. 취업여성들은 자신의 시장노동 지속이 (시)조모[34]의 지원을 통해 가능하다며 (시)조모를 '육아 동지', '나에게 특별한 분'등으로, (시)조모의 지원을

---

33 Joan C W., *Unbending Gender : Why Family and Work Conflict and What to Do About It*, Oxford University Press, 2000.

34 취업여성기준으로 친정어머니와 시어머니를 가리지 않고 돌봄지원이 가능한 조모가 돌봄지원을 하는 경우가 많은 점을 드러내기 위해 (시)조모로 표기했다.

'엄마의 희생', '엄마 덕' 등으로 표현하고 있다. 또한 이들은 (시)조모의 돌봄 지원에 대한 감사함과 함께 미안함을 자주 드러냈다. 조부모 지원을 받는 취업 여성들의 (시)조모에 대한 감사함과 미안함은 돌봄이 여전히 취업 여성과 조모의 문제임을 잘 보여준다. 돌봄이 누구와 누구의 문제인지를 가장 잘 보여주는 것은 바로 돌봄 문제를 둘러싼 갈등 주체가 누구냐에서도 잘 나타난다. 돌봄이 (시)조모와 딸며느리의 문제가 되면서 돌봄을 둘러싼 갈등은 부부간에 발생하는 것이 아니라 바로 (시)조모와 딸며느리 사이에서 발생한다. 돌봄의 갈등 주체가 (시)조모와 딸며느리이라는 것은 이들이 바로 돌봄책임의 주체임을 보여준다. 조부모 돌봄 지원을 받는 취업 부부의 경우 부부가 함께 책임져야 할 돌봄의 문제가 (시)조모와 딸며느리이라는 세대 간 여성들의 문제로 전환되고 있다.

세대 간 여성 연대를 통한 돌봄 해결은 기존 연구가 분석하고 있는 것처럼 기혼 취업 여성들의 시장노동 증가에 따른 돌봄 공백이 핵가족 내 젠더 질서 변화가 아닌 친족 세대 관계 변화를 통해 해결되는 가족주의적 대응에 따른 결과라고 할 수 있다.[35] 그러나 여성들의 세대 간 연대를 통한 돌봄은 단순히 세대 간 연대라고 표현할 수만은 없다. 여기서 나타나는 세대 간 연대는 동등한 공동 양육 책임자 간의 결합이 아닌 조부모를 주요 양육자로 하고, 성인자녀세대는 지원자라는 형태를 띤 결합으로 세대 간 분업 형태를 보이기 때문이다.

조부모 돌봄 지원 일과를 보면, 조부모가 아침부터 저녁까지 아이들을 종일 돌보고 있거나 혹은 시설에 보내면서 돌본다. 이 과정에서 조부모가 아이에게 아침을 준비해 먹이는 것부터 시작해 아이와 상호 작용하고, 아이와

---

35   조주은, 위의 책; 김혜경, 「일-가족 접합의 역사와 친족 관계의 변화」, 『일·가족·
     젠더』, 한울아카데미, 2009.

관련한 청소 및 빨래 등을 하고 저녁을 먹이는 것까지 모든 것을 수행한다. 게다가 성인 자녀들의 아침, 저녁식사까지 조부모가 지원해주기도 한다. 그에 반해 성인 자녀 세대의 돌봄은 시간적 제한으로 주로 퇴근 후 잠깐 아이와 놀아주기, 책 읽어주기, 숙제 도와주기 등과 같은 역할로 한정된다. 조부모 지원을 받는 경우 주요한 돌봄 책임자가 조부모가 되고, 성인 자녀부부가 돌봄을 보조하는 형태를 띤다.

3) 세대 내 분업 – 육아 대 가사

조부모가 주요 양육자이고 취업부부가 지원할 때 취업 여성과 남성은 어떠한 역할들을 하는가? 조부모의 지원을 받는 남성들은 배우자가 아이를 볼 때, 주로 설거지, 청소, 빨래 등과 같은 직접적으로 육아에 결합하지 않는 가사를 하는 특성을 띤다. 이러한 남성들의 돌봄 특성은 아버지 돌봄의 특성을 연구한 램 등이 제시한 돌봄 단계에서 가장 첫 단계인 접근성의 단계에 해당한다고 할 수 있다.[36] 일반적으로 아이 돌봄과 관련한 성별 분업에 대한 연구들은 어머니가 자녀를 먹이고 입히는 일상적인 양육을 책임지는 대신, 아버지의 자녀 양육은 주로 놀이를 중심으로 특화되는 경향이 나타난다고 분석하고 있다.[37]

그러나 22사례 중 4사례만 그러한 놀이 중심의 아버지 양육 특성을 보일 뿐 남성들은 주로 가사를 하고 있고, 육아는 배우자가 전담하는 형태를 띤다. 이는 여성이 일상적인 양육을 맡고 남성이 놀아주기를 하는 성별화된

---

36   Michael E L., et al., "A Biosocial Perspective on Paternal Behavior and Involvement", *Parenting Across the life Span : Biosocial Dimensions*, 1987, pp.111~142.

37   AndreaD., *Do Men Mother? : Fathering, Care, and Domestic Responsibility*, University of Toronto Press, 2006.

아이 돌봄과는 또 다른 형태의 성별 분업이라고 할 수 있다. 돌봄은 자발적 돌봄, 필수적 돌봄, 대체 가능한 돌봄으로 복합적인데, 가사는 다른 사람을 고용해 해결할 수 있는 개인 서비스적인 돌봄에 해당하고 육아는 필수적 돌봄에 해당한다.[38] 여성과 남성 간에 '필수적 돌봄여성 대 개인 서비스적 돌봄남성'이라고 하는 새로운 형태의 성별 분업이 나타나고 있다. 이는 여성이 일상적인 양육을 맡고 남성이 놀아주기를 하는 성별화된 아이 돌봄과는 또 다른 형태의 성별분업이라고 할 수 있다.

이처럼 돌봄이 최소화된 조건에서 이뤄지는 남녀 간의 '가사 대 육아'라는 성별 분업은 취업부부 상호간에 가사와 육아에 대한 이해의 폭을 좁히고 서로 자신이 '더 힘들다'는 통약 불가능한 상태를 지속시킨다. 가사만을 하는 남성들은 돌봄가사육아을 통합적으로 경험하는 것이 아니라 분리해 경험함으로써 돌봄을 이해할 수 없고, 그 결과 육아가 여성의 몫이라고 하는 기본 전제는 전혀 건드려지지 않고 있다. 가사와 육아가 통합적으로 이뤄지지 않는다는 것은 취업 남성 뿐 아니라 취업 여성에게도 해당된다. 남성이 가사만 하는 특성을 갖는 것처럼 여성 또한 육아만 하는 특성을 가짐으로써 가사육아가 통합적으로 이뤄지지 않는다는 동일한 한계를 갖는다. 돌봄이 최소화된 조건 속에서 나타나는 '가사 대 육아'라는 성별 분업은 유자녀 여성과 남성 모두가 돌봄을 통합적으로 이해하기 어렵게 하고 그만큼 부부 상호

---

38 트론토는 돌봄을 자발적 돌봄, 필수적 돌봄, 개인적인 서비스적 돌봄까지 포괄해 폭넓게 사용하고 있다. 첫째, 자발적 돌봄은 좋은 동기에 의한 행위로 돌봄의 지속적인 관계는 성립하지 않는다. 둘째, 필수적 돌봄은 스스로가 제공할 수 없는 돌봄이고(예, 영유아 돌봄, 병자 돌봄 등), 셋째, 개인 서비스는 스스로 할 수 있으나 다른 사람이 제공할 수 있는 돌봄이다(예, 청소). 이 돌봄 정의는 특정 타자와의 관계성에 초점을 맞춘 돌봄(양육)부터 자가 돌봄(self care)이나 돌봄의 공적 형태(시설 등)를 모두 포함하고 있다(Tronto, Joan C., *Caring democracy : markets, equality, and justice*, NYU Press, 2013).

간에 돌봄에 대한 공통의 이해를 갖기 어렵게 한다. 그 결과 아이 돌봄은 여성의 몫이라는 성별 분업이 해체되지 못하고 있다.

4) 성인자녀세대의 성별분업 고착

많은 학자들은 남성의 아이 돌봄 결합이 가족 내 젠더 차이와 젠더 불평등을 약화시키는 데 핵심이라고 보고, 성별 분업 해체를 위한 변화의 대상을 남성으로 설정하고, 돌봄영역에 남성을 결합할 수 있는 방안을 적극적으로 모색하고 제시하고 있다.[39] 그렇다면 조부모 돌봄 지원은 젠더 불평등을 해소시키는데 핵심인 남성의 돌봄 참여에 어떠한 영향을 미치고 있는가? 조부모 지원이 남성의 돌봄 참여에 미치는 영향은 이들의 시장노동 외 시간이 어떻게 구성되는지를 통해서 파악할 수 있다. 여성들이 돌봄 책임자로서 시장노동시간과 그 외시간을 돌봄시간으로 구성하는데 반해 남성들의 시장노동 외 시간은 돌봄 시간으로 전환되지 않고 있다. 남성들이 시장노동 외 시간을 돌봄 시간으로 전환하지 않는 데는 굳이 자신이 돌봄을 하지 않아도 조부모의 돌봄 지원을 통해 돌봄이 해결되고 있기 때문이라고 할 수 있다.

게다가 조부모의 전통적인 성별 분업이데올로기가 취업 부부의 성별 분업에 영향을 미치고 있다. 유자녀 취업부부의 연령대는 30~40대이고, 이들을 지원하는 조부모의 연령대는 50~70대로, 조부모 세대는 '남성은 생계 부양자, 여성은 돌봄 제공자'라는 성별 분업 이데올로기를 가지고 있다. 실제로 조부모의 전통적인 성별 분업 인식은 조부모 돌봄 지원 과정에서 잘 나타나고 있다. 조부모의 지원을 받는 남성들 중에 모계 지원을 받는 경우는 사위로 편하게 지내는 특성이 있다. 전통적인 성별 분업 인식을 가진 조

---

39 Gornick, Janet C., and Marcia K. Meyers, *Families that work : Policies for reconciling parenthood and employment*, Russell Sage Foundation, 2003.

부모의 지원은 '백년손님'인 사위를 더 편하게 하는 방식으로 이뤄지고 있다. 이러한 조부모의 지원은 사위가 가사육아에 있어 소극적인 태도를 갖게 함으로써 향후 조부모 지원 여부와 관계없이 이러한 소극적 태도가 고착화될 수 있다. 조부모 세대가 가진 전통적인 성별 분업 인식은 모계 지원만이 아니라 부계 지원에서도 공통적으로 나타나고 있다. 부계 조부모의 지원은 아들이 가사육아와 관련해 최소한만 하게 하는 방식으로 이루어진다. 이는 아들이 가사육아를 최소화할 수 있도록 며느리의 가사육아 지원을 최대화하는 형태로 나타난다.

기존 연구는 조모가 아이 돌봄을 지원할 때 모계인 경우 딸을 지원하는 성격이라면, 부계인 경우는 아들의 생계 부양을 지원하고 아들의 가사노동에 대한 문지기 역할을 함으로써 전통적인 성역할 이데올로기를 지지한다고 보았다.[42] 그러나 조모 지원 중 부계에 한정해 아들의 가사노동에 대한 문지기 역할만이 아니라 사위의 가사노동에 대한 문지기 역할도 함께 나타나고 있다. 조부모는 모계·부계와 무관하게 여성과 남성의 역할에 대한 전통적인 성별 분업 인식을 가지고 있고, 이러한 인식은 아들과 딸을 지원하는 과정에서 자연스럽게 녹아난다. 조부모의 성별 분업 인식은 생계 부양자인 아들과 사위, 가사육아 전담자인 딸과 며느리가 그 역할에 충실하면서 시장노동을 지속할 수 있도록 지원한다. 조부모는 생계 부양자인 아들과 사위가 가사육아부담을 하지 않도록 가사육아를 지원하고 가사육아 전담자인 딸과 며느리가 가사육아 부담으로 인해 시장노동의 어려움이 생기지 않도록 지원하는 것은 같다. 그러나 딸의 경우에는 딸의 부담인 가사육아를, 며느리의 경우에는 아들의 부담인 가사육아를 최소화하기 위해 지원한다. 결

---

40   Jaerim L., Jean W B., op.cit

과적으로 전통적인 성별 분업 인식을 가진 조부모의 지원은 기존의 성별 분업이 성인 자녀 세대의 가족에서 그대로 유지되도록 독려하고 있다.

5. 돌봄의 세대전가가 노동시장에 미치는 영향

1) 유자녀 여성의 취업과 모성의 벽

현재 경쟁적인 자본주의 시장 체제는 각 개인들이 노동 시장에서 경제적으로 성공하는 것을 최대의 가치로 삼으면서 시장노동에 헌신할 것을 요청하고 있다. 시장에서 성공하기 위해 사적인 삶의 희생은 당연한 것이고, 성공을 통해 사적인 삶의 희생이 보상된다고 믿는다. 이러한 시장노동 중심 사회에서 노동자 모델은 회사를 위하여 24시간을 헌신할 수 있는 이로, 일상적·세대적 재생산에서 면제된 남성 노동자를 의미한다.[41] 그리고 남성적 기준이 통용되는 노동 시장에서 유자녀 여성과 남성은 성별 분업 이데올로기에 따라 다르게 인식되고, 다뤄지고, 평가받고 있다. 남성은 생계 부양자라는 전제는 아이 출생과 함께 더 강화되면서 좋은 생계 부양자는 좋은 아버지란 통념을 만들어낸다.[42] 남성은 직접 돌봄을 하는 것이 아니라 시장영역에서 생계 부양자로서의 의무를 다할 때 좋은 아버지, 이상적인 노동자로 평가받는데 반해 유자녀 여성은 돌봄 제공자로 간주되어 출산 후 어머니 역할로 인해 끊임없이 노동자로서의 성실성과 헌신성을 의심받는다.[43]

41 Williams, Joan, *Unbending gender : Why family and work conflict and what to do about it*, Oxford University Press, 2001.

42 Townsend, Nicholas, *Package deal : Marriage, work and fatherhood in men's lives*, Temple University Press, 2002.

43 Williams, Joan, *Reshaping the work-family debate : Why men and class matter*, Har-

그렇다면 이러한 남성적 기준이 통용되는 시장영역에서 돌봄을 세대 전가해 돌봄을 최소화한 전일제 유자녀 취업 여성들은 시장노동을 지속적으로 담보해내고 있는가? 한국의 여성 경제활동참가율은 2024년 56.3%로 1995년 48.3%보다 개선되고 있지만 더디고, 여전히 소위 결혼·임신·출산·육아기에 급격히 떨어지는 전형적인 M자 곡선을 유지하고 있다. 다만 M자 곡선은 좀 더 완만해지고 만혼으로 인해 노동 시장 참여가 낮은 시점이 30대 중후반으로 늦춰졌을 뿐이다. 한국의 이러한 현실 속에서 조부모의 지원을 받는 유자녀 여성들은 출산·육아기에 경력단절을 겪지 않고 남성만큼 장시간 시장노동을 하면서 더 오래 살아남을 수 있는 조건에 있다고 할 수 있다. 그리고 실제 인터뷰한 유자녀 여성 중 민간 기업에 종사하는 이들은 자신과 같은 '유자녀 여성은 직장 내 소수'라고 말한다. 이 말은 한국 사회 결혼임신출산육아기 높은 경력단절로 인해 유자녀 여성들은 대부분 일을 그만둠으로써 직장에 싱글이거나 무자녀 기혼 여성만 남은 결과임을 유추할 수 있다.

지금까지 직장내 여성의 소수적 위치는 유리천장[44]으로 설명되어 왔다. 그러나 유자녀 여성이 겪는 직장 내 소수라는 현실은 유리천장만으로는 설명하기 어렵다. 유자녀 여성들은 유리 천장을 겪기도 전에 돌봄이 면제된 이들의 공간인 노동시장에서 끊임없이 노동자로서의 성실성과 헌신성을 의심받는다. 모성의 벽the maternal wall은 어머니는 시장노동과 분리되어 있다는

---

vard University Press, 2010, p.92.

[44] 유리 천장은 올라갈 수 있는 것처럼 투명해 보이지만 막상 나아가보면 더 이상 진입할 수 없는 장애물로 여성을 비롯한 사회적 약자들의 자질과는 상관없이 조직 내에서 그들이 상위 직급으로 승진하는 것을 막는, 보이지 않지만 깨지지도 않는 것을 말하는 것으로, 여성과 소수자의 승진을 제한하는 보이지 않는 장벽을 의미한다.

것을 전제로 시장노동영역에서 유자녀 여성들에게 불이익을 주는 방식으로 체계적으로 직장을 구조화한다.[45] 유자녀 여성들은 직장 내 모성의 벽이 존재한다고 말했다. 그들은 아이 출생 전과 다름없는 패턴으로 일하고 있지만 아이 출생 후 "애 엄마니까 일찍 간다"는 말을 듣고, 야근을 할 때도 "애 엄마가 지금까지 직장에 있으면 어떻게 하나?"는 말을 듣는다. 유자녀 여성들은 조부모 지원을 받고 있어 아이 출생 전과 별반 다르지 않게 일을 하지만, 주변의 시선은 이들을 '애 엄마'로 보며 노동자로서의 성실성과 헌신성을 끊임없이 의심한다.

그러나 현재 조부모 지원을 받는 유자녀 여성들이 부딪히는 현실은 직장 내 '모성의 벽'만으로 모두 설명하기도 어렵다. 취업 여성들은 조부모의 돌봄 지원 덕분에 장시간 시장노동을 할 수 있고, 이를 통해 모성의 벽을 뛰어넘을 수 있는 조건에 있기 때문이다.

2) 돌봄 책임에 따른 시장노동 위기

전일제 유자녀 취업 여성들은 각종 자원을 통해 돌봄을 최소화하며 직장에서 생존하고 있음에도 불구하고 자신의 시장노동 수명을 30대 후반에서 40대 초반으로 제한하고 있다. 유자녀 여성의 시장노동 수명 한정은 많은 유자녀 여성들이 돌봄 책임으로 인해 시장영역을 떠나는 것을 목도해 온 결과라고 할 수 있다. 이들은 공통적으로 각종 자원을 동원해 돌봄을 최소화하며 살아남았던 선배 여성들이 시장노동을 그만두는 시점이 30대 후반에서 40대 초반이었다고 말한다. 전일제 유자녀 취업 여성들의 시장노동 수명은 실제 통계 자료를 통해서도 확인할 수 있다. 이를 잘 보여주듯 통계청 임

---

45   Ibid., pp.92~93.

금근로자 성별 연령대별 소득을 보면 2022년 기준 남성은 50~54세에 평균소득이 530만 원으로 가장 높고, 여성은 35~39세에 349만 원으로 가장 높게 나타난다. 안정적인 고임금의 정규직 직장에서 여성들이 경력단절로 인해 30대 중후반에 일을 그만두고 있음을 유추할 수 있다.

그렇다면 조부모 지원받는 여성들이 30대 후반에서 40대 초반의 시기에 시장노동을 그만두는 것은 무엇 때문인가? 유자녀 여성들은 이 시기가 직장 내 직급 경쟁이 치열해지는 때로, 상위 직급을 두고 경쟁이 치열해지면서 업무 뿐 아니라 사회적 네트워크 쌓기를 통해 직장에 헌신성을 보여야하는 헌신의 시기라고 말한다. 특히 민간 기업의 경우 직급이 올라갈수록 업무 강도가 높아지고 직급 경쟁 또한 치열해진다. 여성들이 30대 후반에서 40대 초반의 연령대에 마주하는 직장 내 치열한 경쟁은 여성들에게 시장 헌신을 요구한다. 그러나 유자녀 여성들은 조부모의 돌봄 지원을 받고 있더라도 아이에 대한 돌봄 책임을 갖고 있어 돌봄책임이 없는 남성들처럼 시장에 헌신하기 어렵다고 말한다.

기존 연구에서는 유자녀 여성이 시장노동을 지속하기 어려운 주요한 요인은 자녀요인으로, 자녀 요인 중에서도 자녀수와 미취학 자녀요인이 주요한 영향을 미치며 특히 미취학 자녀의 존재는 시장노동 단절에 가장 큰 영향을 미치고 있다고 본다. 그리고 자녀 출산이 여성의 고용과 임금에 부정적인 영향을 미친다.[46] 이러한 연구 결과는 자녀가 미취학 시기를 벗어나면 여성들의 시장노동 지속에 부정적인 영향을 끼치는 주요한 요인이 사라진다는 의미이기도 하다. 그러나 한국에서 여성의 시장노동 단절은 아이의 미취학 시기에 국한되지 않는다. 이는 조부모의 지원을 받는 여성들이 시장노

---

46 박수미, 「한국 여성들의 첫 취업 진입·퇴장에 미치는 생애 사건의 역동적 영향」, 『한국인구학』 36권 2호, 2002, 145~174쪽.

동을 그만두는 30대 후반에서 40대 초반이 아이들의 취학 시기라는 데서 잘 드러난다. 이를 보여주듯 유자녀 여성 16사례 중 10사례는 아이의 초등학교 입학을 자신의 시장노동의 커다란 고비로 여기고 있었다. 한국 사회는 아이의 취학을 기점으로 취학 전은 돌봄의 시기로 파악하는데 반해, 취학 이후는 교육의 시기로 파악해 어머니의 교육적 역할을 강조한다. 유자녀 여성들은 취학 전의 돌봄에 대해서는 주로 조부모를 전적으로 신뢰하며 맡기지만 취학 후의 교육적 역할을 하기에는 조부모가 한계가 있다고 보고 자신들의 교육적 책임에 대해 이야기했다.

이와 같은 어머니의 교육적 역할에 대한 강조는 한국 사회에서 교육이 계급 재생산과 밀접하게 연관되어 논의되고 있기 때문이다. 오늘날 학력은 개인의 사회경제적 성취 과정에 있어서 성장 환경과 함께 직업적 지위 획득이나 성공을 매개하는 역할을 수행하고 있다.[47] 교육은 계급 재생산의 주요한 통로가 되고, 계급 재생산을 위한 투자가 이뤄지는 장소는 바로 가족이다.[48] 한국의 가족은 경제적 생존을 위해 도구적 가족주의 전략을 취해옴에 따라 가족은 생존의 단위이자 계층 상승 이동을 꾀하는 전략적 투자의 장소로, 기혼 여성에게 요구하는 역할은 더욱 복합적이고 모순적이다.[49] 기혼 유자녀 여성들은 어머니 노릇 가운데서도 '교육'에 방점을 찍고, 가족의 생존과 계급 재생산을 목표로 교육적 역할을 전담하고 있다. 이러한 분위기 속에서 유자녀 취업 여성들 또한 어머니의 교육적 역할로부터 자유로울 수 없다. 취업 여성들은 어머니로서의 교육적 역할에 대한 책임을 함께 가지면서

---

47 Devine, Fiona, "Class reproduction, occupational inheritance and occupational choices", *Gender Inequalities in the 21st Century*, Edward Elgar Publishing, 2010.

48 Carnoy, Martin, "The Family, flexible Work and Social Cohesion at Risk", *International Labour Review*, Vol.138, No.4, 1999, pp.411~429.

49 황정미, 「'저출산'과 한국 모성의 젠더정치」, 『한국 여성학』 제21권 3호, 2005

시장노동을 해야 하는 상황 속에 있다.

유자녀 여성들은 아이 출생 후 아이의 성장 단계에 따라 시장노동 단절의 위기에 처한다고 말한다. 이들은 직장을 그만둘지 여부를 고민했던 자신의 경험과 주변의 사례들을 통해 유자녀 여성들이 직장을 그만두는 시기는 출산 휴가 후, 육아 휴직 후, 둘째 출산, 초등학교 입학, 초등학교 3학년^{학습양 증} 가시기, 사춘기^{초등학교 고학년부터 중학교 1, 2학년 시기}, 중학교 3학년^{특목고 등을 준비하는 시기}, 고등학교 3학년^{대학진학을 준비하는 시기}이라고 말한다. 여성들은 아이가 영유아 시기에는 아이와의 애착 형성을 위해, 초등학교 시기에는 아이의 학습의 기초를 다지기 위해, 초등학교 고학년에서 중학교 시기에는 아이의 사춘기에 대응하기 위해, 고등학교 시기에는 대학 진학을 위해 어머니로 호명된다. 이들의 시장노동은 아이들의 성장에 따른 돌봄 요구에 따라 켜켜이 위기가 아닌 시기가 없다. 아이는 여성, 바로 어머니의 책임으로, 여성들은 아이의 상태와 조건에 따라 끊임없이 어머니로 호출된다. 유자녀 취업 여성들은 조부모 지원을 통해 시장노동을 지속하고 있지만 돌봄을 최소화할 뿐 여전히 돌봄에 대한 책임을 갖고 있다. 그 결과 돌봄 책임이 증가하게 되면 추가적인 돌봄을 하면서 시장노동을 지속하기 어렵게 된다.

3) 조부모에 의존한 한시적 생존

유자녀 취업 여성들은 조부모의 양육지원을 받으며 돌봄을 최소화하며 노동시장에서 생존한다. 그러나 직장이 돌봄이 분리된 공간이기에 유자녀 여성의 돌봄 책임은 시장노동 지속의 제약 요인으로 작용하고 있다. 유자녀 여성들이 사용한 조부모 지원 전략은 결과적으로 유자녀 여성의 시장노동의 제약을 해소하지 못하고 있다. 이는 여성들이 취하는 개인적인 전략이 노동시장의 기본 전제인 아무도 돌보지 않는 남성 노동자 모델에 가장 부합하는 방식이기 때문이다. 이와 같은 개인적인 전략은 구조의 변화를 추구하지 않기 때문에 한계를 갖는다. 그 결과 유자녀 여성들은 시장영역에서 30대 후반에서 40대 초반 까지의 한시적인 생존에 머문다. 이 시기는 치열한 직급 경쟁이 이뤄짐에 따라 시장 헌신에 대한 요구가 높고 추가적인 돌봄교육적 책임이 요구되는 때이다. 유자녀 여성들은 직급이 올라감에 따라 치열한 경쟁 속에서 어떠한 돌봄 책임도 가져서는 안 되는 상황과 아이의 상태와 연령에 따른 추가적인 돌봄 요구가 발생하는 상황 속에서 시장 노동을 지속하기 어렵게 된다.

여성의 돌봄 책임은 시장노동의 제약 요인으로 작용하고 있다. 결국 유자녀 여성들은 개인 자원을 동원해 노동시장에서 생존할 수 있을 때까지 생존하다 사라지고 있다. 유자녀 전일제 취업 여성들은 조부모 지원을 통해 돌봄이 분리된 시장으로부터 자유롭고자 하지만 돌봄 책임으로 인해 시장에서 이탈함으로써 결국은 노동시장 구조의 덫에 걸려들고 있다. 이러한 유자녀 여성의 한시적 생존은 노동 시장이 돌봄이 분리된 장소로, 그 조건에 맞출 수 없는 이들의 이탈을 잘 보여준다. 결혼 퇴직 관행이 있던 시기에는 여성들의 시장 수명이 결혼까지였다면, 그 다음에는 아이 하나, 지금은 아이 초등학교 입학까지로 시기만 늦춰졌을 뿐이다. 단지 유자녀 여성들의 시장 수명이 조금 더 연장된 것 뿐이고, 이러한 연장 또한 조부모와 같은 개인적인 자원을 토대로 한 것이다. 여성들이 직장 내에서 끝까지 갈 수 없다는 본질은 달라지지 않았다. 바로 노동 시장이 돌봄이 분리된 장소임을 잘 보여준다.

6. 시장과 돌봄의 통합을 위하여

지금까지 살펴본 것처럼 조부모 돌봄 지원이 한국의 주요한 돌봄 대안이 되고 있는 것은 노동시장의 장시간 노동 체제와 밀접한 연관이 있다. 노동시장이 변하지 않는 이상 아무리 공보육 체계가 질적 성장을 이룬다고 할지라도 돌봐야 할 자녀가 있는 경우에는 사적 자원조부모 양육지원 등을 동원하거나 돌봄 노동자를 추가로 고용해야만 시장노동을 지속할 수 있기 때문이다. 조부모는 시장노동을 하느라 누군가를 돌볼 시간도 돌볼 여력도 없는 성인 자녀들을 위해 일상적·세대적 재생산을 해주고 있다. 그렇기에 조부모의 돌봄 지원이 돌봄을 함께 하는 세대 공유가 아닌 성인 자녀 세대의 돌봄이 조부모에게 전가된 형태로 돌봄의 세대 전가라고 할 수 있다.

이러한 조부모 양육지원이 가족과 노동시장에 미치는 영향은 다음과 같다. 취업 부부는 돌봄을 분담하는 성평등한 모습을 보이기도 하지만 이는 어디까지나 조부모에게 돌봄을 전가함으로써 '최소화된' 돌봄 속에서 이루어진다. 취업 남성 뿐 아니라 취업 여성의 돌봄 또한 최소화되어 있다. 조부모 돌봄 지원을 통해 돌봄 문제는 부부간 평등한 역할 분담이라기보다는 세대 간 여성 연대를 통해 해결되고 있다. 돌봄을 둘러싼 세대 간 여성 연대는 조부모를 주요 양육자로 하고, 성인 자녀 여성이 1차 지원자가 되고, 성인 자녀 남성이 가장 소극적인 역할을 하는 형태를 띤다. 결과적으로 돌봄의 세대 전가는 가족 내 돌봄을 둘러싼 성별 분업 고착화만이 아니라 노동시장에도 영향을 미친다. 돌봄 세대 전가를 통해 남성은 생계 부양자로 지지되며 돌봄을 안하거나 최소화해 시장노동을 지속하고, 여성 또한 돌봄을 최소화함으로써 돌봄이 분리된 시장영역을 유지시키는데 기여한다. 돌봄이 분리된 노동 시장은 돌봄 세대 전가의 원인이면서 동시에 그 결과로 작동하고 있는 것이다.

그러나 이와 같은 취업부부의 시장노동지속을 위한 조부모의 양육지원은 노동시장이 돌봄을 하지 않아 시장헌신이 가능한 남성노동자를 모델로한 구조를 전제로 이뤄지고 있다는 점에서 한계를 갖는다. 바로 조부모 돌봄지원을 받는 유자녀 취업여성들은 시장헌신 요구와 추가적인 돌봄 요구에 따라 30대 중후반에서 40대 초반에 일을 그만두는 한시적 생존을 하고있기 때문이다. 이는 노동시장영역이 누구를 중심으로 구성되어 있는지, 어떤 장소인지를 잘 보여준다고 할 수 있다. 시장은 돌봄을 하지 않는 이들 즉 남성들만의 장소로, 돌봄이 분리된 장소라는 점이다. 유자녀 여성의 한시적 생존은 시장영역에 돌봄이 통합되는 전략을 취하지 않고서는 유자녀 여성의 시장노동은 한계를 갖는다는 점을 잘 보여준다. 이는 남성 중심적인 노동시장의 구조 변화 없는 여성의 시장노동은 남성만큼 시장 헌신을 할 수있는 이들만의 생존을 담보하기 때문이다. 결과적으로 조부모의 돌봄지원은 돌봄을 둘러싼 성별 분업을 문제시하지 않고, 그 결과 돌봄을 하지 않는 시장 구성원들만을 양산해내며 현 노동 시장 구조에 균열을 내지 않는 전략이라고 할 수 있다.

그렇다면 어떻게 해야 할 것인가? 전일제 취업 부부가 돌봄노동과 시장노동을 병행하기 어려워 돌봄을 세대전가하고 있다는 점은 노동시장 내 성평등, 일생활균형 등의 문제가 바로 노동시장의 구조 변화에서 시작해야 한다는 것을 잘 보여준다. 노동시장 구조 변화에서 가장 시급한 문제는 취업부부가 돌봄 문제를 해결하기 위해 조부모를 호출해낼 수밖에 없는 장시간 노동 체제를 변화시키는 것이다. 전체 사회의 시장노동 시간 정책은 가족과 시장영역에서의 돌봄노동을 둘러싼 협상에 큰 영향을 미친다.[50] 유연근무, 근로시간단축, 육아휴직 등과 같은 일·생활균형 정책은 노동시간이 길지 않고 경직적이지 않을 때 제대로 활용될 수 있다. 장시간 근로문화가 팽배한 속에서 개인은 유연근무 등을 사용하기 어렵고 사용하더라도 조직안에서 이해받기 어려울 수 있다. 법에서 정하고 있는 하루 8시간 노동이 현실화될 때 1~2시간 짧은 근로시간 단축, 유연근무가 더 용이하게 받아들여질 수 있어 장시간 노동 개선은 일·생활균제도를 사용하면서 주변화되지 않을 수 있는 기본 조건이다. 바로 일·생활균형제도는 장시간 시장노동 체제가 개인의 돌봄에 미치는 영향을 고려해 전반적인 시장노동 시간 단축을 위한 노력과 함께 이뤄져야 한다.

그리고 일·생활균형정책[51]은 여성이 아니라 남녀 모두를 대상으로 해야한다. 조부모 지원을 받으며 돌봄을 최소화한 유자녀 취업여성들이 노동시장에서 한시적으로 생존하고 있는 현실은 여성에게 일생활균형을 할수 있도록 지원하는 것의 한계를 잘 보여준다. 정책은 여성과 남성 모두를 대상으로, 남성 또한 돌봄을 해야하는 주체로 보고 정책을 모색해야 한다. 조직구성원이 성별을 떠나 모두 돌봄 책임을 가질 수 있을 때 노동시장에 돌봄이 통합될 수 있다. 현재 한국의 일·생활균형정책은 아버지의 참여를 강조하기 시작해 보육서비스와 함께 휴가·휴직 정책의 보편화와 활용률 제고를 위한 논의를 통해 돌봄의 주체를 여성에서 부모로, 남성까지 포함하고 있다. 그러나 여전히 여성이 중심이 되고 있다. 한국처럼 돌봄 책임이 주로 여

50   Hook, Jennifer L., "Gender Inequality in the Welfare State : Sex Segregation in Housework, 1965~2003", *American journal of sociology*, Vol.115, No.5, 2010, pp.1480~1523.

51   일·생활균형 정책에는 보육 정책, 휴가 정책, 노동 시간 정책, 조세 및 현금 지원 정책, 기업의 일·가족균형 지원 프로그램 등이 포함된다.

성에게 있는 상황에서 휴가 정책 및 노동시간 정책은 남성들의 자발성을 토대로 한 경제적인 유인책만으로는 실효성에 한계를 갖는다. 남성이 돌봄을 할 수 있도록 일·생활균형정책의 적극적 조치가 필요하다. 유연근무제, 육아기근로시간단축, 육아휴직 사용의 남성 40% 할당제 등과 같은 적극적 조치를 통해 남성들을 적극적으로 결합해내는 정책이 필요하다. 이러한 정책들을 통해 노동시장안에 돌봄하는 남성들이 많아질 때 돌봄을 해 온 여성들이 돌봄을 한다는 이유로 차별받지 않고, 여성 뿐 아니라 남성도 시장노동과 돌봄노동을 함께 나눌 수 있도록 변화할 것이다.

많은 학자들은 함께 돌보고 함께 일하는 '보편적 돌봄 제공자 / 이인 소득자·이인 돌봄자'라는 성평등한 시민상을 제시하고 있다.[52] 이러한 시민상이 현실과 무관한 이상적인 상이 아니기 위해서는 노동시장에 돌봄이 통합되어야 한다. 즉 성평등한 노동시장은 시장노동과 돌봄노동을 함께 할 수 있도록 하는 구조 변화 속에서 가능하다. 이러한 구조변화는 남성의 돌봄결합에서 가능하다. 남성의 아이 돌봄 결합은 가족 내 젠더 차이와 젠더 불평등을 약화시키는데 중요한 역할을 하고 있어 성별 분업 해체를 위해 돌봄영역에 남성을 결합할 수 있는 방안으로 적극적으로 제시되고 있다. 노동자 모델을 아무도 돌보지 않는 남성이 아니라 돌보는 여성을 기준으로 삼을 때 돌봄을 해 온 여성들이 차별받지 않고, 돌봄노동과 시장노동을 함께 해 나갈 수 있다. 따라서 취업부부가 돌봄을 최소화하면서 시장노동을 하는 방식이 아니라 돌봄과 시장노동을 함께 할 수 있도록 지원하고 이를 통해 노동시장에 돌봄이 통합될 수 있도록 해야 한다.

---

52 Fraser, Nancy, Justice Interruptus : Critical Reflections on the "Postsocialist" condition, New York : Routledge, 1997; Gornick, Janet C., and Marcia K. Meyers, op.cit.

제4장

은밀하지만 강력하게

중국 도시 가정 내 조부모 세대의 권위자원이
세대 간 공동양육에 끼친 영향[1]

두핑 (천자)

1. 중국 도시 가정의 세대 간 공동양육

오늘날 중국 도시 가정에서의 세대 간 협력 양육은 가족주의 문화 전통과, 개인화로 인한 세대 간 관계의 재협상이라는 두 가지 측면을 동시에 반영하고 있다. 전통적인 가족주의 윤리에 따르면, 세대 간 상호 지원과 협력은 가족 이익을 우선하는 책임과 의무의 형태를 띤다.[2] 국가가 양육과 돌봄

---

1   이 글은 논문 「도시 가정 내 조부세대의 권위자원과 세대 간 공동양육의 관계(城市家庭中祖輩權威資源與代際共育關係 : 兼論雙系有別的複雜性)」(『社會』第6期 2023, 54~78쪽)을 수정한 것으로, 국가 사회과학 기금 항목 '도시 가정의 1~3세 아동 세대 간 협력 양육 방식의 역량 강화 최적화 연구(城市家庭1~3歲兒童代際合作育兒模式的增能優化研究, 연구과제번호 : 19CSH034)', 상하이시 교육발전 기금 및 상하이시 교육위원회 '천광프로젝트(晨光計劃)' 항목 '중국 영유아 가정돌봄의 사회복지 서비스 연구(我國嬰幼兒家庭照料的社會工作服務研究, 연구과제번호 : 19CG47)', 난카이대 문과발전 기금 항목 '중국식 친밀성 : 개인화 과정 중 사생활의 감정 연구(中國式親密 : 個體化進程中私人生活的情感研究, 연구과제번호 : ZB22BZ0333)' 등의 지원을 받아 작성되었다.

2   馬春華, 石金群, 李銀河, 王震宇, 唐燦, 「中國城市家庭變遷的趨勢和最新發展」, 『社會學研究』第2期, 2011, 182~216쪽; 劉汶蓉, 「當代家庭代際支持觀念與群體差異—兼論反饋模式的文化基礎變遷」, 『當代靑年研究』第3期, 2013, 5~12쪽.

의 제도적 지원을 철회하고, 시장 비용이 높으나 충분한 신뢰를 얻기 어려운 상황에서, 핵가족이 독자적인 양육 부담을 감당하기 어려운 경우, 조부모 가정의 지원을 받는 것은 문화 전통에 순응하는 가족 전략이 된다.[3] 한편, 개인화의 관점에서 세대 간 협력 양육이 젊은 세대의 요구를 충족하고 자아 발전을 추구하는 일종의 '캥거루부모^{의존}' 행위이며, 세대 간 불균형을 초래하고 뚜렷한 자기 중심주의를 나타내는 현상이기도 하다.[4] 3세대의 복지는 세대 간 친밀한 관계를 형성하는 핵심 요소가 되며, 이는 '하향식 가족주의'를 구성하고, 사회에서 분리된 개인이 가족 내로 다시 통합되는 결과를 나타낸다.[5]

두 세대가 공동으로 구축하는 양육 관계에서, 전통적인 성 역할 분담은 약화되지 않고 오히려 공적, 사적영역의 분리가 강화되면서, 어머니는 여전히 아동 돌봄과 양육의 주요 책임자가 된다.[6] 일과 가정의 이중 부담에 직면한 중국식 '강도 높은 어머니 역할'은 상당 부분 '강도 높은 (외)할머니 역할'로 연장되며, 즉 부모 세대와 조부모 세대 여성들 간의 아동 및 가정 돌봄 책임이 세대 간 연결로 이루어진다.[7] 대개 노년층은 거의 노동을 전담하면서도

---

3   姚俊, 「臨時主幹家庭 : 城市家庭結構的變動與策略化—基於N市個案資料的分析」, 『靑年硏究』第3期, 2012, 85~93쪽; 石金群, 「轉型期家庭代際關係流變 : 機制, 邏輯與張力」, 『社會學硏究』第6期, 2016, 191~213쪽.

4   沈奕斐, 『個體家庭 iFamily—中國城市現代化進程中的個體' 家庭與國家』, 上海 : 上海三聯書店, 2013.

5   閻雲翔, 「社會自我主義—中國式親密關係—中國北方農村的代際親密關係與下形式家庭主義」, 『探索與爭鳴』第7期, 2017, 4~15쪽.

6   宋少鵬, 「'回家'還是'被回家'?—市場化過程中'婦女回家'討論與中國社會意識形態轉型」, 『婦女硏究論叢』第7期, 2011, 5~12쪽.

7   Ji, Wang, Liu, Xu and Zheng, "Young Women's Fertility Intentions and the Emerging Bilateral Family System under China's Two-child Family Planning Policy." *China Review*, Vol.20, 2020, pp.113~142.

주요 의사결정권은 포기하는, 일종의 '보모화' 경향을 보인다.[8] 반면 도시 신흥 중산층 가정의 젊은 어머니들은 사회적 양육을 중점적으로 하는 교육 책무를 담당하면서, 양육의 의사결정권을 장악한다.[9] 원래 양육 경험과 지혜가 더 많은 노년 여성들은 이러한 관계 속에서 끊임없이 회의감에 빠질 뿐만 아니라, 오히려 과잉보호를 한다는 이유로 권위를 잃기도 한다.[10] 따라서 세대간 화합을 위해 조부모 세대는 권력 경쟁을 포기하며 세대 간 상호 지원과 친밀감을 유지하고, 젊은 어머니는 존중과 배려를 통해 전략적으로 대응하게 된다. 현실에서는 불화와 갈등도 만연해 있다. 모든 노년층이 양육 협력에 기꺼이 참여하는 것은 아니며, 책임감에 묶여 감정적으로 구속된, '선택지가 없는' 노인들도 적지 않다.[11] 역할 분담에 대한 이견, 양육 방법의 차이, 소통과 협력의 부족, 아동 통제 문제 등으로 인해 세대 간 공동양육 관계는 종종 긴장과 갈등에 빠지게 된다.[12] 따라서 세대 간 공동양육 관계를 이해하는 데

8 　沈奕斐, 『個體家庭 iFamily - 中國城市現代化進程中的個體, 家庭與國家』, 上海 : 上海三聯書店, 2013.

9 　肖索未, 「"嚴母慈祖" - 兒童撫育中的代際合作與權力關係」, 『社會學研究』 第6期, 2014, 148~171쪽.

10 　Goh and Kuczynski, "Only Children' and their Coalition of Parents: Considering Grandparents and Parents as Joint Caregivers in Urban Xiamen, China", *Asia Journal of Social Psychology*, Vol.13, 2010, pp.221~231.

11 　劉汶蓉, 「轉型期的家庭代際情感與團結 - 基於上海兩類'啃老'家庭的比較」, 『社會學研究』 第4期, 2016, 145~168쪽.

12 　Goh and Kuczynski, "Only Children' and their Coalition of Parents: Considering Grandparents and Parents as Joint Caregivers in Urban Xiamen, China", *Asia Journal of Social Psychology*, Vol.13, 2010, pp.221~231; Goh, "You must Finish Your Dinner,' Meal Time Dynamics between Grandparents, Parents and Grandchildren in Urban China", *British Food Journal*, Vol.115, 2013, pp.365~376; 肖索未, 「"嚴母慈祖" - 兒童撫育中的代際合作與權力關係」, 『社會學研究』 第6期, 2014, 148~171쪽.

있어, 긍정적이고 부정적인 측면,[13] 갈등과 협력,[14] 지원과 비지원[15] 등 다양한 측면을 충분히 고려해야 한다는 점을 시사한다.

2. 조부모의 권위자원과 세대 간 공동양육 관계

세대 간 협력 양육은 제도화되지 않은 생활 방식이므로, 공동육아 관계의 형성에 유연한 협상 공간을 제공한다.[16] '전면'과 '배후'의 차이를 포착하며, 시어머니의 '배후 권력' 운용이, 조부모가 은밀한 방식으로 자원을 동원하고 세대 간 공동양육 관계를 재구성하는 방식을 밝힌 연구가 있다.[17] 이러한 배후 행위는 조부모가 양육 실천을 통제하려는 의도를 행동으로 옮기는 주체성을 드러내며, 그들의 행동 공간은 소유 자원에 따라 상당 정도 달라진다. 교육 수준, 가정 내 권위, 사회적 지위 등의 세대 간 차이가 부모 세대와 조부모 세대 사이의 자원 차이를 만들어내며, 자원 우위를 가진 어느 한쪽은

13　李曉巍, 魏曉宇,「祖輩-父輩共同養育關係量表的初步修訂」,『中國臨床心理學雜誌』第5期, 2018, 882~886쪽.

14　Hoang, Haslam and Sanders, "Coparenting Conflict and Cooperation between Parents and Grandparents in Vietnamese Families: The Role of Grandparent Psychological Control and Parent-grandparent Communication", *Family Process*. Vol.59, No.3, 2020, pp.1161~1174.

15　Xu, Xiao, Zhu and Lo, "The Influence of Parent-grandparent Co-parenting on Children's Problem Behaviors and Its Potential Mechanisms", *Early Education and Development*, Vol.34, No.9, 2022, pp.1~15.

16　沈奕斐,『個體家庭 iFamily-中國城市現代化進程中的個體'家庭與國家』, 上海:上海三聯書店, 2013.

17　劉陽,「台前與幕後-現代婆媳代際合作中婆婆的後台權力」,『西部學刊』第15期, 2020, 143~147쪽; 王兆鑫,「'台前幕後'-農村家庭兒童撫育過程中祖輩, 父輩的職能分工和代際關係」,『社會建設』第2期, 2020, 54~65쪽.

협력 양육에서 더 많은 주도권을 가질 수 있다.[18] 따라서 자원의 사용과 행동 주체는 상대적으로 지배적인 지위를 확보하는 것에 밀접한 관련이 있다. 경제 자원은 전형적인 물질적 자원이고, 윤리文化 자원은 전형적인 비물질적 자원으로, 이들은 세대 간 협력 양육을 다룬 기존 연구에서 주요한 접근 방식으로 자리 잡고 있다.[19] 또한 심리적 통제psychological control[20]는 행동 주체가 타인을 조종하려는 의도를 상호작용 실천에 반영하는 개념으로, 세대 간 협력 양육에서도 공동의 관계 형성에 영향을 미친다. 따라서 우리는 조부모 세대의 자원 우위가 경제, 윤리, 심리의 다양한 측면에서 나타나며, 이를 통해 그들이 양육 생활 실천을 조직하고 조정하며 통제할 수 있는 능력이 향상되어 권위적인 의미[21]를 가지게 되고, 결국 세대 간 협력 양육 관계 형성에 중요한 영향을 미친다고 본다.

중국 가정은 전통적으로 '경제적 협동조합 모델'을 보여주며,[22] 이는 중국식 친밀 관계에서 금전의 중요성을 잘 보여준다. 세대 간 협력 양육 실천에

---

18 鄭楊, 張豔君, 「獨立與依賴－'隔代撫育'中代際關係的平衡與失衡」, 『貴州社會科學』第6期, 2021, 75~84쪽.

19 陳佳, 孫茜, 周曉辰, 「代際合作育兒的中國式實踐－三代關係與兒童學業社會化中的育兒參與」, 『中國青年研究』第12期, 2022, 56~64쪽.

20 Barber, "Parental Psychological Control: Revisiting a Neglected Construct", *Child Development*, Vol.67, No.6, 1996, pp.3296~3319.

21 기든스는 자원을 배분적 자원과 권위자원으로 구분하였으며, 전자는 권력이 생성되는 과정에서 필요한 물질적 자원으로, 이는 인간이 자연을 지배하는 데에서 유래한다고 주장한다. 후자는 권력이 생성되는 과정에서 필요한 비물질적 자원으로, 이는 인간 활동을 통제하는 능력에서 유래한다. 이를 바탕으로, 본 연구는 주체의 생활 능력을 향상시키는 모든 자원이 권위적인 속성을 지닌다고 보고, 물질적 혹은 비물질적 자원에 한정되지 않는다고 본다. 따라서 본 연구에서 권위자원의 정의는 일정 정도 기든스의 이론적 관점에서 영향을 받았으나, 그가 정의한 권위자원의 정의와는 차별점이 있음을 밝히는 바이다.

22 Cohen, *House United, House Divided: the Chinese Family in Taiwan*, New York : Columbia University Press, 1976.

서도 일상적인 돌봄 외에도 금전과 물질 자원의 상호 지원이 중요한 역할을 한다. 조부모가 부모 세대에게 경제적 지원을 하는 것은 단순히 무조건적인 기여로 이해할 수 없으며, 경제적 자원의 우위는 그들의 협력 양육 내 지위를 잠재적으로 조정한다.[23] 따라서 우리는 다음과 같은 가설 1a를 제시한다. 즉, 공동양육을 하는 조부모의 경제적 권위자원이 높을수록, 세대 간 공동양육 관계는 더 긍정적이다.

중국 전통문화에서 효도 윤리는 상호성 및 권위성 두 가지 측면을 모두 갖춘다. 권위적인 효도는 가장으로 대표되는 규범적 권위에 대한 복종을 강조하며, 집단 가치를 인정하는 요구를 충족시킨다.[24] 사회화 과정에서 부모는 자녀의 모범으로서 절대적인 권위를 지니며, 자녀는 규범에 부합하는 반응을 통해 부모의 요구와 기대를 충족시키면서 권위적인 효도는 발전한다. 세대 간 협력 육아에서, 조부모는 상호 호혜적인 효도에 기반하여 부모 세대에 지원을 제공하며, 또한 권위적 효도가 강조하는 '순종'에 대한 기대도 지니고 있다.[25] 특히 부모 세대가 권위적인 효도에 대해 긍정적으로 반응하면, 그 안에 포함된 권위와 장점을 조부모에게 부여하고, 이를 통해 세대 간 협력 양육 관계의 화합을 증진시킨다. 따라서 우리는 다음과 같이 가설 1b을 제시한다. 공동양육을 하는 조부모의 윤리적 권위자원이 높을수록, 세대 간 공동양육 관계는 더 긍정적이다.

또한 세대 간 상호작용은 종종 일종의 통제 양식으로 나타나기도 한다.

23 鄭楊, 張豔君, 「獨立與依賴－'隔代撫育'中代際關係的平衡與失衡」, 『貴州社會科學』第6期, 2021, 75~84쪽.

24 Yeh and Bedford, "A Test of the Dual Filial Piety Model", *Asian Journal of Social Psychology*, Vol.6, 2003, pp.215~228.

25 肖索未, 「"嚴母慈祖"－兒童撫育中的代際合作與權力關係」, 『社會學研究』第6期, 2014, 148~171쪽.

즉 부모는 자녀의 감정을 부정하거나, 그들의 언행을 제한하거나, 죄책감을 유발하는 등의 방식으로 자녀의 순종을 얻고 가정 내 권력 계급을 유지한다.[26] 이는 심리적 통제로 개념화된다.[27] 부모의 심리적 통제는 동서양을 막론하고 보편적으로 존재하며, 성인 자녀에게도 큰 영향을 미친다. 조부모의 비판, 원하지 않는 충고, 부모 세대의 양육 방법에 대한 폄하 등은 세대 간 긴장을 유발할 수 있다.[28] 소통이 이루어지지 않고, 의견 차이가 무시되면, 세대 간 협력 양육 관계는 약화되며, 잠재적인 갈등은 더욱 강화된다.[29] 따

26 Chao and Tseng, "Parenting of Asians", *Handbook of Parenting: Social Conditions and Applied Parenting*, edited by Marc H. Bornstein, Lawrence Erlbaum Associates Publishers, 2002. pp.59~93.

27 Barber, "Parental Psychological Control: Revisiting a Neglected Construct", *Child Development*, Vol.67, No.6, 1996, pp.3296~3319; Luyckx, Soenens, Vansteenkiste, Goossens, and Berzonsky, "Parental Psychological Control and Dimensions of Identity Formation in Emerging Adulthood", *Journal of Family Psychology*, Vol.21, No.3, 2007, p.546; Soenens, Park, Vansteenkiste and Mouratidis, "Perceived Parental Psychological Control and Adolescent Depressive Experiences: A Cross-cultural Study with Belgian and South-Korean Adolescents", *Journal of Adolescence*, Vol.35, No.2, 2012, pp.261~272; Garthe, Sullivan and Kliewer, "Longitudinal Relations between Adolescent and Parental Behaviors, Parental Knowledge, and Internalizing Behaviors among Urban Adolescents", *Journal of Youth and Adolescence*, Vol.44, No.4, 2015, pp.819~832.

28 Goh, "Raising the Precious Single Child in Urban China: An Intergenerational Joint Mission between Parents and Grandparents", *Journal of Intergenerational Relationships*, Vol.4, No.3, 2006, pp.7~28; Thang, Mehta, Usui, and Tsuruwaka, "Being a Good Grandparent: Roles and Expectations in Intergenerational Relationships in Japan and Singapore", *Marriage and Family Review*, Vol.47, No.8, 2011, pp.548~570.

29 Goh and Kuczynski, "'Only Children' and their Coalition of Parents: Considering Grandparents and Parents as Joint Caregivers in Urban Xiamen, China", *Asia Journal of Social Psychology*, Vol.13, 2010, pp.221~231; Goh, "'You must Finish Your Dinner,' Meal Time Dynamics between Grandparents, Parents and Grandchildren in Urban China", *British Food Journal*, Vol.115, 2013, pp.365~376; Leung and

라서 심리적 통제는 조부모가 자신의 권위를 강화하기 위한 수단으로 세대 간 상호작용에서 나타나지만, 실제로 세대 간 관계에 부정적인 영향을 미칠 수 있다. 따라서 가설 1c은 다음과 같다. 공동육아를 하는 조부모의 심리적 권위자원이 높을수록, 세대 간 공동양육 관계는 더 부정적이다.

3. 세대 간 공동양육 조합 및 두 계열의 차이

오늘날 중국 도시 가정에서는 전통적인 부권제도가 크게 변화하여 핵가족 중심으로 발전하였고, 부계 가정과 모계 가정이 모두 포함된, 이른바 '새로운 삼대 가족' 형태가 형성되었다.[30] 그러므로, 세대 간 협력 양육은 부모 세대와 조부모 세대 간의 돌봄 파트너가 달라지기 때문에 다양한 세대 간 양육 조합이 형성된다.[31]

양육 협력의 주요 책임자로서 젊은 어머니는 감정과 이익 등을 종합적으로 고려하여, 자신의 부모와 공동양육 조합을 이루는 경향이 크며, 이는 핵가족화가 가져올 수 있는 위협에 대해 적극적으로 개입하는 행위를 반영한다.[32] 한편, 젊은 어머니는 자신의 부모가 제공하는 이타적인 도움과 세심한

Fung, "Non-custodial Grandparent Caregiving in Chinese Families: Implications for Family Dynamics", *Journal of Children's Services*, Vol.9, No.4, 2014, pp.307~318.

30 汪永濤,「轉型期城市家庭的代際合作育兒」,『社會性評論』第2期, 2020, 85~97쪽.

31 Goh and Kuczynski, "'Only Children' and their Coalition of Parents: Considering Grandparents and Parents as Joint Caregivers in Urban Xiamen, China", *Asia Journal of Social Psychology*, Vol.13, 2010, pp.221~231.

32 宋少鵬,「'回家'還是'被回家'？－市場化過程中'婦女回家'討論與中國社會意識形態轉型」,『婦女研究論叢』第7期, 2011, 5~12쪽.

배려를 더 신뢰하며, 서로의 생활 습관, 의사소통 방식, 성격과 가치관에 대한 익숙함이 일상 생활에서의 마찰과 갈등을 줄여준다고 생각한다.[33] 반면, 시어머니와 며느리 간의 관계는 사회적 공감대 속에서 어려움이 있는 관계로 인식되며, 그들이 함께 아이를 돌보는 과정에서 견해 차이나 갈등이 발생하기 쉽고, 이를 해결하는 데 어려움이 따르기도 한다.[34] 이로 인해, 젊은 어머니가 부계 조부모, 모계 조부모와 각각 형성한 양육 조합은 실천 과정에서 두 계열이 뚜렷한 차이를 보인다. 이를 바탕으로, 우리는 가설 2를 제시한다. 고부 조합에 비해, 모녀 조합의 세대 간 양육 관계가 더 긍정적이다.

이러한 전제를 바탕으로, 조부모의 권위자원이 세대 간 공동양육 관계에 미치는 영향은, 부계 혹은 모계 조부모 조합의 차이에 따라 달라진다고 할 수 있다. 한 연구에서는 시댁으로부터 경제적 지원을 받을 때, 젊은 어머니가 감사, 의존, 제한된 감정 등이 얽힌 복합적인 감정적 경험을 하며, 이에 따라 시댁과의 관계에서 더 명확한 경계를 설정하고자 한다고 밝혔다. 반면, 친정으로부터의 경제적 지원은 이러한 부담을 동반하지 않으며, 관계의 명확한 경계를 요구하지 않는다.[35] 다른 한편, 조부모의 심리적 통제는 세대 간의 의사소통 장벽을 형성하고, 다양한 견해나 의견이 충분히 교환되지 못하게 만든다. 이는 세대 간 양육 관계에 부정적인 영향을 미치며, 특히 며느리와 시부모의 양육 조합에서 더욱 뚜렷하게 나타난다.[36] 이러한 경험적 발

---

33 汪永濤, 「轉型期城市家庭的代際合作育兒」, 『社會性評論』 第2期, 2020, 85~97쪽.

34 Goh and Kuczynski, "'Only Children' and their Coalition of Parents : Considering Grandparents and Parents as Joint Caregivers in Urban Xiamen, China." *Asia Journal of Social Psychology*, Vol.13, 2010, pp.221~231; 肖索未, 「"嚴母慈祖"－兒童撫育中的代際合作與權力關係」, 『社會學研究』 第6期, 2014, 148~171쪽.

35 鄭楊, 張黼君, 「獨立與依賴－'隔代撫育'中代際關係的平衡與失衡」, 『貴州社會科學』 第6期, 2021, 75~84쪽.

36 Goh, "Raising the Precious Single Child in Urban China: An Intergenerational

견은 세대 간 양육에 있어 두 계열의 차이가 존재함을 뒷받침하며, 동시에 그 안에서의 작용 메커니즘에 대한 이해를 심화시킨다. 모계 조부모와 비교하여, 부계 조부모는 권위자원을 통해 공동양육 관계에 미치는 부정적인 효과가 더 두드러지게 나타난다. 따라서 우리는 가설 3을 제시한다 : 모녀 조합에 비해, 고부 조합은 각 측면에서 조부모의 권위자원이 세대 간 공동양육 관계에 미치는 영향을 부정적으로 조절한다.

4. 세대 간 협력 양육 현황 조사 방법

우리는 중국 도시 1~3세 아동 가정의 세대 간 협력 양육 현황을 알아보기 위해 2021년 4월부터 11월까지 상하이上海와 톈진天津 두 도시에서 조사 연구를 진행하였다. 연구팀은 편의 표본 추출 방법을 사용하여, 각 도시의 8개 행정구에서 15개의 영유아 보육 및 초기 교육기관과 연락을 취해 조건에 맞는 조사 대상을 모집하였다. 연구팀은 세대 간 협력 양육 가정을 조사 대상으로 삼았으며, 표본 추출 기준은 다음과 같다. ① 조사 시점 기준, 가정 내 최소한 한 명의 영유아가 1~3세 사이여야 한다. ② 아이의 부모와 최소한 한 명의 조부모외조부모 포함가 함께 양육을 진행해야 한다. ③ 지난 3개월 동안 부모와 (외)조부모가 매주 최소 12시간 이상 직접 양육, 돌봄에 참여해야 한다. 연구팀은 조사 대상 가정에서 양육 참여도가 가장 높은 부모와 조부모를 각각 선정하여 설문 조사에 참여하게 하고, 이들에게 부모 버전과 조부모 버전 설문을 각각 작성하도록 요청하였다. 최종적으로 연구팀은 조건

Joint Mission between Parents and Grandparents", *Journal of Intergenerational Relationships*, Vol.4, No.3, 2006, pp.7~28.

을 충족하는 800개의 가정을 모집했으며상하이 435개, 텐진 365개, 이 중 735명의
부모와 677명의 조부모가 각각 설문에 응답하였다. 본 연구는 주로 부모 버
전 설문을 바탕으로 데이터를 분석했으며, 이 중 고부 조합 혹은 모녀 조합
으로 아동을 돌보는 가정은 총 492개였다. 설문지 작성 오류가 있는 표본과
변수 값이 결측된 표본을 제외하고, 본 연구가 최종적으로 분석한 세대 간
공동양육 가정은 466개였다.

우리 연구의 종속변수는 세대 간 공동양육 관계로, 조부모-부모 세대 양
육 관계 척도Grandparents-Parents Coparenting Relationship Scale를 통해 측정하였다. 이
척도는 중국 샘플을 대상으로 신뢰도 및 타당도 검증이 완료되었으며,[37] 세
대 간 협력 양육 관계를 7개 차원의 하위 척도로 구체화하여 측정한다. 이
하위 척도는 양육 일관성, 양육 친밀도, 갈등 노출, 양육 지원, 양육 방해, 양
육 인정 및 노동 분업으로 구성되어 있으며, 총 38개의 항목으로 이루어져
있다.[38]

연구에서 중점적으로 다룬 독립변수는 세대 간 공동양육 중인 조부모의
권위자원으로, 경제적, 윤리적, 심리적 세 가지 측면에서 측정하였다. 경제
적 측면의 지표는 조부모가 소유한 부동산의 소유권을 통해 측정하였다. 부
모 세대는 "현재 장기 거주하는 집의 등기 소유자가 누구인가?"라는 질문
에 다중 선택으로 응답하도록 했다. 부동산 소유권 변수는 분류 변수로, 값

---

37 李曉巍·魏曉宇, 「祖輩 ― 父輩共同養育關係量表的初步修訂」, 『中國臨床心理學
雜誌』 第5期, 2018, 882~886쪽.

38 크론바흐 알파(Cronbach's α) 값은 0.94이다. 각 하위 척도의 신뢰도 계수는
0.72~0.89이다. 이 척도는 7점 척도로 평가되며, 1점은 "전혀 부합하지 않음", 7
점은 "매우 부합함"을 나타낸다. 7개 지표 중 갈등 노출과 양육 방해는 부정적인
평가 지표로, 평균값이 높을수록 부정적인 평가가 높다는 것을 의미한다. 나머
지 5개 차원은 긍정적인 지표로, 평균값이 높을수록 긍정적인 평가가 높다는 것
을 의미한다.

은 1~4로 부여된다. 1 = 해당 집은 소유권이 있는 주택이지만 조부모는 소유권을 갖지 않음, 2 = 조부모가 주택의 전체 소유권을 가짐, 3 = 조부모가 주택의 일부 소유권을 가짐, 4 = 해당 집은 임대한 주택 또는 기타임을 의미한다. 주택소유권이 없는 조부모에 비해 일부 또는 전체 주택소유권을 가진 조부모는 경제적 차원의 권위자원 수준이 더 높다고 할 수 있다.

윤리적 측면의 지표는 부모가 권위적 효도 관념에 대해 스스로 응답하도록 하여 측정하였다. 부모가 권위적 효도 관념을 더 많이 수용할수록 세대 간 관계에서 장년층을 따르는 경향이 강해지며, 이는 윤리적 차원에서 조부모의 권위자원 우위를 나타낸다. 이 지표는 이중 효도 척도[39] 중 권위적 효도 하위 척도를 사용하여 측정하였다. 권위적 효도 하위 척도는 8개의 항목으로 구성되며, 6점 척도를 사용한다.[40]

심리적 측면의 지표는 조부모가 부모에게 가하는 심리적 통제를 측정하였다. 부모 세대는 부모 심리적 통제 척도Paternal / Maternal Psychological Control Scale[41]를 통해 조부모의 심리적 통제 행동을 응답하였다. 이 척도는 중국의 청소년 및 성인 샘플에서도 널리 사용되었으며 신뢰도 및 타당도가 검증되었다.[42] 이 척도는 10개의 항목으로 구성되어 있으며, 감정 무시, 언어표현 제

39 Yeh and Bedford, "A Test of the Dual Filial Piety Model." *Asian Journal of Social Psychology*, Vol.6, 2003, pp.215~228.

40 크론바흐 알파값 0.79. 1점에서 6점까지 "전혀 중요하지 않다"에서 "절대적으로 중요하다"까지를 나타낸다. 본 연구에서는 부모의 평균 점수를 계산하여, 점수가 높을수록 부모의 권위적 효도 관념 수준이 높고, 이는 세대 간 협력 양육에서 조부모의 윤리적 권위자원이 더 높음을 의미한다.

41 Barber, "Parental Psychological Control: Revisiting a Neglected Construct", *Child Development*, Vol.67, No.6, 1996, pp.3296~3319; Shek, "Assessment of Perceived Parental Psychological Control in Chinese Adolescents in Hong Kong", *Research on Social Work Practice*, Vol.16, No.4, 2006, pp.382~391.

42 Shek, "Assessment of Perceived Parental Psychological Control in Chinese Ado-

한, 인신공격, 애정 철회 및 과도한 간섭의 5개 요인을 측정한다.[43]

본 연구의 조절 변수는 세대 간 공동양육 조합 유형이다. 이 변수는 가상 변수로, "아동을 양육하는 과정에서, 주로 함께 아동을 돌보는 조부모는 누구인가?"라는 질문을 통해 식별되며, 두 가지 유형의 세대 간 협력 양육 조합 — 고부 조합과 모녀 조합 — 을 구분한다.

본 연구의 통제 변수는 다음과 같다.

> 돌봄을 받는 영유아의 월령(연속 변수), 성별(1 = 남), 외동자녀 여부(1 = 외동자녀); 세대 간 공동양육 조합에서 어머니의 나이(연속 변수), 호적소재지(1 = 해당 시), 결혼 상태(1 = 기혼), 교육 수준(저학력 = 고등학교 이하, 중간 학력 = 전문대학, 고학력 = 대학 학사 이상), 하루 평균 아동 돌봄 시간(연속 변수), 조부모와 함께 거주 여부(1 = 같이 거주), 전년도 가족의 세전 총소득(저소득 = 10만 위안 이하, 중간소득 = 10만~30만 위안, 고소득 = 30만 위안 초과); 세대 간 공동양육 조합에서 조부모의 나이(연속 변수), 호적소재지(1 = 해당 시), 교육 수준(저학력 = 초등학교 이하, 중간 학력 = 중학교 및 고등학교 / 직업학교 / 기술학교, 고학력 = 전문대학 이상), 샘플 도시(1 = 상하이시).

본 연구는 선형 회귀 모델을 사용하여, 경제적, 윤리적, 심리적 측면의 조

---

lescents in Hong Kong", *Research on Social Work Practice*, Vol.16, No.4, 2006, pp.382~391; 孫凌, 何嘉歡, 林絢暉, 「父母心理控制的代際傳遞 — 孝認知的調節作用」, 『中國特殊教育』第11期, 2020, 76~82쪽.

43 크론바흐 알파값 0.95. 각 항목은 1~4점으로 평가되며, 1점은 "전혀 동의하지 않음", 4점은 "매우 동의함"을 나타낸다. 본 연구에서는 척도의 평균값을 사용하여 조부모의 심리적 통제 수준을 측정하였다. 점수가 높을수록 심리적 통제 강도가 강하며, 이는 세대 간 공동양육에서 조부모의 심리적 권위자원이 더 높음을 의미한다.

부모 권위자원이 세대 간 공동양육 관계의 각 차원에 미치는 영향을 추정하였다.[44]

또한 세대 간 공동양육 조합 유형에 따라 조부모 권위자원의 영향이 달라지는지 여부를 추가로 탐구하기 위해, 본 연구는 조부모 권위자원과 세대 간 공동양육 조합 유형 간의 상호작용 항목을 추가하여 세대 간 공동양육 조합 유형의 조절 효과를 검토하였다.[45]

5. 세대 간 협력 양육 현황 조사 분석 결과

1) 기술적 통계

466개의 세대 간 공동양육 가정 중 절반 이상이 모녀 조합[53%]으로 구성되어 있으며, 이는 고부 조합[47%]보다 약간 더 높은 비율을 차지한다. 돌봄을 받는 영유아의 52.15%는 남아, 대부분은 외동자녀[72.96%]이며, 평균 월령은 30.78개월[약 2.5세]이다. 영유아의 어머니는 평균 연령이 약 34세이며, 이 중 80.90%가 본지 (조사 해당 시) 호적이고, 대부분은 대학 학사 이상의 교육 수준[78.54%]을 갖고 있으며, 대부분 기혼 상태[98.71%]에 있다. 조부모의 도움을 받는 가정에서 어머니는 평균적으로 하루 7.21시간 아동을 돌본다. 세대 간 공

---

44 $Y = \beta_0 + \beta_1 house + \beta_2 filial + \beta_3 psycontrol + \sum_{j=4}^{n} \beta_j X_j + \varepsilon$

여기서, Y는 세대 간 공동양육 관계를 나타내며, house는 세대 간 공동양육 조합에서 조부모의 부동산 소유권을 나타낸다. filial은 세대 간 공동양육 조합에서 부모의 권위적 효도 관념 수준을 나타내고, psycontrol은 세대 간 공동양육 조합에서 조부모가 부모에게 미치는 심리적 통제 수준을 나타낸다. X_j는 기타 통제 변수를 나타낸다. 세대 간 공동양육 관계는 7개 차원을 포함하고 있으므로, 본 연구는 각각의 차원에 대해 선형 회귀 분석을 진행하였다.

45 상호작용 효과 모델의 등식은 다음과 같다 :

동양육에 참여하는 조부모의 평균 연령은 61.47세이며, 67.38%는 본지 호적으로, 대부분 중간 정도 교육 수준[69.96%]을 갖추고 있다. 세대 간 공동양육에서 68.67%의 어머니와 조부모는 함께 거주하는 상태이다. 가구의 전년도 연소득[세전]은 72.96%가 10만 위안 이상으로 나타났다. 조부모 권위자원 중, 주거지 소유권 항목에서, 69.96%의 부모는 소유권이 있는 주택에 거주하지만, 조부모는 주택소유권을 갖고 있지 않다. 약 22%는 소유권이 있는 주택에 거주하나, 조부모는 부분적 또는 전체적인 주택소유권을 가지고 있다. 윤리적 측면에서는 부모의 권위적 효도 관념 평균값이 낮았다.[46] 영유아 어머니에 대한 공동육아 조부모의 심리적 통제 수준은 낮았다.[47]

이외에, 세대 간 공동양육 관계와 조부모 권위자원의 각 차원 특성이 각기 다른 (세대 간 공동양육) 조합 사이에 유의미한 차이가 있는지 검토하였다.[48] 분석 결과, 세대 간 공동양육 관계에서 양육 일관성, 양육 친밀도, 갈등 노출 수준에서 세대 간 공동양육 조합 사이에 유의미한 차이가 존재하며,[49] 다른 차원의 세대 간 공동양육 관계 특성 및 각 측면의 조부모 권위자원 특성에서는 세대 간 공동양육 조합 사이에 유의미한 차이가 없었다.[50]

$$Y = \beta_0 + \beta_1 house + \beta_{1i}(house \times dyad) + \beta_2 filial + \beta_{2i}(filial \times dyad)$$
$$+ \beta_3 psycontrol + \beta_{3i}(psycontrol \times dyad) + \beta_4 dyad + \sum_{j=5}^{n}\beta_j X_j + \varepsilon$$

여기서, dyad는 세대 간 공동양육 조합 유형을 나타내며, house×dyad, filial×dyad, psycontrol×dyad는 각각 경제적, 윤리적, 심리적 차원의 조부모 권위자원과 세대 간 공동양육 조합 사이의 상호작용 항목을 나타낸다.

46   평균값 = 2.73, 표준편차 = 0.78.

47   평균값 = 1.87, 표준편차 = 0.69.

48   T-검정과 카이제곱 검정을 사용하였다.

49   양육 일관성(t = 2.76), 양육 친밀도(t = 2.74), 갈등 노출 수준(t = 4.29).

50   이상의 내용은 부록에 첨부된 〈표 1〉 참조.

2) 조부모 권위자원이 세대 간 공동양육 관계에 미치는 영향

세대 간 공동양육 관계의 긍정적인 차원에 있어서, 조부모가 주택소유권을 갖지 않는 경우에 비해, 조부모가 주택소유권을 전체 보유한 상황에서는 어머니가 세대 간 공동양육 관계의 양육 친밀도에 대해 0.241점 증가한 평가를 내렸으며, 노동 분업에 대해서는 0.363점 증가한 평가를 보였다.[51] 그러나 조부모의 주택소유권은 양육 일관성, 양육 지원 및 양육 인정에 유의미한 영향을 미치지 않았다. 권위적 효도 관념 측면에서, 어머니의 권위적 효도 관념이 강할수록 세대 간 공동양육에서 양육 친밀도와 양육 지원의 점수가 높게 나타났다. 반면, 어머니에 대한 조부모의 심리적 통제 수준이 높을수록 세대 간 공동양육의 양육 일관성, 양육 친밀도, 양육 지원, 양육 인정, 노동 분업 모두 유의미하게 감소한 것으로 나타났다. 고부 조합에 비해, 모녀 조합에서는 젊은 어머니들이 양육 일관성, 양육 친밀도, 양육 지원 및 양육 인정 점수를 더 높게 응답하는 경향을 보였다.

반면 세대 간 공동양육 관계의 부정적인 차원에서, 조부모의 주택소유권과 젊은 어머니의 권위적 효도 관념은 세대 간 공동양육의 갈등 노출, 양육 파괴에 유의미한 영향을 미치지 않았다.[52] 그러나 어머니에 대한 조부모의 심리적 통제 수준이 높을수록, 세대 간 공동양육의 갈등 노출, 양육 파괴는 유의미하게 증가했다.[53] 고부 조합에 비해, 모녀 조합에서는 젊은 어머니들

---

51 논문 뒷부분에 첨부된 〈표 2〉를 참조. 〈표 2〉는 세대 간 공동양육 관계의 긍정적인 차원에 대한 다중 회귀 분석 결과를 제시하며, 양육 일관성, 양육 친밀도, 양육 지원, 양육 인정, 노동 분업을 종속변수로 하는 다섯 가지 주효과 모델을 포함한다.

52 논문 뒷부분에 첨부된 〈표 3〉 참조. 〈표 3〉은 세대 간 공동양육 관계의 부정적인 차원에 대한 다중 회귀 분석 결과를 보여주며, 갈등 노출, 양육 파괴를 종속변수로 하는 두 가지 주효과 모델을 포함한다.

53 특히, 심리적 통제 수준이 1단위 증가할 때마다 양육 파괴에 대한 부정적인 평

이 더 높은 갈등 노출을 응답했지만, 양육 파괴에 대해서는 상대적으로 낮은 점수를 보고하였다.

따라서, 조부모 권위자원이 세대 간 협력 양육 관계에 미치는 영향에 대해, 연구 가설 1a는 부분적으로 검증되었다. 주택소유권은 가정의 일상적인 경제 활동에 표면적으로 드러나지 않지만, 가정의 경제적 지위와 구성원 간의 경제적 관계에서 중요한 의미를 갖는다. 양육 친밀도는 협력 양육자 간 관계의 친밀도를 다루며, 조부모의 집에 거주하는 젊은 어머니는 핵가족의 경계를 모호하게 만들어, 조부모를 '한 가족' 범주로 포함시켜 세대 간 친밀감을 발전시킬 가능성이 높다. 자원 이론 관점에서 경제적 자원과 노동 분업 사이에는 교환 관계가 존재하며, 조부모의 경제적 지원은 어머니가 협력 양육에서 노동 분업에 대해 더 긍정적인 평가를 내리도록 유도한다. 연구 가설 1b 또한 부분적으로 검증되었으며, 양육 친밀도는 어머니와 조부모 간 관계의 친밀도를 의미하고, 양육 지원은 조부모의 지원에 대한 인정을 나타낸다. 젊은 어머니의 권위적 효도 관념이 강할수록, 협력 양육에서 조부모의 상호 지원에 대해 감사하는 마음을 가지며, 이로 인해 더 긍정적인 평가를 내리게 된다. 심리적 차원에서 연구 가설 1c는 완전히 검증되었으며, 젊은 어머니가 조부모로부터 받는 심리적 통제 경험이 강할수록, 협력 양육 관계에 대한 긍정적인 평가는 낮아지고 부정적인 평가는 높아졌다. 조부모의 심리적 통제 행동은 종종 일상생활에서 세세하고 분산적이며 은밀한 방식으로 나타난다. 이처럼 흔적 없이 이루어지지만 육아 실천에 전면적으로 침투하는 통제 시도와 행동은 세대 간 공동육아 관계를 심각하게 훼손한다.

연구 가설 2는 상당 부분 지지를 얻었다. 조부모 권위자원의 수준은 고부

가가 1.046점 상승했으며, 이는 세대 간 공동양육 관계에서 가장 큰 영향을 미친 차원으로 나타났다.

와 모녀 간 세대 간 공동양육 조합 사이에 유의미한 차이를 보이지 않았으나, 젊은 어머니는 모녀 조합에 대해 전반적으로 더 높은 평가를 내렸다. 노동 분업에서 젊은 어머니는 자신의 어머니와 시어머니에 대한 평가에서 차이를 보이지 않았으며, 이는 조부모가 자녀 및 생활 돌봄에 적극적으로 참여함으로써 여성의 가사 노동 부담을 크게 덜어주었기 때문이며, 이로 인해 어머니들의 인정이 이루어졌음을 반영한다. 또한, 젊은 어머니는 자신의 어머니와의 갈등 노출 수준에 더 높게 응답한 반면, 시어머니와의 갈등 노출은 상대적으로 더 낮았다. 이는 젊은 어머니가 시어머니와의 갈등 노출을 최소화하여 표면적인 관계를 유지하며, "친밀하지만 거리가 있는적당한 거리두기" 공동양육 관계를 발전시키는 경향이 있음을 시사한다.

3) 조부모 권위자원에 대한 세대 간 공동양육 조합의 조절 효과

〈표 4〉의 교차 효과 모델은 세대 간 공동양육 조합 유형이 조부모 권위자원에 미치는 조절 효과를 제시하고 있다. 연구 결과, 조부모의 주택소유권이 다섯 가지 긍정적인 차원에 미치는 영향은 모녀 조합과 고부 조합 사이에 유의미한 차이를 보이지 않았다. 부정적인 차원에서는, 모녀 조합 중 조부모가 주택소유권을 보유하지 않은 경우에 비해, 주택소유권을 일부 보유한 경우, 조부모가 젊은 어머니가 갈등 노출 점수를 더 높게 응답하는 경향이 있었다. 하지만 고부 조합에서는 동일한 상황에서 갈등 노출 점수를 낮게 응답하는 경향을 보였다. 권위적 효도 관념의 영향 방면에서 볼 때, 모녀 조합에서 젊은 어머니의 권위적 효도 관념은 양육 인정 평가에 유의미한 영향을 미치지 않았으나, 양육 파괴에 대한 부정적인 평가를 강화하는 경향이 있었다. 반면, 고부 조합에서는 젊은 어머니의 권위적 효도 관념이 양육 인정에 대한 긍정적인 평가를 유의미하게 높이며, 양육 파괴에 대한 부정적인 평가

를 낮추는 효과를 나타냈다. 심리적 통제의 영향에서는, 모녀 조합에 비해 고부 조합에서 심리적 통제가 양육 친밀도, 양육 지원, 노동 분담에 미치는 부정적인 영향이 더 강했으나, 갈등 노출을 촉진하는 심리적 통제의 효과는 어느 정도 억제되는 경향을 보였다.

연구 가설 3은 부분적으로 검증되었다. 세대 간 공동양육 조합은 조부모 권위자원의 영향을 조절하는 역할을 하지만, 그 결과는 세대 간 공동양육 관계의 각기 다른 차원과 권위자원의 다양한 측면에 따라 달라진다. 경제적 측면에서, 조부모가 주택소유권을 전체 갖거나 혹은 전혀 갖지 않는 경우에 비해, 조부모가 주택을 일부 소유하는 것이 부모 세대와의 경제적 연관이 더 복잡해질 수 있음을 보여준다. 경제적 연관이 증가하면 공동양육 관계에 대한 압박이 증가하고, 모녀 관계에서는 일상적인 상호작용에서 거리낌이 감소하면서, 이러한 압박은 오히려 더 쉽게 해소할 수 있다. 그러나 같은 상황에서 고부 관계에서는 갈등 노출이 억제되는 경향을 보이는데, 이는 젊은 어머니가 시어머니와의 직접적인 갈등을 꺼리는 경향 때문이라 해석할 수 있다. 이는 감사, 의존 또는 이 둘의 결합으로 인한 결과일 수 있다. 권위적 효도 관념의 영향에서 보면, 고부 사이에는 긴밀한 혈연적, 정서적 유대가 부족하므로, 자신의 어머니와 비교해, 시어머니의 공동육아 지원을 "당연히 해야 할" 것으로 인식하지 않는다. 윤리적 권위자원이 시어머니에게 유리하게 작용할 때, 시어머니의 도움과 지원은 더 큰 인정과 감사의 대상으로 간주된다. 심리적 측면에서는, 심리적 통제가 젊은 어머니의 고부 조합에 대한 긍정적인 평가를 낮추는 동시에, 객관적으로 갈등 노출을 억제하는 역할을 한다. 앞서 언급된 바와 같이, 고부 사이에 "친밀하되 거리를 두는" 관계 전략이 작용되면서, 젊은 어머니는 더 강한 통제 의도를 가진 시어머니를 대할 때, 현실적인 이유로 갈등이 더이상 드러내는 것을 피하려는 경향을 보인다.

6. 마무리

가정생활은 감정과 정치가 얽힌 복합적인 영역이다.[54] 현대 중국 가정에서 세대 간 관계가 감정적으로 변화하는 한편,[55] 여전히 가정 내 정치적 경쟁과 갈등은 피할 수 없는 현실이다. 전통적인 가족주의와 개인화의 변화 사이에서 세대 간 협력 양육은 구조적인 모순을 내포하고 있다. 권한을 가진 행위자로서의 조부모는 세대 간 공동양육 관계 형성에 중요한 현실적 의미를 갖는다.

조사를 통해 우리는 세대 간 공동양육 관계 형성에 대해, 조부모의 권위 자원이 다면적이고 복합적인 영향을 미친다는 사실을 알 수 있었다. 특히, 심리적 통제는 세대 간 협력 양육의 일상적인 실천에 스며들어 있으며, 권위적 효도 윤리가 내포한 내적 동기와 유사한 면이 있다. 이들은 모두 부모 세대의 권위와 가정 내 지위를 유지하는 것을 목표로 하지만, 세대 간 공동양육 관계에 미치는 실제적인 효과는 상반된다. 관계를 부정하거나 제한하거나 억제하는 방식은 만족스러운 결과를 얻지 못하고, 종종 예상과 다른 결과를 초래할 수 있다. 반면, 효도 윤리가 부모 세대의 인정과 내면화를 통해 외적인 효도 실행으로 나타날 때, 그 문화적 가치는 더욱 발휘될 수 있다. 특히, 도시 가정은 이미 전통적인 의미의 "경제적 협동조합"을 넘어섰으며, 경제적 지원의 영향은 긍정적이지만 그 범위는 제한적이다. 따라서 세대 간 협력 양육은 물질적 차원보다 비물질적인 세대 간 친밀도 구축을 더욱 중시

---

54 吳飛, 『浮生取義 : 對華北某縣自殺現象的文化解讀』, 北京 : 中國人民大學出版社, 2009.

55 劉汶蓉, 『活在心上―轉型期的家庭代際關係與孝道實踐』, 上海 : 上海人民出版社, 2021.

해야 한다. 이를 기반으로, "친밀하되 거리가 있는" 고부 사이와 "매우 친밀한" 모녀 사이의 특징이 더욱 잘 묘사되었다. 이는 세대 간 조화를 촉진하는 전략과 지혜로서, 고부 사이의 협력 육아에서 발생할 수 있는 갈등을 완화하는 데 기여한다. 또한, 모녀 사이의 세대 간 공동 육아 강화는, 부계 가족 전통을 깨고 세대 간 친밀한 공생 관계를 재구성하는 데 긍정적인 의미를 갖는다. 양육 협력 과정은 전통적인 세대 질서를 그대로 복제하는 과정이 아니고, 새로운 가정 내 계급을 형성하는 과정도 아니다. 가정 내 협력 양육의 새로운 환경에 적응하기 위해, 조부모와 부모 세대 간, 부계와 모계 사이, 두 세대 구성원들이 가족주의 문화 전통과 개인화된 생활 방식을 중심으로 지속적인 소통과 협상, 균형을 이루며 이상적인 공동 육아 관계를 만들어가야 한다.

부록

〈표 1〉 샘플 특성의 기술적 통계(N = 466)

변수			범위	평균값(표준편차)/%	t/χ²(df)ᵃ
종속 변수	세대 간 공동양육 관계	양육 일관성	1.25~7	4.50(1.26)	2.76**
		양육 친밀도	2~7	5.37(1.10)	2.74**
		양육 지원	1.5~7	5.13(1.21)	1.45
		양육 인정	1.71~7	5.60(1.04)	1.45
		노동 분업	1.8~7	5.23(1.12)	0.48
		갈등 노출	1~7	1.74(0.88)	4.29***
		양육 파괴	1~7	3.06(1.18)	-1.24
독립 변수	공동육아 조부모 주택소유권				2.72(3)
		주택 소유하나, 소유권 없음		69.96	
		주택소유권 전체 소유		18.88	
		주택소유권 일부 소유		3.65	
		주택 임대 혹은 기타		7.51	
	권위적 효도 관념		1~5.38	2.73(0.78)	0.90
	심리적 통제		1~4	1.87(0.69)	1.54
	세대 간 공동양육 조합 유형	모녀 조합		53.00	
		고부 조합		47.00	
통제변수					
영유아 특성	성별 : 남아			52.15	
	월령		5~42	30.78(7.00)	
	외동 자녀			72.96	
모친 특성	연령		24~50	34.14(4.09)	
	호적소재지 : 해당 시			80.90	
	혼인 상태 : 기혼			98.71	
	학력 수준	낮음		6.65	
		중간		14.81	
		높음		78.54	
	하루 평균 자녀 돌봄 시간		1~24	7.21(5.03)	
	조부모와 동거 상태 : 동거			68.67	
	작년 전체 가족 총수입	낮음		27.04	
		중간		41.41	
		높음		31.55	
조부모 특성	연령		48~86	61.4(5.73)	
	호적소재지 : 해당 시			67.38	
	학력 수준	낮음		13.09	
		중간		69.96	
		높음		16.95	
샘플 도시 : 상하이				55.58	

注 : ᵃ 다양한 변수들의 세대 간 공동 육아 조합에 대한 T-검정 또는 카이제곱 검정

〈표 2〉 세대 간 공동육아 관계 긍정 차원의 다중회귀 분석 결과(N = 466)

	M1 양육일관성	M2 양육친밀도	M3 양육지원	M4 양육인정	M5 노동분업
공동양육 조부모의 주택소유권 (참조군 = 주택 소유하나, 소유권 없음)					
주택소유권 전체 소유	0.132 (0.138)	0.241* (0.114)	0.061 (0.125)	0.172 (0.114)	0.363** (0.128)
주택소유권 일부 소유	-0.134 (0.274)	0.137 (0.227)	0.073 (0.249)	-0.229 (0.227)	-0.056 (0.255)
주택 임대 / 기타	0.009 (0.208)	0.032 (0.173)	-0.125 (0.189)	0.069 (0.173)	0.195 (0.194)
권위적 효도 관념	0.116 (0.069)	0.128* (0.057)	0.205** (0.062)	-0.015 (0.057)	0.011 (0.064)
심리적 통제	-0.919*** (0.072)	-0.887*** (0.060)	-1.005*** (0.066)	-0.685*** (0.060)	-0.333*** (0.068)
고부 조합 (참조군 = 모녀 조합)	-0.352*** (0.102)	-0.336*** (0.084)	-0.212* (0.092)	-0.177* (0.084)	-0.045 (0.095)
샘플 도시 : 상하이 (참조군 = 톈진)	-0.223 (0.114)	0.120 (0.094)	0.049 (0.104)	-0.025 (0.094)	0.247* (0.106)
기타 통제변수	통제	통제	통제	통제	통제
절편	6.738*** (0.887)	6.245*** (0.736)	6.507*** (0.806)	6.200*** (0.735)	6.727*** (0.826)
조정된 R2	0.295	0.369	0.369	0.290	0.227

注： ① 괄호 안의 값은 표준오차. ② 기타 통제변수는 돌봄 받는 영유아의 월령, 성별, 외동 자녀 여부; 세대 간 공동육아 모친의 연령, 호적소재지, 혼인상태, 학력, 하루 평균 아동 돌봄 시간, 공동유아 조부모와 동거 여부, 작년 전가족 총수입; 세대 간 공동육아 조부모 연령, 호적소재지, 학력 수준. 편폭의 제한으로 통제변수 결과는 생략함.
*p<.05, **p<.01, ***p<.001

〈표 3〉 세대 간 공동육아 관계 부정 차원의 다중회귀 분석 결과(N = 466)

	M6 갈등 노출	M7 양육 파괴
공동양육 조부모의 주택소유권(참조군 = 주택 소유하나, 소유권 없음)		
주택소유권 전체 소유	0.160(0.088)	-0.008(0.121)
주택소유권 일부 소유	0.154(0.174)	-0.271(0.240)
주택 임대 / 기타	-0.128(0.133)	0.012(0.183)
권위적 효도 관념	0.016(0.044)	0.038(0.060)
심리적 통제	0.757***(0.046)	1.046***(0.064)
고부 조합(참조군 = 모녀 조합)	-0.277***(0.065)	0.271**(0.089)

	M6 갈등 노출	M7 양육 파괴
샘플 도시 : 상하이(참조군 = 텐진)	0.107(0.073)	0.125(0.100)
기타 통제변수	통제	통제
절편	1.470**(0.565)	1.081(0.777)
조정된 R2	0.413	0.387

注: ① 괄호 안의 값은 표준오차. ② 기타 통제변수는 〈표 2〉와 동일. 편폭의 제한으로 통제변수 결과는 생략함.
*p〈.05, **p〈.01, ***p〈.001

〈표 4〉 세대 간 공동육아 관계의 교차 효과 모델 결과(N = 466)

	양육일관성	양육친밀도	양육지지	양육인정	노동분업	갈등노출	양육파괴
공동양육 조부모의 주택소유권 (참조군 = 주택 소유하나, 소유권 없음)							
주택소유권 전체 소유	0.276 (0.191)	0.234 (0.157)	-0.042 (0.173)	0.191 (0.158)	0.326 (0.177)	0.137 (0.121)	-0.028 (0.168)
주택소유권 일부 소유	-0.055 (0.328)	0.376 (0.271)	0.246 (0.298)	-0.038 (0.272)	0.286 (0.304)	0.411* (0.208)	-0.306 (0.288)
주택 임대 / 기타	0.217 (0.283)	0.336 (0.234)	0.103 (0.257)	0.143 (0.235)	0.260 (0.262)	-0.261 (0.179)	-0.080 (0.249)
권위적 효도 관념	0.006 (0.094)	0.077 (0.077)	0.101 (0.085)	-0.131 (0.078)	-0.077 (0.087)	0.054 (0.059)	0.174* (0.082)
심리적 통제	-0.821*** (0.097)	-0.737*** (0.080)	-0.873*** (0.088)	-0.596*** (0.081)	-0.149 (0.090)	0.882*** (0.061)	1.055*** (0.085)
고부 조합 (참조군 = 모녀 조합)	-0.423 (0.441)	0.044 (0.364)	-0.266 (0.401)	-0.408 (0.366)	0.242 (0.409)	0.431 (0.279)	1.019** (0.388)
교차 항목 공동육아 조부모 주택권 소유×세대 간 공동육아 조합 유형							
소유권 전체소유× 고부조합	-0.357 (0.265)	-0.076 (0.219)	0.129 (0.240)	-0.094 (0.220)	-0.022 (0.245)	-0.003 (0.167)	0.052 (0.233)
소유권 일부소유× 고부조합	-0.067 (0.590)	-0.588 (0.487)	-0.429 (0.535)	-0.509 (0.489)	-0.932 (0.546)	-0.745* (0.373)	0.093 (0.518)
주택임대 / 기타× 고부조합	-0.468 (0.381)	-0.614 (0.315)	-0.447 (0.346)	-0.177 (0.316)	-0.144 (0.353)	0.265 (0.241)	0.209 (0.335)
권위적 효도× 고부조합	0.235 (0.130)	0.116 (0.107)	0.222 (0.118)	0.241* (0.108)	0.187 (0.121)	-0.074 (0.082)	-0.275* (0.114)
심리적 통제× 고부조합	-0.252 (0.146)	-0.332** (0.121)	-0.282* (0.133)	-0.204 (0.121)	-0.405** (0.136)	-0.269** (0.093)	-0.014 (0.129)
샘플도시 : 상하이 (참조군 = 텐진)	-0.210 (0.115)	0.135 (0.095)	0.049 (0.104)	-0.019 (0.095)	0.255* (0.106)	0.112 (0.072)	0.123 (0.101)
기타 통제변수	통제	통제	통제	통제	통제	통제	통제

	양육일관성	양육친밀도	양육지지	양육인정	노동분업	갈등노출	양육파괴
절편	6.839*** (0.912)	5.988*** (0.753)	6.422*** (0.828)	6.246*** (0.756)	6.448*** (0.845)	1.028 (0.576)	0.740 (0.801)
조정된 R2	0.300	0.380	0.376	0.296	0.243	0.427	0.389

注 : ① 괄호 안의 값은 표준오차. ② 기타 통제변수는 〈표 2, 3〉과 동일. 편폭의 제한
으로 통제변수 결과는 생략함.
*p〈.05, **p〈.01,***p〈.001

제4부 동시대 한-중 페미니즘의 교차와

영 페미니스트 운동

제1장

중국 내 한국 여성문학의 전파와 수용

짱리

중국에서 한국 여성문학의 하이라이트는 한강 작가의 노벨 문학상 수상과 함께 찾아왔다. 2024년 10월 12일, 중국에서 가장 영향력 있는 SNS인 시나 웨이보新浪微博에서는 한강의 수상 소식이 그날 저녁의 인기 검색어로 떠올랐다. 그중 '한국 작가 한강, 2024년 노벨 문학상 수상'이라는 주제어로 3만 6천 개의 포스팅이 달렸고, 열람회수는 총 7,419만 8천회에 달했다. 또 다른 주제어 '한강, 2024년 노벨 문학상 수상'은 1,611개의 포스팅, 377만 1천회의 열람회수를, 세 번째 주제어 '2024년 노벨 문학상 수상 한강은 누구인가'는 3,419개의 포스팅, 2,397만 1천 회의 열람회수를 기록했다. 불완전한 통계지만, 이에 따르면 총 4만 1천 개의 포스팅과, 거의 1억 100만 명에 달하는 열람회수라는 놀라운 수치를 기록한 것이다. 이는 아마도 한국문학이 중국에서 가장 주목을 받은 사례일 것이다. 또한, 한강의 수상 소식은 중국 소셜 플랫폼 샤오홍수小紅書, 더우인抖音,틱톡 등에서도 인기 검색어가 되었다.

한강의 수상 소식은 중국 독자들 사이에서 한국 여성문학과 여성 작가들에 대한 관심과 비평을 불러 일으켰다. 2024년 12월, 중국의 유명 잡지『싼롄생활주간三聯生活周刊』은 "한국에서 그녀들이 불붙인 문학"이라는 제목의 커버스토리를 발행했는데, 부제는 "『82년생 김지영』부터『채식주의자』까지"였다. 총 7편의 글이 실렸으며, 여성 작품, 여성 작가, 대중문화의 영향, 여성

영화인 등 여러 각도에서 한국 여성문학의 영향력을 논의했다. 이는 중국에서 하나의 현상으로 자리잡은 한국 여성 문학을 종합적으로 다룬 기사라 할 수 있다.

이 글에서는 한강의 『채식주의자』, 김애란의 『너의 여름은 어떠니』, 조남주의 『82년생 김지영』, 공지영의 『도가니』, 김혜진의 『딸에 대하여』, 최은영의 『밝은 밤』 등 여섯 작품을 중심으로 최근 몇 년간 한국 여성문학이 중국에 어떻게 전파되고 수용되었는지 살펴보겠다.

1. 한녀문학韓女文學의 집단적 부상

더우반 독서豆瓣讀書는 중국 최대의 독서 웹사이트로, 2005년 서비스를 시작한 이후 정보가 가장 풍부하고, 이용자 수도 가장 많으며, 가장 활발한 활동이 이루어지는 독서 플랫폼으로 자리 잡았다. 매달 800만 명 이상의 이용자가 방문하며, 접속 횟수는 수억 회에 달한다.

그렇다면 중국에서 널리 읽히고 사랑받는 한국 여성 작가는 누구일까?

다음 그래프를 통해 확인할 수 있다.

서명	더우반 평점	이미 읽음	읽고 싶음	한줄평	서평
조남주 『82년생 김지영』	8.1	127,000	64,000	38,320	1,875
한강 『채식주의자』	8.1	116,000	71,000	45,271	1,726
최은영 『밝은 밤』	9	41,000	64,000	18,169	483
김애란 『너의 여름은 어떠니?』	8.7	57,000	63,000	15,190	476
김혜진 『딸에 대하여』	8.4	14,000	24,000	5,641	203
신경숙 『엄마를 부탁해』	8.5	5,368	9,640	2,307	135
공지영 『도가니』	9.4	7,207	10,000	2,626	119

더우반 읽은 사람 / 읽고 싶은 사람 통계

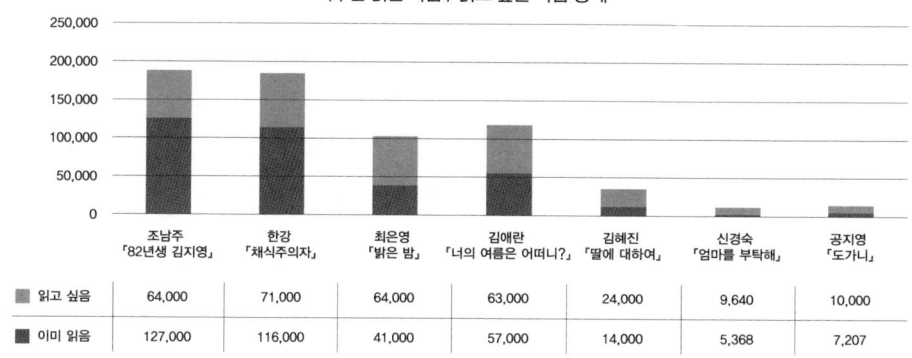

	조남주 「82년생 김지영」	한강 「채식주의자」	최은영 「밝은 밤」	김애란 「너의 여름은 어떠니?」	김혜진 「딸에 대하여」	신경숙 「엄마를 부탁해」	공지영 「도가니」
■ 읽고 싶음	64,000	71,000	64,000	63,000	24,000	9,640	10,000
■ 이미 읽음	127,000	116,000	41,000	57,000	14,000	5,368	7,207

더우반 한줄평 / 서평 수 통계

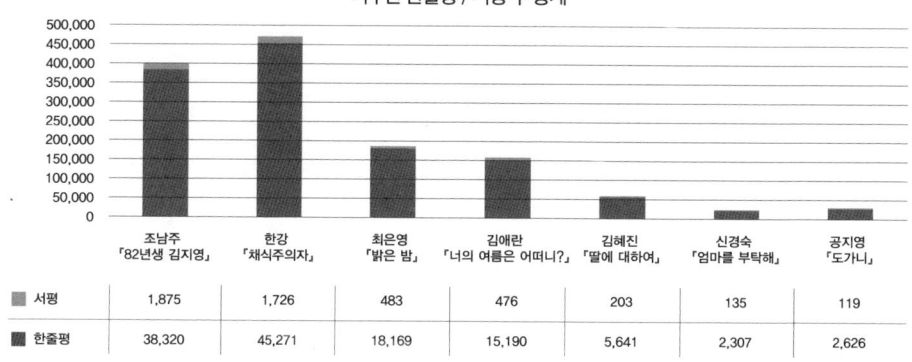

	조남주 「82년생 김지영」	한강 「채식주의자」	최은영 「밝은 밤」	김애란 「너의 여름은 어떠니?」	김혜진 「딸에 대하여」	신경숙 「엄마를 부탁해」	공지영 「도가니」
■ 서평	1,875	1,726	483	476	203	135	119
■ 한줄평	38,320	45,271	18,169	15,190	5,641	2,307	2,626

더우반 독자들의 평점을 살펴보면, 거의 모든 작품이 8점 이상을 기록하고 있음을 알 수 있다. 이는 독자들이 해당 작품들에 깊이 공감하고 있음을 보여주며, 그중 두 작품은 9점 이상이라는 높은 평점을 받기도 했다. 물론 이 평점 시스템은 참고용일 뿐 절대적인 기준이 될 수는 없다.

다음은 더우반 독자들 중 해당 작품을 이미 읽은 사람과 읽고 싶은 사람의 수를 나타낸 통계이다. 이를 통해 『82년생 김지영』과 한강의 『채식주의자』를 읽은 독자가 10만 명을 넘어섰음을 확인할 수 있다.

이는 더우반 독자들이 작품을 읽고 남긴 서평과 한줄평 데이터로, 네 작품에 대한 한줄평만 해도 15,000개를 넘는다.

보다 설득력 있는 자료는 바로 판매 데이터이다. 웹사이트 '오픈북 데이터開卷數據'의 통계에 따르면, 한강의 『채식주의자』는 2024년 판매량이 급증하여 현재 26만 부에 달한다. 조남주 작품은 누적 판매량 25만 부를 기록했으며, 김애란의 『너의 여름은 어떠니?』는 약 8만 부, 최은영의 『밝은 밤』은 3만 9천 부, 공지영의 『도가니』는 3만 부, 김혜진의 『딸에 대하여』는 2만 5천 부가 판매되었다.

물론 이러한 판매 데이터가 전체 시장을 완벽하게 반영하는 것은 아니지만, 한국 여성 작가들의 작품이 중국 독자들 사이에서 상당한 인기를 얻고 있음을 보여준다. 최근 몇 년간 중국에 소개된 한국 문학작품 중에서는 이창동의 『녹천에는 똥이 많다』6만 부와 『소지』4만 부를 제외하면, 대부분이 한국 여성 작가들의 작품이다. 이를 고려할 때, 한국 여성문학이 현대 중국에서 하나의 문학적 흐름으로 자리 잡았다고 해도 과언이 아닐 것이다.

2. 동아시아 여성의 삶의 거울로서의 한녀문학

그렇다면, 이 한국 여성문학 작품들은 왜 중국 독자들을 매료시킨 것일까?

더우반 독서 앱에는 일반 독자들이 남긴 다양한 독서평이 올라와 있다. 이들 중 일부 대표적인 견해를 선별하여 다음과 같이 정리하였다.

먼저, 한강의 『채식주의자』에 대한 대표적인 리뷰는 다음과 같다.

표지의 추천사에서는 이 책이 성과 광기를 탁월하게 묘사하고 있다고 말하지만, 실제로 그런 장면은 많지 않다. 오히려 이 작품은 가부장적 사회에서 남성들이 여성을 어떻게 이용해 자신의 욕망을 실현하는지, 혹은 여성을 통해 자신의 망상을 투영하는지를 보여주고 있을 뿐이다.

김지영의 거칠고 사실적인 여성 표현에 비해, 한강은 여러 해 동안 앞서 있었고, 글쓰기도 훨씬 수준이 높다. 자세히 파고들면 비슷한 주제임에도, 한강의 대담하고 기발한 구상은 매우 인상적이다. 어쩐지 그녀가 맨부커상의 인정을 받았더라니. 한 그루의 나무가 되고 싶다는 생각은 인간사회에 얼마나 실망했는지를 보여준다. 한강은 현세에서 나무로 변해버리는 극단적인 캐릭터를 썼다. 나는 이제서야 머릿속을 맴돌던 이 갈망이 전혀 시적이지 않으며, 삶의 질과 사회적 위치가 인간으로서의 가치에서 배제되었음을 표현한다는 것을 깨달았다.

영혜는 계속해서 '자기 강등' 방식으로 인간사회에서 벗어나려고 한다. 인간→동물→식물로의 전환, 그리고 죽음은 마지막 단계의 탈출 메커니즘이다. 스스로를 굶겨 죽이는 것은 꽤 괜찮은 탈출 방식이다. 영화 〈디 아워스〉의 울프를 떠올리게 한다. 그녀는 주머니에 돌을 넣고 망설임 없이 강물 속으로 걸어 들어간다.

『채식주의자』가 과도하게 홍보되고 나서 나를 감동시킨 건 오히려 언니 캐릭터였다. 인간사회를 떠나기로 결심한 여동생은 비교적 시적인 언어 환경에서 살고 있으나, 언니를 묘사한 부분은 상대적으로 꾸밈없는 사실적인 표현이 많다. 아버지의 가정폭력을 직접 경험하고, 스스로 맨손으로 사업을 시작해 가족을 부양하고, 집을 마련하는 와중에, 남편의 결혼 내 성폭행을 당한 그녀는, 자살하고 싶어도 어린아이들을 버리지 못한다. 언니는 너무나

리얼한 캐릭터이다. 그녀가 여동생의 귀에 대고 "이건 단지 꿈일 뿐이야"라고 속삭일 때, 전 세계 여성들은 깨어나야 한다.

『내 여자의 열매』를 극찬하는 리뷰는 다음과 같다.

동아시아인으로 태어난 것은 너무 고통스럽다. 동아시아 여성의 고통은 그들이 너무 잘 견딘다는 데 있고, 동아시아 남성의 고통은 그들이 동아시아 여성이 견뎌내는 그런 고통을 견딜 수 없다는 데 있다.

이제부터 한국문학을 달리 보게 되었다. 이 책에서 한강의 글쓰기는 일종의 은유·종교·여성·초현실과 한국적 지역성 사이의 미묘한 균형을 보여준다.

나는 한강이 20대의 나이에 이미 인간됨의 어두운 본색을 꿰뚫어 볼 수 있었다는 것에 놀랐다. 말로 표현할 수 없는 침울함, 명멸함, 슬픔을 무딘 칼로 가슴을 도려내는 듯한 기세로 마음속에 깊이 파고들어, 더 이상 울고 웃을 힘도 없게 만든다. 캐릭터들도, 독자들도 마찬가지다.

김애란의 『도도한 생활』에 대해서도 많은 독자가 소감을 남겼다.

「칼자국」과 『도도한 생활』만은 별 다섯 개를 받을 만하다. 동아시아 여성의 인내와 슬픔이 여실히 드러난다. 그런데 다른 작품은 좀 과시적인 듯 해서 별 하나를 뺐다. 한 번에 읽기보다는, 출퇴근길, 잠자기 전, 햇빛 아래에서 조금씩 소화하는 것이 좋다. 그렇지 않으면 지나치게 비슷한 느끼함과 너무 어두운 질식감을 느낄 수 있다.

「칼자국」을 특히 좋아하는데 김애란 작가가 그린 어머니들은 저마다의 참을성과 강인함이 있지만, 아버지들은 각자의 나쁜 점이 있다. 신과 같이 독특한 비유, 갑작스러운 결말은 특별한 줄거리 없이도 삶의 절박함과 어처구니없는 모습을 만들어낸다. 어떤 장은 과시적인 느낌을 주지만, 반복해서 음미할 만한 별 다섯 개짜리 작품이다.

어머니의 날에 읽을 단편으로 「칼자국」을 추천한다. 두 줄이 내 얼굴에, 수천 개의 흔적이 내 마음속에 새겨져 있다. 여전히 완전하고 섬세하고 조밀하며 아프고 아름답다. 유명작가들은, 쓰는 주제는 대동소이하지만, 이렇게 사소하고 진실한 감정을 표현하는 것을 꺼리며, 자신의 경험을 어느 정도까지 재현할지 항상 명확히 생각할 수 있는 것은 아니다. "과거 미완성"은 "미래에 완성될 때"보다 더 아름답다. 울음을 터뜨리지 못하고 삼키면 "침이 되어 흐르"게 된다.

김애란은 의심할 여지 없이 여성을 사랑하는 작가이며, 평범한 사람들의 크리스마스 이브에는 오 헨리가 없다. 글의 흐름 속에서 낭만적인 비유를 건져올리면, 여자는 지축처럼 기울어져 있고, 사과는 블랙홀을 향해 날아가며, 우리는 우주의 아이다. 서로 완전히 진화하지 못한 동물처럼 돌을 향해 구애하고 있다.

김애란이 쓴 가난은 중국 향토작가가 늘 쓰는 숨막히게 압도적인 류가 아니다. 그녀의 가난은 도시의 남녀가 유지하려는 작은 허영과 남들에게 들키고 싶지 않은 난처함이다. 그래서 그녀는 정말 현대적인 작가다. 여성의 심리 묘사는 마치 가느다란 바늘처럼 때때로 당신의 마음에 박혀, 그 고통은 갑작스럽고도 길게 느껴진다.

공지영의 『도가니』에 대해서는, 주로 성폭력 문제에 초점을 맞추고 있다.

이 소설을 읽으면서, '문학의 힘'이라는, 원래 내게는 진부하게 느껴졌던 명제를 종종 떠올리게 되었다. (…중략…) 공 작가와 그녀의 작품은 한국에서 '진실을 응시한다'는 점에서 명성을 얻었는데, 우리나라에서는 진실을 응시하려 했던 작가들이 어떻게 되었나. 우리 문학은 결국 또 어떤 길로 나아가는가?

소설의 후반부 재판 장면과 편지는 나를 눈물바다가 되게 만들었다. 작디작은 악이 쌓이면 모든 것을 파괴할 수 있지만, 선의와 양심이 모이면 정말로 세상을 바꿀 수도 있다. 예상보다 훨씬 더 훌륭했다.

영화도 충분히 좋았지만, 원작이 훨씬 더 좋았다. (…중략…) 당시 영화를 보면서 나는 울지 않고 분노만 했지만, 오늘 원작을 읽는데 마지막 50페이지를 눈물로 흠뻑 적시며 보았다. 얼굴 전체가 떨리는 것을 느꼈다. 분노보다 더 큰 것은 무기력함! (…중략…) 세상에 더 많은 『도가니』가 있기를, 더 이상 도가니가 없기를.

조남주의 『82년생 김지영』은 2019년 더우반 독서 외국 소설 부문 1위를 차지했으며, 이를 시작으로 한국 여성 작가들이 여성의 삶에 대해 쓴 글이 더 널리 알려지게 되었다.

5년 전 혹은 그 이전에, 나는 아마도 오만하고 냉혹하게 이런 삶이 나 자신과 무관하다고 생각했을지 모른다. 마치 대학 시절의 김지영이 잠시나마 자신이 어머니와는 다른 삶을 살게 될 것이라고 생각했던 것처럼 말이다. 그러나 실제로 동아시아의 이러한 구조적 젠더의 늪에는 방관자도 생존자도 존재하지 않는다.

동아시아 여성이라면 누구나 김지영에게서 자신의 모습을 보고, 여성으로서 겪어야 하는 불공평함을 떠올릴 것이다. 나는 내가 우리 엄마보다 더 자유롭게 살고 더 많은 선택지를 가질 수 있을까 생각해보았다. 답은 '그렇다'이다. 많은 선배들의 노력 덕분에 여성들은 더 많은 권리를 얻게 되었다. 그러나 앞길은 여전히 험난하다. 최근 2년 동안 나는 항상 아는 여성 친구들에게 이렇게 힘써 말하곤 했다. "절대로 결혼과 출산을 쉽게 하지 마라. 그렇지 않으면 원래도 거의 없던 자유마저 잃게 될 것이다." 이것은 내가 친구를 위해 할 수 있는 가장 절실한 충고이다.

비록 문학성은 부족하지만, 이 주제는 더 대중적이고 현실감 있게 더 많은 사람들이 읽고 이해하며 깨닫도록 해야 한다. 그게 바로 성공이다. 비록 공감을 불러일으키긴 했으나, 중국에 오면 특수한 상황이 있다. 외동 자녀 세대는 여자아이들도 집에서 공주처럼 자란다. 아마 나 같은 바링허우80後, 이하 1980년대생는 책에서 묘사하는 남존여비 상황을 체감하기 어려울 것이다. 하지만 김지영이 아이를 낳기 전과 후의 그 단계는 어느 나라에서나 마찬가지일 것이다. 모든 남성들이 이 책을 읽었으면 좋겠다. 대립하지 말고 서로 이해하길. 최근에 이런 일이 있었다. 한 남학생이 내가 몇몇 하드코어한 공공 계정을 보는 것을 좋아한다는 것을 알고 놀라며, "너희 여학생들은 모두 소소한 사랑 이야기를 좋아하지 않느냐"고 말한 것이다. 이것이 바로 (…중략…) 편견.

82년 된 김지영, 평범한 이름, 평탄한 전반생, 착실하게 성장하고, 학교에 다니고, 일하고, 결혼하고, 아이를 낳았다. 삶의 톱니바퀴가 빈틈없이 맞아 떨어졌고, 모든 단계에서 실수가 없었지만, 모든 것이 그녀를 짓누르는 마지막 눈송이처럼 느껴졌다. 인생에 대해 그녀가 가졌던 기대는 마치 주변의 다른 사람들에게 여기저기 짜이고 남은 치약처럼, 동쪽에서 조금 짜이고 서쪽에서 조금 짜인 뒤 빈 껍데기만 남았다. 동생의 분유를 한 입 먹었다고 남아 선호 사상에 찌든 할머니에게 얻어맞고 고양이에도 개에도 못 미친다고 꾸중을 들었다. 밤길에 학원 변태에게 성추행을 당했다고 아빠한테 야단맞을 때는 옷을 그렇게 입어서 문제라고 혼났다. 임신하고 나서는 개인 생활을 다 포기하고 가정으로 돌아왔지만, 커피 한 잔 마시는 것조차 남편 돈을 펑펑 쓰는 '맘충'이라고 비난을 받았다. 독박육아에 몸도 마음도 지친 상태에서도 '위대한 모성애'라는 말에 묶여, 한마디도 외칠 자격이 없었다. (…중략…) 모든 게 "이유는 모르지만 여자니까 그래야 하는 것" 같았다. 김지영, 사람들은 그녀를 '여자'라고 부르지만, 여자이기 전에 '사람'이어야 한다는 것을 잊었다. 이 책은 하나의 거울이다. 우리는 모두 시대와 관념에 속박당한 김지영이다.

김혜진의 『딸에 대하여』에 대해서는 모녀관계에 대한 토론이 대부분이었다.

어머니는 늘 "내 딸이 어떻게 이럴 수 있냐"며 성토하셨다. 하지만 사실 모녀는 놀라울 만큼 닮아 있다. 딸은 유행을 따르지 않고 학교에 항의하며, 어머니 역시 대세에 휩쓸리지 않고 요양원에 있던 노인을 집으로 데려오려 한다. 많은 어머니들이 딸이 자신과 다르다며 한탄하거나 불평하지만, 결국 그런 딸을 만든 건 다름 아닌 어머니들 자신이 아니던가?!

때로는 어머니의 입장에서, 때로는 딸의 입장에서 스스로를 투영하게 된다. 이 책 전체는 동아시아식 가족이 부모와 자녀의 관계를 오랫동안 응시한 결과물이다. 남성의 존재는 배제되었지만, 동시에 모두가 가부장제 아래에서 피해를 입은 산물이기도 하다. 요양원 돌봄이라는 설정은 매우 탁월하다. 노화, 고독, 죽음을 적나라하고 냉정하게 서술하면서도, 무상으로 노인을 돌보고 임종을 함께하는 과정이 강한 감정적 긴장감을 형성한다. '평범하고 행복한 날들', 나는 내 아이에게 그런 삶만을 바라는 엄마가 되고 싶지는 않다.

전통적인 사회구조가 해체된 후에도 동아시아 사회는 여전히 '가족'에 대한 집착을 버리지 못하고 있다. 동성애, 저출산, 독거노인 …… 이들은 모두 사회적 곤경 속에서 외롭게 분투하는 개인들이다. 이 책은 절경 속에서 눈을 뜬 순간, 짙은 안개가 드리운 채 서로 멀리 떨어져 있지만, 그럼에도 불구하고 희미하게나마 이해하려 애쓰는 모습을 담아낸다.

남편과 아버지의 역할이 부재한 가정에서, 어머니는 딸을 유일한 희망으로 삼았다. 하지만 딸이 자신이 이해할 수 없는 길을 걷고 있음을 깨닫고, 내면에서 불평과 슬픔, 그리고 자책감이 밀려온다. 책 속에서 묘사된 어머니의 독백은 너무나도 현실적이라 차마 비난할 수도 없다.

작가는 "딸을 이해하지 못하는" 엄마를 그려내지만, 소설이 궁극적으로 전하려는 메시지는 결국 "여자만이 여자를 이해할 수 있다"는 것이다. 늙고, 약하고, 병들고, 임신한 이들, 끝없는 고통, 그리고 말로 다 표현할 수 없는 사랑.

최은영의 『밝은 밤』에 대한 독자들의 평가는 다음과 같다.

왜 이 작품을 "여성판 『인생活著』"[1]이라고 부르는 걸까? 『인생』에서는 남자 주인공을 충분히 비참하게 만들기 위해 온갖 우발적인 사건들이 필요하다. 가족이 열병으로 청력을 잃거나, 헌혈을 하다 죽는 등, 극히 낮은 확률의 불행이 겹쳐야 한다. 하지만 여성들은 그럴 필요조차 없다. 그들은 그저 평범하게 살아갈 뿐인데, 남성 중심 사회의 규칙이 이미 그들의 삶을 무자비하게 짓밟는다. 이런 상황에서, 도대체 무슨 근거로 이 두 작품을 동일 선상에 놓고 논할 수 있다는 건지?

묘사된 모녀 관계는 너무 깊이 공감된다. 서로 걱정하고 서로 두려워하며, 서로 원망하고, 서로 얽매이며, 결국 손을 놓고 멀리서 서로 사랑하며 여생을 보낸다.

나는 엄마와 오래 있으면 상처 주는 말을 하게 된다. 동아시아 딸들은 같은 삶을 공유한다.

한국에서 무형문화유산으로 신청해야 할 가장 중요한 것은 한국 여성의 사상

---

1   위화(余華)의 소설.

이다.

이상의 작품에 대한 독자들의 반응을 살펴보면, 중국 독자들이 특히 공감하는 부분이 거의 모두 여성의 삶과 관련된 것임을 알 수 있다. 여성의 고통, 노동, 사회적 지위, 모녀 관계 등이 그 대표적인 예다. 또한 이들의 평가를 통해, 한국 여성 문학이 마치 거울처럼 중국 여성들의 삶을 비추며 깊은 공감을 불러일으킨다는 점을 확인할 수 있다. 물론 모든 독자가 여성의 삶에만 주목하는 것은 아니다. 일부 독자들에게는 삶의 진실성이나 수준 높은 소설적 서사가 작가들을 사랑하는 이유가 되기도 한다. 예를 들어, 김애란의 『너의 여름은 어떠니』에 대해 한 네티즌은 그녀가 가난을 매우 현실적으로 그려냈다며 봉준호 감독과 비교하기도 했다.

김애란은 봉준호가 결코 가난한 사람을 완전히 이해하지 못한다고 말할 자격이 있다. 왜냐하면 가난은 무엇보다도 먼저 용기를 무너뜨리기 때문이다. 진정한 가난은 "썩지도 시들지도 않는" 것이다. 김애란의 작품 속 삶은 거대한 수수께끼와도 같다. 겉보기에는 화려한 크림 케이크처럼 보이지만, 막상 잘라 보면 그 안은 텅 비어 있으며, 심지어 재앙이 숨어 있다. 그러나 어디에도 하소연할 곳이 없고, 결국 이 케이크를 위해 모든 것을 지불해야만 한다.

김애란의 소설은 서사가 매우 정교하고 세련되어 있다. 대부분이 간접적인 묘사로 이루어져 있으며, 삶의 고통을 직접적으로 외치는 법이 없다. 그러나 바로 이 은근하고 묵묵히 견디는 고통이 더욱 큰 매력을 발한다. 왜냐하면 그것이 바로 우리 대다수의 삶의 철학이기 때문이다.

80년대생 작가로서, 김애란은 한국 문학의 과거와 미래를 잇는 상징적인 존재라 할 수 있다. 우리나라에는 이처럼 독보적인 작가가 없는 것 같은데 …… 한국 문학과 영상 산업의 발전은 실로 놀랍다.

책은 매우 흥미로웠고, 특히 동명의 단편이 가장 인상적이었다. 두 여자아이가 함께 여행을 떠나는 이야기는 마치 내 이야기를 쓴 것처럼 느껴졌다. 말하자면, 사소한 묘사 하나하나가 독자들에게 "이건 바로 나야"라는 공감을 불러일으킨다.

역시 나를 실망시키지 않았다. 맑고도 은은하고 부드러운 섬세함이 있다. (…중략…) 너무도 섬세해서 살갗을 베는듯한 느낌.

정말 대단한 재능이다! 같은 80년대생인데, 어떻게 누군가는 이렇게 섬세한 감각과 날카로운 통찰력을 가질 수 있을까? 번역을 거쳤음에도 불구하고 언어가 여전히 생명력 넘치니, 책을 한 번 펼치자 멈출 수가 없어 단숨에 하룻밤 만에 읽어버렸다. 내면의 감정이 벅차오르고, 가슴이 터질 것만 같다.

이들 댓글에서 볼 수 있듯이, 대부분의 더우반 네티즌들은 한국 여성 작가의 작품이 중국 독자들에게 친근하고 공감을 일으키기 쉽다고 생각하는 것을 볼 수 있다.

3. 중국 당대 작가와 연구자의 독서와 수용

뉴미디어에서 한녀문학을 둘러싼 열띤 토론이 이어지는 것과 달리, 학술지에서는 아직까지 한국 작가들의 작품, 특히 한녀문학에 대한 연구 논문이 많지 않았다. 아래 목록에서 볼 수 있듯이, 한강에 대한 연구 논문이 가장 많았으며, 그 뒤를 조남주와 신경숙이 이었다. 석사학위 논문 수는 신경숙이 가장 많았는데, 이는 작가들의 작품 활동 기간, 번역 시기, 그리고 작품 판매량과 비례하는 경향을 보였다.

이름	학술지 논문 수	핵심 논문 수	석사학위 논문 수
한강	26	1	9
조남주	16	1	7
신경숙	13	3	21
김애란	7	1	3
공지영	3	0	11
최은영	3	0	1

학자들이 이들 작품을 연구하는 방식은 일반 독자들의 감상과 다소 차이가 있다고 할 수 있다. 현대 한국문학 연구자들뿐만 아니라, 중국의 현대 작가들 역시 한국 작가들의 작품에 점점 더 많은 관심을 보이고 있다. 특히 한강이 노벨문학상을 수상한 이후, 많은 작가들이 그녀의 작품을 읽고 다양한 자리에서 이에 대한 견해를 나누기 시작했다.

2024년 11월 2일, 베이징사범대학北京師範大學에서 열린 제5회 '경사남국문학포럼京師南國文學論壇'에서 유명 작가 위화는 한강의 작품을 어떻게 평가하는지에 대한 질문을 받았다. 이에 대해 위화는 다음과 같이 답했다.

한강, 나는 예전에 그녀의 『채식주의자』를 읽었고, 나중에는 그녀의 『작별하지 않는다』도 읽었다. 한강은 좋은 작가로, 자신의 단점을 장점으로 바꿀수 있는 능력이 있다. 한강은 디테일을 끝까지 활용하는 작가다. 그녀는 이야기를 잘 쓰는 작가가 아니다. 그녀의 『채식주의자』의 자수가 매우 적지 않은가. 170~180페이지밖에 되지 않는다. 그리고 그 속안의 이야기는 사실 세사람이 한 사람에 대해 이야기하는 방식으로 이 이야기를 완성했다. 그리고 『작별하지 않는다』에서 그녀는 더욱 산만하게 썼다. 이것이 바로 스웨덴 한림원의 시상 연설에서 그녀의 작품이 '산문'이라고 표현한 이유이다. 하지만그녀가 쓴 디테일 중에는 정말 잊을 수 없는 것이 매우 많고, 그녀의 인물들은 매우 생동감 있고 깊이 있게 쓰여져 있다. 그녀는 때로는 디테일을 매우잔인하게 쓸 때도 있다. 『작별하지 않는다』는 제주도 대학살에 관한 이야기로, 세 딸 중 막내는 세 살배기였는데, 총알이 머리를 관통했을 때, 어머니는그녀를 안고 있었다. 그중 가장 뛰어난 디테일은 어머니가 죽기 직전, 딸의입에 자신의 손가락을 넣어 피를 빨게 했다는 것이다. 그녀는 딸이 아직 살아날 수 있을 것이라 생각했다. 책에는 이 엄마의 아이가 죽기 직전 갑자기젖을 빨듯이 피를 빨아먹자, "숨을 못 쉴 만큼 행복했다"고 적혀 있다. 이 디테일은 정말 놀랍다. 이 디테일의 활용만으로도, 나는 한강이 좋은 작가라고생각한다.

작가 중추스鍾求實는 한강의 수상 직후 인터뷰에서 "한강의 작품은 넓고큰 편은 아니다"라면서도 "하지만 인간성에 대한 묘사는 확실히 깊이가 있다. 그녀는 사람들의 생존 상태를 과감히 표현하여 이 세계와 사람들의 심리적 고통을 포착해냈다. 바로 이 점 때문에 그녀의 작품은 차분하고 강력한 빛을 발한다"고 하였다. 물론 한강이 이처럼 젊은 나이에 노벨상을 받은 것에 대해 놀라움을 표하는 작가도 있다.

필자도 기자의 인터뷰를 받았다. 다음은 그 인터뷰의 일부분으로, 『중국도서평론상보中國圖書評論商報』에 실렸다.

많은 중국 독자들에게 한강은 이미 익숙한 작가다. 최근 몇 년 동안 그녀의 여러 작품이 중국어로 번역되었으며, 내가 아는 한 그녀는 중국에서 많은 젊은 독자층을 확보하고 있다. 그중에는 우리 '여성문학 추천 도서 목록女性文學好書榜' 멤버들도 포함되어 있으며, 많은 이들이 그녀의 작품을 좋아한다. '여성문학 워크숍女性文學工作室'에는 '여성력女性歷'이라는 코너가 있는데, 여기에서는 작품의 일부를 발췌하여 작가를 추천하는 방식으로 소개한다. 최근 몇 년 동안 한강은 여러 차례 추천되었으며, 이는 그녀의 글쓰기가 이 시대와 젊은 독자들과 깊은 감정적 유대를 형성하고 있음을 보여준다.

나는 한강의 작품이 동아시아 여성들의 삶과 감정을 이어주는 중요한 글쓰기라고 생각한다. 그녀는 다른 나라의 여성 작가들과는 다르게, 동아시아 지역에서 더 큰 공감을 얻고 있다. 그녀의 작품과 우리 사이에는 접점이 많아, 독자들이 자연스럽게 몰입할 수 있다. 동시에 그녀는 중국 독자들이 잘 알지 못하는 여성의 생존 현실을 조명하며, "보이지 않는 것을 보이게 하고, 들리지 않는 것을 들리게 한다"는 문학의 본질을 분명하게 보여준다. 한강의 작품은 한국 여성의 삶, 가족, 부부 관계, 모녀 관계, 자매 관계 등을 다루지만, 그 속에서 우리는 인류 보편의 경험을 발견할 수 있다.

최근 몇 년간 한국 여성 작가들의 창작이 활발하게 이루어지고 있지만, 한강은 그중에서도 확실히 독보적인 존재다. 그녀의 작품을 읽으면 언제나

한 여성의 목소리를 듣게 된다. 그것은 크거나 격렬하지 않으며, 외부로 표출되는 분노도 아니다. 오히려 속삭이는 듯하지만, 내면적이면서도 결코 굴복하지 않는 목소리다. 한강은 감정의 거품을 쌓아올리는 방식이나 카타르시스를 강조하는 표현오늘날 한국 여성 작가들의 작품에서 하나의 스타일로 자리 잡은을 사용하지 않으며, 이러한 점이 그녀의 작품을 더욱 특별하게 만든다. 그녀는 우리에게 '뛰어난 여성문학이란 무엇인가'에 대한 깊은 질문을 던진다.

또한, 다른 한국 여성 작가들이 사회적 이슈를 중심으로 여성문학을 써 내려가는 것과 달리, 한강은 강렬한 시적 감각으로 글을 쓴다. 이것이야말로 "문학이 문학인 이유"이며, 오늘날 문학이 가져야 할 품격과 존엄성의 핵심이다. 물론 여성 관련 이슈가 한강의 작품이 많은 사랑을 받는 이유 중 하나이긴 하지만, 그녀의 문학이 단순히 사회적 메시지만으로 승부하는 것은 아니다. 그녀의 작품이 진정 빛을 발하는 이유는 바로 뛰어난 문학성, 풍부한 상상력, 그리고 탁월한 표현력에 있다.

현재로서는 중국 작가들 사이에서 김애란의 작품에 대한 논의가 가장 활발하게 이루어지고 있으며, 이는 인민문학출판사人民文學出版社와도 깊은 관련이 있다. 『김애란 작품집』출간을 앞두고, 인민문학출판사는 다섯 명의 중국작가에게 그녀의 작품을 소개하는 서문을 집필해 줄 것을 요청했다. 흥미로운 점은, 이 작가들이 김애란을 위해 쓴 추천 서문에서 대부분 여성 문제를 언급하지 않고, 대신 글쓰기 기법이나 인간과 삶에 대한 통찰을 중심으로 논의를 전개했다는 것이다. 쉬쩌천徐則臣은 『두근두근 내 인생』의 서문에서 "이 소설에서 나는 당연히 병과 아픔을 보았고, 생명의 소중함과 그에 대한 성찰을 발견했다. 하지만 한 단어로 요약하자면, 나는 '사람'을 봤다고 말하고 싶다"라고 밝혔다. 라이잉옌來穎燕은 『달려라, 아비』의 서문에서 "김애란의 작품 속 세계에는 언제나 주변화된, 기이한 작은 인물들이 가득하지만, 그들은 여전히 처음의 순수함과 희망을 품은 채, 목적지를 알지 못한 채 계속 달려가고 있다. 어쩌면 이것이 인생의 궁극적인 상태일 수도 있고, 혹은 그들의 마음 깊은 곳에 더 이상 말로 표현할 수 없는 종착점이 존재할 수도 있겠다"라고 썼다. 또한, 원전文珍은 『너의 여름은 어떠니』의 서문에서 "가장 간결하면서도 끝없는 것, 이것이 바로 소설가로서 김애란이 지닌 중요한 재능이다"라고 평가했다.

디안嘤安은 김애란의 작품에서 가장 인상 깊었던 점으로 "글자 사이에 가득 찬 고요함"을 꼽았다. 그는 이렇게 말했다. "비록 인물들이 대화를 나누거나, 혹은 그녀가 사람들이 오가는 공공장소를 묘사하더라도, 그 강렬한 '고요함'은 여전히 지면을 관통한다. 마치 그녀가 확성기를 사용해 인물들의 내면 깊숙한 곳에 자리한 은밀한 소리를 모두에게 들려주는 것과 같다. 그 소리는 너무나 미약해서, 확성기를 통해서도 여전히 작디작다. 만약 그것을 제대로 들으려 한다면, 독자는 숨을 죽여야만 한다. 바로 그렇기에, 고요함이 따라온다."

또한, 디안은 김애란이 사회적 이슈를 다루는 방식에 대해서도 깊은 인상을 받았다고 평가했다.

김애란의 작품에서 소위 "사회적 화제성"은 궁극적인 목적이 아니라, 하나의 장면적 요소에 불과하다. 다시 말해, 고압적인 생활 환경과 분위기가 인간을 짓누르는 모습은 비록 잔혹하지만, 그것은 '인생'이라는 이 가혹한 여정의 일부일 뿐이다.

환경적 압박이 인간에게 미치는 부정적인 영향뿐만 아니라, 김애란이 포착하는 것은 미천한 인간이 반드시 마주해야 하는 갑작스러운 생이별, 예기치 못한 사별, 그리고 미처 대비할 틈도 없이 자신 안의 욕망이나 연약함을 깨닫게 되는 다양한 순간들이다.

또한, 디안은 김애란을 다음과 같이 평가한다. "그녀는 시를 쓰는 방식으로 자신의 창작 이념을 표현하고 있다. 이것은 그녀의 소설 속 인물들 사이에 언어가 없던 순간들과 완벽하게 조화를 이룬다. 그리고 독자들이 예민하게 감지할 수 있는, 모든 순간들 뒤에 스며든 고요함과도 완벽하게 맞아떨어진다. (…중략…) 이러한 고요함은 그녀만의 심미적 의미에서의 표식이다. 그녀의 작품은 소설가가 현실의 추악함과 불편함을 미적 감각으로 표현할 수 있어야 함을 충분히 보여준다. 현실의 고난에 억지로 부드러운 필터를 덧씌우는 것이 아니라, 그것을 충실히 담아내면서도 자신만의 미학 체계안에서 포용하여 보여주는 것이다. 전자와 후자 사이에는 하늘과 땅만큼의 차이가 있지만, 언뜻 보기에는 그 차이를 쉽게 구분하기 어려울 수도 있다."

물론, 같은 1980년대생 여성 작가인 장이웨이張怡微가 『도도한 생활』 서문에서 여성적 시각을 언급한 바도 있다.

김애란을 좋아하는 독자라면, 변화무쌍한 문학적 창작 속에 숨겨진 날카로운 여성의 차가운 시선을 쉽게 포착할 수 있을 것이다. 그녀는 매우 민감하고 예리하며, 도시에서 고통받는 수많은 사람들을 면밀히 포착해낸다. 특히 그녀가 그려내는 여자아이들은 평범한 가정에서 태어나, 평범한 외모를 지니고, 희박한 가능성을 붙잡고서 묵묵히 공부하고 일하며 미래를 위한 자원을 축적해 나간다. 그녀들은 사랑을 절대적으로 믿지는 않지만, 아무것도 믿지 않는 것 또한 강인함을 요구하는 일임을 알고 있다. 그녀들의 몸과 정신은 매일 희망이 소모되는 과정을 겪고 있으며, 아버지의 쇠약함과 남자친구의 나약함을 목격하고, 한편으로는 묵묵히 일하며 모든 것을 견뎌내는 어머니와 자매들을 바라본다. 그리고 다시 자신을 돌아보았을 때, 그녀들은 망연자실함과 터무니없음, 그리고 분노만을 느낀다.

김애란이 그려내는 쓸쓸함과 혼란스러움은, 그녀가 정성껏 다듬은 고통의 흔적이며, 조심스럽고 예민하면서도 진지한 마음을 끊임없이 자극한다. 그녀의 많은 이야기들은 소재의 선택, 구성, 서술 방식을 통해 일상생활을 문학 세계의 물질적 재료로 노출시키며, 거칠고 날것의 질감을 그대로 드러낸다. 마치 "극도로 투명한 불행"이 서서히 부끄러움을 가리는 천을 벗어던지는 것처럼 보인다. 더 강한 마음을 가진 사람만이, 더 깊은 정신적 의미를 지닌 문제를 추궁할 용기를 가질 수 있다. 사람은 왜 이렇게 살아야 하는가? 열악한 현실은 여성들에게 새로운 심리적 환경을 만들어주었고, 그들은 기존의 장애물을 피해 자립하며, 자신과 사회의 관계를 새롭게 구축해 나갔다. 이 재구성의 과정은 고통스럽지만, 그럼에도 불구하고 행복을 향한 본능은 결코 사라지지 않았다.

1980년대생 작가 장팡저우蔣方舟는 김애란 작품 감상회에서 다음과 같이 말했다. "당신은 그녀의 작품에서 자신의 삶에서는 쉽게 마주할 수 없는, 만신창이가 된 세계를 보게 될 것이다. 그리고 작가가 얼마나 가차 없이, 잔인하게, 그러나 사실은 따뜻한 애정을 가득 담아 우리의 삶을 직시하게 만드는지 깨닫게 될 것이다. 우리의 삶은 SKP 빌딩 같은 고급 오피스 빌딩을 드나드는 것이 아니라, 답답하고 어색하며, 늘 떠나고 싶은 충동으로 가득 차

있는 것이다. 내가 특별히 깊이 감동받은 점은 두 가지다. 첫째, 한국 여성 작가들이 지닌 강한 여성 의식과, 그것이 세계 문학 전반에 걸쳐 일으킨 반향이다. 둘째, 한국 작가들의 현실을 바라보는 시선이다. 사실, 이는 한국 영화를 볼 때도 느낄 수 있는데, 계층 문제와 사회 갈등을 다루는 그들의 현실적 접근 방식은 중국 창작자들에게 부끄러움을 느끼게 할 정도다."

이상의 내용을 종합해 보면, 일반 독자들은 한녀문학에서 받은 충격을 주로 여성의 시각에서 논의하려 하지만, 현대 작가들은 글쓰기 기법과 문학적 완성도 측면에서 이 작품들을 이해하려 한다. 또한, 그들은 이를 창작자의 거울로 삼아, 중국 현대 문학 창작을 어떻게 바라볼 것인지 고민하기도 한다. 일반 독자는 한국 여성문학에서 여성의 삶을 읽어내지만, 연구자와 작가들은 그 속에서 글쓰기 기법의 점진적 성장을 발견한다. 이것이 한국 여성문학이 중국에 전파되고 수용되는 과정에서 나타나는 주요한 현상이다. 물론, 한국 여성문학이 대중 독서 시장에서 큰 주목을 받고 있음에도 불구하고, 전문 연구 분야에서는 여전히 깊이 있는 논의와 체계적인 연구가 부족하다는 점도 분명히 지적할 필요가 있다.

4. 무엇이 한녀문학을 중국에서 널리 받아들이게 만들었는가?

21세기 이후, 중국에서 한국문학의 번역과 영향력은 비교적 제한적이었다. 그러나 2019년 이후 이러한 흐름이 눈에 띄게 개선되었으며, 특히 많은 한국 여성 작가들의 작품이 번역되어 소개되었다. 이들 작가가 여성의 삶을 다룬 작품들은 특히 중국 청년 독자들의 깊은 공감을 얻었다. 이러한 변화의 배경에는 신경숙이 2011년 맨 아시아 문학상을, 한강이 2016년 국제 맨 부커상을 수상하는 등 한국 여성 작가들이 세계 문학 무대에서 점점 더 주목받고 있는 흐름이 있었다. 그러나 한국 여성 문학이 중국의 소셜 미디어 플랫폼에서 널리 확산되고 젊은 독자들에게 인기를 끌게 된 데에는 번역가, 출판사 편집자, 출판사의 마케팅 전략, 그리고 현대 중국사회에서 태동하는 여성 의식이 중요한 역할을 했다.

첫째, 영화와 드라마의 시너지 효과가 크게 작용했다. 2016년, 조남주의 『82년생 김지영』이 한국에서 큰 반향을 일으키며 동명의 영화 개봉 열풍이 빠르게 중국의 소셜 미디어로 확산되었다. 같은 해, 가쿠다 미쓰요角田光代의 2016년 소설을 원작으로 한 일본 드라마 〈언덕 중간의 집坂の途中の家〉이 방영되면서, 동아시아지역 여성들 사이에서 여성의 삶과 현실에 대한 논의가 활발해졌다. 당시 중국에서도 82년생 김지영 영화가 큰 화제를 모으며, 이를 계기로 한국 여성 문학이 본격적으로 중국에 진출하는 첫 물결이 형성되었다. 공유되는 여성의 경험과 사회 문제를 다룬 또 다른 사례로, 공지영의 『도가니』역시 동명의 영화 흥행과 맞물려 중국에서도 주목받았다. 이후 김애란, 한강을 비롯한 한국 여성 작가들의 작품이 꾸준히 번역되었으며, 이들 작품은 거의 모든 경우 독자들 사이에서 뜨거운 토론을 불러일으켰다. 그리고 그 토론의 중심에는 항상 현재 여성의 삶과 생존에 대한 고민이 자리하고 있었다.

둘째, 주요 출판사의 적극적인 추천이 한국 여성 문학의 중국 내 확산에 중요한 역할을 했다. 이 작품들의 지속적인 출간은 출판사의 선별과 적극적인 마케팅 전략과 밀접한 관련이 있다. 현재 중국에서 큰 인기를 끌고 있는 여섯 작품은 대부분 두 개의 주요 출판 기관에서 출간되었다. 김애란의 작품은 인민문학출판사에서, 그 외 다수의 작품은 모톄출판사磨鐵出版公司에서 출판되었다. 이 두 출판사는 출판 역량뿐만 아니라 운영과 홍보 측면에서도 현대 중국에서 가장 뛰어난 마케팅 능력을 보유하고 있다.

셋째, 한국문학번역원의 역할이 컸다. 『싼렌생활주간』의 보도에 따르면, "한국문학번역원 산하 번역아카데미는 2008년 설립된 이후, 기존의 단기 교육과정을 유지하면서도 학생 모집을 확대해왔다." 문학 번역가 메이쉐梅雪는 2014~2015년 한국문학번역원에서 1년간 교육을 받았다. 당시 그녀는 중앙대에서 박사과정을 밟고 있었으며, 번역 아카데미에 지원해 한국어 실력을 향상시키고자 했다. 당시 중국어반에는 8명의 학생이 있었으며, 그중 4명은 중국인, 4명은 한국인이었다. 이들은 서로 번역을 수정해주며 연습했으며, 과정은 무료로 제공되었다. 그녀의 지도 교수들은 각각 이화여대 중문과와 통번역전문대학원 출신이었다. 졸업 후 10년이 지나, 메이쉐는 여러 직장을 거친 뒤 다시 번역을 시작했고, 현재는 이미 여러 권의 한국 여성 문학 작품을 중국어로 번역해 출판했다. 그녀의 동기들은 대사관에 진출하거나, 기술 번역, 문화 교류 등의 분야에서 활동하고 있다. 현재 한국문학번역원의 교육 및 지원 방식은 지속적으로 개혁되고 있으며, 과거 번역가 펑룬彭倫이 참여했던 샘플 번역 프로젝트는 현재 폐지되었다. 대신, 한국문학번역원은 해외 출판사와 협력하여 번역서 출판을 위한 자금 지원 방식으로 전환했다. 이러한 문학 번역 지원 사업은 실질적으로 한국 문학 번역가를 양성하는 데 기여했다. 앞서 언급된 많은 작품의 번역가들은 한국 문학에 대한 깊은 이해를 바탕으로 섬세한 번역을 선보이며, 중국 독자들의 큰 사랑을 받고 있다.

이 글을 마치면서, '한녀문학'이라는 용어에 대해 논의해 볼 필요가 있다. 이 단어는 본래 '한국 여성문학'의 줄임말로, 최근 중국 뉴미디어에서 등장하며 다소 낯선 느낌을 주었지만, 제기되자마자 큰 주목을 받았다.

'한녀문학'이라는 용어의 확산은 출판사의 마케팅 전략과도 밀접한 관련이 있다. 모 출판사의 한국문학 출판 담당 편집자 런페이任菲는 인터뷰에서, 자신과 회사 마케팅 부서 동료들이 '한녀韓女'라는 단어에 주목했다고 언급했다. 특히 샤오홍수 등 소셜 미디어 플랫폼에서 김혜진의 『밝은 밤』을 추천하기 위해 이 용어를 차용했다고 밝혔다. "엄밀히 말하면, '한녀문학'이라는 단어를 우리가 처음 사용한 것은 아니다. 이미 다른 분야에서 '한녀'라는 표현이 자주 언급되었고, 이 단어가 문학 분야로 전환되면서 우리는 이를 다시 차용하고 강화했다. 사실, '한녀문학'은 중국 독자층에서 자연스럽게 형성된 개념이며, 반복적으로 강조되면서 확산된 것이다. 일반적으로 '한녀문학'이 언급되는 맥락은, 우수한 한국 여성문학을 처음 접한 중국 여성 독자들이 그들의 창작 능력에 깊이 감탄하고, 작품이 강한 공감을 불러일으킬 때 나온다."

이 말은 매우 적절하며, 많은 사람들에게 공감을 불러일으킨다. 한국 여성문학의 중국 내 전파와 수용을 논할 때, 가장 중요한 키워드는 '공감'이다. 한국 여성문학이 널리 읽히는 이유는 작품의 질적 우수성과 중국 젊은 세대의 여성 의식 각성이 맞물려 있기 때문이다. 또한, 한국 여성문학의 전반적인 부상이 중국 독자들에게 깊은 인정을 받으며, 자연스럽게 '한녀문학'의 전파와 수용이라는 새로운 문화적 흐름을 형성하게 되었다.

제2장

중국 여성운동의 시각에서 본 '6B4T'

1. '6B4T'의 부상과 단속

2025년 설날 연휴를 앞두고, 중국 중앙 인터넷 안전과 정보화위원회 판공실中央網信辦, 이하 '중앙 인터넷 정보 판공실'은 한 달간의 인터넷 정화 작업을 발표했다. 그중 '비혼·비출산, 반혼·반출산 조장 및 선전' 등의 내용이 6가지 주요 문제 중 첫 번째로 언급되었다.

2025년 1월 20일, 중국여성신문中國婦女報 위챗 공식 계정은 「성별 갈등 조장, 가정 윤리 갈등 허위 연출 (…중략…) 중앙 인터넷 정보 판공실 강력 조치!」[1]라는 제목의 기사를 게재하며 다음과 같이 보도했다.

설 명절의 따뜻하고 화목한 인터넷 분위기 조성을 위해, 중앙 인터넷 정보 판공실은 금일부터 한 달간 '맑고 깨끗하게 — 2025년 설 온라인 환경 정화淸朗·2025年春節網絡環境整治' 특별 행동을 시행하기로 결정했다.

---

[1] https://mp.weixin.qq.com/s?__biz=MzA4NzAzNjYwNw==&mid=2652
866358&idx=1&sn=e5d3ee8ceeceddf5b67dfff4695fcce3&chksm=8a031
887540dcbf5189e9e451c296cdede7f960a2ac3021e0e7879dd09a09ae6864e0
7b05251&mpshare=1&scene=1&srcid=01196MJkdoBcbXioCVnrssp4&sharer_
shareinfo=15ca68d5a7bc86cf26d161c583384e0a&sharer_shareinfo_first=−
15ca68d5a7bc86cf26d161c583384e0a#rd

이 특별 행동에서는 다음과 같은 6가지 문제를 집중 단속한다고 밝혔다.

- 극단적 대립 조장 문제
- 설날 특집 연예프로그램, 영화, 드라마 혹은 스포츠 경기 등을 이용한 갈등 유발 및 논쟁 조장 행위
- 설날 민속, 전통 풍습 등의 활동에 대한 악의적 조롱, 폄하, '지역 차별' 등 차별 발언을 확산하는 행위
- 비혼·비출산, 반혼·반출산을 고의적으로 부각하고 선동하며, 극단적 여성주의를 조장하고 성별 갈등을 부추기며, 잔혹하고 끔찍한 장면을 모아 전시하고 폭력성과 잔인함을 선전하는 행위

중앙 인터넷 정보 판공실은 다음과 같이 지시했다.

- 즉시 전달 및 배치 실시. 각 지역의 인터넷 정보 부서는 관할지역의 실정을 반영하여 세부 실행 방안을 마련하고, 신속하게 조직하여 배치를 진행하며, 정화 작업이 철저히 이루어지도록 감독하고 추진하여 실질적인 성과를 거두어야 한다.
- 플랫폼 책임 강화. 주요 웹사이트 및 플랫폼이 전담 TF을 구성하도록 독려하고, 설 연휴 기간 동안 철저한 당직 근무를 유지하며, 문제점과 취약점을 면밀히 점검하고, 콘텐츠 심사 관리를 강화하며, 업무 수행의 철저한 이행을 보장해야 한다.
- 알고리즘 추천 관리. 홈페이지 첫 화면, 실시간 검색어 순위, 핫이슈 추천, PUSH 알림, 정보 피드, 댓글 등 주요영역에 대한 모니터링을 강화하고, 알고리즘을 이용하여 불법 및 유해 정보를 추천하는 행위를 엄격

히 금지하며, 핵심영역의 건강한 정보 환경을 유지해야 한다.

- 처벌 및 공개 강화. 문제성이 두드러지는 불법 및 규제 위반 웹사이트 플랫폼, 계정 및 MCN 기관에 대해 엄중히 조사하고, 대표적인 사례의 처벌 및 정비 성과를 신속히 공개하여 강력한 경각심을 조성해야 한다.

이것이 '비혼·비출산'을 지지하는 여성주의 집단을 '단속'하는 첫 사례는 아니지만, 이번 발표를 통해, 여성주의 스펙트럼 내에서 '래디컬 페미니즘極端女權'이 사실상 당국의 공식적인 1순위 규제 대상이 되었음을 알 수 있다.

비혼·비출산을 넘어, '6B4T六不四脱'라는 개념은 최근 몇 년간 온라인과 사회생활에서 유행어로 자리 잡았다. '6B'[2]는 비혼·비출산·비연애·비섹스·비소비여성혐오제품·비돕비기혼여성은 돕지 않고, 독신여성끼리만 서로 돕기를 의미하며, '4T'는 탈코르셋·탈종교·탈오타쿠·탈아이돌을 뜻한다.

'비혼·비출산'으로 축약된, 소위 극단적 / 급진적 여성주의 주장은 현대 중국 사회에서 싹트고 부상한 지 이미 10년이 넘었지만, 그보다 더 이른 역사적 뿌리를 가지고 있다.

---

2   다른 글에서 다양한 표현이 사용되었으며, 이는 필자의 요약이다. 또한 '6B4T' 외에도 '삼쟁(三爭 : 재산 쟁취·권력 쟁취·무력 쟁취)'과 '삼반(三反 : 효도 반대·결혼 반대·자궁 착취 반대)'이 추가되기도 한다. 해당 기사 및 위키백과 참고. https://www.163.com/dy/article/G8TVLE280525EDV6.html; https://zh.wiki-pedia.org/wiki/%E5%9F%BA%E9%80%B2%E5%A5%B3%E6%80%A7%E4%B8%BB%E7%BE%A9#cite_note-

2. 중국 여성운동 역사 속의
급진激 / 극단적極 페미니즘 주장

중국 래디컬 페미니즘 주장의 기원은 100여 년 전의 선구자들로 거슬러 올라간다.

역사상 최초로 '비혼·비출산'을 실천한 여성들은 광둥성의 노동 여성들, 즉 자소녀自梳女였다. 명나라 말기와 청나라 초기에 걸쳐 광둥 순더廣東順德지역에서 양잠업이 번성하면서, 여성들은 뽕나무 재배, 누에 사육, 견사 생산 등을 통해 경제적으로 자립할 수 있게 되었다. 그들은 특정 의식을 치른 후, 머리를 스스로 빗어 올려 기혼 여성처럼 묶고, 평생 독신으로 살 것을 선언하였다. 이러한 '자소自梳' 풍습은 이후 주강 삼각主珠江三角洲의 다른 지역으로 확산되었으며, 광둥의 견사 산업이 전성기를 맞이한 1860~1929년 사이에 절정을 이루었다. 당시 사람인 교경시鄔慶時의 기록에 따르면, 1908년 경 판위 난춘番禺南村지역의 여성 수천 명 중 결혼한 이는 단 몇 명에 불과했고, 1909년에는 이 지역 여성 전원이 스스로 머리를 빗어 올려, 결혼한 이는 아무도 없었다고 한다. 20세기 초반에 광둥지역의 민정청장民政司長이었던 여국염黎國廉의 여동생 역시 자소녀였다. 하지만 1930년대 중국 대륙의 견사 산업이 붕괴되면서 많은 자소녀들은 광저우廣州, 홍콩, 싱가포르 등지로 이주하여 시녀 혹은 가정부로 일하게 되었다. 이 시기 광저우에는 자소 가정부가 1만 명이 넘었는데, 이들은 대개 화장하지 않은 맨얼굴에 실크로 만든 검은 옷을 입고, 머리를 단정하게 빗어 올린 차림새를 유지했다. 이들의 모습은 도시 곳곳에서 눈에 띄었으며, 일부 명문가의 여성들조차 주목을 받기 위해 이들의 복장을 모방했다고 전해진다.[3]

자소녀들은 엄격한 집단 규칙을 가지고 있었으며, 규칙 위반 시의 처벌

방식뿐만 아니라, 노후 부양, 장례 및 재산 상속과 같은 사항도 체계적으로 정해져 있었다. 이는 집단 내에서 상호 부조와 자립을 위한 필요성이었을 뿐만 아니라, '집단 규칙'을 유지하기 위한 필수적인 조치이기도 했다. 그러나 자소녀들은 당시 사회가 여성에게 요구한 결혼과 가정 내의 역할에 반하는 존재였기 때문에, 주류 사회로부터 비난을 받았다. 언론에서는 그녀들을 부정적으로 보도하였으며, 관청에서는 이를 금지하기도 했다.[4]

신해혁명부터 5·4운동 시기까지는 다양한 사상이 꽃피우던 때였다. 이시기, 허인전何殷震 등 아나키스트 페미니스트들은 비혼·비출산을 이론적으로 정립하고 적극적으로 선전하였다. 이들은 잡지를 창간하고 단체를 조직하며, 일상생활 속에서 다양한 실천을 전개하였다. 가부장제, 사유재산, 국가주의 및 군비주의에 대한 비판 속에서, 이들은 '결혼 폐지, 가정 해체'를 여성운동의 방향과 경로로 제시했다. 당시에는 글을 통해 사상을 전파하는 것뿐만 아니라, 다양한 조직을 통해 생활과 경제적인 면에서 상호 부조를 실천하는 움직임도 활발했다. "여성들은 남성과 사회적 억압에 대한 소모적인 투쟁보다는, 독신과 같은 보다 능동적인 선택을 통해 궁극적인 승리를 거두고, 모든 여성이 행복한 삶을 누릴 수 있도록 해야 한다"는 주장도 있었다.

이후 중국 공산당 여성운동의 중요한 지도자가 된 샹징위向警予와 차이창蔡暢 역시 독신주의를 결심한 상태로 프랑스로 유학을 떠났다. 후에 지식과 진리를 탐구하는 과정에서 뜻이 맞는 사람을 만나 짝을 맺긴 했지만 말이다.

1980년대 개혁개방 이후, 중국 사회에서는 독신이 점차 받아들여져, '딩

---

3   양추(楊秋),「광저우지역의 자소 풍습과 그 근대적 양상에 대한 시론(試論廣州地區的自梳習俗及其在近代的表現)」,『여성연구논총(婦女研究論叢)』제3기, 2005. https://web.archive.org/web/20180617015451/http://blog.sina.com.cn/s/blog_7363fbd4010181fz.html

4   앞의 글.

크^{DINK}'라는 개념이 유행하기 시작했다. '자녀가 없는 맞벌이 부부' / '자발적 비출산'이라는 개념이 사회적으로 수용되기 시작한 것이다. 특히 도시의 주택 부족, 중국 정부의 강력한 가족계획 정책 및 엄격한 인구 통제로 인해, 이러한 관점은 관방으로부터 어떠한 비판도 받지 않았다.

3. '6B4T'의 확산 배경

현대 중국의 여성운동은 점차 다양한 페미니즘을 지지하는 커뮤니티들로 분화되었다. 인터넷, 특히 SNS와 1인 미디어의 발전으로 인해, 페미니즘 주장들이 다양한 경로를 통해 확산되었으며, 이념을 공유하는 집단들이 결집할 수 있는 공간이 형성되었다. 한편, 현실에서의 다양한 불평등과 온라인에서 증가하는 여성혐오 발언들은, 권리 의식이 높은 여성들과 맞부딪치며 더 큰 분노와 거부감을 불러일으키게 되었다. 그 결과, 다양한 래디컬 페미니즘 사상, 혹은 '6B4T에 공감하는 흐름이 자연스럽게 등장하였다.

1) 커뮤니티 기반

2010년대 이후, 중국 여성 중 기존의 성별 고정관념으로부터 탈피한 여성들의 증가폭은 국제적으로도 상위권을 차지하였는데^(그림 1)참고, 반면 남성들의 변화의 폭은 국제적으로 중간 수준에 머물렀다. 2023년 기준, 중국에서는 90%의 여성과 94%의 남성이 여전히 성별에 대한 편견을 가지고 있으며, 이는 전세계 평균보다 3~4% 포인트 높은 수치이다.[5] 그럼에도 불구하

---

5   UNDP, "Biased Gender Social Norms are blocking the Path to Gender Equality", Human Development Reports, 2023. https://hdr.undp.org/decade-stagnation

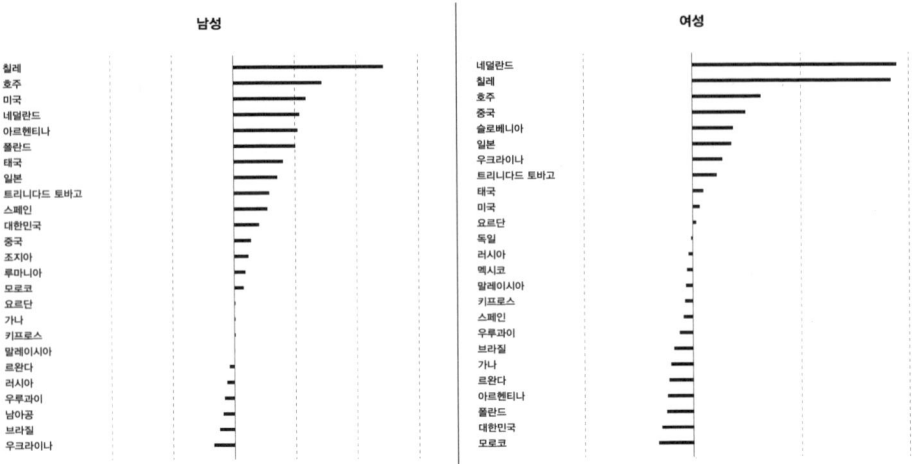

남성	여성
칠레	네덜란드
호주	칠레
미국	호주
네덜란드	중국
아르헨티나	슬로베니아
폴란드	일본
태국	우크라이나
일본	트리니다드 토바고
트리니다드 토바고	태국
스페인	미국
대한민국	요르단
중국	독일
조지아	러시아
루마니아	멕시코
모로코	말레이시아
요르단	키프로스
가나	스페인
키프로스	우루과이
말레이시아	브라질
르완다	가나
러시아	르완다
우루과이	아르헨티나
남아공	폴란드
브라질	대한민국
우크라이나	모로코

〈그림 1〉
2005~2009년, 2010~2014년 사이에 칠레, 호주, 미국, 네덜란드 이 네 나라는 성별 사회 규범에 대한 편견이 없는 남성 비율의 증폭이 가장 컸다. 반면, 대부분의 국가에서는 성별 사회 규범에 대한 편견이 없는 여성 비율이 급격히 반등하는 현상이 나타났다.

고, 젊은 여성들 사이에서 개인 권리에 대한 의식은 막을 수 없는 흐름이 되었으며, 많은 이들이 주류 사회의 낙인을 두려워하지 않고 스스로를 페미니스트 혹은 래디컬 페미니스트로 정의하고 있다.

공식 연구에서도 이러한 경향이 발견되었다. 중국 공청단 중앙 중국 특색사회주의 이론체계 연구센터共青團中央中國特色社會主義理論體系研究中心 연구팀이 18~26세 미혼 도시 청년 2,905명을 대상으로 설문 조사 및 심층 인터뷰를 진행한 결과, '결혼을 믿지 않는다'라고 응답한 비율이 30.5%였으며, 이 중 여성이 73.4%를 차지했다. 또한, 여성 응답자 중 '결혼하지 않겠다'나 '결혼 여부가 불확실하다'라고 답한 비율이 43.92%로, 이는 남성보다 19.29% 높았다. 여성들이 결혼을 원하지 않는 가장 중요한 이유로는 '아이를 낳고 싶지 않아서'68.83%가 꼽혔다.[6]

---

6   공청단 중앙 중국 특색사회주의 이론체계 연구센터 연구팀(거샤오옌(琚曉燕), 장전화(姜振華), 리옌핑(李燕平)), 「결혼을 앞둔 젊은이들은 무엇을 걱정하는가」, 『광명일보(光明日報)』, 2021.10.8.

384   제4부 | 동시대 한-중 페미니즘의 교차와 영 페미니스트운동

미디어에서 진행한 '출산이 여성에게 필수 선택인가'라는 온라인 투표에서, 1.3만 명이 '그렇다, 자녀가 많으면 행복하다'라는 응답을 선택했다. 그러나 가장 많은 표를 받은 항목은 '서로 존중하며 행복하게 사는 것이 중요하다'로, 이에 7.3만 명이 동의했다.[7]

2) 동료들의 결집

온라인 공간-더우반豆瓣에서는 '파산 버전 아테네 학당破産版雅典學院', '깨진 항아리를 던지지 말자破罐子不摔', '6B4T' 등의 소모임이 대표적인 '급진적 페미니즘' 커뮤니티로 알려져 있었다. 하지만 2021년 4월 10일경, 이러한 더우반 소모임들이 차단되었다. 비슷한 주장을 펼치지만 규모가 작아 당국의 주목을 받지 않았던, 레즈비언 페미니즘lesbian feminism 같은 모임들은 비공개로 전환되어 게시글이 외부에 보이지 않게 되었다. 차단 이후, '파산 버전 아테네 학당'의 기존 멤버들은 빠르게 '2137년에 살고 있는 척하기假裝生活在2137年'라는 새로운 조용한 모임을 결성하여 수준 높은 논의와 자료를 복구했다. 그러나 새로운 그룹도 불과 2주 만에 차단되었으며, 그동안 8천 명 이상의 회원이 모였다.

샤오홍수小紅書에서는 30~40대 여성 인플루언서들이 '비혼·비출산' 태그를 붙인 게시물을 올리며, 수천 개의 '좋아요'를 받는 경우가 많다. 또 다른 SNS 플랫폼인 더우반의 결혼 반대 포럼에는 9,200명의 회원, '독신주의' 관련 포럼에는 3,600명의 회원이 가입되어 있으며, 이들은 공동 퇴직 계획과

---

http://society.people.com.cn/n1/2021/1008/c1008-32246965.html

7　德州女性之聲, 「양리핑(楊麗萍) '출산하지 않는다'는 이유로 조롱 받다―여성의 결혼과 출산은 자유로워야 한다」, 『중국여성신문(中國婦女報)』, 2020.6.10. 『평파이뉴스(澎湃新聞)』에서 재인용.
　　https://www.thepaper.cn/newsDetail_forward_7804364

같은 주제를 논의하고 있다.[8]

3) 전파 경로

비록 주류 담론에서 부정적인 시각이 여전히 많지만, 언론 보도는 더 이상 일방적인 부정 평가에만 머무르지 않는다.

예를 들어, 2012년『광밍일보』에서는 독신의 역사를 긍정적으로 조명하는 기사를 실었다. "독신은 생물학적 전통이며, 결혼은 인간 문화의 산물이다." "무엇보다도 독신자들이 찬란한 문화를 창조했다." "서구 사회는 여성운동, 인종 평등 운동, 성소수자 권리 운동을 거치며, 점차 소수자의 삶의 선택을 존중하는 문화적 흐름을 받아들이고 있다." "역사적으로 보면 남녀 관계와 가족 모델은 항상 다양하게 발전해 왔으며, 독신 열풍은 주기적으로 반복된다."[9]

2020년 6월, SNS에서 무용가 양리핑楊麗萍에 대한 댓글이 퍼지며 논란이 확산되었고, 핫이슈 1위까지 올랐다.[10] 이후, 이에 대해 여러 여성 연예인과 주요 언론 매체들이 '여성은 결혼하지 않거나 자녀를 낳지 않을 권리가 있다. 결혼과 출산은 개인의 선택이며, 다른 사람이 간섭할 권리가 없다'는 입장을 밝히며 목소리를 냈다. 2020년 6월 10일, 『중국여성신문』은 양리핑과 치웨이戚薇 등이 언급한 결혼과 출산의 자유에 대한 견해를 명확하게 전달하

---

8   DW(Deutsche Welle), 「점점 더 많은 중국 여성들이 '독신주의'를 신봉하다」.
     https://theinterview.asia/hot-topics/144713/

9   양쉐(楊雪), 「독신의 역사」, 『광밍일보』 제12판, 2012.
     https://epaper.gmw.cn/gmrb/html/2012-04/16/nw.D110000gmrb_20120416
     _2-12.htm

10   午夜體育, 「楊麗萍無子女被嘲笑失敗李若彤不婚被追問戚薇我們不是生育工具」, 新
     浪財經頭條, 2020.6.8.
     https://cj.sina.com.cn/articles/view/7059681825/1a4ca322100100olli?cre=wap-
     page&mod=r&loc=3&r=9&rfunc=47&tj=none

며, 현대 여성들이 결혼과 출산을 바라보는 시각이 이미 훨씬 더 다양하고 풍부해졌음을 보여주었다. 어떤 사람들은 결혼하고 아이를 낳는 삶을 선택하며, 이는 마땅히 존중받아야 한다. 반면, 어떤 사람들은 "내가 만족하며 살아가는 것"을 최우선으로 두며, 이것 또한 축복받아 마땅한 삶의 방식이다. 결혼과 출산의 자유가 공론화된다는 것 자체가 사회의 문명 수준이 지속적으로 향상되고 있음을 보여주며, 덕분에 우리는 다양한 입장의 목소리를 들을 수 있게 되었다. "사회적으로 영향력이 있는 인물이 직접 나서서 결혼과 출산의 자유를 옹호하고 목소리를 내는 것 자체가, 성평등 의식을 확산하는 데 있어 매우 의미 있는 교육적 역할을 한다."

2021년 4월 몇몇 더우반豆瓣 소모임이 차단된 이후에도, 『펑파이뉴스澎湃新聞』는 여전히 여러 기사를 게재했다. 예를 들어, VICE에서 편역한 기사 「자신을 위해, Z세대는 독신주의를 선택한다」는 젊은 세대의 생각을 소개하며, "독신주의가 점차 서구 젊은 층 사이에서 유행하며 새로운 트렌드가 되고 있다"고 전했다.[11] 또한, 한국 서적을 소개하는 기사 「연애도, 결혼도, 출산도 하지 않겠다. 이 시대 젊은이들은 무엇에 저항하는가」도 게재되었다.[12]

관련 서적도 잇따라 출간되었다. 『독신 사회單身社會』2015는 독거 현상에 대한 편견과 환상을 깨고 낙인을 해체하는 것을 목표로 했으며, 『나의 고독, 나의 자아我的孤單 我的自我』2018는 '독신 시대의 여성 집단'에 초점을 맞췄다. 약 100명의 미국 여성과의 인터뷰를 담은 『혼자 자는 예술－왜 한 프랑스 여성은 갑자기 성애를 포기했는가獨自入眠的藝術－為什麼一位法國女性突然放棄性愛』2013, 『고독 경제－도시화, 세계화, 소셜 네트워크 시대의 미래孤獨經濟－城市化, 全球化與社

11   궈형위(郭亨宇), 「자신을 위해, Z세대는 독신주의를 선택한다」, 2021.7.6.
      https://www.thepaper.cn/newsDetail_forwa7rd_13442224
12   https://www.thepaper.cn/newsDetail_forward_14150962

交網絡下的未來』2023, 그리고 '아시아 독신주의 흐름을 총체적으로 분석한 책'으로 소개되는 『독신주의獨身主義』2023 등이 출간되었다.[13]

4. '6B4T'의 동력, 압력 그리고 잠재력

경직된 성별 규범, 결혼과 출산에서의 극도로 불균형한 부담, 그리고 비우호적인 사회 환경은, 많은 젊은이들, 특히 여성들이 '비혼·비출산이 평안을 보장한다', 또는 '비혼·비출산, 젊음을 영원히 유지하고, 출산과 양육을 거부하면 장수한다'와 같은 구호에 공감하게 만들고 있다. 강한 개인 권리 의식, 경제적 안정, 그리고 인터넷 시대의 '나는 외롭지 않다'라는 동질적 공감대 형성이, '6B4T'의 주장에 발전과 확산의 공간을 제공하고 있다. 현대 중국의 여성운동 발전은, 다양한 페미니즘 담론과 실천이 등장할 수 있는 길을 열어왔으며, 이러한 커뮤니티 기반, 전파 경로 및 결집 공간이 마련된 가운데, '6B4T' 운동은 지난 10여 년간 가장 높은 가시성과 논쟁성을 지닌 여성운동 중 하나로 자리 잡았다.

그러나 '6B4T' 운동은 다방면에서 거센 비판을 받고 있다. 중국 정부 및 중앙 인터넷 정보 판공실은 이를 2025년 설날 인터넷 정화 작업의 최우선 대상으로 지정했으며, 일부 온라인 글에서는 정치적 차원에서 경계심을 드러내며, "여러 징후들이 우리에게 경고하고 있다. '비혼·비출산' 관련 논의가 집중적으로 부각되는 상황에서 우리는 고도로 경계해야 한다. 일부 자칭 시민들 속에는 실제로 불순한 의도를 가진 이들이 섞여 있을 가능성이 있

---

13   https://book.douban.com/subject/36311678/

다. 요컨대, 세심하게 듣고 깊이 고민해야 하며, 때로는 예상치 못한 사건이 발생할 수도 있음을 주의해야 한다"라고 언급했다.[14] 또한, 소위 '학자' 량젠장梁建章은 「출산 지원 정책 개선을 위한 7가지 제안」에서 "각종 SNS와 1인 미디어에서 비혼·비출산 담론이 범람하고 있다. (…중략…) '비혼·비출산이 평안을 보장한다', '출산을 거부하는 것이 선이다', '아이를 낳지 않으면 약점이 없다'와 같은 표현이 젊은 층의 일반적인 구호가 되고 있다"고 지적했다. 그는 이러한 여론 형성이 젊은 세대의 결혼관, 출산관에 깊은 영향을 미치며, 장기적으로 국가의 인구 안전과 공공 이익에 심각한 위협이 될 것이라고 주장했다. 그러나 해당 글이 공개된 이후, 강한 반발이 이어졌다. 네티즌 '샤오루 선생 ING小鹿先生ING'는 "국가는 출산을 장려할 뿐인데, 량젠장 같은 사람들은 출산 거부를 범죄로 간주하고 있다"고 비판했다.[15]

또 다른 한편, 페미니즘적 관점에서 '6B4T' 운동을 비판하는 목소리도 존재한다.

결론적으로, 현대 중국의 여성운동은 '6B4T'의 출현을 가능하게 했으며, 다양한 여성주의 사상이 발전할 수 있는 기반을 마련했다. 그러나 이 과정에서 '6B4T'를 지지하는 극단적 여성주의 집단 또한 형성되었다. 현재 중국 여성운동이 불리한 환경에 처한 가운데, '6B4T' 운동은 특히 강한 압박을 받고 있다.

필자가 보기에는, '6B4T' 운동의 주장과 표현 방식은 기존 여성운동 흐름

---

14 량옌즈(郎言志), 「'비혼·비출산' 화제가 집중적으로 부각되는 것은 경계해야 할 현상」, 『넷이즈(網易)』 https://www.163.com/dy/article/JLA33RO90512F47F.html, 다음날 『홍색문화망(紅色文化網)』 재게시. https://m.hswh.org.cn/wzzx/llyd/wh/2025-01-08/91943.html.

15 디인(低音), 「풍향 '비혼·비출산'이 곧 불법 소란 행위로 간주 될 수도 있다」. 2024.11.5. https://diyin.org/article/2024/11/fengxiang-04/

과는 다소 차이가 있다. 100여 년 전 아나키즘 페미니스트들이 성별, 가족, 결혼, 경제, 정치, 군사 등 다양한 사회 제도를 정면으로 비판하고, 이를 개혁하거나 해체하거나 적극적으로 맞서 싸우는 방식을 취했다면, '6B4T'는 보다 단호한 분리주의적 태도를 보인다. 즉, 기존 제도에 대한 직접적인 개혁 요구보다는 그 자체를 단절하고 거부하며, 무효화하는 방향을 택하는 것이다. 그러나 국가, 사회 그리고 본가의 삼중 압박 속에서도 '6B4T'를 지지하는 이들은 지속적으로 등장하고 있으며, 강한 규제와 사회적 반발에도 불구하고 다양한 형태의 그룹과 주장들이 끊임없이 이어지고 있다. 억압이 심해질수록 반발 역시 강해지는 법이다. 설령 발언과 활동의 공간이 점점 좁아진다 해도, '6B4T'의 사회적 기반은 여전히 유지되거나 오히려 더 확장될 가능성이 크다.

필자 소개

김란 金蘭, Jin Lan

서울대 아시아연구소 연구원, 동국대학교 사회학과 강사. 논문「중국 개혁개방 이후의 모성 실천―내권적 마더링의 형성」(2023),「중국의 '분투' 문화를 통한 청년 통치성―선전시 분투자광장을 중심으로」(2024). 중국 가족과 보육·청년·문화 등에 대한 연구를 비교적 시각에서 수행하고 있다.

김미란 金美蘭, Kim Mi-ran

성공회대 대학원 실천여성학 교수. 저서『현대중국여성의 삶을 찾아서』,『한중 여성 트랜스내셔널하게 읽기―지식, 인구, 노동』(공저). 현대 중국의 여성정책과 담론, 문화를 생산과 재생산을 중심으로 연구하고 있다.

김양지영 金梁識瑛, Kim Yang Ji-young

한국양성평등교육진흥원 교수.『비정규직 통념의 해부』,『처음부터 그런 것은 없습니다』(공저). 페미니스트 관점에서 노동, 가족, 정책 등을 연구했고 현재는 성평등 교육 관련 강의와 연구를 하고 있다.

두핑 杜平

중국 남개대(南開大) 사회학과 부교수,『불평등 속의 불평등―성별 관점에서 본 중국의 이주 노동자』젠더와 이주, 친밀관계를 연구하고 있다. (천자(陳佳, 상해대 부교수))

문현아 文贤雅, Moon Hyuna

서울대학교 국제이주와포용사회센터 책임연구원. 저서『돌봄노동자는 누가 돌봐주나』(공저),『페미니즘의 개념들』(공저) 등. 역서『커밍업쇼트』(공역),『세계화의 하인들』등. 한국 사회 가족돌봄, 돌보는 남성성 등 돌봄 사안과 국제이주 관련 연구를 진행하고 있다. 강민석(姜旼錫, 서울대학교 국제이주와포용사회센터 연구원), 은기수(殷棋洙, 서울대학교 국제대학원 교수), 이주현(李周炫, 세계은행 컨설턴트), 조기현(曺技炫, 돌봄청년 커뮤니티 n인분 대표, 작가)

왕샹셴 王向贤

중국 산동대 사회학과 교수,『친밀한 관계의 폭력―1015명 사례연구』,『父職연구』. 젠더사회학자로 노동, 출산, 돌봄과 함께 중국의 남성성 연구를 선도하고 있다.

우판 吳帆

중국 난카이대 사회복지,정책학과 교수.『집단이성하의 개체행위방식연구』. 사회(가족)
정책, 인구 사회학, 돌봄 및 사회 서비스 평가, 젠더 연구를 하고 있다.

장수지 張粹芝, Chang Soo-ji

이화여대 사학과 강사. 논문「뤄충(羅瓊)의 생애로 읽어보는 중국공산당의 부녀공작」
(『여성과 역사』, 2024),「중국 첫 번째 여성 대사 딩쉐쑹의 삶과 중국 현대사의 일면」(『개념과
소통』, 2023),「중국이 그려낸 북한여성상」(『중국학보』, 2023) 등이 있다. 중국근현대 여성운
동, 여성 인물, 사회주의와 여성해방의 관계에 대해 연구하고 있다.

쨩리 張莉

북경사범대 문학원 교수, 북경작가협회부주석,『역사의 지표위로 떠오르기 전－중국현
대여성글쓰기의 발생』. 현대 문학비평가이며 여성문학을 주로 연구한다.

펑웬 馮媛

북경 "为平(평등을 위해)" 여성지원 핫라인 발기자, BBC가 선정한 2024년 영향력있는 세
계 100인 중 1인으로 중국 페미니즘운동을 대표하는 현장활동가이다.

감수 : 김태연(서울시립대 교수)
번역 : 이승희(서울시립대 강사)